全世界无产者，联合起来！

# 列宁全集

## 第二版增订版

## 第四十九卷

### 1919年7月—1920年11月

中共中央 马克思 恩格斯 著作编译局编译
列 宁 斯大林

人民出版社

《列宁全集》第二版是根据中国共产党中央委员会的决定，由中共中央马克思恩格斯列宁斯大林著作编译局编译的。

# 凡　　例

1. 书信卷正文和附录中的文献分别按篇或组的写作或签发时间编排并加编号。

2. 在正文中,文献标题下括号内的日期是编者加的,文献本身在开头已注明日期的,标题下不另列日期。

3. 1918 年 2 月 14 日以前,在俄国写的书信的日期为俄历,在国外写的书信则为公历;从 1918 年 2 月 14 日起,所有书信的日期都为公历。

4. 目录中标题编号左上方标有星花 * 的书信,是《列宁全集》第 1 版刊载过的。

5. 在正文中,凡文献原有的或该文献在列宁生前发表时使用过的标题,其左上方标有五角星☆。

6. 未说明是编者加的脚注为写信人的原注。

7. 著作卷《凡例》中适用于书信卷的条文不再在此列出。

# 目　　录

# 附　　录

## 1919 年

## 插　　图

# 前　　言

　　本卷收载列宁在 1919 年 7 月至 1920 年 11 月的书信、电报、便条、批示等。这一时期的列宁著作编入本版全集第 37—39 卷。

　　这个时期，苏维埃俄国经历了国内战争的最严峻阶段，粉碎了外国武装干涉者和白卫军一次次的进攻。1919 年下半年，邓尼金成为白卫军叛乱的主将。在协约国的指使和支持下，他纠集 15 万兵力，从南方沿着哈尔科夫、库尔斯克、奥廖尔、图拉一线向莫斯科进犯。与之相配合，尤登尼奇从西北方向再度进逼彼得格勒，东线的高尔察克残部也活跃起来。苏维埃俄国又陷入四面受敌的危险境地。俄共（布）中央发表了列宁写的号召书《大家都去同邓尼金作斗争！》，动员全国力量打败邓尼金。1920 年初，红军获得了决定性胜利，取得了和平喘息时机。4 月下旬，在法、英等帝国主义的支持下，波兰军队和盘踞在克里木的弗兰格尔白卫军相继发动大规模进攻，迫使苏维埃人民又投入战斗。经过五个多月的反复较量，同年 10 月波兰被迫同苏维埃俄国签订了和约。协约国对苏维埃政权的武装干涉宣告失败。11 月下旬，红军一举打败了弗兰格尔，消灭了白卫军最后一支力量，最终赢得了国内战争的胜利。

　　本卷所收的关于战事的大量函电，反映了列宁这个时期对国内战争的具体领导。列宁把握全局，通过中央委员会和政治局指挥战争，制定战略计划。同时，他亲自关心各条战线的战况，解决各种实际问题。本卷的战事函电内容涉及战役部署、战术实施、部队调遣、干部配备、兵员补充、后勤给养、后方支援等许多方面问题。在邓尼金和尤登尼奇夹攻苏维埃中心地区的紧急关头,列宁根据整个军事和政治形势,指示"在彼得格勒附近迅速集中大量兵力,以便彻底粉碎尤登尼奇",然后**全力**对付邓尼金(见本卷第128、110 页)。1919 年 8、9 月间,邓尼金的马蒙托夫骑兵突破防线,插入红军**后**方。列宁在考虑如何堵塞这个缺口时,提出使用飞机对付骑兵的战术,为此请埃·马·斯克良斯基向专家质询,以期作出"有'科学'根据的指示"(见本卷第 69 页)。列宁非常重视实际工作的执行情况,经常了解、检查、督促。他在一些函电中严肃批评共和国革命军事委员会玩忽职守,在对马蒙托夫的反击中动作迟缓,措施不力,贻误战机。许多函电是与波兰进攻和对波和谈有关的。1919 年底苏俄向波兰提出了和谈建议,遭到波兰统治集团的拒绝。列宁在 1920 年 2 月 27 日即波兰发动进攻之前两个月就在给托洛茨基的电报中指出:要切实注意,采取紧急措施,加强西方面军,必须提出准备与波兰作战的口号。3 月 11 日在给斯大林的电报中又强调了这一点。在抗击波军期间,列宁很注意开展宣传鼓动工作,并从一开始就指出所有关于波兰和波兰战争的文章都要认真审查,不要陷入沙文主义,始终要把波兰地主、资本家同工人、农民区别开来。由于波军进犯惨败,1920 年 7 月 12 日协约国出面谋和。列宁在一系列函电中就同波兰和谈的原则、同协约国进行外交斗争的方针策略作了指示。列宁反对协约国插手苏波和谈,要求红军在达成停战协议以前必须加强进攻,以争取更有利的和谈条件。

　　在内战正酣、军事任务居首位的时候,列宁仍十分关注后方的政治和经济问题。1920 年 7 月 6 日他致函德·伊·库尔斯基,敦促"**立即**:(1)在新解放区建立**苏维埃政权**;(2)召开苏维埃**代表大会**;(3)赶走**地主**,把地主的**一部分**土地分给贫苦农民,其余部分分给雇农**苏维埃**"(见本卷第 399 页)。粮食、燃料、运输是关系人民生活和战争胜败的重要问题。本卷中许多文献反映了当时经济濒临崩溃的严重状况、战时共产主义政策的非常措施以及列宁为解决粮食和运输的具体困难所作的努力。涉及粮食的征集、装运和供应问题的文献达 40 多篇。列宁多次给产粮地区发电报,要求全力以赴向彼得格勒、莫斯科、乌拉尔等饥荒城市和地区以及一些重点工厂发运粮食。1920 年 1 月短暂和平喘息初期,列宁赞同把一些部队改编为劳动军的倡议,要求劳动军全力投入恢复铁路和征集粮食等主要工作。在粮食征集工作中,列宁注意到了某些地方征集额过高,"连种子都给拿走了"、农民处境困难、产生不满情绪等问题。他指示有关地区从征集的粮食中拨出一定比例首先分配给贫苦农民,要使贫苦农民感到有利。

　　在 1920 年 6—10 月间的一些文献,如《在彼·瓦·布哈尔采夫来电上的批示》、《在列·波·克拉辛来电上的批示》、《给阿·伊·李可夫和安·马·列扎瓦的电话》、《致列·达·托洛茨基》中,列宁谈到了同资本主义国家建立贸易关系的问题。他强调在伦敦签订的木材出口合同有着重大的政治意义和经济意义,认为"这是在事实上冲破了封锁"(见本卷第 475 页)。他指示要"特别注意搜集论证下述观点的英国书刊:对于英国资产阶级来说,同苏维埃各共和国签订贸易协定要比试图扼杀苏维埃共和国这种无利可图、甚至会招致巨大损失的做法更为有利"(见本卷第 413 页)。在给格·瓦·契切林、安·马·列扎瓦、阿·伊·李可夫等人的信中,列宁就同美国实业家华·万德利普的租让谈判问题作了指示。这次谈判所签订的合同因美国同苏俄的关系未能正常化而没有生效。但列宁这些书信表明了他在这个时期对租让问题的考虑和所持态度。

本卷中《致格·马·克尔日扎诺夫斯基》(见本卷第 208、322 号文献)、《致格·叶·季诺维也夫》(见本卷第 201 号文献)、《在俄罗斯国家电气化委员会第 5 号公报上的批示》和《致阿·伊·李可夫和伊·伊·拉德琴柯》等文献,反映了列宁关于国家电气化问题的一些想法。列宁在 1920 年 1 月 23 日写的另一封《致格·马·克尔日扎诺夫斯基》的信(见本版全集第 38 卷)中,提出了制定 10—20 年实现全国电气化的纲领的任务。此后不久又给克尔日扎诺夫斯基写信,要求他就电气化的必要性和巨大好处进行宣传,指示他不仅要制定远景规划,还要有近期计划,要使现有的电站加速送电。在上列其他文献中,列宁很关心页岩的开采和利用泥炭作为电气化基础的问题。

列宁认为发展技术、推广科学新成就、广泛使用专家学者、包括聘请外国技术专家,乃是恢复和发展国民经济的重要一环。本卷中给罗·爱·克拉松、米·亚·邦契-布鲁耶维奇、阿·马·尼古拉耶夫、斯·伊·博京和下诺夫哥罗德省执行委员会主席等人的信,充分说明了列宁对科学技术发明创造的重视和支持。

本卷中不少文献表明了列宁对文化事业的关注。1920 年 1 月 18 日他写信给阿·瓦·卢那察尔斯基,建议组织一批专家编纂一部包括现代使用的和从普希金到高尔基的经典文学家们使用的词汇的现代俄语词典。6 月 29 日致函叶·阿·普列奥布拉任斯基,要求国家出版社迅速出版凯恩斯《和约的经济后果》一书、编译优秀的新的经济学著作、出版 17 和 18 世纪唯物主义者的著作。他指示列·波·加米涅夫在国外不惜金钱购买有关最新经济问题的书籍、论文和小册子。他还委托弗·维·阿多拉茨基教授编写一部革命史概要。列宁认为出版教学地图很有意义，并多次为此作了具体指示。在一些书信中列宁指示有关部门要爱护图书，制止抢劫和焚毁图书馆藏书的事件，对于俄罗斯革命文献要妥善保护。列宁还要求广泛收集图书报刊，包括孟什维克出版的各种杂志和白卫分子的一切报纸，交国家图书馆保存。

　　列宁非常重视教育事业并关心人民教师的工作和生活。他在致小人民委员会的便函中指出，扫盲斗争比其他任务都更重要。得知波多利斯克县发生以共青团名义强占一所学校、夺走财物、扣押教师的事件后，列宁立即着令该县执行委员会严加查处，强调要使教师们能安心工作。列宁还就西方面军领导机关占用斯摩棱斯克大学校舍一事打电报督促占用者立即腾出校舍。1920 年 4 月卢那察尔斯基反映有的地区教师们三个月领不到工资，正在挨饿。列宁批示给予解决，指出"甚至多给些：要**优先照顾教师**"（见本卷第 305 页）。

　　本卷中许多书信是为帮助别人排忧解难而写的。这些书信体现了列宁对同志、对人民的关怀。在工作十分繁忙的情况下，列宁非常关心其他同志的生活和健康状况，建议并督促身体不好的同志及时就医和休息，尽力为他们提供较好的医疗和生活条件。有些信件反映了列宁对儿童和医院病员的关切。对于有贡献的专家、学者和外国友人，列宁尤为关注。他指示彼得格勒苏维埃主席团多给科学家住房作办公室或实验室之用。他写信给伊·格·鲁达科夫和小人民委员会，要求保证学者生活改善委员会的烧柴和额外食品的供应。列宁还就亨·奥·格拉夫季奥教授和国立小剧院功勋演员娜·尼库林娜的住处和财物安全作了批示,要求加以保护,使他们不受干扰。1920年6月25日列宁致函格·叶·季诺维也夫,要求安排好著名生理学家巴甫洛夫的生活。列宁说,这位学者是巨大的文化财富,应该予以特殊照顾,给他超标准的口粮,安排较舒适的环境。在一些信中,列宁指示为在俄的外国技术专家和革命者提供特需食品。

本卷中给高尔基的信特别是其中两封长信是极有意义的文献。列宁不仅关心高尔基的工作和生活,而且在政治上思想上给予极大爱护,对他的错误思想和情绪给予坦率的批评和真诚的帮助。在1919年7月31日的信中,列宁严肃批评高尔基把自己困在一个最不健康的地方,不能直接观察工人和农民即俄国十分之九的人口生活中的新事物;指出他的不健康心理在满怀怨恨的资产阶级知识分子的影响下更加厉害了。列宁规劝高尔基离开彼得格勒,到农村或外地工厂或前线去观察人们怎样以新的方式建设新生活。在9月15日的信中,列宁批评高尔基由于亲立宪民主党人的资产阶级知识分子被捕案而产生的不满情绪,指出他只听见资产阶级知识界最坏分子的啜泣,却听不见而且听不进千百万工农群众的呼声。列宁提醒高尔基,作为艺术家,如果再不从资产阶级知识分子的包围中挣脱出来,那是会毁灭的。

本卷中一些函电谈的是国际共产主义运动问题。在共产国际第二次代表大会(1919年7—8月)前后给季诺维也夫等人的书信反映了这次代表大会的一些筹备情况。在给费·阿·罗特施坦、列·波·加米涅夫和卡·伯·拉狄克等人的信中,列宁催促尽快用英、德、法文翻译出版他的《共产主义运动中的“左派”幼稚病》一书。从给格·瓦·契切林的信中可以看到,列宁写作这本书时曾就书中论述的英国问题向熟悉英国情况的同志征求意见。为反对西方共产党内的"左"倾机会主义,列宁给马·马·李维诺夫发电报,要求搜集有关资料,指出"一切有关左派社会主义和共产主义各种思想派别的文件、决议、小册子、报刊论文和讲演,特别是无政府工团主义歪曲或攻击共产主义的言论,对我们都极其重要"(见本卷第 173—174 页)。在国内战争激烈、苏维埃政权处境危急的时刻,列宁还致函库恩·贝拉,关心和鼓舞匈牙利人民的斗争。

　　本卷中还有些书信涉及宗教、法制、城市卫生、反对官僚主义和拖拉作风等问题。有的文献反映了列宁严于律己的高尚品质和作风。

　　在《列宁全集》第 2 版中,本卷共收文献 698 篇,其中有 634 篇是第 1 版没有收的。其中大多数译自《列宁全集》俄文第 5 版,近百篇选自 1970—1985 年间出版的《列宁文集》俄文版第 37—40 卷,有一篇《致卡·亚·库利戈夫斯基(1919 年 8 月 13 日)》是 1987 年 7 月 25 日苏联《真理报》上发表的最新文献。

　　《附录》中收入了 38 篇文献,这些文献是各职能部门起草并由列宁签署的,其中大部分都涉及当时比较重要的问题。

　　在本增订版中,本卷比《列宁全集》第 2 版新增两篇文献,一篇是《给列·谢·索斯诺夫斯基和叶·阿·普列奥布拉任斯基的电报(不早于 1919 年 11 月 8 日)》,编入本卷正文部分;另一篇是《致阿富汗国王阿曼努拉汗(1919 年 11 月 27 日)》,编入本卷附录部分。

弗·伊·列宁

（1920 年）

# 1919 年

## 1

## 在米·米·拉舍维奇和
## 康·康·尤列涅夫来电上的批示

### （7月1日）

电报
莫斯科克里姆林宫　列宁亲收
致列宁
抄送：革命军事委员会主席托洛茨基，
发往他的所在地
谢尔普霍夫、古谢夫

7月1日于辛比尔斯克

6月30日22时，第3集团军的英雄部队攻克了彼尔姆。部队还收复了昆古尔。特呈请奖给第3集团军一个月的薪金，如同奖励其他集团军一样，以表彰从格拉佐夫到彼尔姆的英勇进军。

革命军事委员会　**拉舍维奇**
**尤列涅夫**

完全同意[1]。

**列　宁**

译自《列宁文集》俄文版第 37 卷
第 160—161 页

# 2

# 给东方面军革命军事委员会的电报

1919 年 7 月 1 日

辛比尔斯克

东方面军革命军事委员会

抄送:第 3 集团军司令部

我向攻克彼尔姆和昆古尔的英雄红军祝贺。向乌拉尔的解放者表示十分诚挚的敬意。无论如何要把这一事业迅速进行到底。亟须把新解放的乌拉尔各工厂的工人马上全部动员起来。要用新的革命的方法立即把这些工人编入军队,以便调往南方,让疲劳的部队得以休整。请把电报前一部分通知各团。

国防委员会主席　**列宁**

载于 1927 年 1 月 21 日《真理报》
第 17 号和《消息报》第 17 号

译自《列宁全集》俄文第 5 版
第 51 卷第 3 页

# 3

# 给米·瓦·伏龙芝的电报

## (7月1日)

致伏龙芝

敌人在尼古拉耶夫斯克地区连连得手,令人十分不安。请准

РОССІЙСКАЯ
ФЕДЕРАТИВНАЯ
СОЦИАЛИСТИЧЕСКАЯ
СОВѢТСКАЯ РЕСПУБЛИКА.

ПРЕДСѢДАТЕЛЬ
СОВѢТА
НАРОДНЫХЪ КОМИССАРОВЪ.

Москва, Кремль.
1 VII 1919 г.
№

Симбирск
Реввоенсовет 3 армии

копія Штарм 3

Поздравляю геройскія красныя войска взявшія Пермь и Кунгур горячий привет освобожденіи Урала во что бы то ни стало надо довести это дело быстро до полнаго конца крайне необходимо мобилизовать немедленно и поголовно рабочих освобождающихся уральских заводов надо найболее революціонные способы 1000 включить этих рабочих в войска для отдыха уставших и для отпуска на юг первую часть 1000 сообщите полнее предсовобороны Ленин

1919 年 7 月 1 日列宁给
东方面军革命军事委员会的电报的手稿

确报告:您对这一地区是否给予了足够的重视。您在集中哪些兵力,为何不加速集中? 请把所采取的全部措施急速报来。[2]

列 宁

载于1940年《军事史杂志》
第10期

译自《列宁全集》俄文第5版
第51卷第3—4页

# 4

# 给波罗霍夫卡区苏维埃的电报

## (7月2日)

彼得格勒　　波罗霍夫卡区苏维埃

抄送:彼得格勒　海军靶场　别尔卡洛夫

请向你们的财政科说明,对别尔卡洛夫因卓越发明而从人民委员会领到的5万卢布特别奖金不得征收特别税。

此类奖金免税的法令已由人民委员会通过,即将公布。[3]

人民委员会主席　**列宁**

译自《列宁全集》俄文第5版
第51卷第4页

# 5

## 给瓦·弗·库拉耶夫、
## 维·阿·拉杜斯–曾科维奇和
## 基·伊·普拉克辛的电报

1919 年 7 月 2 日

萨拉托夫
第 4 集团军革命军事委员会委员库拉耶夫
省执行委员会主席曾科维奇
省党委主席普拉克辛

要全力注意纯洁警备部队和巩固后方。要无情地肃清城乡白卫分子。亲自检查警备部队的政治工作和组织情况。人人做军事工作！使所有的人都振奋起来，遵守纪律。请电告结果。要特别巩固勒季谢沃。

国防委员会主席    **列宁**

载于 1934 年《无产阶级革命》杂志第 3 期

译自《列宁全集》俄文第 5 版第 51 卷第 4—5 页

# 6

# 致亚·德·瞿鲁巴[4]

## (7 月 3 日)

明天我们打电话谈谈,应该挤用一点中央委员会会议的时间。

简单总结一年来的改进情况(3 000万—10 000万)

我们提供½(苏哈列夫卡[5]提供½)

现在很困难,但比 1918 年好。

"辛比尔斯克省"

人人都来支援粮食人民委员部。

载于 1959 年《列宁文集》俄文版　　　　　译自《列宁全集》俄文第 5 版
第 36 卷　　　　　　　　　　　　　　　　第 51 卷第 5 页

# 7

# 同尼·尼·克列斯廷斯基的来往便条

## (7 月 3 日和 15 日之间)

我很犹豫。既然您主意已定,是不是就派两三名我们的人去,**条件是,听完他们的全部发言后再决定是否发言和如何发言。**[6]

以前我是反对批准的,但是戈洛索夫报告的经验以及索斯诺夫斯基和姆格拉泽在会上发言的经验很好。可以派卢那察尔斯基、索斯诺夫斯基去,或者,也把布哈林派去,让他们发言,要像苏汉诺夫那样,不在海报上列名。

孟什维克的行为下流卑鄙,为此,应当狠狠地打他们耳光。

译自《列宁文集》俄文版第37卷
第162页

# 8

# 给克·格·拉柯夫斯基的电报

## (7月5日)

### 基辅
### 人民委员会主席拉柯夫斯基

请立即电告:施利希特尔为具体执行向西方面军急速发运3列车粮食的任务采取了什么措施。[7]

国防委员会主席

**乌里扬诺夫—列宁**

载于1942年《列宁文集》俄文版
第34卷

译自《列宁全集》俄文第5版
第51卷第5页

# 9

# 致阿·马·高尔基

1919年7月5日

亲爱的阿列克谢·马克西莫维奇：

　　看来您在彼得格勒住得实在太久了。总待在一个地方不好，会感到疲倦和厌烦的。您同意出去走走吗？我们会把此事安排好的。[8]

您的　列宁

发往彼得格勒

载于1928年3月29日《真理报》
第75号和《消息报》第75号

译自《列宁全集》俄文第5版
第51卷第6页

# 10

# 致埃·马·斯克良斯基

1919年7月5日

斯克良斯基同志：

　　彼得格勒人说，彼得格勒有许多

　　(1)炮弹，

　　(2)装在旧船上的炮(给伏尔加舰队多好!)，

（3）**野战炮**,达 300 门。

要急速采取**非常严厉的**措施并在**国防委员会**[9]的会议上作报告,提出主要从水路尽速运出的问题(至今尚未运出是犯罪。这样做了,我们就能拯救察里津)。

敬礼!

列　宁

载于 1942 年《列宁文集》俄文版
第 34 卷

译自《列宁全集》俄文第 5 版
第 51 卷第 6 页

# 11

# 致列·波·加米涅夫

## （7 月 5 日和 8 日之间）

高尔基将于 12 日或 13 日到。

能否吩咐人给他些**木柴**?

马什科夫巷 1 号楼 16 号住宅。

载于 1933 年《列宁文集》俄文版
第 24 卷

译自《列宁全集》俄文第 5 版
第 51 卷第 10 页

# 12

# 给维·阿·拉杜斯–曾科维奇的电报

1919 年 7 月 8 日

萨拉托夫

致省执行委员会主席曾科维奇

抄送:第 4 集团军革命军事委员会委员库拉耶夫

省党委主席普拉克辛

克雷连柯

雅罗斯拉夫斯基

请更确切地电告(必要时用密码),你们取得了哪些实际成就,警备部队有无大的变化。必须派特遣分队巡视临近前线地区的每一个乡,协助工作,组织贫苦农民,清除富农,把其中一些人扣做人质,镇压绿林分子[10],追回逃兵。要特别注意阿特卡尔斯克县和勒季谢沃。等候你们翔实的回答。

国防委员会主席　**列宁**

载于 1930 年出版的《国内战争。1918—1921》第 3 卷

译自《列宁全集》俄文第 5 版第 51 卷第 7 页

# 13

# 致下诺夫哥罗德省执行委员会[11]

1919年7月8日

致下诺夫哥罗德省执行委员会
并转索尔莫沃军政当局

请立即通过你们自己所了解的一些可靠的共产党员

——对所附申请书进行严格的和绝对公正的审查;

——关于职员和高级技术人员占用了多少房屋、住宅和房间(所住人数)写出一份**准确**、切实的报告;

——查清是要求把工厂的哪座房屋拨给保育院,能拨给哪座;

——准确查清此事本应由谁主管以及负责人员和调查人员的**姓名**和住址。

执行情况立即向我报告,寄来或捎来均可。

国防委员会主席
**弗·乌里扬诺夫（列宁）**

载于1933年《列宁文集》俄文版
第24卷

译自《列宁全集》俄文第5版
第51卷第7—8页

# 14

# 给南方面军革命军事委员会的电报

## （7 月 8 日）

**立即拍发**

**科兹洛夫　南方面军革命军事委员会**

全俄总参谋部给了我一份经库尔斯基核实的准确的报告，说从 5 月 15 日到 7 月份以前共为南方面军完成 7 万名征兵指标，从 7 月 1 日到 7 日又完成 22 000 名。如尚未抵达，请迅速采取特别措施并立即告诉我：你们是否仍坚持征召 18 岁的人入伍，暂时征召其他的人不是更好吗？**12**

国防委员会主席　**列宁**

1919 年 7 月 8 日

载于 1940 年《无产阶级革命》杂志
第 1 期

译自《列宁全集》俄文第 5 版
第 51 卷第 8 页

# 15

# 致埃·马·斯克良斯基

1919 年 7 月 8 日

致副陆军人民委员斯克良斯基同志

请对费多尔·施图尔梅尔（也许是施图尔明）同志的申请**13**，

派人调查一下,如调查结果证明其请求合法,请予以满足。对地方当局的不正确做法要认真查清并将调查结果**向我报告**。

国防委员会主席　**列宁**

附上下列文件:

(1)1919年6月20日发的证明,

(2)1919年4月29日发的第96号证明,

(3)费·施图尔梅尔的来信。

载于1933年《列宁文集》俄文版
第24卷

译自《列宁全集》俄文第5版
第51卷第8—9页

# 16

# 发往下诺夫哥罗德的电报

1919年7月8日

下诺夫哥罗德
水运管理局

请电告全俄中央执行委员会的轮船"红星"号现在何处。请询问该船能否在喀山等一等高尔基并给他安排一间客舱。此事务请办到。

人民委员会主席　**列宁**

载于1933年《列宁文集》俄文版
第24卷

译自《列宁全集》俄文第5版
第51卷第9页

# 17

# 致阿·马·高尔基

1919年7月8日

彼得格勒　　斯莫尔尼

或克龙韦尔克大街23号

高尔基

务请于明日或不迟于星期四赶来。急需面谈。

**列　宁**

载于1933年《列宁文集》俄文版　　　　　　　译自《列宁全集》俄文第5版
第24卷　　　　　　　　　　　　　　　　　　第51卷第9页

# 18

# 发往下诺夫哥罗德的电报

（7月9日）

直达电报

立即拍发

下诺夫哥罗德

省执行委员会主席

粮食人民委员部伏尔加运输委员会主席

省粮食委员

省军事委员

下诺夫哥罗德为莫斯科装运粮食的工作因缺乏装载工具而受

到耽搁。莫斯科缺粮情况极为严重，所以务必采取措施竭尽全力将粮食人民委员部指定的粮食立即装船运往莫斯科。命令军政当局刻不容缓动员工人和士兵立即装粮。电告执行情况。玩忽职守或办事不力者按战时法律惩处。

人民委员会主席    **列宁**①

载于1931年《列宁文集》俄文版
第18卷

译自《列宁全集》俄文第5版
第51卷第10—11页

# 19

## 给维·阿·拉杜斯－曾科维奇的电报

1919年7月11日

**立即拍发**

萨拉托夫
省执行委员会主席曾科维奇
并转雅罗斯拉夫斯基、克雷连柯、
普拉克辛和省粮食委员

请立即通过绝对可靠和办事公正的人核实下列情况：谢尔盖·马雷舍夫带领驳船商店**14**在沃利斯克和巴拉科沃工作得很出

---

① 签署该电的还有革命军事委员会副主席埃·马·斯克良斯基和粮食人民委员亚·德·瞿鲁巴。——俄文版编者注

色,是真的吗? 其次,听说伏尔加河左岸年成极好,只是收割人手不足,是吗? 需要从北方各省调去几千人? 何时调去为宜? 彼得格勒和莫斯科已经没有粮食了。需要采取果敢措施。请立即回电准确答复。

国防委员会主席　列宁

载于 1933 年《列宁文集》俄文版
第 24 卷

译自《列宁全集》俄文第 5 版
第 51 卷第 11 页

## 20

# 给克·格·拉柯夫斯基、
# 尼·伊·波德沃伊斯基和
# 乌克兰全体军事委员的电报

### (7 月 11 日)

**基辅　拉柯夫斯基**同志、**波德沃伊斯基**同志、
**乌克兰全体军事委员**
抄送:农业人民委员部　**美舍利亚科夫**

据悉有些军事委员、个别部队在乌克兰共和国国营农场侵吞财物,宰杀牲畜,毁坏农具,致使农场遭到破坏,将给收割丰收的庄稼带来无穷的灾难。请采取一切措施立即制止此类犯罪行为,对国营农场实行有效的保护,查办罪犯,否则,你们将受到严厉追究。

急速电告所采取的措施和收到的效果。

人民委员会主席　列宁

译自《列宁全集》俄文第 5 版
第 51 卷第 12 页

# 21

# 给图拉五金工人代表大会的电报

(7 月 11 日)

图拉　五金工人代表大会主席团

（抄送：梅利尼昌斯基）

衷心欢迎图拉五金工人代表大会大量增产武器等等的决定。[15]请每月来信（寄来或捎来）告诉我，在贯彻你们的各项决定方面取得了哪些实际成就。

列　宁

载于 1933 年 2 月 23 日《真理报》
第 53 号

译自《列宁全集》俄文第 5 版
第 51 卷第 12 页

# 22

# ☆给下诺夫哥罗德水运管理局的电报

## （7 月 12 日）

### 抄送：粮食人民委员部伏尔加运输委员会

据悉卡马河与别拉亚河地区已有 394 914 普特粮食装上驳船，但驳船迄未发出。又悉根据国防委员会主席命令派到卡马河与别拉亚河去的运油驳船中有一艘失踪。兹命令：装好的驳船要马上发出，失踪的运油驳船要立即找到。运送粮食稍有耽搁都会造成种种困难，从而危害革命事业。请全力以赴并经常地向我们提供完全准确的报告。

国防委员会主席　**列宁**[①]

载于 1933 年《列宁文集》俄文版
第 24 卷

译自《列宁全集》俄文第 5 版
第 51 卷第 13 页

# 23

# 致尼·彼·哥尔布诺夫

## （7 月 14 日以前）

请查明在组织从塞兹兰县页岩中提取燃料和开采喀山石油方

---

[①]　签署该电的还有粮食人民委员亚·德·瞿鲁巴。——俄文版编者注

面已做了些什么?[16]

译自《列宁全集》俄文第 5 版
第 54 卷第 417 页

## 24

## 给阿·伊·斯维杰尔斯基的便条和
## 俄共(布)中央决定草案

(不晚于 7 月 15 日)

我同意。请征集中央委员克列斯廷斯基、加米涅夫等人的签名。

在报上不容许讨论提高粮食和其他食品固定价格问题[17],也不容许涉及这个问题。

列 宁

译自《列宁文集》俄文版第 37 卷
第 163 页

# 25

# 给约·维·斯大林的电报

## （7 月 15 日）

西方面军革命军事委员会
斯大林

第 1 号来信已收到。

吉季斯如尚未出发，明日一定出发。谢尔戈和索洛古布已经出发。谢尔盖·梅德维捷夫病了。斯米尔加已吩咐多给一些工作人员。对南线，我们正在采取措施。加米涅夫、斯米尔加、古谢夫和谢列布里亚科夫今天到那里去。①

祝贺攻克叶卡捷琳堡。

**列　宁**

载于 1959 年《列宁文集》俄文版
第 36 卷

译自《列宁全集》俄文第 5 版
第 51 卷第 13—14 页

---

① 该电除首尾两句外，列宁都画了着重线，并在页边注明："密码"。——俄文版编者注

# 26
# 致雅·斯·加涅茨基

## （7月16日）

### 1

加涅茨基：请拟回电。

### 2

加涅茨基：这份电稿不行。必须这样写：已答应在多长时间内给你们多少钱。已于某月某日寄去多少，将于某月某日再寄多少。

请立即按此意重拟。[18]

载于1926年4月22日《消息报》
第92号

译自《列宁全集》俄文第5版
第51卷第14页

# 27
# 给克·格·拉柯夫斯基的电报

## （7月16日）

### 基辅　人民委员会
### 拉柯夫斯基

"已往基辅和哈尔科夫各寄3亿卢布，明日往叶卡捷琳诺斯拉夫和敖德萨各寄 1 亿卢布。下周共寄 5 亿卢布,以后每周寄 35 000 万卢布。**克列斯廷斯基**"

把这份答复转给您,不知是否满意,如不满意,究竟有何要求,盼告。

**列　宁**

译自《列宁全集》俄文第 5 版
第 51 卷第 14—15 页

# 28

# 给第 26 师政治委员的电报

## (7 月 16 日)

为答复第 3 旅政治委员的来电,国防委员会于 7 月 16 日作出决议,准许在当前情况下有组织地收割庄稼,但要保护当地农民的利益,而且丝毫不得耽误军事行动。打下的粮食应送交西方面军。报告执行情况。

国防委员会主席　**列宁**

载于 1942 年《列宁文集》俄文版
第 34 卷

译自《列宁全集》俄文第 5 版
第 51 卷第 15 页

## 29

# 给米·米·拉舍维奇和
# 康·康·尤列涅夫的电报

1919 年 7 月 17 日

辛比尔斯克

东方面军革命军事委员会

拉舍维奇、尤列涅夫

祝贺胜利[19]。

应采取特别措施:第一,不要让乌拉尔的工人把武器偷走,以防他们有害的游击习气发展起来;第二,不要让西伯利亚的游击习气瓦解我们的军队。

电告你们的意见,同时告知同方面军新任司令[20]是否能协力共事,并详告巴什基尔的情况[21]。

列　宁

载于 1942 年《列宁文集》俄文版
第 34 卷

译自《列宁全集》俄文第 5 版
第 51 卷第 15—16 页

# 30

# 给约·维·斯大林的电报

1919年7月17日

西方面军革命军事委员会
斯大林

伦茨曼和彼得松从列日察来电请求,要我下令暂不更换原拉脱维亚各团的名称。现将他们的要求转给您。[22]

**列 宁**

载于1942年《列宁文集》俄文版
第34卷

译自《列宁全集》俄文第5版
第51卷第16页

# 31

# 致阿·马·高尔基

1919年7月18日

亲爱的阿·马·:

到这里来休息一下吧——我常到乡下去住两天,在那里我可以给您安排得很好,短时期或者较长时期都行。

说真的,请来吧!

电告**何时来**；我们给您定铺位，这样路上会舒服些。您真该稍微换一换空气。盼复！

您的　**列宁**

发往彼得格勒

载于1928年3月29日《真理报》
第75号和《消息报》第75号

译自《列宁全集》俄文第5版
第51卷第16页

## 32

# 在约·维·斯大林来电上的批示

（7月18日）

**莫斯科　克里姆林宫　列宁**

目前明斯克前线的形势不大好。德文斯克也并不好些，而卢贝内茨更糟。我部已疲惫不堪。后备队要一个月后才用得上。而敌人却不愿等待。皮尔苏茨基正待在莫洛杰奇诺附近某地，夸口将要攻下明斯克。波兰人的计划是：打到第聂伯河，然后动用俄国的白卫军，并预先拼凑一个像柯政府那样的俄国政府。据可靠消息说，在华沙已在组建一个俄国军。如果您能给我们派来一个顶用的师，我们现在是能够扭转局面的。我担心您现在做不到这一点，可是如果再晚一些，一个月以后，三个师也不够。我们现在不能再在原地待下去了，因为明斯克和德文斯克将会白白丢掉。因此，我们决定进攻，在行进中整顿和巩固部队。也许这样做能收到一些效果。少数民族的部队使事情有些麻烦，应把他们换掉。集团军司令毫不中用，只能坏事。您给我的回信，我还没从斯摩棱斯克收到。请把这封密码电报读给斯克良斯基听听。日内我将到斯摩棱斯克去。

**斯大林**

密

### 致斯米尔加

必须在共和国革命军事委员会**认真讨论**。①

列　宁

7 月 18 日

载于 1959 年《列宁文集》俄文版
第 36 卷

译自《列宁全集》俄文第 5 版
第 51 卷第 17 页

## 33

# 给约·维·斯大林的电报

莫斯科

1919 年 7 月 18 日

西方面军革命军事委员会
斯大林

共和国革命军事委员会即将讨论您的请求。斯克良斯基说，如果还能从东线抽调，则应调往南线。明日斯米尔加和总司令**23**将从南线到这里来。②

列　宁

载于 1942 年《列宁文集》俄文版
第 34 卷

译自《列宁全集》俄文第 5 版
第 51 卷第 18 页

---

① 列宁 7 月 18 日给斯大林的回电见下一号文献。——编者注
② 列宁在电文上画了着重线，并在页边注明："密码"。——俄文版编者注

# 34

# 给东方面军革命军事委员会的电报

1919 年 7 月 19 日

辛比尔斯克

东方面军革命军事委员会

请代表我向第 2 集团军和第 5 集团军祝贺胜利。必须同政治工作人员一起详细讨论并实行反对游击习气的具体措施。报告执行结果。

国防委员会主席　**列宁**

载于 1938 年 2 月 23 日《真理报》第 53 号

译自《列宁全集》俄文第 5 版第 51 卷第 18 页

# 35

# 在莫斯科肃反委员会
# 总务处账单上的批语

(7月19日)　　　　莫斯科肃反委员会总务处

### 给弗拉基米尔·伊里奇的账单

| 数　　量 | 购 领 物 品 | 价　　格 | | 总　　计 | |
|---|---|---|---|---|---|
| | | 卢　布 | 戈　比 | 卢　布 | 戈　比 |
| 一　双 | 靴　子 | | | | |
| 一　套 | 衣　服 | | | | |
| 一　副 | 背　带 | | | | |
| 一　条 | 腰　带 | | | | |

共计　壹仟肆佰壹拾柒卢布柒拾伍戈比

总务处处长

附上2 000(贰仟)卢布,请——而且坚决要求——将这一显然少算钱的账单改正过来。

### 弗·乌里扬诺夫(列宁)

7月19日

译自《列宁全集》俄文第5版
第51卷第19页

# 36

# 致最高国民经济委员会汽车处

1919 年 7 月 19 日

致最高国民经济委员会汽车处

（运输局）

为了使卡尔梅克族的代表所担负的极为重要的军事政治任务取得最大的成就，建议最高国民经济委员会汽车处把"菲亚特"公司的 60—90 马力的汽车一辆连同一切必要的零件和附件调拨给他们。

人民委员会主席

**乌里扬诺夫（列宁）**[1]

译自《列宁文集》俄文版第 39 卷第 209 页

# 37

# 致弗·巴·米柳亭和帕·伊·波波夫[24]

（7 月 22 日）

**致米柳亭**和**波波夫**

**计算一下**，我们每月大约需要多少亿，如果

---

① 　签署该文献的还有莉·亚·福季耶娃。——俄文版编者注

(1)粮食价格上涨四倍；

　　　　(两倍)

(2)供给农民的工业品价格不固定,使之尽量提到农民所能支付的最高价格；

(3)向工人和职员按原来的价格出售粮食和工业品；

(4)乌克兰、乌拉尔、伏尔加左岸、西西伯利亚一部分及顿河区也都要考虑在内；

(5)粮食按地区划价；

(6)大致计算一下,如工资和薪金提高10％,需要多少亿。

载于1933年《列宁文集》俄文版
第24卷

译自《列宁全集》俄文第5版
第51卷第19—20页

# 38

# 致莉·亚·福季耶娃[25]

## (7月22日)

**绞死**(1)**国防委员会和人民委员会**秘书处,

(2)粮食人民委员部,

(3)邮电人民委员部,

(4)陆军人民委员部,

作为对拖拉和延误的惩罚。

载于1933年《列宁文集》俄文版
第24卷

译自《列宁全集》俄文第5版
第51卷第20页

# 39

# 给米·瓦·伏龙芝的电报

1919 年 7 月 25 日

东方面军革命军事委员会

伏龙芝

我军在布祖卢克以南,在乌拉尔斯克附近和察廖夫附近的失利与受阻使我极为担忧。请加倍注意并请更准确些向我报告情况。恢复通往乌拉尔斯克的铁路①极为必要。[26]

国防委员会主席    列宁

载于 1941 年莫斯科出版的《米·瓦·
伏龙芝在内战前线。文件汇编》一书

译自《列宁全集》俄文第 5 版
第 51 卷第 20—21 页

---

①    列宁在电文中"我军在……请加倍注意"和"恢复通往乌拉尔斯克的铁路"两
处画了着重线并在页边注明:"密码"。——俄文版编者注

# 40

# 给尼·瓦·克雷连柯的电报

1919年7月25日

　　　　萨拉托夫

　　　　　省执行委员会

　　　　　全俄中央执行委员会特派员

　　　　克雷连柯

　　征购指标不得削减,因为那是给部队的粮食,超额征购的粮食全部发往莫斯科粮食人民委员部。请准确报告究竟有多少粮食,都在什么地方。

　　　　　　　　国防委员会主席　　**列宁**

载于1933年《列宁文集》俄文版
第24卷

译自《列宁全集》俄文第5版
第51卷第21页

# 41

# 在彼·伊·沃耶沃金来电上
# 作的标记和批示

(7月25日)

　　……萨马拉省年成之好是几十年来所未有的。但由于缺乏必要的人手,萨马拉省(它一个省即可养活饥饿的苏维埃俄国)即将到手的大丰收有丧失的危险。必须把全部空闲人手立即调往伏尔加河流域并给农民运来沥青、焦油和现有的工具。

"十月革命"号列车政治委员

**沃耶沃金**

$$
\left.\begin{array}{l}
(1)斯维捷尔斯基\\
(2)格列博夫\\
(3)谢列达
\end{array}\right\}
\quad
\left.\begin{array}{l}
必须全力以赴,明日(7月26日)\\
白天用电话向我报告\\
做了哪些工作。
\end{array}\right\}
$$

载于1933年《列宁文集》俄文版 第24卷

译自《列宁全集》俄文第5版 第51卷第21—22页

# 42

# 给列·达·托洛茨基的电报

1919年7月28日

密码

### 致托洛茨基

发往他的所在地

中央政治局讨论了您的第277/c号来电,完全赞同您的意见:在坚决执行业已通过的计划[27]时,任何动摇都是危险的。政治局完全承认总司令的作战权威,请您向全体负责干部作相应的解释。政治局决定增补斯米尔加、谢列布里亚科夫和拉舍维奇为南方面军革命军事委员会委员。①

译自《列宁全集》俄文第5版
第51卷第22页

# 43

# 给列·达·托洛茨基的电报

## （7月29日）

**致革命军事委员会主席托洛茨基**

您在乌克兰,对那里的情况当然已了解清楚。请报告:该地部队的状况和抵抗邓尼金的能力如何,那里是否终于采取了十分认真的措施,他们是否有能力自卫,他们是否经常指导工人和农民在邓尼金占领区特别是在邓尼金军队中做秘密的组织工作以及动员乌克兰人的工作,乌克兰的共产党员是否都了解形势的全部严重性。

**列　宁**

1919年7月29日

译自《列宁全集》俄文第5版
第51卷第23页

---

①　接着列宁写道:"受中央委员会委托　**斯塔索娃**"。——俄文版编者注

# 44

# 致库恩·贝拉[28]

(7 月 29 日)

　　亲爱的库恩·贝拉同志：请不要过于激动和绝望。您对契切林和拉柯夫斯基的指责或怀疑是绝对没有根据的。我们大家工作得极其和谐。我们了解匈牙利严重而危险的形势，而且正在尽我们的能力来做。但是迅速援助有时是力所不及的。请努力尽可能多坚持些时间。每一周都是宝贵的。请在布达佩斯储存物资，加固城防。希望您采取我向巴伐利亚人推荐过的那些措施。[①] 致崇高的敬礼并紧紧握手。尽力坚持，胜利是属于我们的。

您的　列宁

载于 1959 年《列宁文集》俄文版　　　　　　译自《列宁全集》俄文第 5 版
第 36 卷　　　　　　　　　　　　　　　　第 51 卷第 27—28 页

# 45

# 致阿·马·高尔基

1919 年 7 月 31 日

　　亲爱的阿列克谢·马克西莫维奇：我愈是细读您的信，愈是考

---

　　① 见本版全集第 36 卷第 311—312 页。——编者注

虑来信中的结论和信中所说情况(以及我们会面时您所谈的情况)
的联系,我便愈加确信,不论是这封信,还是您的结论和您的一切
印象,都是完全不健康的。

彼得格勒是近来最不健康的地方之一。这也是可以理解的,
因为它的居民经受的苦难最多,工人献出的优秀力量也最多,饥荒
很严重,军事危险也很严重。您的神经显然经受不住了。这是不
奇怪的。人家劝您换个地方,而您却固执己见。把自己的神经折
磨到病态的地步是极不明智的,就是出于最简单的考虑,也是不明
智的,更不用说从其他方面考虑了。

您的信和您的谈话一样,包含了许多不健康的印象,因而使您
得出了不健康的结论。

您从痢疾和霍乱谈起,而且一下子就发出一种不健康的怨恨:
"博爱、平等"。这么说来,好像这个被围困的城市遭受贫穷、困苦
和疾病,都是共产主义的过错!!

接着,您说了一些我简直无法理解的狠狠攻击"低级"文学(什
么文学? 为什么与加里宁有关?)的刻薄话。而结论是:"残存的极
少数有理智的工人"说,他们被人"出卖""给农夫当俘虏了"。

这就毫无道理了。怎么? 难道是要指控加里宁把工人出卖给
农夫吗? 听来就是这个意思。

而能无中生有说出这种话来的,无非是些非常幼稚、非常愚
蠢、用"左的"词句代替理智的工人,或者是受尽刺激、横遭折磨、忍
饥挨饿、疾病缠身的工人,或者是很善于歪曲一切、很会抓住任何
一件小事来发泄自己对苏维埃政权的疯狂仇恨的"残存的贵族"。
您在信中也提到了这些残余分子。他们的情绪对您产生了很坏的
影响。

您来信说,您看到"各种不同阶层的人"。看到是一回事,在整个生活中天天接触又是一回事。由于您的职业使您不得不"接见"几十个满怀怨恨的资产阶级知识分子,还由于生活环境的缘故,您感受最深的是这些"残余分子"。

似乎"残余分子""对苏维埃政权抱有一种近似同情的感情",而在"大多数工人"中却出盗贼,出混进来的"共产党员"等等! 于是您竟然得出"结论"说:干革命不能靠盗贼,不能不要知识分子。

这完全是病态心理,它在满怀怨恨的资产阶级知识分子的环境中变得更加厉害了。

我们正采取一切办法吸引知识分子(非白卫分子)去同盗贼作斗争。在苏维埃共和国,**真心诚意**帮助工农而不是终日埋怨和恶毒漫骂的资产阶级知识分子的百分比正**逐月增长**。这在彼得格勒是不可能"看到"的,因为在彼得格勒这个城市里失去地位(和理智)的资产阶级分子(和"知识分子")特别多。但是,对整个俄国说来,这却是无可争辩的事实。

在彼得格勒或从彼得格勒的角度观察事物的人,只有非常通晓**政治**,具有特别丰富的政治经验,才会确信这一点。而您不具备这一切。您既不搞政治,也不观察政治建设的**工作**,而是从事一种特殊职业。这种职业使您受到那些满怀怨恨的资产阶级知识分子的包围;这是些什么都不了解、什么都没有忘记、什么都没有学到的人,在**最好**最难得的情况下,也不过是些徬徨迷惘、悲观绝望、呻吟叹息、死抱着旧偏见、惶恐不安、自己吓唬自己的人。

要**观察**,就应当到下面去观察——那里可以**观察到**建设新生活的情况;应当到外地的工人居住区或到农村去观察——那里用不着在政治上掌握许多极复杂的材料,只要观察就行了。您没有这样做,而是把自己置于翻译作品之类的专职编辑的地位。处于这种地位观察不到新生活的新建设,而会把全部精力都花在听取那些不健康的知识分子的不健康的埋怨上,花在观察处于严重军事危险和极度贫困之中的"故"都上。

您使自己处于这样的地位,就**不能**直接观察到工人和农民,即俄国十分之九的人口生活中的新事物;在这种地位上您只能观察故都生活的片断,那里工人的精华都到前线和农村去了,剩下的是多得不合比例的失去地位、没有工作、专门"包围"您的知识分子。劝您离开,您又执拗地拒绝。

显然,您把自己搞病了:您来信说,您感到生活非但很痛苦,而且"非常厌恶"!!! 那是必然的! 在这种时候把自己困在一个最不健康的地方,去担任一个文学翻译作品的编辑(对于观察人,对于一个艺术家来说,这可真是最适当的工作!)。无论是部队里的新事物,或是农村里的新事物,或是工厂里的新事物,您作为一个艺术家,在这里是**不可能**观察到并进行研究的。您剥夺了自己做那种能够使艺术家得到满足的事情的机会——一个政治家可以在彼得格勒工作,但是您不是政治家。今天看到的是无端打碎的玻璃,明天听到的是枪声和狱中的哀号声,还有留在彼得格勒的非工人中最疲惫的人的片言只语,然后是从知识分子,没有首都的首都知识分子那里得来的万千印象,以及从受委屈者那里听到的千百种怨言,在编辑工作之余**不可能**看到任何建设生活的情况(这种建设是按独特方式进行的,而在彼得格勒又最少见),——这怎么会不把自己弄到对生活非常厌恶的地步呢。

全国都在投入同全世界资产阶级的激烈斗争,因为全世界资产阶级正在为他们的被推翻而疯狂地实行报复。这是自然的。为了报复第一个苏维埃共和国，第一批打击**从四面八方**袭来。这也是自然的。在这种情况下，要么应当过一种积极的政治家的生活，要么应当作为一个艺术家（如果无意于政治的话），去观察人们怎样以新的方式建设生活，但不是在对首都举行疯狂进攻、同各种阴谋作激烈斗争、首都知识分子疯狂发泄仇恨的中心城市，而是在农村或外地的工厂（或前线）。在那里，只要简单观察一下，就能很容易区别旧事物的腐朽和新事物的萌芽。

生活使您厌恶，和共产主义的"分歧在加深"。分歧在哪里呢，无法理解。您丝毫没有指出政治上或思想上的分歧。其实这是两种人的**情绪**的分歧：一种人从事政治或者致力于最激烈的斗争，另一种人则人为地置身于无法观察新生活而被资产阶级大首都的腐败印象所折服的境地。

对您的信我率直地说出了我的想法。从（和您的）谈话中，我早就有了这样的想法，但是，您的信把我从您的谈话中得到的全部印象固定了，深化了，完成了。我不想强迫您接受我的劝告，但是我不能不说：您要彻底改换环境，改换接触的人，改换居住的地方，改换工作，否则生活会使您完全厌恶。

紧紧握手！

您的　**列宁**

发往彼得格勒

载于 1925 年《红色史料》杂志
第 1 期

译自《列宁全集》俄文第 5 版
第 51 卷第 23—27 页

# 46

# 给约·维·斯大林的电报

## （8 月 1 日）

### 西方面军革命军事委员会　斯大林

愈来愈多的情报证明，彼得格勒的情况万分危急。您要尽力加速增援。您是否应当亲自在那里采取果敢措施。

列　宁

1919 年 8 月 1 日 21 时 30 分

译自《列宁文集》俄文版第 37 卷
第 165 页

# 47

# 给阿·巴·罗森霍尔茨的电报[①]

## （8 月 1 日）

受电人：第 7 集团军革命军事委员会　罗森霍尔茨

全用密码

无论如何要守住彼得格勒，为此是否采取了一切措施？答应

---

① 列宁在电报背面写道：“**立即**将此电和给斯米尔加的电报送交秘书”。——俄文版编者注

给你们派去的增援部队我们正在催促,但是他们的到达还需要时间。要尽最大的努力。

列  宁

载于1942年《列宁文集》俄文版  
第34卷

译自《列宁全集》俄文第5版  
第51卷第28页

48

# 给博格达齐扬和
# 亚·格·施利希特尔的电报

（8月2日）

**基辅   中央军事统计分配委员会①   博格达齐扬、**
**粮食人民委员部   施利希特尔**
**抄送：基辅   拉柯夫斯基、交通人民委员部扎尔科、**
**国防委员会特派员克桑德罗夫**

为了疏散,请采取措施立即把乌克兰粮食人民委员部在基辅现有的250车皮布匹发往布良斯克或奥廖尔（看往哪里发更方便）,交粮食人民委员部。发送的情况请通知莫斯科疏散委员会、

---

① 即乌克兰工农国防委员会中央军事统计分配委员会。——编者注

国防委员会和粮食人民委员部。

国防委员会主席　**列宁**①

1919 年 8 月 2 日

载于 1933 年莫斯科出版的瓦·瓦·
佛敏《列宁和运输业》一书

译自《列宁全集》俄文第 5 版
第 51 卷第 29 页

49

## 给克·格·拉柯夫斯基的电报

### (8 月 2 日)

您的来信[29]已收到。我们正在设法协助。重申必须把你们的全部力量最充分地调动起来,把所有特种部队转入战时状态,从事军事工作。全部任务是:你们起码要坚持两个月。您允许《开端报》[30]出版,我很惊讶;纵容孟什维克和社会革命党人这类恶棍是您不坚定的一种表现。

**列　宁**

1919 年 8 月 2 日

译自《列宁文集》俄文版第 38 卷
第 269 页

---

①　签署该电的还有国防委员会疏散委员会主席瓦·亚·阿瓦涅索夫、委员弗·古·格罗曼和尼·博·埃斯蒙特。——俄文版编者注

# 50

# 给谢·米·基洛夫的指示[31]

## (不晚于 8 月 3 日)

阿斯特拉罕必须坚守到底。

载于 1940 年出版的《谢尔盖·
米龙诺维奇·基洛夫传略。
1886—1934》一书

译自《列宁全集》俄文第 5 版
第 51 卷第 42 页

# 51

# 致格·瓦·契切林[32]

## (8 月 3 日或 4 日)

契切林同志:

便条和无线电讯均已收到。依我看,此事不值得认真看待,也不必急于答复。最好先等一等,嘲笑一番再说。今天我们就交给报刊写文章**加以嘲笑**,并指示编辑要尽量辛辣地嘲笑(暗示:他们发自布达佩斯的消息不就是这样吗?),要再次痛骂孟什维克和社会革命党人是些卑鄙的家伙。我很快就回来,到时再谈。

您的  **列宁**

译自《列宁全集》俄文第 5 版
第 51 卷第 29 页

# 52

# 在西伯利亚事务委员会来信上的批示

## （8月5日）

### 致人民委员会

鉴于现有宣传品不够而且对西伯利亚不甚适用,西伯利亚事务委员会成立了一个专门写作组,以便在最短期间内写出一些宣传鼓动性的小册子、传单及宣传画……

沃罗夫斯基同志:

请予**大力**协助。

**弗·乌里扬诺夫（列宁）**

8月5日

载于1945年《列宁文集》俄文版第35卷

译自《列宁全集》俄文第5版第51卷第30页

# 53

# 致列·达·托洛茨基

## （8月7日）

中央政治局讨论了您提出的那些极为严重的问题[33],命令您根据总司令给南方面军和第12集团军的指示处理这些问题,该项指示将立即转去。

政治局坚决主张,非万不得已不得放弃敖德萨。①

代表中央政治局　**列宁**②

载于 1942 年《列宁文集》俄文版
第 34 卷

译自《列宁全集》俄文第 5 版
第 51 卷第 30 页

<h1 style="text-align:center">54</h1>

<h1 style="text-align:center">给格·叶·季诺维也夫的电报</h1>

1919 年 8 月 7 日

彼得格勒

斯莫尔尼

季诺维也夫

现已完全查明:只有彼得格勒能为弹药工厂提供工人。无论如何要让谢斯特罗列茨克工厂和制管厂立即提供全部所要的工人。拖延是不容许的,是犯罪,因为没有弹药,我们就会灭亡。请全力催促并监督执行。

**列　宁**

载于 1933 年《列宁文集》俄文版
第 24 卷

译自《列宁全集》俄文第 5 版
第 51 卷第 31 页

---

① 见本卷第 59 号文献。——编者注
② 签署该文献的还有列·波·加米涅夫,由列宁代笔。——俄文版编者注

# 55

# 致格·叶·季诺维也夫

## (8月7日)

您把我害苦了！也许是您那位**约诺夫**干的。

在小册子里没有把我的序或跋印出来。[34]我把它**寄给您**了。请派人认真调查。一定要找到这篇跋。请转告有关人员，为此我再也不往彼得格勒寄什么东西了。

**列　宁**

8月7日

载于1933年《列宁文集》俄文版
第24卷

译自《列宁全集》俄文第5版
第51卷第31页

# 56

# 致俄共(布)中央组织局

8月8日

### 致中央组织局

刚才又从**可靠**方面获悉，一些部务委员在**挨饿**(例如，交通人民委员部的马尔柯夫等人)。我最坚决地主张，中央委员会应指示

中央执行委员会:(1)发给全体部务委员(以及职位**相近的人**)各 5 000 卢布作为一次性补助;

（2)使他们的生活能够经常保持在专家的**最高水平**上。

否则,实在不太好:连本人带家属都在挨饿!!

必须给这 100—200 人增加一些营养。

载于 1933 年《列宁文集》俄文版
第 24 卷

译自《列宁全集》俄文第 5 版
第 51 卷第 32 页

# 57

# 给叶韦茨基的电报

## (8 月 8 日)

### 南方面军供给工作负责人叶韦茨基

7 月份已给您发去大量军服和军鞋。

尽管如此,南方面军各集团军中仍有一些部队缺鞋少衣。

我命令您采取坚决措施,立即将所收到的东西分发给需要这些东西的部队,否则将严格追究个人责任。[1]

国防委员会主席    **列宁**

载于 1942 年《列宁文集》俄文版
第 34 卷

译自《列宁全集》俄文第 5 版
第 51 卷第 32 页

---

[1]    在电报的上方列宁写道:"斯克良斯基同志:请用密码或明码发出,看怎样更方便。**列宁**。8 月 8 日"。——俄文版编者注

# 58

# 在弗·伊·涅夫斯基
# 报告上的批示[35]

（不早于 8 月 8 日）

致教育人民委员
卢那察尔斯基同志

1919 年 8 月 8 日

　　鉴于全俄中央执行委员会中央苏维埃工作和党务工作学校转归您部所管辖,请求您在发给增加学员营养的必需品方面给予全力和紧急的援助。现在学员中有人身体极度虚弱,患有坏血病、贫血,而且学员普遍虚弱,学员总数是 1 100 人。近日登记<u>患坏血病者有 7 人</u>。学员课业繁重,每昼夜 8—10 小时,<u>而军需机关只拨给大量的菜苗,干菜;根本不给面粉</u>,<u>食油</u>,<u>马铃薯和其他维持健康所必需的食品</u>。因此,学校无力提供质量稍好的伙食。学校行政部门为弄到食品所作的一切努力至今都无成效,如果您,卢那察尔斯基同志,在此时刻不能对我校予以帮助,那么今后任何工作都无法

　　斯维杰尔斯基同志:**必须采取紧急援助措施。请准确地**告诉我（**不得晚于明天**）,你们拨给多少。

想象。

校长　**弗·涅夫斯基**
秘书　**科科扎诺娃**

译自《列宁文集》俄文版第 37 卷
第 165—166 页

# 59

# 给列·达·托洛茨基的电报

## （8月9日）

**密码**
··

**致托洛茨基**

抄送：拉柯夫斯基

中央政治局请您向所有负责干部传达中央的指令：尽一切可能守卫，坚守敖德萨和基辅，保持住它们之间以及它们和我们之间的联系，直至战到最后一滴血。这是关系到整个革命命运的问题。请记住：我们的援助不久就会到来。

代表中央政治局　　**列宁**[1]

载于 1942 年《列宁文集》俄文版
第 34 卷

译自《列宁全集》俄文第 5 版
第 51 卷第 33 页

---

[1]　签署该电的还有列·波·加米涅夫和叶·德·斯塔索娃，由列宁代笔。——俄文版编者注

# 60

# 致埃·马·斯克良斯基

(8 月 10 日)

斯克良斯基同志:我身体不适,只得卧床休息。

**因此回信请派通讯员送来。**

沃罗涅日方向的进攻拖延下来(从 8 月 1 日至 10 日!!!)是非常可怕的。邓尼金取得了巨大的胜利。

这是怎么回事呢? 索柯里尼柯夫说,我们在那里(沃罗涅日附近)有**四倍**于敌人的兵力。

究竟是怎么回事呢? 我们怎么能如此坐失良机呢?

告诉总司令,**这样不行**。必须**严加**注意。

是否要给南方面军革命军事委员会发出这样一封电报(抄送斯米尔加):

**密码。**

决不容许拖延进攻,因为拖延会把整个乌克兰送给邓尼金,会使我们毁灭。你们要对拖延进攻的每一天甚至每一小时负责。速告你们的理由以及何时开始坚决进攻的日期。

国防委员会主席　**列宁**

载于 1942 年《列宁文集》俄文版
第 34 卷

译自《列宁全集》俄文第 5 版
第 51 卷第 33—34 页

# 61

# 致全俄肃反委员会

## （8月12日）

**致全俄肃反委员会**

他们在莫斯科。

请予释放；把他们送往各自指定的地点，务必向我报告**执行情况**。[36]

国防委员会主席

**弗·乌里扬诺夫（列宁）**

译自《列宁文集》俄文版第38卷第270页

# 62

# 给伊·捷·斯米尔加、
# 米·米·拉舍维奇和
# 格·雅·索柯里尼柯夫的电报

## （8月13日）

**科兹洛夫**

**斯米尔加、拉舍维奇、索柯里尼柯夫**

请立即报告：重新部署与集中是否在全力进行？是否已采取

一切必要措施加快进度？战役将如期进行还是推迟？何时开始？鉴于乌克兰的形势，我很担心。我在等待拉舍维奇答复莫斯科提出的问题。

列　宁

8 月 13 日零时 30 分

载于1956 年莫斯科出版的弗·伊·列宁《军事书信集。1917 — 1920》一书

译自《列宁全集》俄文第 5 版第 51 卷第 34 页

# 63

# 致叶·德·斯塔索娃[37]

(8 月 13 日)

叶列娜·德米特里耶夫娜：这是一位党的老干部。是个很可贵的人。请来信告知，您想把她安排到哪里。

列　宁

8 月 13 日

载于1933 年《列宁文集》俄文版第 24 卷

译自《列宁全集》俄文第 5 版第 51 卷第 34 页

# 64

# 致卡·亚·库利戈夫斯基

## (8月13日)

切列波韦茨省

乌斯秋日纳县叶列米诺村

姆加—沃尔霍夫—雷宾斯克铁路工地

第6工区办事处技术员

卡济米尔·亚历山德罗维奇·库利戈夫斯基

来信收到。现在我没有可能请您本人前来。我并不怀疑,"混进来的"共产党员滥用职权、胡作非为这种事情时有发生。我们正在尽一切办法与之作斗争,但是,几乎全体资产阶级知识分子的怠工,大大增加了我们的斗争的困难。您可以收集某些事实,加以核实、研究和整理,并向我报告(用挂号信或托人捎来),这样我就可以派人去侦查、检查等等,您为什么不这样做呢? 依我看,这样最切实可行。

**弗·乌里扬诺夫**(列宁)

8月13日

译自1987年7月25日《真理报》
第206号

# 65

# 致米·康·弗拉基米罗夫

1919 年 8 月 14 日

亲爱的弗拉基米罗夫同志：解除您革命军事委员会委员的职务绝不意味着对您有丝毫不满意的地方。根本不是这样。中央委员会是为了开始对南方面军革命军事委员会进行**全面**改组才**不得不**这样做的。我相信，您在工作中同革命军事委员会的密切联系**不会**发生**任何**变化。收到此信后请回信，同时请告诉我，新的关系建立得怎样，您的工作中是否遇到过困难，如果遇到过，是些什么困难。

敬礼！

**列　宁**

载于 1959 年《列宁文集》俄文版
第 36 卷

译自《列宁全集》俄文第 5 版
第 51 卷第 35 页

# 66

# 给伊·捷·斯米尔加的电报

（8 月中旬）

致斯米尔加

发往沃利斯克革命委员会所在地

刚给您寄出一封信，随即收到您 16 日的来信[38]。

托洛茨基正在这里,看来要待一周左右。希望您能同他建立和谐的工作关系。您来谈谈不好吗? 不要急躁,不要过分挑剔。如不来,请更经常地通消息。

列　宁

译自《列宁全集》俄文第 5 版<br>第 51 卷第 35 页

# 67

# 给沃罗涅日省执行委员会的电报

1919 年 8 月 20 日

沃罗涅日<br>省执行委员会

请将最近一年沃罗涅日出版的各种孟什维克杂志寄来。

人民委员会主席　列宁

载于 1933 年《列宁文集》俄文版　　　　　　　译自《列宁全集》俄文第 5 版<br>第 24 卷　　　　　　　　　　　　　　　　　第 51 卷第 36 页

# 68

# 给第 10 集团军和第 4 集团军
# 革命军事委员会的电报

1919 年 8 月 20 日

两个受电单位：第 10 集团军革命军事委员会
第 4 集团军革命军事委员会
抄送：马克思施塔特（原叶卡捷琳娜城）
德意志人公社执行委员会

农民收割谷物对共和国至关重要。请下严格的命令：千方百计地保护农民收割，无情地枪毙抢劫者、暴徒以及军方的非法勒索者。报告执行情况。

国防委员会主席    **列宁**

译自《列宁全集》俄文第 5 版
第 51 卷第 36 页

# 69

## 给列·波·加米涅夫的批示[39]

### （8 月 22 日）

**列·波·加米涅夫**：要呈报政治局（或**立即**决定。**我同意**）并**立即**要求中央执行委员会主席团委员们向政治局报告。

译自《列宁文集》俄文版第 38 卷<br>第 271 页

# 70

## ☆致莫斯科苏维埃粮食局农业科

1919 年 8 月 23 日

你们随第 4936 号报告（1919 年 8 月 22 日）寄来的国营农场水果样品收到了。我恳请你们今后不要再这样做，水果之类的东西不要寄送了，但要告诉我：国营农场的水果之类产品一般是怎样分配的？是否分给医院、疗养院和孩子们？究竟分给哪些单位？各分多少？你们那里有多少国营农场？其管理委员会的组成情况如何？有多少农场寄送报告？报告已寄来多少份？在多长时间之内? 等等。

人民委员会主席

**弗·乌里扬诺夫(列宁)**

载于1945年《列宁文集》俄文版　　　　　译自《列宁全集》俄文第5版
第35卷　　　　　　　　　　　　　　　　第51卷第37页

# 71

# 致费·埃·捷尔任斯基

1919年8月23日

捷尔任斯基同志:

(1)对随函附上的文件[40],即对这次行动,务必**加倍**重视。要迅速、果断地进行**较大规模**的逮捕。

(2)《人民报》[41]同右派社会革命党人有**密切**来往。**不要封闭**该报,但应**跟踪侦察**他们。[42]

您的　**列宁**

译自《列宁文集》俄文版第37卷
第167页

# 72

# 给格·叶·季诺维也夫的电报

1919 年 8 月 26 日

彼得格勒

斯莫尔尼

季诺维也夫

请尽快把关于星期六义务劳动的全部材料搜集起来寄给我。

列　宁

载于 1933 年《列宁文集》俄文版
第 24 卷

译自《列宁全集》俄文第 5 版
第 51 卷第 37 页

# 73

# 给恩·奥新斯基的电报

1919 年 8 月 26 日

图拉

执行委员会　奥新斯基

抄送:兵器厂和弹药厂政治委员

不要强制动员兵器厂和弹药厂工人去从事其他任何工作,因为武器和弹药比什么都重要。报告执行情况。

国防委员会主席　**列宁**

载于 1933 年《列宁文集》俄文版　　　　　　　　译自《列宁全集》俄文第 5 版
第 24 卷　　　　　　　　　　　　　　　　　　　　第 51 卷第 38 页

74

# 给彼得格勒省肃反委员会主席的电报

1919 年 8 月 26 日

彼得格勒

省肃反委员会主席

请报告库尔金诺夫斯基案件的情况,他是在卡拉捷耶夫的住宅里被捕的,因为那里发现有收藏的古老武器;据说,他并不知情。[43]

人民委员会主席　**列宁**

载于 1933 年《列宁文集》俄文版　　　　　　　　译自《列宁全集》俄文第 5 版
第 24 卷　　　　　　　　　　　　　　　　　　　　第 51 卷第 38 页

# 75

## 给秘书的便条[44]

### （8 月 26 日）

明天请专文通知**食品科学技术**研究所，要他们三个月后提出一份关于用锯末制糖**实际**成果的**准确**而**完整的**材料。

载于 1933 年《列宁文集》俄文版
第 24 卷

译自《列宁全集》俄文第 5 版
第 51 卷第 38—39 页

# 76

## 给辛比尔斯克省肃反委员会的电报

1919 年 8 月 28 日

辛比尔斯克
省肃反委员会

不要强迫老人伊万·雅柯夫列维奇·雅柯夫列夫和他的妻子迁出住宅。报告执行情况。

人民委员会主席    **列宁**

载于 1933 年《列宁文集》俄文版
第 24 卷

译自《列宁全集》俄文第 5 版
第 51 卷第 39 页

# 77

# 给米·米·拉舍维奇的电报

## (8 月 28 日)

致拉舍维奇

马蒙托夫的得逞使我非常不安。[45]他破坏道路和仓库会给我们造成极大损失。是否采取了一切措施？行动够坚决、迅速吗？请更经常报告情况。

**列　宁**

载于 1942 年《列宁文集》俄文版
第 43 卷

译自《列宁全集》俄文第 5 版
第 51 卷第 39 页

# 78

# 致埃·马·斯克良斯基[46]

8 月 30 日

斯克良斯基同志：马尔柯夫今天对我说，现在起每天将有 7 列军车运送第 21 师，全师四天左右到齐(关于该师的消息之所以来迟，是因为暴风雨使电报中断两天)，以后每运一个师都需一周时间。马尔柯夫正全力以赴加快运输。

是否需要使用第 21 师整师或其一部(大部)坚决**彻底**全部**消灭**"拉舍维奇的教子们"？请仔细考虑。捉住"索柯里尼柯夫的教子"和彻底消灭"拉舍维奇的教子们"有很大的、**极大的**意义。

您的    **列宁**

载于 1942 年《列宁文集》俄文版
第 34 卷

译自《列宁全集》俄文第 5 版
第 51 卷第 40 页

# 79

# 给塔什干执行委员会的电报

## （8 月 30 日）

塔什干

执行委员会

抄发：全体铁路员工

鉴于苏维埃俄罗斯和苏维埃土耳其斯坦即将联成一片,必须立即竭力抢修机车与车辆。国防委员会命令动员机务段和修配厂的全部力量来参加这项工作。必须利用革命和红军的胜利来振兴土耳其斯坦和俄罗斯的经济生活。向红色土耳其斯坦致敬。

国防委员会主席    **列宁**

载于 1919 年 9 月 2 日《俄罗斯苏维埃
联邦土耳其斯坦共和国中央执行委员
会和塔什干工兵农代表苏维埃消息
报》第 188 号

译自《列宁全集》俄文第 5 版
第 51 卷第 40—41 页

# 80

## 给秘书的指示和
## 给埃·马·斯克良斯基的便条

### （8月底）

**秘密**。复制**两份**，一份附上这张便条寄给**斯克良斯基**同志。

斯克良斯基同志：由此可见，有人诿过于人。想必**根本没有派一支有战斗力的**部队去打马蒙托夫——这简直是耻辱，是革命军事委员会的失职，或者**完全是坐失良机**。

必须采取更强有力的措施！

列　宁

斯克良斯基：亲自检查，以便完全**保密**。①

**附言**：据铁路方面的人说，我们派去打马蒙托夫的部队**甚至不敢走出车厢**。

共和国革命军事委员会派出这样的军队真是**给自己丢脸**。

载于1942年《列宁文集》俄文版
第34卷

译自《列宁全集》俄文第5版
第51卷第41页

---

① "斯克良斯基：亲自检查，以便完全**保密**。"这段文字在手稿中被勾去，大概是埃·马·斯克良斯基勾去的。——俄文版编者注

# 81

# 致埃·马·斯克良斯基和
# 伊·捷·斯米尔加

## （夏天）

斯克良斯基同志和斯米尔加同志：

有一位同志我**非常**了解，他**十分**忠实可靠、**勇敢**而能干（尤其在爆破和奇袭方面）。①

我提议：

(1)给他一个学习指挥作战的机会（要采取一切措施加快进度，特别在讲授课程等方面），

哪些能办到？

(2)责成他组织一个**在敌后**进行爆破之类活动的特别支队。

载于 1945 年《列宁文集》俄文版
第 35 卷

译自《列宁全集》俄文第 5 版
第 51 卷第 42 页

---

① 指卡莫(谢·阿·捷尔-彼得罗相)。——俄文版编者注

# 82

# 给约·维·斯大林的电报

## （9月1日）

**西方面军司令部　斯大林**

政治局请您说明您所作出的有关马尔赫列夫斯基的决定的理由。您个人撤销中央委员会的决定，又根本不报告我们，我们感到诧异。[47]

代表政治局　**列宁**

1919年9月1日

译自《列宁全集》俄文第5版
第51卷第42页

# 83

# 致尼·尼·克列斯廷斯基[48]

## （不早于9月1日）

不可立即征用，况且，这也不是一个法令草案。

建议：委托**两三名**人民委员

或商定措施，

或向人民委员会提出一个法令草案。

载于1926年4月22日《消息报》
第92号

译自《列宁全集》俄文第5版
第51卷第43页

## 84

## 致格·瓦·契切林[49]

（不早于9月2日）

契切林同志：请写几个字来说明：这是怎么回事？与什么有关？政府在何地何时"拒绝过"？

您打算怎样回答？

关于科尔塔诺：是否尝试过弄清谁在那里控制着车站？能否向他们提个试探性的问题？

**列　宁**

译自《列宁全集》俄文第5版
第51卷第43页

## 85

## 致埃·马·斯克良斯基

1919年9月4日

（**骑兵无力对付低飞的飞机。**）

斯克良斯基同志：您能不能请某位军事**科学家**回答（要快），飞机能否对付骑兵？**举例说明**。**低空**飞行。**举例说明**。这是为了发一个有"科学"根据的指示(有一次我曾看到这方面的材料,但一位"实际工作者"**伊·尼·斯米尔诺夫**嘲笑说,这是胡说八道)。

列　宁

载于 1927 年 2 月 23 日《真理报》
第 44 号和《消息报》第 44 号

译自《列宁全集》俄文第 5 版
第 51 卷第 43—44 页

# 86

# 给巴什基尔革命委员会的电报

## (9 月 5 日)

**乌法**

**巴什基尔革命委员会**

抄送:**瓦利多夫**同志

现在,当红军在东方取得的决定性胜利保证了巴什基尔民族的自由发展的时候,共和国革命军事委员会关于调若干巴什基尔部队到彼得格勒的决定具有特别重大的政治意义。凶恶的帝国主义者将会看到,觉醒的东方民族已经奋起捍卫无产阶级革命的中心。与此同时,武装起来的巴什基尔人与彼得格勒工人的密切往来将保证他们能够按照共产主义精神密切联系和相互尊重。我深信,巴什基尔共和国革命委员会和巴什基尔所有先进的同志将尽一切努力,使巴什基尔部队的调动能在最短期间并在尽量减轻铁路运输负担的条件下完成。请向巴什基尔的红军战士们转致兄弟般的敬礼。

人民委员会主席　**列宁**

载于 1932 年乌法出版的《国内战争时期的巴什基尔。参战者的回忆》一书

译自《列宁全集》俄文第 5 版第 51 卷第 44 页

# 87

## 给列·达·托洛茨基、
## 列·彼·谢列布里亚科夫和
## 米·米·拉舍维奇的电报[50]

（9 月 6 日）

**托洛茨基**

**谢列布里亚科夫**

**拉舍维奇**

中央政治局讨论了托洛茨基、谢列布里亚科夫和拉舍维奇的电报，批准总司令的答复并对你们提出重新审议既定的基本战略计划表示诧异。

受中央政治局委托　**列宁**

发往奥廖尔

译自《列宁全集》俄文第 5 版第 51 卷第 45 页

# 88

# ☆致各人民委员部全体
# 部务委员和人民委员

## （9月6日）

兹寄上《执行苏维埃共和国的法律！》一书，其中载有全俄苏维埃第六次代表大会所颁布的一项**法律**，请予以注意。[51]

此项法律必须无条件地严格执行，特此提醒。

人民委员会主席

**弗·乌里扬诺夫（列宁）**

1919年9月6日

载于1928年《列宁文集》俄文版
第8卷

译自《列宁全集》俄文第5版
第51卷第45页

# 89

# ☆给季赫温县瓦西里耶夫乡
# 执行委员会主席的电报[52]

## （9月6日）

我命令停止驱逐建筑材料公司及玛丽亚协作社的代办员与工

人,否则将立即逮捕执行委员会的全体成员。请吩咐对上述团体采伐木柴工作不得设置任何障碍。调查此案的小组即将从莫斯科启程。

人民委员会主席    列宁

载于 1945 年《列宁文集》俄文版          译自《列宁全集》俄文第 5 版
第 35 卷                              第 51 卷第 46 页

90

# 致费·埃·捷尔任斯基

(9 月 9 日)

捷尔任斯基:我的意见可以释放(如果没有**罪证**)[53],要找两名保人,逃跑了**可以**惩治他们。

此件抄送米·尼·波克罗夫斯基。

列  宁

9 月 9 日

译自《列宁文集》俄文版第 37 卷
第 168 页

# 91

# 在色·菲·马丁诺维奇报告上
# 作的标记和给列·达·托洛茨基、
# 费·埃·捷尔任斯基及
# 俄共(布)中央的批示

## (9月12日)

……革命军事委员会对侦察报告没有给予应有的重视，而南方面军司令
还声称，这无关紧要，即使哥萨克突破防线，也会落到口袋里。

||注意

……这一切致使近290车皮的库存物资丢在科兹洛夫，被哥萨克和居民
抢劫一空。

因此，我认为必须坚持要求对南方面军司令部机关特别是军需被服仓库
的撤退过程进行详尽细致的调查，调查工作应责成共和国革命法庭、国防委
员会及国家监察人民委员部各有一名代表参加的调查组进行。

托洛茨基同志

捷尔任斯基同志

及中央委员会

我认为，应由**全俄肃反委员会**派人进行调查。**54**

列　宁

9月12日

载于1942年《列宁文集》俄文版
第34卷

译自《列宁全集》俄文第5版
第51卷第46—47页

# 92

## 致约·维·斯大林和
## 米·费·弗拉基米尔斯基[55]

### （9月12日）

斯大林同志和弗拉基米尔斯基同志：必须派人进行**极其严格的检查**，检查组应由**非本地人组成**，能不受彼得格勒的"影响"，有党性，行动迅速，并有工人参加。

**列　宁**

9月12日

载于1942年《列宁文集》俄文版                译自《列宁全集》俄文第5版
第34卷                                      第51卷第47页

# 93

## ☆致叶·德·斯塔索娃

### （不晚于9月13日）

契切林病了，无人护理，还不想治疗，他是在摧残自己。

必须代表中央给他写一封**很客气的**信（以免伤他的感情），写上中央的**决定**：中央不允许他这样损害国家财富，要求他找一位高明的医生(通过卡拉汉介绍就行)，**遵从医生的嘱咐**，如果医生要求的话，就得休假，并**在疗养院住一段必要的**时间。

列　宁

载于 1933 年《列宁文集》俄文版
第 24 卷

译自《列宁全集》俄文第 5 版
第 51 卷第 173 页

## 94

# 致弗·德·邦契-布鲁耶维奇[56]

9 月 13 日

亲爱的弗·德·：

　　从附件中您看得出，我请求您做什么。请吩咐人摘抄账目并附一**总数表** $\left\{\begin{array}{l}\text{第 4 项薪金}\\\text{第 5 项稿费}\end{array}\right.$，

$\left\{\begin{array}{l}\text{**需要有关人员签名。**}\\\text{第 4 项——人民委员会办公厅}\\\text{第 5 项共产党人出版社以及后来的党的出版社。}\end{array}\right.$

也许，还要算出房租。[57]

预先向您表示感谢并致以敬礼。

您的　**列宁**

(请看背面)[58]

译自《列宁文集》俄文版第 24 卷
第 309—310 页

# 95

# 致阿·马·高尔基

9 月 15 日

亲爱的阿列克谢·马克西莫维奇：我已接见了通科夫，早在接见他和接到您的来信之前，我们中央委员会就已决定委派加米涅夫和布哈林去审查亲立宪民主党的资产阶级知识分子被捕案并释放可以释放的人。[59]因为我们清楚，这方面也发生过一些错误。

同样很明显：总的说来，逮捕立宪民主党人(和亲立宪民主党分子)这个措施是必要的和正确的。

当我读到您就这个问题发表的坦率意见时，想起了在我们(在伦敦、卡普里岛以及后来)的多次谈话中我记得特别清楚的您那句话：

"我们这些艺术家，都是不大能自持的人。"

正是如此！您为什么会讲出这样怒气冲天的话呢？是因为人们**为了防范诸如放弃红丘炮台这类阴谋活动**[60]、使几万工农免遭牺牲，让几十名(甚至哪怕是几百名)立宪民主党或亲立宪民主党的先生蹲了几天监狱。

真不得了，这是多大的灾难！多么不公平！为了使几万工农免遭屠杀，竟让一些知识分子蹲了几天甚至几周的监狱！

"艺术家是些不大能自持的人。"

把人民的"知识人才"和资产阶级知识分子"人才"混为一谈是不对的。我可以举柯罗连科作为后者的典型：不久前，我读了他

1917年8月写的小册子《战争、祖国和人类》。柯罗连科是"亲立宪民主党分子"中较好的一个,几乎是个孟什维克了。但是他在冠冕堂皇的词句掩盖下为帝国主义战争所作的辩护又是多么卑鄙、下流和龌龊啊!一个可怜的被资产阶级偏见俘虏的小市民!在这类先生们看来,在帝国主义战争中屠杀1 000万人是件值得支持的事(**行动上支持**,口头上却冠冕堂皇地"反对"战争),而数十万人在反对地主与资本家的**正义的**国内战争中死亡,却使他们唉声叹气,歇斯底里大发作。

不,如果为了**防范阴谋**(像红丘炮台那样的),使几万人**免遭**牺牲而**必须**让这些"有才华的人"蹲上几周监狱,那也并不为过。我们曾经发现过立宪民主党人和"亲立宪民主党分子"的这类阴谋。我们**知道**,亲立宪民主党的教授们往往给阴谋分子提供**援助**。这是事实。

工农的知识人才正在推翻资产阶级及其帮凶即那些自诩为民族的大脑的知识分子、资本的奴仆的斗争中成长和壮大起来。而那些人实际上并不是什么大脑,而是……

对那些愿把学问献给人民(而不愿为资本效劳)的"知识人才",我们付给**高于一般水平**的薪金。这是事实。我们爱护他们。这是事实。有几万军官同几百名叛变分子相反,正在我们红军里服务,在不断取得胜利。这是事实。

至于谈到您的情绪,我"理解"是理解的(既然您说起我是否理解您的问题)。在卡普里岛时以及后来,我都不止一次地对您讲过:您使自己处于资产阶级知识界最坏的分子的包围之中,受到他们啜泣的影响。几百个知识分子因被"可怕地"拘押几个星期而号叫,您听得见,也听得进去;而受到邓尼金、高尔察克、利安诺佐夫、罗将柯、红丘炮台阴谋分子(及其他**立宪民主党**阴谋分子)威胁的千百万工农群众的呼声,您却听不见,而且也听不进去。我完全理解,完完全全理解,这样下去,不仅会得出结论,认为"红军同白卫军一样,也是人民的敌人"(推翻资本家和地主的战士同地主、资本家一样,也是人民的敌人),而且还会相信上帝或相信沙皇老爷。我完全理解。

　　说老实话,如果您再不从资产阶级知识分子的包围中挣脱出

　　　　　　×

来,您会毁灭的! 衷心希望您早日挣脱出来。

　　致崇高的敬礼!

您的　**列宁**

×因为您并不在写作! 浪费时间去听腐朽的知识分子的啜泣,而不去写作——对一个艺术家来说,岂不是毁灭,岂不是丢丑吗?

发往彼得格勒　　　　　　　　　　　译自《列宁全集》俄文第5版
　　　　　　　　　　　　　　　　　第51卷第47—49页

## 96

# 致谢·伊·古谢夫

### (9月16日)

　　古谢夫同志:研究了斯克良斯基的来信(9月15日报告情况的来信)和综合战报之后,我确信,我们的共和国革命军事委员会工作做得不好。

一味叫人放心，这是不高明的策略。结果是玩弄"粉饰太平的把戏"。

而事实上我们是停滞不前——几乎垮了。

在西伯利亚战线，派去一个坏蛋奥尔德罗格和一个懦夫波泽尔恩，于是就"放心了"。简直可耻！我们开始挨打了！如果再不采取**坚决的**措施，为此我们要追究共和国革命军事委员会的责任！白白放过要到手的胜利——可耻。

对马蒙托夫的进攻停滞不前。显然是一误再误。从北方调往沃罗涅日的军队去迟了。第21师未能及时调往南方。自动机枪送晚了。联系耽搁了。不论是总司令一人还是和您一道去奥廖尔，事情都没有办好。同谢利瓦乔夫没有建立联系，也没有对他进行监督，这是违背中央委员会**早**就提出过的**直接**要求的。

总之，对马蒙托夫的进攻停滞不前，在谢利瓦乔夫那里也是停滞不前（而不是儿童画所许诺的天天"胜利"——您曾拿这些画给我看过，您还记得吗？我说：这是把敌人忘掉了！！）。

如果谢利瓦乔夫逃跑或者他的师长们叛变，这将是共和国革命军事委员会的罪过，因为它睡大觉，一味叫人放心，自己不干事情。现在要派那些最优秀、**最得力的**政治委员到南方去，而不要派萎靡不振的去。

扩军工作也很迟缓。我们在失去秋天这个时机，而邓尼金将增加两倍兵力，还将得到坦克，等等，等等。这样下去是不行的。必须把这种**慢腾腾的**工作节奏变成**活跃紧张的**节奏。

请给我回信（通过莉迪娅·亚历山德罗夫娜·福季耶娃）。

**列　宁**

9 月 16 日

看来,我们的共和国革命军事委员会只管"指挥"而不关心或者不善于注意**执行情况**。如果说这是我们的通病,那么这在军事上简直是自取灭亡。

载于 1933 年 3 月 5 日《真理报》
第 63 号

译自《列宁全集》俄文第 5 版
第 51 卷第 49—50 页

# 97

# 致列·达·托洛茨基、
# 列·彼·谢列布里亚科夫和
# 米·米·拉舍维奇

## (9 月 16 日)

致托洛茨基、谢列布里亚科夫、拉舍维奇

中央政治局认为,无视中央委员会决定迄今未对谢利瓦乔夫进行特殊监督,这是绝对不能容许的。我们坚持要求:即便用飞机也要建立联系;无论如何要立即派谢列布里亚科夫去谢利瓦乔夫那里当政治委员。[61]在战线两次被突破的地区师长们的行为极其可疑。请采取果敢的防范措施。

政治局责成斯大林同志同总司令谈话,指出他在同谢利瓦乔夫建立联系方面,在防范战线两次被突破地区可疑的疏忽(如果不是叛变的话）方面措施不够有力；

——还要向总司令指出，奥尔德罗格的行动极不得力，必须采取措施，或者派更得力的指挥员（讨论一下派伏龙芝的问题）去替换他，或者派一些最可靠、最得力的政治委员去，或者两种办法都采取。

译自《列宁全集》俄文第5版
第51卷第51页

# 98
# 致玛·费·安德列耶娃

9月18日

亲爱的玛·费·：迟复为歉。现对两封来信一并作答。关于第一封信，我想您在彼得格勒已同卢那察尔斯基谈过了。我因去别墅未能看到他，没来得及同他谈。此事我一定尽快办好。

关于第二封信（逮捕一事），我给阿·马·写信。①

现已采取释放措施。（为了防范阴谋活动，不能不逮捕**所有的**立宪民主党人和亲立宪民主党分子。这些人都可能帮助阴谋分子。不逮捕他们是犯罪。让几十、几百个知识分子蹲上几天或几周监狱，总比**一万人**惨遭屠杀好些。确实好些。）

---

① 见本卷第95号文献。——编者注

致崇高的敬礼！

您的　列宁

载于 1959 年《列宁文集》俄文版
第 36 卷

译自《列宁全集》俄文第 5 版
第 51 卷第 51—52 页

99

# 致帕·德·马尔科夫

1919 年 9 月 18 日

马尔科夫同志：

　　请您在克里姆林宫给医生**魏斯布罗德**同志安排一个暖和的房间。

国防委员会主席
**弗·乌里扬诺夫（列宁）**

译自《列宁全集》俄文第 5 版
第 51 卷第 52 页

100

# 致格·瓦·契切林[62]

（不早于 9 月 26 日）

契切林同志：

　　现将政治局的决议寄给您。

您的　列宁

（1）**当然可以**。

（2）**不要**以政府名义提出。

（3）使李维诺夫早日成行。

（4）只由高尔基写一封信[63]就可以了，**但是不许**他使用交战将变成毁灭这样的论据。

政治局委员　**列宁**①

译自《列宁全集》俄文第 5 版<br>第 54 卷第 418 页

# 101

# 致阿·马·高尔基

## （不早于 9 月 26 日）

阿列克谢·马克西莫维奇：季诺维也夫同志将向您说明外交人民委员部的一项计划。应当试试。请您同季诺维也夫详谈后，起草一封信。

敬礼！

您的　**列宁**

译自《列宁全集》俄文第 5 版<br>第 51 卷第 52 页

---

① 签署该决议的还有列·波·加米涅夫、列·达·托洛茨基和尼·尼·克列斯廷斯基，后者附有保留意见："有条件地同意"。——俄文版编者注

# 102

# 致最高国民经济委员会副主席

1919 年 9 月 30 日

致最高国民经济委员会副主席

洛莫夫同志或

米柳亭同志

洛莫夫同志:请向有关部门

(1)转交所附文件[64]并责成他们回答我:在这方面**究竟做了哪些工作**;

(2)询问为利用**离奥伦堡70俄里处**(据加里宁讲)现有的石油采取了什么措施。

致同志的敬礼!

**弗·乌里扬诺夫(列宁)**

载于 1942 年《列宁文集》俄文版
第 34 卷

译自《列宁全集》俄文第 5 版
第 51 卷第 53 页

# 103

# 致列·达·托洛茨基[65]

(9 月 30 日)

托洛茨基同志:是否应当宣布,并以您的+组织局的(+我的,如果您有此意的话)名义发表号召书?

**列　宁**

9 月 30 日

译自《列宁文集》俄文版第 37 卷
第 171 页

# 104

# 致埃·马·斯克良斯基

## (9 月)

斯克良斯基同志:必须抓紧研究加强从东方面军调来的这个师的问题。

给它增加 20%—30% 的新兵不行吗? 增加应征的工人如何? 或许,可以增加 5% 的党员、15% 的工人、10% 的农民? 这样就可以扩充 30%。也许,这在科学上是可行的(不会减弱全师的战斗素质)?

应**抓紧**考虑并解决这一问题。

其次,目前应**加紧**给东方面军发运步枪。

可否给东方面军一个任务:考虑和进行部队的改编,使**各**师扩充约 15%—30%,以使整个集团军达到过去的员额。

**列　宁**

载于 1942 年《列宁文集》俄文版
第 34 卷

译自《列宁全集》俄文第 5 版
第 51 卷第 53 页

# 105

# 给格·叶·季诺维也夫的电报[①]

1919 年 10 月 2 日

彼得格勒

斯莫尔尼

季诺维也夫

来信收悉。对您和全体彼得格勒工人努力工作表示热烈的欢迎。我相信,你们会使动员达到最大的限度。

**列  宁**

载于 1919 年 10 月 3 日《彼得格勒真理报》第 223 号

译自《列宁全集》俄文第 5 版第 51 卷第 54 页

# 106

# 致伊·捷·斯米尔加

1919 年 10 月 4 日

**用密码发直达电报**

东南方面军革命委员会

斯米尔加

绍林在捣鬼,他保存布琼尼仅仅是为了自己,根本没有出力支

---

① 在这份电报上有列宁的一个批注:"通过直达电报发往斯莫尔尼并把斯莫尔尼收到的时间告诉我。"——俄文版编者注

援南方面军部队。您将对消除这种无异于背叛的丑恶行径负完全责任。请详细电告:您在认真援助和认真监督援助的实施方面采取了哪些实际措施,成效如何。

**列 宁**

载于1942年《列宁文集》俄文版
第34卷

译自《列宁全集》俄文第5版
第51卷第54页

## 107

# 给俄共(布)奥伦堡省委和
# 省执行委员会的电报

1919年10月8日

奥伦堡

省党委

省执行委员会

筑垒地域

请尽力调拨马鞍、马匹、士兵支援南方面军。请电告:你们正在做什么,能做到什么。

国防委员会主席 **列宁**

载于1933年莫斯科—萨马拉出版的
B.托洛茨基《1919年的中伏尔加边疆
区(革命大事记)》第2版

译自《列宁全集》俄文第5版
第51卷第55页

# 108

# 在 H.B.科尔兹林斯基
# 受保护证书上的批语

## (10 月 9 日)

兹证明此证件[66]无讹,并宣布:**非有**全俄肃反委员会**特别命令**,不得搜查该住宅[67]。

人民委员会主席
**弗·乌里扬诺夫(列宁)**

译自《列宁文集》俄文版第 37 卷
第 172 页

# 109

# ☆致彼得格勒省执行委员会的同志们

1919 年 10 月 10 日

同志们:尤诺索夫同志把你们的问题告诉我了。我认真地听了并得出结论:问题已正确解决,你们有理,因为那位说话欠考虑的和极不公平的人已受到责备。

这就够了。这已证明你们有理,而他已受到指责。现在我恳请并劝告你们再也不要忆及此事,把一切都忘掉。[68]

我相信,现在工人们都将开赴前线。邓尼金正在逼近,情况十分危急。

致同志的敬礼！

**列　宁**

译自《列宁全集》俄文第 5 版
第 51 卷第 55 页

# 110

# 在格·瓦·契切林来信上的批语

## （10 月 12 日）

尊敬的弗拉基米尔·伊里奇：不知道您是否在大量的电讯中看到了关于考茨基那本书的电讯，我现在把这一段摘录单独给您寄去。根据我所读到的我国书刊，我觉得我们对考茨基所忽略的无产阶级政权下国家资本主义的作用阐述得不够。我国还不是共产主义，而是

⧣

国家资本主义，存在着不平等的报酬，直至计件工资；存在着有时会使旧制度复活的那些强制形式；存在着甚至对生产的集中管理，而限制工厂自治。<u>我们这里是国家资本主义的红军</u>，拥有极严厉的强制机构；而不是共产主义的军队……

可惜几乎没有真正的集中。这就完全错了。

???

这不是资本主义的特征。

这是由于敌人采取的斗争形式，也由于文化水平，不是由于资本主义。

♯我看不是这么回事。我们这里是在向共产主义过渡的第一阶段同**农民**和资本家维护（或恢复）商品生产的各种尝试进行斗争。

**列　宁**

10 月 12 日

载于 1945 年《列宁文集》俄文版　　　　　　译自《列宁全集》俄文第 5 版
第 35 卷　　　　　　　　　　　　　　　　第 51 卷第 357 页

# 111

# 给伊·尼·斯米尔诺夫和
# 米·瓦·伏龙芝的电报

1919 年 10 月 13 日

两个受电人：

第 5 集团军革命军事委员会　斯米尔诺夫
土耳其斯坦方面军司令伏龙芝

中央委员会指示：大量抽调各方面军兵力支援南方面军。请考虑最紧急的措施，例如，紧急动员当地工农去接替你们那些可能调往南方面军的部队。那里的情况危急。① 请用密码电报详复。

国防委员会主席　**列宁**

载于 1959 年《列宁文集》俄文版　　　　　　译自《列宁全集》俄文第 5 版
第 36 卷　　　　　　　　　　　　　　　　第 51 卷第 56 页

---

① 列宁在电文"大量抽调各方面军兵力……那里的情况危急"一段下面画了着重线，并在页边注明："密码"。——俄文版编者注

# 112

# 给彼得格勒苏维埃执行委员会的电报

## （10 月 14 日）

　　显然，白卫军的进攻是一种机动，是要引开我们在南方的攻击。[69]要击退敌人，袭击扬堡和格多夫。动员工作人员上前线。撤销十分之九的部门。我们还没有一个地方动员一切力量支援前线，虽然关于这方面写了很多，而且还有中央委员会的决定和通告信。[70]只有尽快赶走他们，你们才能继续支援南方。

载于 1924 年 10 月 21 日《红色日报》
第 241 号

译自《列宁全集》俄文第 5 版
第 51 卷第 56 页

# 113

# 致荷兰共产党人[71]

1919 年 10 月 14 日

　　亲爱的朋友们：向你们致以最崇高的敬礼。由于 14 国进攻，我们的处境很困难。我们正在作最大的努力。共产主义运动在各国显著地发展着。苏维埃制度已到处成了工人群众的实际行动口号。这是具有世界历史意义的巨大进步。国际无产阶级革命的胜利无论如何是不可避免的。

你们的　尼·列宁

原文是德文

载于1942年《列宁文集》俄文版
第34卷

译自《列宁全集》俄文第5版
第51卷第57页

## 114

# 致瓦·亚·阿瓦涅索夫、埃·马·斯克良斯基、米·伊·罗戈夫、费·费·瑟罗莫洛托夫和弗·巴·米柳亭

1919年10月15日

致阿瓦涅索夫、斯克良斯基、罗戈夫

（莫斯科苏维埃）、

瑟罗莫洛托夫和米柳亭同志

中央责成由列宁、托洛茨基、克列斯廷斯基和加米涅夫组成的委员会

　　"起草关于搜寻适用于军事目的和军事供应的各种物资以及对隐瞒不报者严加惩处的报告"。

该委员会决定由上述收件同志组成一个小组（谁代表最高国民经济委员会参加，是瑟罗莫洛托夫，是米柳亭，还是运输器材局或其

他单位的人参加,将由我们同最高国民经济委员会主席团商定),并责成该小组于星期六以前拟出**法令草案**(提交国防委员会)。**72**

国防委员会主席

**弗·乌里扬诺夫(列宁)**

附言:关于法令的宗旨,必要时可打电话同我和托洛茨基商量。

载于 1933 年《列宁文集》俄文版
第 24 卷

译自《列宁全集》俄文第 5 版
第 51 卷第 57—58 页

# 115

# 致埃·马·斯克良斯基

1919 年 10 月 15 日

斯克良斯基同志:

南方面军非常需要骑兵电台以及轻型野战流动电台,这种电台在军事工程总局仓库里储存很多。请立即下令给南方面军速送这两种类型的电台各 50 部。这是斯大林的要求,他对通讯工具不足非常不满。

来信告诉我,您究竟做了些什么,另外,让军事工程总局把他们的电台总数以及各部队分到的情况向我作一简短汇报。

国防委员会主席

**弗·乌里扬诺夫(列宁)**

载于 1933 年 2 月 23 日《真理报》
第 53 号

译自《列宁全集》俄文第 5 版
第 51 卷第 58 页

# 116

# 致埃·马·斯克良斯基、尼·亚·
# 谢马什柯和列·波·加米涅夫

1919 年 10 月 15 日

> 致斯克良斯基同志、
>
> 谢马什柯同志、
>
> 列·波·加米涅夫同志

根据中央委员会决定，责成上述同志组成一小组，拟定关于伤兵救援委员会（该委员会应隶属全俄中央执行委员会）的法令草案。[73]

于星期六前提交中央政治局。

中央委员会认为该法令的重要性和极端紧迫性是确定无疑的。

人民委员会主席

**弗·乌里扬诺夫（列宁）**

载于 1933 年《列宁文集》俄文版
第 24 卷

译自《列宁全集》俄文第 5 版
第 51 卷第 59 页

# 117

## 在格·康·奥尔忠尼启则
## 来信上的批语[74]

### (不早于 10 月 15 日)

　　温什利赫特和斯大林都认为,谢尔戈是极可靠的**军事**工作者。我本人认识他已有 10 年以上,他是一位极忠实、**极干练的**革命家。

载于 1936 年 10 月 28 日《真理报》
第 298 号

译自《列宁全集》俄文第 5 版
第 51 卷第 59 页

# 118

## 给下诺夫哥罗德省
## 执行委员会主席的电报

### (不早于 10 月 15 日)

下诺夫哥罗德
省执行委员会主席

　　鉴于莫斯科出现严重饥荒,根据人民委员会决定,我命令采取最紧急措施加快装运粮食。

请立即电告：你们做了哪些工作，有何结果。

人民委员会主席　列宁

载于 1933 年《列宁文集》俄文版
第 24 卷

译自《列宁全集》俄文第 5 版
第 51 卷第 60 页

## 119

## 给格·瑙·卡敏斯基的电报

### （10 月 16 日）

您和其他负责工作人员拖延骑兵的载运工作，令人愤慨。

警告你们：图拉的军事工作人员必须拿出最大的干劲和认真办事的精神来，而这两点在你们的行动中我看不出来。请马上向我说明行动迟缓的原因。我将最严厉地追究过失者的责任。要求你们全力加速载运工作。

国防委员会主席　列宁

译自《列宁全集》俄文第 5 版
第 51 卷第 60 页

# 120

# 给格·叶·季诺维也夫的电报[75]

## (10 月 16 日)

彼得格勒

季诺维也夫

给您派去的增援部队,甚至比您要的还多:从帕沙车站兹万卡附近抽调一个团,从沃洛格达抽调一个团,从莫斯科抽调 1 000 名军校学生,从图拉抽调一个骑兵团,另外别尔津还给运去一些东西。请把同斯大林一起工作过的那些人找来,并请再次使用斯大林所用过的各种作战方法,特别是在汽车上架机枪、炸毁公路,等等。关于军校学生,我认为,必须让他们当长官,哪怕是当工人小分队队长也好,因为不应忘记,如果我们让全部军校学生都被打死,我们就会招致全军和整个共和国覆灭。托洛茨基已启程。

**列 宁**

1919 年 10 月 16 日

译自《列宁文集》俄文版第 38 卷
第 274 页

# 121

# 致列·达·托洛茨基

10月17日

托洛茨基同志:昨夜国防委员会通过一项国防委员会决定,并且已用密码拍发给您(请您最好用您的密码拍报,因为季诺维也夫所用的卡拉汉密码要耽搁几小时)。

您可以看得出来,您的计划已被采纳。

但彼得格勒工人撤退到南方一事当然未遭否决(据说这个问题您向克拉辛和李可夫详谈过);过早谈论此事会影响把斗争进行到底。**76**

如敌军试图迂回,切断与彼得格勒的联系,那显然要作相应改变,由您在当地酌情处置。

请责成省执行委员会各局指定可靠的人**收拾**苏维埃的**公文**和文件,以备疏散。

附上国防委员会委托我写的告民众书。①

仓促而就,写得**不好**。

**最好把我的署名放在您的署名下面。**

敬礼!

列　宁

译自《列宁全集》俄文第5版
第51卷第61页

---

① 见本版全集第37卷第224—225页。——编者注

# 122

# 在伊·尼·斯米尔诺夫
# 来电上的批示[77]

（10 月 17 日）

（1）发给 3 万套军装。

（2）**立即**将第 5 集团军**全部**调往**南方**，而不是在打到伊希姆河之后（因为托博尔河比伊希姆河大得多、宽得多，如转向伊希姆河，战线长度的缩短微不足道）。

（3）把向伊希姆河进攻改为佯攻，并向托博尔河撤退（在**最短**期限内做好准备工作）。

委托总司令讨论我的上述三项建议。

**列　宁**

载于 1942 年《列宁文集》俄文版　　　　　译自《列宁全集》俄文第 5 版
第 34 卷　　　　　　　　　　　　　　　　第 51 卷第 61—62 页

# 123

# 给米·瓦·伏龙芝的电报

## （10 月 18 日）

密码

土耳其斯坦方面军革命军事委员会

伏龙芝

不要把全部注意力放在土耳其斯坦上，而要放在彻底消灭乌拉尔的哥萨克上，要千方百计地消灭他们，即使采取外交措施也可以。[78]请全力加速支援南方面军。可否将奥伦堡的哥萨克调往彼得格勒附近或其他战线？请用密码更经常报告实际执行情况。

列　宁

载于 1937 年 1 月 21 日《真理报》第 21 号和《消息报》第 19 号

译自《列宁全集》俄文第 5 版第 51 卷第 62 页

# 124

# 给列·达·托洛茨基的电报

**密码**

10 月 18 日

### 致托洛茨基

我想，同爱沙尼亚达成反对尤登尼奇的协议是不可能的，因为它即使愿意也无能为力。况且尤登尼奇的基地大概也不在爱沙尼亚，而是在它的领土之外，在受到英国舰队掩护的海岸上。我们已给你们派去了许多部队，全部问题在于迅速向尤登尼奇进攻并包围他。请竭力加速进行。在邓尼金的后方高加索已出现了大规模的起义[79]，我们在西伯利亚节节胜利，这样一来，如果我们能拼命加速消灭尤登尼奇，我们就有希望获得全胜。

**列　宁**

载于 1938 年 2 月 23 日《真理报》
第 53 号

译自《列宁全集》俄文第 5 版
第 51 卷第 62—63 页

# 125

# 给格·叶·季诺维也夫的电报[80]

1919 年 10 月 18 日

彼得格勒

斯莫尔尼

季诺维也夫

　　粮食人民委员部声称:10 月 16 日以来已从莫斯科和下诺夫哥罗德发往彼得格勒 114 车皮粮食,今天又发去 85 车皮各种食品。今天发去 2 000 普特植物油和 300 普特动物油。明天将发去 5 车皮肉罐头并给博洛戈耶发去 1 车皮。今天从莫斯科运去 7 000 普特鱼,已下令再从下诺夫哥罗德发运两批,一批 3 000 普特,一批 1 万普特。已下令从沃洛格达急速运去 5 000 普特肉畜。巴达耶夫那里有 1 000 普特植物油。

列　宁

载于 1933 年《列宁文集》俄文版
第 24 卷

译自《列宁全集》俄文第 5 版
第 51 卷第 63 页

# 126

# 给波·伊·戈尔德贝格的电报

1919 年 10 月 19 日

喀山

后备集团军司令

戈尔德贝格

是否已得到足够人员来新建部队？工作顺利吗？地方工作人员都热心协助您吗？① 请把这封电报读给他们听听。您要亲自回电,并让他们也给我回电。

国防委员会主席　**列宁**

载于 1938 年 2 月 23 日《真理报》<br>第 53 号

译自《列宁全集》俄文第 5 版<br>第 51 卷第 64 页

---

① 列宁在"人员……地方"和"都热心协助您吗?"两处下面画了着重线,并在页边注明:"密码"。——俄文版编者注

# 127

# 给亚·德·纳格洛夫斯基的电报

1919 年 10 月 19 日

彼得格勒

国防委员会北线

铁路军事管制特派员

纳格洛夫斯基

抄送：托洛茨基、季诺维也夫

莫斯科　克桑德罗夫、

交通人民委员部　马尔柯夫

全俄肃反委员会　捷尔任斯基

　　为了在最近把对彼得格勒枢纽的铁路工作的监督统一起来，兹责成纳格洛夫斯基担任国防委员会对彼得格勒枢纽各线铁路（彼得格勒方圆 100 俄里地区内）实行军管的特派员职务，我命令立即从克桑德罗夫手里接管该地区。报告执行情况。

国防委员会主席　**列宁**

译自《列宁全集》俄文第 5 版
第 51 卷第 64 页

# 128

# 致格·瑙·卡敏斯基、
# 德·普·奥西金和瓦·伊·梅日劳克

1919 年 10 月 20 日

## 图　拉
### 卡敏斯基、奥西金、梅日劳克同志

同志们：现在图拉的意义非常重要，——即使敌人没有逼近，一般来说，图拉对共和国的意义也是巨大的。

因此，必须尽**一切努力齐心协力地**工作，集中**一切力量**搞好军事工作和军需工作。

我对你们及捷利克曼同彼得斯（他是一名重要的、极其忠诚的工作人员）之间的摩擦极为遗憾。我认为，捷利克曼应当负责，因为既然觉察到不和，就应当马上解决（这本来是不难做到的），不能让它发展成冲突。今后最小的**不和**也要解决，要**及时**报告中央机关，不能让冲突扩大。

图拉的工作应当大力加强，并**全部转入战时状态**。精减非军事机关的法令[81]日内即将颁布，这个法令不仅要遵守，而且要十分认真和积极地去贯彻。图拉还有**大批**远不是我们的人。因此，必须**加倍**努力地在军队、后备部队以及男女工人中间开展工作。

如果力量不够，可以来信，我们从莫斯科抽调。

要时刻注意防卫工作：掩体工事是否在修筑？工作中有无松劲现象？材料有没有？工人怎么样？红军战士是否进行学习？他

们的给养有无问题？所有这一切以及其他类似的问题都应当**指派**精明干练的人和对党忠诚的同志专门**加以监督**。你们对这些工作的**成就**和失误（如果你们没有及时上告并请示中央机关）要负完全责任。新建部队有**非常重大的**意义。

我们即使收复了奥廖尔[82]，工作也不能松劲，而应当**十倍地**加强，否则我们就不能胜利，而停止进攻对我们说来就是死亡。

请把这封信向**所有**负责干部和党员宣读，要**定期地**、**非常简要地**把**实际**工作情况告诉我。

致共产主义的敬礼！

**弗·乌里扬诺夫（列宁）**

载于 1931 年莫斯科出版的德·奥西金《军事委员札记》一书

译自《列宁全集》俄文第 5 版第 51 卷第 65——66 页

# 129

## 给列·达·托洛茨基和
## 格·叶·季诺维也夫的电报①

### （10 月 20 日）

彼得格勒

托洛茨基、季诺维也夫

是否已采取措施在哈尔拉莫夫突击军队集群与第 7 集团军司令部之间建立可靠的无线电联系？这种联系是否有足够保障？对

---

① 文献上有埃·马·斯克良斯基的批注："**密码**。通过直达电报立即发出。"——俄文版编者注

其他各军队集群也应如此。如需我们协助,请来电话。

列　宁

载于 1942 年《列宁文集》俄文版
第 34 卷

译自《列宁全集》俄文第 5 版
第 51 卷第 66 页

# 130
# 发往彼尔姆和叶卡捷琳堡的电报

## (10 月 20 日)

彼尔姆三个受电单位:省执行委员会
彼尔姆铁路政治委员叶姆沙诺夫
国家纸币印刷厂管理局所属彼尔姆厂政治委员敏金
叶卡捷琳堡四个受电单位:省执行委员会
第 3 集团军革命军事委员会委员洛哈茨科夫
交通人民委员部部务委员科维尔金
叶卡捷琳堡铁路政治委员鲁德

鉴于必须急速将国家纸币印刷厂管理局[83]所属彼尔姆厂装备完毕并投入生产,我们命令各军政机关和铁路机关给该厂政治委员兼厂长敏金同志以大力协助。电告执行情况,如方便,请捎来准确的书面报告,说明实际完成情况。

国防委员会主席　列宁①

载于 1933 年《列宁文集》俄文版
第 24 卷

译自《列宁全集》俄文第 5 版
第 51 卷第 66—67 页

---

① 签署该电的还有财政人民委员尼·尼·克列斯廷斯基。——俄文版编者注

# 131

# 给伊·尼·斯米尔诺夫的电报

1919 年 10 月 21 日                                                **全用密码**

第 5 集团军革命军事委员会
斯米尔诺夫
抄送:东方面军革命军事委员会
波泽尔恩和施特恩贝格

弗鲁姆金向我转告了您认为不需要东方面军的想法。请准确地再说明一下。我们非常需要指挥人员。其次请报告:你们在开始进攻后,能调给南方面军多少部队,何时调给。

国防委员会主席    **列宁**

载于 1942 年《列宁文集》俄文版
第 34 卷

译自《列宁全集》俄文第 5 版
第 51 卷第 67 页

# 132

## 给弗·米·吉季斯和
## A.И.波嘉耶夫的电报

1919 年 10 月 21 日　　　　　　　　　　　　**全用密码**

西方面军革命军事委员会
吉季斯、波嘉耶夫

　　据悉波兰士兵开始与我方联欢。[84]请更准确地加以核实并报告：你们[①]为了绝对避免受骗或使敌人无计可施，为了让完全顶用的人或政治委员去参加联欢，采取了哪些措施。请把你们所了解的关于波兰士兵情绪的一切情况报来。[②]

国防委员会主席　**列宁**

载于 1942 年《列宁文集》俄文版<br>第 34 卷

译自《列宁全集》俄文第 5 版<br>第 51 卷第 67—68 页

---

①　在手稿中此处尚有"为了加强联欢活动"一语，被埃·马·斯克良斯基勾去。——俄文版编者注

②　电文中"为了让完全顶用的人……参加联欢，"以及最后一句是埃·马·斯克良斯基写上的。——俄文版编者注

# 133

# 致列·达·托洛茨基

1919 年 10 月 22 日

托洛茨基同志:昨天季诺维也夫要求再派去几个团,这使我有点"不安"。关于爱沙尼亚人的消息是否属实?

不过我还是转告了斯克良斯基,而且下令从图拉(又是从图拉!)派兵。

但继续从南方面军后备队中抽调兵力不无危险。不好到其他地方去找一找吗?

解决尤登尼奇(一定要解决,即**消灭掉**)对我们来说是**非常**重要的。如果进攻已经开始,可否再动员 2 万名左右彼得格勒工人,对尤登尼奇造成真正的声势浩大的攻势?

如果有为数 5 000—10 000 人的能进攻的优秀部队(您那里有这样的部队),那么,像彼得格勒这样的城市大概就可以提供 **3 万**左右人**跟在**他们**后边**,支援他们。李可夫说,在彼得格勒"已找到"很多物资,有粮食,肉类正在运来。

必须**迅速**解决尤登尼奇,然后我们再转过身来**全力**对付邓尼金。

依我看,目前从南方面军调兵是危险的,因为那里业已开始进攻,攻势还须扩大。

敬礼!

列　宁

附言:刚从斯克良斯基处得知,派往彼得格勒的两个团已抵科特拉斯附近,我们要他们加速前进。①

新情报:此情况不确。

载于 1942 年《列宁文集》俄文版
第 34 卷

译自《列宁全集》俄文第 5 版
第 51 卷第 68——69 页

## 134

# 致列·达·托洛茨基

### (10 月 22 日)

托洛茨基同志:依我看,契切林是正确的。**85**爱沙尼亚人参战的消息核实过吗? 这里是否有诈? 也许跟尤登尼奇走的**仅仅**是爱沙尼亚人中的少数人,即极少数**白卫分子**(军官)?

必须多多考虑,三思而行,因为大量材料说明爱沙尼亚**农民**是希望和平的。

敬礼!

**列　宁**

10 月 22 日

载于 1942 年《列宁文集》俄文版
第 34 卷

译自《列宁全集》俄文第 5 版
第 51 卷第 69 页

---

① 　手稿上这段已被勾掉。——俄文版编者注

# 135

## 致俄共(布)中央政治局全体委员[86]

### (10 月 22 日)

**请政治局全体委员签署**

我认为应当满足这一请求并作出决定：或者请总司令亲自来，或者把指示草案交给他，请他**急速**提出意见，并将此点用书面通知总司令。

**列　宁**

10 月 22 日

载于 1942 年《列宁文集》俄文版　　　　　　译自《列宁全集》俄文第 5 版
第 34 卷　　　　　　　　　　　　　　　　　第 51 卷第 69 页

# 136

## 给奥廖尔执行委员会主席的电报

### (10 月 22 日)

奥廖尔　执行委员会主席

抄送：肃反委员会主席

请把搜查作家伊万·沃尔内时没收的全部手稿立即送到莫斯

科克里姆林宫人民委员会。[87] 你们要亲自负责保证手稿完整无损。电告执行情况。

人民委员会主席　**列宁**

载于 1960 年 4 月 13 日《消息报》
第 88 号

译自《列宁全集》俄文第 5 版
第 51 卷第 70 页

# 137

# 致格·雅·索柯里尼柯夫[①]

## (不早于 10 月 22 日)

索柯里尼柯夫同志:这是我所收到的报告。必须设法克服拖拉作风并**检查**执行情况。[88]

**列　宁**

译自《列宁全集》俄文第 5 版
第 51 卷第 70 页

---

①　列宁在文献上方写道:"斯克良斯基同志:请转寄索柯里尼柯夫同志。"——俄文版编者注

# 138

# 致瓦·瓦·沃罗夫斯基

1919 年 10 月 24 日

**致瓦·瓦·沃罗夫斯基同志**
**国家出版社**

看完了《第三国际。1919 年 3 月 6—7 日》这本小册子(1919 年莫斯科国家出版社出版,定价 8 卢布,99 页),我对出版这样的书提出**严重警告**,要求国家出版社全体社务委员传阅我这封信,并且制定严肃的措施,保证不再发生这种荒唐事。

这本小册子编得糟透了。完全是粗制滥造。没有目录。这像是一个白痴或显然不学无术的懒汉在喝醉酒的情况下,把全部"材料"、论文、讲话一凑,就**胡乱地**印了出来。

没有序言,没有记录,没有确切的决议原文,没有把决议和发言、论文、评论分开,什么都没有! 真是闻所未闻的丑事!

一个伟大的历史事件竟被这种小册子玷污了。

我要求:

(1)用**贴页**的办法更正错误。(把过失者关进监狱,强迫他们为每册书**贴页**。)

通知我:

(2a)印了多少册?

(2b)发行了多少册?

（3）**像样地**重印一次，**校样**送给我看。

（4）规定制度，使**每一种**出版物都有**专人**负责（建立负责人登记册）。

（5）制定其他整顿措施，并送给我一份。

人民委员会主席

**弗·乌里扬诺夫（列宁）**

载于1933年《列宁文集》俄文版　　　　　　译自《列宁全集》俄文第5版
第24卷　　　　　　　　　　　　　　　　第51卷第70—71页

# 139

# 给列·达·托洛茨基和
# 格·叶·季诺维也夫的电报

## （10月24日）

彼得格勒

托洛茨基、季诺维也夫

总司令来电表示除了派一个铁道团和第6集团军两个团（其中有一个团已出发），拒绝再派一个旅的请求。我认为这个意见是正确的，因为无处抽调，而且在南方奥廖尔附近仍在进行着极其激烈的战斗。暂时只能给你们派去1 500名补充兵员。此外，已采取措施加派一些拉脱维亚人去，如果能找到拉脱维亚人的话。预计从苏维埃学校可调给你们 600 人。**[89]**

**列  宁**

载于 1942 年《列宁文集》俄文版
第 34 卷

译自《列宁全集》俄文第 5 版
第 51 卷第 71—72 页

## 140

# 致民族事务人民委员部**[90]**

（10 月 25 日）

建议：把纯属波兰的财物挑出来还给波兰人。这些财物为数不多。

其余可送此地军医院供病人使用。

**立即**送副民族事务人民委员征求意见。

**列  宁**

10 月 25 日

连同副民族事务人民委员的意见一并退我。

载于 1942 年《列宁文集》俄文版
第 34 卷

译自《列宁全集》俄文第 5 版
第 51 卷第 72 页

# 141

## 致南方面军革命军事委员会[91]

1919 年 10 月 25 日

> 致斯米尔加同志以及方面军和
> 各集团军革命军事委员会其他委员

我郑重推荐来人斯捷潘·纳扎罗夫同志，他是我早就熟悉的布尔什维克。

他同伊万诺沃–沃兹涅先斯克的其他同志一起**精心组织**了一批人（300—500 人），以便从各方面为整个集团军服务并使之健全起来。

我热诚推荐这些同志，务请采取一切措施使他们得到正确而周到的安排，不要埋没他们。接到信后请务必回信并告知这些同志被派往哪里，做什么工作。

国防委员会主席

**弗·乌里扬诺夫（列宁）**

载于 1942 年《列宁文集》俄文版
第 34 卷

译自《列宁全集》俄文第 5 版
第 51 卷第 72—73 页

# 142

# 给卡·安·彼得松的电报

（10 月 25 日）

拉脱维亚　陆军人民委员部
彼得松

请立即报告：

（1）您是否已把应征人员派往拉脱维亚师后备营？派去多少？动员工作进行得是否足够有力？

（2）您向拉脱维亚团和第 7 集团军增派补充兵员的任务是否已经完成？上述两项任务刻不容缓。

列　宁

载于 1942 年《列宁文集》俄文版
第 34 卷

译自《列宁全集》俄文第 5 版
第 51 卷第 73 页

# 143

# 致格·叶·季诺维也夫

（10 月 25 日以后）

季诺维也夫同志：

（1）据说韦马恩附近的页岩并不深，挖土两三俄丈，就可以用挖掘机剥采大量页岩。

必须鼓起干劲；动员资产阶级到那里去(让他们住住土窑)；实行三班制,每班 8 小时；要发动彼得格勒的工人参加这项工作；

把农民动员起来(**起初**干两个星期,每天 4 小时,**等等**)。

(2)据说茹克(已被害)曾用锯末制糖?

这是真的吗? 如果是真的,一定要**找到他的那些助手**,叫他们继续干下去。**这非常重要。**

敬礼!

列　宁

载于 1925 年莫斯科—列宁格勒出版的《纪念弗·伊·列宁逝世一周年(1924年 1 月 21 日—1925 年 1 月 21 日)》一书

译自《列宁全集》俄文第 5 版第 51 卷第 73—74 页

# 144

# 给普加乔夫斯克县粮食会议的电报[92]

## (10 月 26 日)

立即准确报告:究竟有哪些村或乡的余粮收集任务已全部完成。

列　宁

载于 1945 年《列宁文集》俄文版第 35 卷

译自《列宁全集》俄文第 5 版第 51 卷第 74 页

# 145

## ☆致各级苏维埃机关和军事当局

1919 年 10 月 27 日

来人波里斯·索洛蒙诺维奇·魏斯布罗德同志是我熟悉的一位医生，党的老干部，请给以**充分**信任和**大力**协助。

人民委员会主席

**弗·乌里扬诺夫（列宁）**

载于 1945 年《列宁文集》俄文版第 35 卷　　　　译自《列宁全集》俄文第 5 版第 51 卷第 74 页

# 146

## 致费·阿·罗特施坦①

1919 年 10 月 27 日

罗特施坦同志：

　　您向我们提供情报的工作做得很差，这是不能原谅的。您有经费，却不雇用秘书去收集所有的社会主义文献、小册子和剪报。您有经费，却不购置照相设备拍摄缩小的胶片。这一切都是不能

---

① 文献背面有列宁的附言：“请用密码拍给罗特施坦。”——俄文版编者注

原谅的。这些本来都是完全可以做到和应当做到的。否则联络和情报工作都会一团糟。请改正这点,要写信来,偶尔写写也好。致崇高的敬礼!

列　宁

译自《列宁全集》俄文第5版
第51卷第75页

# 147

# 致尼·亚·谢马什柯[93]

(10月27日)

谢马什柯同志:

　　请讨论此件(如有必要,可与交通人民委员部及陆军人民委员部一起讨论)并**来电话**答复我:你们是否正在推动此事,**怎样**和**何时**推动的。**急!**

列　宁

10月27日

载于1959年《列宁文集》俄文版
第36卷

译自《列宁全集》俄文第5版
第51卷第75页

# 148

# 致维·亚·库古舍夫[94]

1919年10月28日

### 乌法

### 维亚切斯拉夫·亚历山德罗维奇·
### 库古舍夫同志

库古舍夫同志：请允许我向您提出一项请求。莉迪娅·亚历山德罗夫娜·福季耶娃将动身去乌法。早在1905年以前我对她就很熟悉，又同她一起在人民委员会工作了很长时间。

莉·亚·福季耶娃身患重病，我们必须使这一"国家财富"（人民委员会的秘书）**康复**。请您务必采取一切措施，帮助莉·亚·福季耶娃安顿下来，得到治疗并能**吃饱**。

亚·德·瞿鲁巴同志对我说，您认识莉·亚·福季耶娃，不会拒绝帮助她的。

预先向您致谢。见信后请托人（例如部队方面的人）带封回信给我。

致同志的敬礼！

**弗·乌里扬诺夫（列宁）**

译自《列宁全集》俄文第5版
第51卷第75—76页

# 149

# 给德·尼·阿夫罗夫、雅·克·彼得斯和
# C.B.格罗曼的电报

1919年10月28日

彼得格勒　筑垒地域委员会　**阿夫罗夫**

汽车统计分配委员会　**彼得斯**

国防委员会特派员**格罗曼**

抄送:莫斯科 ЦП①　**马尔柯夫**同志

斯莫尔尼　季诺维也夫

　　国防委员会已三令五申责成特派员格罗曼和彼得格勒疏散委员会按国防委员会疏散委员会的计划,每昼夜从彼得格勒地区运走100车皮贵重物资。为保证彼得格勒疏散委员会拥有必要的运输工具,兹命令从10月28日起,每天拨10辆载重汽车供该委员会使用。报告执行情况。

工农国防委员会主席　**列宁**

译自《列宁全集》俄文第5版
第51卷第76—77页

---

① ЦП系电报代号:副交通人民委员。——俄文版编者注

# 150

# 致米·瓦·科托姆金

1919 年 10 月 28 日

乌法

致米哈伊尔·瓦西里耶维奇·科托姆金同志

科托姆金同志:请允许我向您提出一项要求。人民委员会秘书莉迪娅·亚历山德罗夫娜·福季耶娃将动身去乌法。她身患重病,需要治疗和加强营养,否则会失去工作能力。而她是我们非常需要的一位秘书。我恳请您采取一切措施帮助莉·亚·福季耶娃安排好膳宿。

接到信后,请不要不给我回音[95]。

预先向您致谢,并致以同志的敬礼。

人民委员会主席

弗·乌里扬诺夫(列宁)

译自《列宁文集》俄文版第 37 卷第 174 页

# 151

## ☆致克里姆林宫警卫长

1919 年 10 月 29 日

今天梁赞省来的红军战士格里戈里·伊万诺维奇·尼科尔斯基(现正在克里姆林宫训练班学习)要交来一份材料。

请收下并于今日立即交给我本人。

人民委员会主席

**弗·乌里扬诺夫(列宁)**

载于 1933 年《列宁文集》俄文版
第 24 卷

译自《列宁全集》俄文第 5 版
第 51 卷第 77 页

# 152

## 给梁赞省执行委员会的电报

### (10 月 30 日)

**梁赞　省执行委员会**

**抄送:梁赞省米哈伊洛夫执行委员会**

请立即调查学员**格里戈里·尼科尔斯基**的案件。佩切尔尼基乡执行委员会对他的家属是否给予法定的帮助? 如尼科尔斯基由于其当神父的兄弟强行收割庄稼问题而与乡执行委员会有摩擦的话，请予调查。向我报告执行情况。

人民委员会主席　**列宁**

载于 1933 年《列宁文集》俄文版
第 24 卷

译自《列宁全集》俄文第 5 版
第 51 卷第 77 页

## 153

# 给萨拉托夫伏尔加河—里海区舰队司令部和东南方面军第 11 集团军的电报

（10 月 30 日）

直达电报

致拉斯科尔尼科夫、基洛夫

你们至今没有答复斯克良斯基在 10 月 20 日的电报中向你们提出的有关高加索的如此重要的问题，我极为惊讶。[96]我们等候你们立即答复。

**列　宁**

译自《列宁文集》俄文版第 39 卷
第 211 页

# 154

# 给秘书的批示<sup>97</sup>

## （10 月 31 日）

请打电话向最高国民经济委员会运输器材局了解一下：他们做了些什么？如果他们已发电报，那么电报内容是什么？

载于 1933 年《列宁文集》俄文版
第 24 卷

译自《列宁全集》俄文第 5 版
第 51 卷第 78 页

# 155

# 致季·彼·索洛维约夫

1919 年 11 月 1 日

### 致副卫生人民委员

索洛维约夫同志：

(1)请看看我的短信，连同您的意见一并寄还。

(2)有否统计资料：莫斯科共有多少医生？

(3)医生的定员是否公布过(何时何处？)？

(4)对医生(他们不是多余人员而是在编人员)进行监督的方式，是否也公布过？

(5)彼得格勒医生的定员(和医生人数)如何？

(6)其他城市情况如何？

（7）是否应公布关于医生及其定员的供审核用的统计材料？为了使大家都可以进行审核，在**报纸**上**简要地**公布一下如何？

敬礼！

列　宁

载于 1945 年《列宁文集》俄文版
第 35 卷

译自《列宁全集》俄文第 5 版
第 51 卷第 78 页

## 156

# 给列·达·托洛茨基和
# 格·叶·季诺维也夫的电报

1919 年 11 月 1 日

**密码**

**直达电报**

彼得格勒

托洛茨基、季诺维也夫

整个军事和政治形势要求在彼得格勒附近迅速集中大量兵力，以便彻底粉碎尤登尼奇。建议与总司令一起或通过政治局贯彻实施。

列　宁

载于 1941 年出版的《1919 年彼得
格勒英勇保卫战文件汇编》一书

译自《列宁全集》俄文第 5 版
第 51 卷第 79 页

# 157

# 给伊·尼·斯米尔诺夫的电报

1919 年 11 月 1 日

密码

第 5 集团军革命军事委员会
斯米尔诺夫

请报告:从你们那里可抽调多少个师,哪几个师,何时能抽调。请向第 3 集团军和方面军革命军事委员会询问一下。立即答复。

**列　宁**

载于 1938 年 2 月 23 日《真理报》
第 53 号

译自《列宁全集》俄文第 5 版
第 51 卷第 79 页

# 158

# 给波·伊·戈尔德贝格的电报

1919 年 11 月 1 日

密码

喀山

后备集团军司令戈尔德贝格

请报告:你们的新建部队情况如何? 全俄总参谋部是否已将

答应给的都给了你们? 防治斑疹伤寒、解决宿营地的情况如何?
党的协助活动是否开展起来了?

列　宁

载于 1938 年 2 月 23 日《真理报》　　　译自《列宁全集》俄文第 5 版
第 53 号　　　　　　　　　　　　　第 51 卷第 79 — 80 页

159

# 给南方面军第 12 集团军
# 革命军事委员会的电报[98]

(11 月 1 日)

致第 12 集团军革命军事委员会
抄送:戈梅利省战俘和难民事务委员会

军队需要内衣、制服和鞋。你们可以同戈梅利省战俘和难民
事务委员会商议暂借。省战俘和难民事务委员会要大力协助第
12 集团军革命军事委员会得到军队所需要的东西。第 12 集团军
革命军事委员会从中央红军供给管理局得到所需数量的内衣、制
服、鞋以后,再如数归还省战俘和难民事务委员会。

列　宁

1919 年 11 月 1 日

译自《列宁文集》俄文版第 39 卷
第 211—212 页

# 160

# 给米·瓦·伏龙芝的电报

## (11月2日)

直达电报

**密码**

致伏龙芝
抄送:孙杜科夫、祖尔

同乌拉尔哥萨克的战斗还在拖着。我看不出您采取什么措施来尽快结束这条战线上的战斗,尽管我已要求您把全部注意力放在这方面。① 现在通知您,敌人利用你们提供给他们的喘息机会(因为你们一味想以和解了结)正在加强起来,请立即报告,您采取了哪些措施来粉碎敌人?

**列 宁**

载于1928年7月24日《真理报》
第170号

译自《列宁全集》俄文第5版
第51卷第80页

---

① 见本卷第123号文献。——编者注

# 161

# 致列·达·托洛茨基

## (不早于 11 月 6 日)

### 致托洛茨基

契切林已通知爱沙尼亚人,如果他们让尤登尼奇入境,我们就向他们进攻,我估计此事他已告诉您了。依我看,如果他们让尤登尼奇入境,我们就必须进入爱斯兰。假如此事势在必行,则应采取非常手段加快进行。[99]契切林反对张扬,因为这样协约国会采取对策。

**列　宁**

载于 1942 年《列宁文集》俄文版
第 34 卷

译自《列宁全集》俄文第 5 版
第 51 卷第 80 页

# 162

# 给尼·尼·克列斯廷斯基的批示[100]

## (不晚于 11 月 8 日)

关于(1)是否属实? 决议在哪里? 谁来为尤金作担保? **李伯尔在哪里**? 讲话的是尤金,而干事的是李伯尔

（麦迭姆及其他人）

关于(2)尤金**不**可信。不能把钱给他。给工人，但要担保，**具体给谁**。

译自《列宁文集》俄文版第38卷
第275页

163

## 给辛比尔斯克省执行委员会的电报

### (11月8日)

**辛比尔斯克　　省执行委员会**

抄送：**省粮食会议、科冈诺维奇、**

**粮食人民委员部伏尔加运输委员会**

尽管我在10月15日拍了第907号电报①，但据粮食人民委员部伏尔加运输委员会特派员卡采波夫报告，11月4日，伏尔加—布古利马铁路虽给了车皮，但装卸工却不来干活。我要求说明对饥饿的中部地区的需求如此漫不经心的理由。若再无故拖延装车、不设法把装卸工组织起来，将决不容许，定予严惩。此事由省执行委员会主席负责。立即报告所采取的措施。

国防委员会主席　　**列宁**

载于1945年《列宁文集》俄文版
第35卷

译自《列宁全集》俄文第5版
第51卷第81页

---

① 见本卷《附录》第9号文献。——编者注

# 164

# 给列·谢·索斯诺夫斯基和
# 叶·阿·普列奥布拉任斯基的电报[101]

## （不早于 11 月 8 日）

如果我们只向东方各民族"索取"，而不给予他们任何东西，那么我们的**整个**国际政策，整个"争取亚洲"的斗争就会失败。

最好能让巴什基尔人和吉尔吉斯人完全安定下来，这样便于实行我们的争取亚洲的政策。否则的话，我们反对英帝国主义的斗争（在亚洲）就会毫无结果。我们面临着争取波斯、印度和中国的严峻斗争，为了这场斗争，要么不向东方弱小民族"索取"任何东西，要么有一个特别明确地约定的最低的限度。

要求巴什基尔和吉尔吉斯的每一个苏维埃工作者和党的工作者大致按照以下提纲每月报告一次：

（1）我们给予了巴什基尔人和吉尔吉斯人以及其他民族什么东西？

（2）整个教育工作的效果？

（3）特别是**该**民族的党校的情况？

（4）拿了什么东西？ **要确切说明**：粮食？

牲畜？

还是其他什么？

（5）与巴什基尔和吉尔吉斯的地方政权发生冲突的情况。要确切地说明每次冲突的情况。

　　(6)同各民族的可汗、富农和资产阶级进行了哪些斗争？

载于 1968 年在阿拉木图出版的
C. 别伊先巴耶夫《列宁与哈萨克
斯坦》一书(非全文)

译自 1999 年《不为人知的列宁
文献(1891 — 1922)》俄文版
第 305 页

# 165

# 给格·叶·季诺维也夫的电报

1919 年 11 月 10 日

直达电报

优先拍发

彼得格勒

　　斯莫尔尼

　　　季诺维也夫

　　请立即把可靠的巴什基尔族共产党员以及巴什基尔的真诚同情者的材料收集好，并把他们的姓名和住址急速寄给我。[102]

**列　宁**

载于 1933 年《列宁文集》俄文版
第 24 卷

译自《列宁全集》俄文第 5 版
第 51 卷第 81 页

# 166
# 同米·尼·波克罗夫斯基的来往便条

1919 年 11 月 11 日

## 致米·尼·波克罗夫斯基

波克罗夫斯基同志：我认为，从附件[103]可以得出结论：应全调入教育人民委员部。请把附件连同您的意见一并送回。

您的    列宁

## 米·尼·波克罗夫斯基的答复

如有关心并熟悉图书馆业务的党内同志，<u>应当吸收到我部图书馆司来工作</u>。[①] 该司正苦于缺少自己人——但是，不能在"苏维埃的"图书馆之外平行设置"党的"图书馆。

## 致米·尼·波克罗夫斯基

同意。请把**人民委员**（或副人民委员）对此问题正式的结论性意见送交**中央委员会**（给我一份抄件）。

载于 1933 年《列宁文集》俄文版    译自《列宁全集》俄文第 5 版
第 24 卷    第 51 卷第 82 页

---

① 着重线是列宁画的。——俄文版编者注

# 167
# 给尼·巴·布留哈诺夫的电报

1919 年 11 月 11 日

东方面军粮食特设委员会主席
布留哈诺夫

迫切需要向饥饿的乌拉尔工人供应粮食。请报告：你们做了哪些工作，已供应到什么程度，不能派这些工人到库尔干去征收粮食吗？您抱怨缺少人手，有些令人奇怪。

国防委员会主席　**列宁**

载于 1933 年《列宁文集》俄文版
第 24 卷

译自《列宁全集》俄文第 5 版
第 51 卷第 82—83 页

# 168
# ☆致泥炭总委员会[104]

1919 年 11 月 11 日

关于寄来的 1919 年总结报告

(1)最好在《经济生活报》[105]上把**总结**刊登出来（并送我一份）。

(2)具体项目的表格很多，但**没有总结性的表格**：

——1918 年、1919 年及**更早的**生产情况的比较（天数？运转的机器的百分比？等等）

——略图？或到火车站的距离？

——开动**全部**机器的条件？

——关于生产受消费(食品和纺织品)制约的可比资料？

列　宁

载于 1933 年《列宁文集》俄文版
第 24 卷

译自《列宁全集》俄文第 5 版
第 51 卷第 83 页

## 169

# 致阿·萨·叶努基泽、
# 列·波·加米涅夫和叶·德·斯塔索娃

### (11 月 12 日)

致叶努基泽、列·波·加米涅夫和

叶·德·斯塔索娃同志

恳请你们在 衣服、**住宅、粮食**方面帮助来人

**彼得·奥赫里缅科**同志。

如果对他帮助有某种困难,务请打电话给我。[106]

**弗·乌里扬诺夫(列宁)**

1919 年 11 月 12 日

载于 1956 年《接班人》杂志
第 7 期

译自《列宁全集》俄文第 5 版
第 51 卷第 83—84 页

# 170

# 给秘书的批示[107]

## (不早于 11 月 17 日)

请把免费供应儿童伙食的法令找出来。

由谁供应?

不是社会保障机关,而是苏维埃?

既然如此,必须责成**粮食人民委员部**(我责成他们)给图拉回信(给我一份抄件)。

载于 1933 年《列宁文集》俄文版
第 24 卷

译自《列宁全集》俄文第 5 版
第 51 卷第 84 页

# 171

# 致叶·米·波波娃

1919 年 11 月 20 日

致苏维埃 1 号楼管理主任
波波娃同志

请给基利(Keeley)同志拨一个房间(开始时一间也可以,以后要给两间——一间给翻译),他是前来援助苏维埃共和国的美国工程师。

　　给他的房间请不要高过三楼,而且要最暖和的。[108]

　　　　人民委员会主席

　　　　　**弗·乌里扬诺夫(列宁)**

译自《列宁全集》俄文第5版
第51卷第84页

172

# 给第3集团军革命军事委员会、
# 彼尔姆省粮食委员、彼尔姆铁路政治委员和
# 叶卡捷琳堡省粮食委员的电报[109]

(11月20日)

第3集团军革命军事委员会

　　彼尔姆　省粮食委员

　　　彼尔姆铁路政治委员

　　叶卡捷琳堡　省粮食委员

　抄送:叶卡捷琳堡　金属局①

无论如何要使乌拉尔全体工人,特别是叶卡捷琳堡区、基泽尔

---

　　① 电头中"抄送:叶卡捷琳堡　金属局"是埃·马·斯克良斯基写的。——俄文版编者注

及其他产煤区所需要的粮食有充足的储备。各军事当局和交通部门要对无条件执行此令负责。立即答复:往何处运去多少普特。①

国防委员会主席　　**列宁**

载于1942年《列宁文集》俄文版
第34卷

译自《列宁全集》俄文第5版
第51卷第85页

## 173

# 致费·埃·捷尔任斯基

### (11月21日)

捷尔任斯基同志:

柯伦泰同志给我来信,说有一个叫阿列克谢·萨波日尼科夫的青年在彼得格勒被捕了。

她说,所以被捕,是因为他拿着别人的证件进入了军事行动地带。

她说,他所以这样做,是因为"他对母亲的爱达到了病态的程度",而他的父母在尤登尼奇进攻时失散了。

柯伦泰在信中讲,她了解阿列克谢·萨波日尼科夫,是一个"绝对不问政治的人","而且是一个感情极易冲动、神经质的人,他由于糊涂而惹了这个麻烦"。

柯伦泰担心这个青年**会遭到枪决**。

(1)能否查问一下?

--------

① "往何处运去多少普特"是埃·马·斯克良斯基写的。——俄文版编者注

（2）可否暂缓作出判决？

（3）也许要我给季诺维也夫打个电话？

敬礼！

您的    **列宁**

11 月 21 日

译自《列宁全集》俄文第 5 版
第 51 卷第 85—86 页

## 174

# 致阿·萨·叶努基泽

1919 年 11 月 21 日

叶努基泽同志：务请吩咐人给下列同志**额外弄一些食品**（尤其是下面所列的食品）：

第一位是前来**援助**苏维埃政权的。我们的客人。必须帮助他。

第二位是芬兰社会民主党创始人。老人。1905 年以前，芬兰人曾大力帮助过我们，现在我们有义务帮助他们。

（1）**基利**（Keeley），前来援助苏维埃政权的美国工程师。

（尤其是**糖**、**巧克力**、**甜食**）。

纳齐奥纳尔大饭店 321 号房间。

（2）**乌尔辛**（芬兰社会民主党创始人）。

梅特罗波尔大饭店 471 号房间。

（尤其是**黄油**）

敬礼！

您的　**列宁**

载于 1933 年《列宁文集》俄文版
第 24 卷

译自《列宁全集》俄文第 5 版
第 51 卷第 86 页

## 175

# 致莫斯科市国民经济委员会印刷局

### （11 月 21 日）

致莫斯科市国民经济委员会印刷局

尊敬的同志们：

　　已付排的米·弗拉基米尔斯基的小册子《地方苏维埃政权的结构》[110] 务必在今年 12 月 1 日之前印好。请向持信者[111]介绍有关排印等等的情况，并请注意使这本小册子如期出版。

人民委员会主席

**弗·乌里扬诺夫**（列宁）

1919 年 11 月 21 日

译自《列宁文集》俄文版第 39 卷
第 213 页

# 176

# 给波·索·魏斯布罗德的电报

## (11 月 25 日)

萨马拉    魏斯布罗德

现在就把您的报告[112]转交谢马什柯。我们竭力采取一切措施。已动员牙科医生去充当医士。祝您一切顺利。

**列 宁**

<table>
<tr><td>载于 1945 年《列宁文集》俄文版<br>第 35 卷</td><td>译自《列宁全集》俄文第 5 版<br>第 51 卷第 87 页</td></tr>
</table>

# 177

# 致尼·亚·谢马什柯[113]

1919 年 11 月 27 日

谢马什柯同志:

(1)请将此件连同您的意见一并退我。

(2)请派人对所提事实进行**核实**(要让**负责人员迅速**而准确地写清楚**这些**事实并要他们签字)。

(3)对魏斯布罗德的方案,您有何修改意见或不同方案?

您的  **列宁**

载于1945年《列宁文集》俄文版
第35卷

译自《列宁全集》俄文第5版
第51卷第87页

# 178

# 致弗·巴·米柳亭

## (11月27日)

**最高国民经济委员会**

米柳亭同志:

　　请讨论一下拟定统一的、简短而又包括主要问题(或项目)的定期工作报告的格式问题。报告应能反映各经济部门或主要经济部门在发展生产力方面的工作**结果**(从业工人人数;产量、开采量;平均每个工人的生产率,等等),供《经济生活报》发表。

　　请把您的意见告我。

**列　宁**

报告应分成两部分:

(a)只能用文字叙述的部分(计划、条件、特点等等);

(b)可以而且应当用数字表示的部分。

**两部分**都要刊登。

第二部分要选择主要数字(供综合和比较用)。

(请参写得不清楚的例子——"页岩工业总管理局"1919 年 10 月 1 日的工作报告。)刊登。在哪里,多少次。

(保密部分应当用百分比发表,例如:工人人数,1919 年 10 月 1 日为 100;1919 年 11 月 1 日为 120,等等。)

载于 1945 年《列宁文集》俄文版
第 35 卷

译自《列宁全集》俄文第 5 版
第 51 卷第 87—88 页

# 179

# 在昂利·吉尔波来信上的批语

## (不早于 11 月 28 日)

亲爱的列宁同志:

……我想写一本篇幅不太长的书:**布尔什维克革命的领导者和俄罗斯苏维埃共和国的建设者**。书中将包括一系列无论是在革命中,还是在苏维埃建设事业中都发挥了作用的人物形象。我希望这个方案能为第三国际执行局所接受,特别希望在接受之后能利用它……

亲爱的同志:请接受我的兄弟般的握手!

**不必写个人。**

**昂利·吉尔波**

载于 1959 年《列宁文集》俄文版
第 36 卷

译自《列宁全集》俄文第 5 版
第 51 卷第 358 页

# 180

# 致俄共(布)中央组织局

## (12 月 3 日)

致中央组织局

(抄送:沃罗夫斯基)

对《俄共党章草案》[114]出版情况,我看需要调查一下。

建议派人查清出版这种如此荒唐的东西、印得又如此草率的全部情况。

谁交待的任务? 印数多少? 谁编辑的? 等等。

建议把调查报告提交中央政治局。

**列 宁**

12 月 3 日

译自《列宁全集》俄文第 5 版
第 51 卷第 88 页

# 181

# 致阿·萨·叶努基泽

1919 年 12 月 5 日

叶努基泽同志:

能否吩咐人发给住在克里姆林宫的瓦连廷娜·彼得罗夫娜·

**斯米尔诺娃**同志一些食品？她是正在前线的弗拉基米尔·米哈伊洛维奇·斯米尔诺夫的妻子。

据说她正在挨饿。

务请用电话给我一个答复。

您的　列宁

载于 1933 年《列宁文集》俄文版
第 24 卷

译自《列宁全集》俄文第 5 版
第 51 卷第 89 页

# 182

## 致苏维埃第七次代表大会主席团

### （12 月 5 日和 9 日之间）

我看，**基辅**省**也**应选出代表参加。[115]

全乌克兰中央执行委员会成立以后（现尚未成立），他们再退出去。在全乌克兰中央执行委员会成立之前，为什么不能在我们这里有代表呢？

列　宁

载于 1933 年《列宁文集》俄文版
第 24 卷

译自《列宁全集》俄文第 5 版
第 51 卷第 89 页

# 183

# 致叶·德·斯塔索娃[116]

## （12 月 9 日以后）

叶·德·：应当发一份密码电报，要求无论何地何时都**不得使用卡莫这个化名**，要立即另用一个**新的**来代替。提到卡莫所在的**城市只许**用密码。

列　宁

译自《列宁全集》俄文第 5 版
第 54 卷第 421 页

# 184

# 致俄共（布）中央组织局

1919 年 12 月 10 日

致中央组织局

我看，伏龙芝的要求过分了。[117]首先应彻底攻下乌克兰，而土耳其斯坦可以再等一等，受一点苦。

列　宁

载于 1942 年《列宁文集》俄文版
第 34 卷

译自《列宁全集》俄文第 5 版
第 51 卷第 89 页

# 185

# 给沙·祖·埃利亚瓦、
# 扬·埃·鲁祖塔克和
# 瓦·弗·古比雪夫的电报

1919 年 12 月 11 日

密码

塔什干

埃利亚瓦、鲁祖塔克、

古比雪夫

你们要的工作人员太多。如果你们以为土耳其斯坦比中部地区和乌克兰还重要,这是可笑的,或者比可笑还不如。你们得到的不会再多了,应靠现有人员解决问题,不要给自己提出一些不着边际的计划,要实际一些。

列 宁

载于 1959 年《列宁文集》俄文版
第 36 卷

译自《列宁全集》俄文第 5 版
第 51 卷第 90 页

# 186
# 致阿·雅·别连基

1919 年 12 月 11 日

致别连基同志

卢比扬卡街 11 号楼 27 室

别连基同志:向您郑重推荐来人罗维奥同志,他是芬兰共产党党员,党的老干部,请帮助他,此事我们已在电话中谈过了。

敬礼!

您的　**列宁**

载于 1933 年《列宁文集》俄文版　　　译自《列宁全集》俄文第 5 版
第 24 卷　　　　　　　　　　　　　　第 51 卷第 90 页

# 187
# 致谢·德·马尔柯夫

1919 年 12 月 11 日

马尔柯夫同志:

附上一函,阅后请退我,并请提出意见:是否可行,等等。[118]

敬礼!

**列　宁**

载于 1933 年《列宁文集》俄文版　　　译自《列宁全集》俄文第 5 版
第 24 卷　　　　　　　　　　　　　　第 51 卷第 91 页

# 188

# 在 A.K.派克斯来电上作的标记和批示

## （12 月 11 日和 16 日之间）

军队迅速推进,需要在地方上立即组建苏维埃机构。当地同志因不熟悉苏维埃政权的建设和政策,目前没有能力组建。在同中央机关联系不上的情况下,又缺乏各方面的合适领导人,那就有一切需要从头来过、西伯利亚资源得不到合理利用的危险。必须立即派人来西伯利亚革命委员会担任苏维埃建设和经济工作的重要政治领导。

派克斯

致组织局
（斯塔索娃）

我看,不再给西伯利亚派了:我们没有人了。西伯利亚**不致**毁灭。要把人**全**派到乌克兰去。

列　宁

载于 1933 年《列宁文集》俄文版
第 24 卷

译自《列宁全集》俄文第 5 版
第 51 卷第 91 页

# 189

# 致格·叶·季诺维也夫

12 月 15 日

季诺维也夫同志:

寄上政治局的结论。

有两件事:

(1)能否为南方面军订制两台重型雪橇(克格列斯式机动雪橇)和两台轻型雪橇?

**急需**。请答复。

(2)对扬堡附近的油母页岩要倍加重视。

最重要的是全力以赴。

(3)材料(铁丝网等)**不要破坏**,不要散失。

**将来有用**。请予以注意。

敬礼!

**列 宁**

文章,我正在写。如果今天写不完,就不必等了。**119**

载于 1933 年《列宁文集》俄文版
第 24 卷

译自《列宁全集》俄文第 5 版
第 51 卷第 92 页

# 190

# 给伊·尼·斯米尔诺夫的电报

## （12 月 15 日）

**直达电报**

鄂木斯克　革命军事委员会　**斯米尔诺夫**

祝贺攻克新尼古拉耶夫斯克。请千方百计设法完整无损地拿下库兹涅茨克区和煤。要记住，贸然东进将是犯罪，需要用最大努力去……①

请告收到此电的时间。

人民委员会主席　**列宁**

12 月 15 日

载于 1959 年《列宁文集》俄文版第 36 卷

译自《列宁全集》俄文第 5 版第 51 卷第 92 页

---

① 下面的电文无法破译。——俄文版编者注

# 191

# 给第5集团军和第3集团军
# 军事交通处处长的电报

## (12月16日)

军务电报，优先拍发

第5集团军军事交通处处长

第3集团军军事交通处处长

抄送：中央军事交通部

国防委员会所规定的铁路运输使用规则，除军事运输外，不排除为乌拉尔企业工人运送粮食。为此目的，每天至少应提供40个车皮。每周要电告一次：给工人运去多少车皮粮食。

国防委员会主席 **列宁**①

1919年12月16日

载于1933年《列宁文集》俄文版
第24卷

译自《列宁全集》俄文第5版
第51卷第93页

---

① 下面还有一个署名："国防委员会军需特派员**李可夫**"，是列宁代笔的。——俄文版编者注

# 192

# 给秘书的便条

1919 年 12 月 16 日

能否派人了解(或用电话询问)一下,莫斯科公共图书馆(鲁勉采夫博物院等)是否有1917年10月25日(11月7日)以后六周的**全套的苏维埃报纸**(《**真理报**》[120]和《**消息报**》)。

载于 1933 年《列宁文集》俄文版
第 24 卷

译自《列宁全集》俄文第 5 版
第 51 卷第 93 页

# 193

# 给列·波·克拉辛的便条[121]

## (12 月 17 日)

明天请给我送来下列单位工作汇报之类文件的编写细则、规定和格式**各一份**:

交通人民委员部、

交通人民委员部政治处、

交通人民委员部运营局、技术局、检修局;

并请送一份交通人民委员部组织机构图表(如果有的话)。

载于 1963 年 11 月 24 日《真理报》
第 328 号

译自《列宁全集》俄文第 5 版
第 51 卷第 94 页

# 194

# 给列·波·克拉辛的便条

## (12 月 17 日或 24 日)

答复比国家监察人民委员部的还坏。

没有**名字**。"责任制"比最高国民经济委员会的还差!

这样那样的官衔一大堆!!

现在让我该找**谁**呢?**[122]**

译自《列宁全集》俄文第 5 版
第 51 卷第 94 页

# 195

# 致德·伊·库尔斯基**[123]**

## (12 月 17 日和 23 日之间)

# 1

### 致库尔斯基

我认为拟补充:

(1)记录在案还**不**等于"申诉",而只是确切**查明**争论的**起因**。

避免申诉的最好方法是争取确切答复或立刻执行。

(2)用这样的方法可以而且应当毫不拖延地迅速解决**实质**问题,这就是:提出就地解决的简捷办法,正式提出这种办法("哪里有材料,我就建议在哪里订购,为了避免拖拉,我请求做到这一点"),这样的声明或请求对于中央机关克服拖拉现象会**大有**帮助。

(3)对人民委员会和国防委员会的意见应向全俄中央执行委员会申诉。

(4)经人民委员会批准后,在《**贫苦农民报**》**124** 上发表**文章**(举例;反复说明)。

列　宁

2

**致库尔斯基:**

(拖拉作风的危害)

(1)应当写得通俗一些。

(2)要转述法律的全文。

(3)举出**三四**个具体例子 {为什么? 用什么方法? 这**有助于**同拖拉作风作斗争}

(4)要求**每一**个省执行委员会翻印,

(5)说明我们要惩罚**既不知道**也**不实施**这项法律的人。

载于 1928 年《列宁文集》俄文版
第 8 卷

译自《列宁全集》俄文第 5 版
第 51 卷第 94—95 页

# 196

# 致俄共(布)中央组织局

## (不晚于 12 月 18 日)

致组织局

我建议,谴责提出这份文件[125]的人(共 32 人,其姓名可从他们上次来件中查到),

或者警告他们:他们非议俄共中央的政策是违反纪律的行为,是对有组织的齐心协力的工作的干扰;

——因为这些人没有提出任何具体的意见,却在浪费宝贵的时间并转移人们对尽快去乌克兰工作的注意力。

中央委员会要求他们停止非议,不要再搞空洞计划,立即着手工作,最严格地执行俄共中央的路线和指示。

**列　宁**

附言:应对这些人进行监督,把他们分散到**实干的**工作人员中去,否则就会发生纠纷而一事无成。

译自《列宁全集》俄文第 5 版
第 51 卷第 95—96 页

# 197

# 致阿·巴·哈拉托夫

1919 年 12 月 19 日

致粮食人民委员部部务委员

哈拉托夫同志

命令

命令您在疗养院住**一个月**把病**彻底**治好，以便随后承担那时将让您担任的**十分艰巨的**工作。

人民委员会主席

**弗·乌里扬诺夫(列宁)**

载于 1933 年《列宁文集》俄文版
第 24 卷

译自《列宁全集》俄文第 5 版
第 51 卷第 96 页

# 198

# 致沙·祖·埃利亚瓦

1919 年 12 月 19 日

埃利亚瓦同志：

向您推荐来人潘·尼·勒柏辛斯基同志，我 1902 年在国外侨居日内瓦时就认识他,在那里曾一起同孟什维克进行过斗争。

毫无疑问,勒柏辛斯基同志正好能够帮助你们对当地居民进行教育,使他们认识到并且确信:苏维埃人决不会成为帝国主义者,甚至也不会有帝国主义者那种作风。[126]

敬礼!

　　　　　　　　　　　　　　　　　您的　**列宁**

载于 1933 年《列宁文集》俄文版　　　　　译自《列宁全集》俄文第 5 版
第 24 卷　　　　　　　　　　　　　　　　第 51 卷第 96—97 页

# 199

# 发往梁赞的电报[127]

## (12 月 21 日)

立即拍发

电报交值班委员立即转发

收报后通知莫斯科克里姆林宫

梁赞三个受电单位:

省党委、省执行委员会、省粮食委员会

亲爱的同志们:你们在 12 月 19 日的会议上作出决议,要在 10 天内为莫斯科工人装运 800 车皮马铃薯,并为此制定了一系列措施。此事极好,但问题的整个关键在于:你们提出的这项任务完成的效果和速度如何。莫斯科的工人阶级已经饿得快不行了。拯救他们就是拯救革命。同反革命进行斗争的主要任务过去和现在都落在莫斯科工人阶级的肩上。红军已经粉碎了高尔察克和尤登尼奇,现在该轮到邓尼金了。为了保证红军能用最少的时间和兵力来完成这一可能使战争结束从而转入和平的社会主义建设的任务,莫斯科的工人不得不又一次作出牺牲。他们不得不把那些为莫斯科运粮的交通工具提供出来满足作战的需要。在这种情况下,世界革命中心周围的地区,当然应当支援他们。党和苏维埃的全体人员都应深刻认识到,保证莫斯科的供应,拯救莫斯科的工人阶级,是他们最神圣的革命义务。革命的胜利有赖于你们的干劲和决心。人人都来做采购工作,人人都来参加装车和提供车皮的工作。交通人民委员部要保证运粮列车及时发往和抵达莫斯科。你们要坚决要求交通人民委员部的地方机构履行这一义务。动手干吧,同志们! 为给莫斯科工人以迅速的、坚决的革命援助而奋斗!

　　致共产主义的敬礼!

弗·乌里扬诺夫(列宁)

载于 1957 年梁赞出版的《为在梁赞省建立和巩固苏维埃政权而斗争(1917—1920 年)》一书

译自《列宁全集》俄文第 5 版第 51 卷第 97—98 页

## 200

# 致小人民委员会[128]

（12 月 22 日）

（1）应指定在**短**期内拟出工作细则,

（2）将此项工作细则提交小人民委员会,因为通令写得不好,

（3）指定三个月后报告教堂用做校舍的结果。

> 占用的条件和
> 报告制度?

**列　宁**

12月22日

译自《列宁全集》俄文第5版
第51卷第98页

# 201

# 致格·叶·季诺维也夫

12月23日

季诺维也夫同志:

12月20日的来信收悉。

关于彼得格勒的问题仍请同托洛茨基商定。看来,一切防御设施都应保存和**修复**(据说,现已有人盗窃铁丝网等物),应想出**每周**动员的办法(或拉"警报",或搞**集合**),使彼得格勒保持戒备状态。这需要特别仔细地加以考虑。

粮食停运完全是运输的缘故。**要修理机车和车皮!!**

至于页岩问题,您既已抓了,极好。但使我诧异的是,您在信中竟提出了页岩的运输问题。页岩不必都外运(除生产**瓦斯**用的

以外，据说页岩出的瓦斯比煤要多），据说应就地发电，并在当地建立蒸馏厂从页岩中提取石油。这里的人都这么对我说。而且我想，彼得格勒靠自己的力量是能完成发电和炼油任务的。

敬礼！

列　宁

注意。可否修建地堡来保卫彼得格勒？给您和托洛茨基寄去一份关于这一问题的报告。

为什么没有更多的克格列斯式机动雪橇？据说，履带有 100 多条？

载于 1933 年《列宁文集》俄文版
第 24 卷

译自《列宁全集》俄文第 5 版
第 51 卷第 99 页

## 202

# 在阿·瓦·卢那察尔斯基来信上的批示

### （12 月 24 日或 25 日）

亲爱的弗拉基米尔·伊里奇：

您在和我的一次谈话中责备我说，至今我们未在莫斯科建立一座好的卡尔·马克思纪念碑……

我同意必须着手在莫斯科建立一座马克思纪念碑。据我所知，在第一次征求设计方案时，曾收到一些包括全部改造一些广场的宏伟方案。当然，现在不能考虑这一点，现在只能在一个广场上建起一座美观的、含意深刻的、宏伟的马克思全身塑像。

……莫斯科有一位完全能独立承担马克思雕像任务的雕塑家。他就是艺术家梅尔库罗夫，他创作的陀思妥耶夫斯基的花岗岩纪念像极好，已由莫斯科苏维埃安放在茨韦特诺伊林荫路⋯⋯

加米涅夫同志:请写信或打电话提出您的意见。[129]

载于 1945 年《列宁文集》俄文版        译自《列宁全集》俄文第 5 版
第 35 卷                        第 51 卷第 99—100 页


# 203

## 给秘书的批示[130]

### (不早于 12 月 25 日)

提上国防委员会议程,并责成克拉辛(或罗蒙诺索夫)立即拟出一个决议草案(关于从部队抽回问题)并同斯克良斯基协商。

载于 1933 年《列宁文集》俄文版        译自《列宁全集》俄文第 5 版
第 24 卷                        第 51 卷第 100 页


# 204

## ☆致最高国民经济委员会印刷局


### (抄送:最高国民经济委员会主席团)

1919 年 12 月 26 日

请立即向我报告:

(1)1917 年 10 月 25 日以后曾长期由私人管理的莫斯科瑟京

印刷所是何时收归国有的(如果已收归国有);

(2)收归国有的原因(当时有无特殊条件?);

(3)有无说明其收归国有后的状况的资料(什么样的资料)?

(4)收归国有的这个印刷所由谁管理？归地方管,还是归区域管?

(5)印刷局采取了哪些改进工作的措施?**131**

人民委员会主席

**弗·乌里扬诺夫(列宁)**

载于1933年《列宁文集》俄文版
第24卷

译自《列宁全集》俄文第5版
第51卷第100—101页

# 205

# 给伊·尼·斯米尔诺夫的电报[132]

1919年12月26日

第5集团军革命军事委员会

斯米尔诺夫

发往鄂木斯克或他的所在地

对您的第4211号来电的意见是:不是调拨100,而是200列车和机车。要动员一切力量来加速搞煤和把铁路腾出来,同时要保护财产免遭盗窃。请更经常地报告执行情况。

**列　宁**

载于1933年《列宁文集》俄文版
第24卷

译自《列宁全集》俄文第5版
第51卷第101页

# 206

# 在阿·谢·基谢廖夫电文上的批示

## (12 月 26 日)

致下列各省粮食委员会:弗拉基米尔、
梁赞、萨马拉、辛比尔斯克、科斯特罗马、
雅罗斯拉夫尔、图拉、坦波夫

请立即回答:

(1)你们何时接到粮食人民委员部关于采购 1919 — 1920 年马铃薯的命令?

(2)是否已成立贯彻马铃薯专卖法令的机构?

(3)何时成立了何种采购机构,从运动开展以来共采购和运出了多少马铃薯?

(4)采购是否同其他组织共同进行的? 是同哪些组织? 这些组织采购和运出了多少马铃薯?

(5)粮食人民委员部下达的余粮收集指标是否与各省余粮数相符? 有关情况请报送克里姆林宫 33 室全俄中央执行委员会主席团。

国防委员会派赴粮食人民
委员部的调查委员会主席　　**阿·基谢廖夫**

我坚决支持基谢廖夫的请求,请严格执行。

国防委员会主席　　**列宁**

载于 1933 年《列宁文集》俄文版
第 24 卷

译自《列宁全集》俄文第 5 版
第 51 卷第 101—102 页

# 207

# 给季·弗·萨普龙诺夫的电报

1919 年 12 月 26 日

哈尔科夫
省执行委员会或省革命委员会
萨普龙诺夫①
抄送:南方面军粮食特设委员会主席
弗拉基米罗夫

这里的运输状况十分困难,为了向这里运送煤炭,尤其是为了加紧修理机车,需要作出极大的努力。要派优秀人员来做此事,要亲自检查,要实行每修复一台机车都奖励粮食的制度,要把最好的修配厂恢复起来,实行两班制或三班制。电告执行情况。

国防委员会主席　**列宁**

载于 1933 年《列宁文集》俄文版
第 24 卷

译自《列宁全集》俄文第 5 版
第 51 卷第 102 页

---

① 列宁在手稿上方加了批注:"优先拍发　直达电报。将**哈尔科夫收报人收到此电**的时间告诉我。**列宁**"。——俄文版编者注

# 208

# 致格·马·克尔日扎诺夫斯基

## (12月26日)

格列勃·马克西米利安内奇：

您谈的关于泥炭的情况我很感兴趣。

可否就这个问题给《经济生活报》写一篇文章(以后再印成小册子或在杂志上发表)？**133**

必须把问题拿到报刊上来讨论。

据说，泥炭储量有几十亿。

泥炭的热价值。

泥炭的蕴藏地——莫斯科近郊；**莫斯科区域**。

**彼得格勒近郊——要更确切些**。

泥炭容易开采(同煤、页岩等比较)。

可用**当地**工人和农民的劳动(**最初每昼夜 4 小时也好**)。

据说，这就是在**现有**发电厂的条件下可以把电力增加**多少倍**的基础。

据说，这就是恢复工业；

——按社会主义原则组织劳动(农业＋工业)；

——摆脱燃料危机(可节省**几**百万立方米的木柴用于运输业)的**见效最快**和**最可靠的**基础。

请把您的报告的**结论**写出来；——附上一张泥炭分布图；——

算出简略的总数。说明迅速制造泥炭开采机械的可能性,等等。提出经济规划的要点。

必须**立刻**把问题提到报刊上去。

您的  **列宁**

12 月 26 日

**附言**:必要时可以把文特尔拉来做这一工作,但您要赶快把文章写好。

载于 1925 年 1 月 22 日《经济生活报》第 18 号

译自《列宁全集》俄文第 5 版第 51 卷第 105 页

209

# 在格·瓦·契切林来信上的批语[134]

（12 月 26 日）

原则上赞成。指出"白色"炸弹的可能性（为了破坏同英国的和谈）。

没有这种职务。[135]

译自《列宁文集》俄文版第 39 卷第 214 页

1919 年 12 月 26 日列宁给
格·马·克尔日扎诺夫斯基的信的手稿

# 210

# 致格·瓦·契切林

1919 年 12 月 27 日

契切林同志：

您的各项建议政治局几乎全都采纳了。[136]确切的文本请用电话向中央委员会书记克列斯廷斯基同志了解。

请无论何时也不要用"中央委员会主席"这个称呼，

因为并没有这一职务。

敬礼！

列　宁

译自《列宁全集》俄文第 5 版<br>第 51 卷第 106 页

# 211

# 给马·马·李维诺夫的电报①

## （12 月 28 日）

### 列宁致李维诺夫

一切有关左派社会主义和共产主义各种思想派别的文件、决

---

①　列宁在手稿上方加了批注："契切林同志：能否用密码发出？请给我来电话。**列宁**"。——俄文版编者注

议、小册子、报刊论文和讲演,特别是无政府工团主义歪曲或攻击共产主义的言论,对我们都极其重要。请把各种文字的所有这些材料认真加以收集、剪贴,每种请寄来或带来三四份,特别是德国"独立党人"的,他们的代表大会和代表大会以后的材料,[137] 以及德国共产党人的材料。[138]

列　宁

载于 1945 年《列宁文集》俄文版
第 35 卷

译自《列宁全集》俄文第 5 版
第 51 卷第 106 页

# 212

# 致中央鼓动站领导小组

1919 年 12 月 30 日

致中央鼓动站领导小组[139]

兹推荐来人玛丽亚·莫夫绍维奇同志。我多年来就熟悉她,她是党的一名极其忠诚的干部。务请予以最充分的信任和大力协助,特别是要立即给她 10 天假期以恢复健康。[140]

人民委员会主席

弗·乌里扬诺夫(列宁)

载于 1933 年《列宁文集》俄文版
第 24 卷

译自《列宁全集》俄文第 5 版
第 51 卷第 107 页

# 213

# 致帕·伊·波波夫[141]

（关于俄罗斯联邦居民十月革命以前和
十月革命以后的消费情况）

（12 月下半月）

## 1

波波夫同志:如果不太麻烦您的话,请把附表连同您的意见一起退还给我:

从统计学及其现有的俄国当代资料来看

（aa)编制这种统计表（即使在资料不足的情况下)是否能办到?

（bb)如果能,要作哪些主要修改?

（cc)你们的专家中是否有人愿承担编制这种统计表的工作（即使上下幅度较大也没有关系)?

　　　　　　　　　　　您的　**列宁**

2

假定(为了匡算,为了简化好记)俄罗斯联邦的人口＝5 000 万

| 他们吃得怎样?<br>(现在) | 占人口的<br>百分比 | 战前(1914—1917 年以前)他们吃得怎样?<br><br>譬如按战前 10 年、15 年平均计算 |
|---|---|---|
| (a)1 000 万工人＝标准的 50%—60% | 20% | 标准的 70%—80% |
| (b)2 000 万贫苦农民＝标准的 70%—80% | 40% | 标准的 50%—60% |
| (c)1 500 万中等农民＝标准的 90%—100% | 30% | 标准的 60%—70%<br>或 90%？ |
| (d)400 万富裕农民＝标准的 120%—150% | 8% | 标准的 100%<br>或 110%—120%？ |
| (e)100 万过去的地主、资本家、高级职员等等＝标准的 60%—70% | 2% | 标准的 150%—200% |
| | 100% | |

所谓标准,就是按照科学的要求每个人所需要的面包、肉、奶、蛋等等的数量,

就是说,标准不是热量,而是食物的数量和质量。

工人是指产业工人,而城市的非工人居民算在相应的(c)和(d)类里面。

社会类型:

(a)城市的无产者和半无产者居民

(b)农村的——同上

(c)中等农民和与之最接近的全体小资产阶级居民

(d)富裕农民和城市中等资产阶级

(e)上层阶级。

载于1933年《列宁文集》俄文版第24卷

译自《列宁全集》俄文第5版第40卷第340—342页

# 1920 年

## 214

## 致索·波·布里奇金娜<sup>142</sup>

（1月初）

布里奇金娜：这样不行。只给瞿鲁巴送去是不够的。应当检查并作记录，是怎样答复的，是什么时候发出去的。

载于 1945 年《列宁文集》俄文版
第 35 卷

译自《列宁全集》俄文第 5 版
第 51 卷第 108 页

## 215

## 在伊·尼·斯米尔诺夫来电上作的标记和
## 给秘书的批示

（1月1日）

注意 ‖ 库兹涅茨克煤田已全部占领。在苏任斯克和安热罗矿上工作的有 8 000 人。落地煤有 75 万普特，日产量 20 万普特，缺乏技术领导干部。这有减产的危险。为了管理这一批矿，成立了一个管理委员会，由丘古林同志担任主席。另一批,即科利丘吉诺的各矿,有落地煤100万普特左右。<u>除钱之外,工</u><u>人的各种供应由军队负担。</u>西伯利亚铁路在最近三周内可以腾出来。已经 ‖注意
着手把游击队员编入后备团队。一个月后可望把他们训练成有纪律的正规
部队。

第5集团军革命军事委员会委员　斯米尔诺夫

**再抄一份给克拉辛**,这一份交国防委员会讨论。[143]

(1)工人的供应由军队负担的问题

　　(斯米尔诺夫的电报)。

载于1933年《列宁文集》俄文版
第24卷

译自《列宁全集》俄文第5版
第51卷第108—109页

## 216

# 给秘书的批示[144]

### (1月2日)

抄送:

(1)邮电人民委员部

(2)交通人民委员部,并用电话通知他们,今天(1920年1月2日)我们在国防委员会将要提出**军事化**汇报制度的问题。让他们作好准备。

**列　宁**

载于1933年《列宁文集》俄文版
第24卷

译自《列宁全集》俄文第5版
第51卷第109页

# 217

# 致波多利斯克县执行委员会

## （1月2日）

波多利斯克　县执行委员会
抄送：莫斯科省执行委员会

莫斯科省波多利斯克县亚历山德罗沃村有个叫做**捷廖欣**的人违反教育人民委员部的直接命令，以共产主义青年团的名义强占了花边编织学校，扣押了一名女教师，并运走部分财物。要立即把学校腾出来，从那里拿走的东西，包括学校的和女教师们的，都要归还。要让女教师们能安心工作。请调查捷廖欣的非法行为，以便把他送交法院。

报告执行情况。

人民委员会主席　**列宁**

1920年1月2日

载于1945年《列宁文集》俄文版
第35卷

译自《列宁全集》俄文第5版
第51卷第109页

# 218

# 给秘书的批示[145]

## （1 月 2 日）

　　用各种语言出版的全部左派社会主义和共产主义倾向的书籍和小册子，以及有关战争后果、经济、政治等方面最重要的书刊。

　　以及写战争的文艺作品。

载于 1933 年《列宁文集》俄文版
第 24 卷

译自《列宁全集》俄文第 5 版
第 51 卷第 110 页

# 219

# 致格·瓦·契切林

1920 年 1 月 4 日

契切林同志：

　　请转寄李维诺夫（如有可能，就用密码电报扼要向他转达）：

　　收到他寄来的一小堆小册子和报纸[①]，我极为失望。书报的挑选太随便了，马虎到极点了。显然，对于向国内提供西方社会主义文献资料这样重要的事情，谁也没有表现出一丁点儿关心。

---

　　① 　见本卷第 211 号文献。——编者注

没有社会主义领袖们的小册子和书（尽管在奥地利、德国、法国、意大利、英国的报纸上可以查到书名和作者的名字）。

报纸根本未经挑选，十分之九是废纸。比如，在那一堆《自由报》[146]里，**漏掉的**恰恰是重要的东西（甚至是**最重要的**，或许是唯一重要的），即关于莱比锡代表大会的报道和各项决议的原文。

完全是粗心大意，不负责任，或者说不理解，也不想理解，需要的是什么。

应当做到（让李维诺夫以及在国外的**所有**俄共党员、各个"办事处"和代办机构）在**每一个**国家里（开始先在丹麦、荷兰等国家就足够了）都**雇用**一些接触书报的人，他们的**任务**是收集**用各种语言**出版的**每一种**社会主义、无政府主义以及共产主义的小册子和书

注意‖籍、有关各次代表大会的**每一项**决议、**所有的报道**和**会议记录**等‖注意

等，每样四五份。全部材料都要送到哥本哈根、斯德哥尔摩、维也纳等地（柏林也要送）。托人捎带的机会是有的，虽然少，但还是有的。应当事先通过**雇用**人员来收集（俄国人马马虎虎，**永远**也不会把这种事办得很利落）。

舍不得为这件事花钱是愚蠢的。

请李维诺夫将此事通知

　　阿布拉莫维奇

　　柯普

　　鲁特格尔斯

　　勃朗斯基

　　柳巴尔斯基

　　雷赫

　　斯特勒姆

塞·霍格伦

基尔布姆

罗特施坦等人。

要有3—5个或更多的这样的收集人员,否则我们就永远也得不到绝对需要的东西。

列　宁

附言:请将此信抄件(或用完之后将此件)寄给克林格尔。

译自《列宁全集》俄文第5版<br>第51卷第110—111页

220

# 致弗·德·邦契-布鲁耶维奇

1920年1月4日

亲爱的弗·德·:

♯

我的书籍由我**个人**付款。

**您痊愈后**,请支付

3 200

＋　500(达里词典)

3 700　　等等

并**保存收据**。

您的　列宁

附上 4 000 卢布。

♯

人民委员会**办公厅**的书籍另当别论。

载于 1926 年《星火》杂志
第 13 期

译自《列宁全集》俄文第 5 版
第 51 卷第 112 页

# 221

# 给格·伊·博基的电报

## （1 月 4 日）

**优先拍发**。

告知收到
电文的时间。

萨马拉

土耳其斯坦方面军特别部

博基

请告知，列昂尼德·谢尔盖耶维奇·维维延的案情是否严重，是否非送往萨马拉不可。有人对我说这件事是误会，所以我暂时把他留在莫斯科。[147]

**列　宁**

载于 1933 年《列宁文集》俄文版
第 24 卷

译自《列宁全集》俄文第 5 版
第 51 卷第 112 页

# 222

## 在韦·米·斯维尔德洛夫来电上
## 作的标记和批示

### （1月4日）

　　……白卫分子离开矿区已有4个月之久，这里不仅没有为增加可供露天开采和地下开采的煤储量做任何工作，<u>而且由于</u>领导干部<u>缺乏经验</u>，储备（这是采煤的主要来源）<u>在最近一两个月内即将全部用光</u>，要把地下掘进量降到所要求的每月150万普特，我认为是不行的。还有些工作也一点都没有做，<u>如为露天采煤提供哪怕是简陋的装备、为工人修建住房、发给他们必需的衣服</u>，以及<u>供应马饲料</u>等。办好这些事在这里并没有特殊困难。车里雅宾斯克区的全部技术人员和行政管理人员，不久以前还只有<u>3个年轻的乌拉尔采矿技师</u>，工龄都很短，直到今年12月下旬根据乌拉尔-西伯利亚委员会的指示，才增加了一个由<u>交通人民委员部派来的工程师雅柯夫列夫</u>。谈到实际情况，我要指出：露天矿的煤储量只剩下<u>300万普特了</u>……区行政领导制定的计划是这一年内露天开采2 500万普特煤，这就要求剥离13.5万立方俄丈的岩石，即每天900立方俄丈；进行这种工作就需要有几部<u>每昼夜</u>工作量为150立方俄丈的<u>挖掘机</u>，并配有熟悉铲掘技术的作业班和工程师。工地现有<u>4台挖掘机</u>，每昼夜总工作量为450立方俄丈，还需要一名建筑工程师，一名矿业工程师……

　　**注意** **送煤炭总委员会**：请把电报退还给我，并<u>写上我们这里</u>提供了哪些帮助。

**列　宁**

载于1933年《列宁文集》俄文版
第24卷

译自《列宁全集》俄文第5版
第51卷第113页

223

# 致阿·伊·斯维杰尔斯基[148]

（1 月 5 日）

斯维杰尔斯基同志：**务请**接见这些同志，或请另一位部务委员接见他们，并**务必**把你们的决定通知我。

**列　宁**

1920 年 1 月 5 日

载于 1933 年《列宁文集》俄文版
第 24 卷

译自《列宁全集》俄文第 5 版
第 51 卷第 114 页

224

# 致俄共（布）中央政治局委员[149]

（1 月 5 日和 23 日之间）

## 致政治局委员

我曾投票反对人民委员会的这项决定，但是我认为马上就撤销它也不妥当。

我提议，不召开政治局会议，而是征集政治局委员们的意见。我的建议是：立即由人民委员会通过一项决定，要求国家监察人民委员部凡遇到这种事情都必须通知粮食人民委员部。过一个月或一个月左右再来考虑。

**列 宁**

载于1959年《列宁文集》俄文版　　　　　　译自《列宁全集》俄文第5版
第36卷　　　　　　　　　　　　　　　　　第51卷第114页

225

# 在最高国民经济委员会中央
# 油脂工业委员会电话答复的记录上的批注

（1月10日）

**致人民委员会主席**
**弗·伊·乌里扬诺夫(列宁)**

中央油脂工业委员会为答复今年1月10日收到的电话,报告如下:

死亡牲畜的综合利用问题,不归中央油脂工业委员会管。在莫斯科,此事由市国民经济委员会废品利用处主管,它有一些专设的工厂;但是,根据今年1月10日的电话答复说,这些工厂因缺乏燃料而停产,因此,莫斯科市国民经济委员会仅从死畜身上取下皮、蹄、尾,躯体则埋掉……


1920年1月10日收到。

（1）这种工厂有几个。

（2）一个工厂(最好的)每月需要多少燃料

　　（α)干一班需要多少,

(β)昼夜 24 小时开工需要多少。

> 专家签字

载于 1933 年《列宁文集》俄文版
第 24 卷

译自《列宁全集》俄文第 5 版
第 51 卷第 114—115 页

## 226

# 给第 3 集团军革命军事委员会的电报[150]

1920 年 1 月 12 日

第 3 集团军革命军事委员会

完全赞同你们的想法,欢迎你们的倡议,并将这一问题提交人民委员会。要在同非军事机关严格协调一致的条件下开始行动起来,把一切力量都用在征收全部余粮和恢复运输的工作上。

**列　宁**

载于 1933 年《列宁文集》俄文版
第 24 卷

译自《列宁全集》俄文第 5 版
第 51 卷第 115 页

# 227

# 给伊·尼·斯米尔诺夫的电报

1920 年 1 月 12 日

**优先拍发**

**直达电报**

第 5 集团军革命军事委员会
斯米尔诺夫

(1)第 3 集团军革命军事委员会为振兴乌拉尔、车里雅宾斯克省和托博尔斯克省的经济,建议将第 3 集团军改编为劳动军。我完全支持这一建议,明天提交人民委员会讨论。请提出您的意见。

(2)200 列运粮列车迟迟未到,我感到极为不安。要采取最紧急的革命措施加快发运。必须无条件地迅速执行。

**列　宁**

载于 1933 年《列宁文集》俄文版
第 24 卷

译自《列宁全集》俄文第 5 版
第 51 卷第 116 页

# 228

## ☆致人民委员会全体委员

### （1 月 12 日）

第 3 集团军革命军事委员会提出的问题具有极其重大的意义。我把这个问题提交人民委员会 1920 年 1 月 13 日的会议讨论，请有关部门会前准备好各自的意见。

我认为，1 月 13 日我们在人民委员会上应当

第一，原则上加以批准，

第二，予以公布，以资鼓励，

第三，确定组织这项工作的**基本条例**，如果不能马上做到这一点，那就选出一个工作委员会，以便迅速拟定这种条例。

列　宁

1920 年 1 月 12 日

载于 1933 年《列宁文集》俄文版
第 24 卷

译自《列宁全集》俄文第 5 版
第 51 卷第 116 页

# 229

## 致格·叶·季诺维也夫

### （1 月 13 日以前）

高尔察克确实已被俘。他是在克拉斯诺亚尔斯克和伊尔库茨克之间被捕的。捉住他的是捷克士兵，他们对白卫分子强迫他们

扮演的角色早就恨透了。

我们的军队捉住了一个著名的白卫分子,社会革命党人科洛索夫(立宪会议派)。

载于 1920 年 1 月 13 日《彼得格勒真理报》第 8 号　　　　译自《列宁文集》俄文版第 39 卷第 217 页

## 230

# 在谢·伊·瑟尔佐夫来电上<br>作的标记和批示

### (1 月 13 日和 15 日之间)

**致人民委员会主席列宁**

顿河地区粮食工作情况令人无法容忍。形式上成立了顿河地区的各粮食机关,但是委派来做粮食工作的人员却仍在坦波夫省和萨拉托夫省,而不是在他们应当在的地方。按手工业方式建立起来的这些粮食机关,同顿河区执行委员会没有联系,得不到任何命令和指示,因此无法工作,<u>对付不了那些常常胡作非为、令人愤慨的军队的粮食特派员</u>。

顿河区执行委员会副主席　　**瑟尔佐夫**

交瞿鲁巴和谢列达:

你们的意见如何?

注意‖　　播种用的种子非常需要!![151]

载于 1945 年《列宁文集》俄文版第 35 卷　　　　译自《列宁全集》俄文第 5 版第 51 卷第 117 页

# 231

# 致谢·德·马尔柯夫

1920 年 1 月 14 日

马尔柯夫同志：

　　来人是伊万诺沃-沃兹涅先斯克省粮食委员曼努伊尔斯基同志，我在电话里跟您谈过他。请予接待。[152]

人民委员会主席

**弗·乌里扬诺夫(列宁)**

载于1924年《红色纺织工》杂志第13期(伊万诺沃-沃兹涅先斯克)　　　　　译自《列宁全集》俄文第5版第51卷第117页

# 232

# ☆致煤炭总委员会[153]

(1 月 14 日)

**尽快**答复：(1)他们是否知道这件事？

　　　　　(2)具体知道哪些情况？

　　　　　(3)这个地方的煤有没有文献记载？

　　　　　(4)**已经做了哪些工作？**

（5）正在做哪些工作？

列　宁

1 月 14 日

载于 1933 年《列宁文集》俄文版
第 24 卷

译自《列宁全集》俄文第 5 版
第 51 卷第 118 页

## 233

# 给秘书的批示

（1 月 14 日）

问问埃杜克

（1）这个报告的作者是**什么人**

（2）有什么**材料**可以说明他的忠诚

（3）——和经验、知识？**154**

列　宁

1920 年 1 月 14 日

送交通人民委员部**全体**部务委员阅。**155**

列　宁

1 月 14 日

译自《列宁文集》俄文版第 37 卷
第 190—191 页

# 234

# 致米·尼·波克罗夫斯基

1920 年 1 月 15 日

### 副教育人民委员

请指示我们的国家图书馆(鲁勉采夫博物院,彼得格勒公共图书馆等)立即着手收集并保存**白卫分子的一切**报纸(国内出版的和国外出版的)。请把要求所有**军事**机关和非军事机关收集这些报纸并送交国家图书馆的命令草案给我。[156]

人民委员会主席

**弗·乌里扬诺夫**(**列宁**)

附言:您认为在该项命令中是否还可以(或另行发文更好?)命令检查一下 1917 年以来我们的**成套**报纸的收藏情况。

载于 1933 年《列宁文集》俄文版第 24 卷　　　　　　译自《列宁全集》俄文第 5 版第 51 卷第 118 页

# 235

## ☆致最高国民经济委员会
## 石油总委员会

（1 月 15 日）

寄上 1920 年 1 月 14 日《全俄中央执行委员会消息报》第 8 号（总第 855 号）剪报，请告诉我，你们是否了解简讯[157]中所讲的事实，其中所列举的数字可靠程度如何？ 就此事采取了哪些具体措施？

人民委员会主席

**弗·乌里扬诺夫（列宁）**

译自《列宁全集》俄文第 5 版
第 51 卷第 119 页

# 236

## 给康·加·米雅斯科夫的电报

（1 月 15 日）

**萨马拉**

省粮食委员米雅斯科夫

抄送：合作社管理处　穆斯

省党委

同合作社的摩擦和争执之多，萨马拉可占首位。我感到奇怪的是,3 月 20 日颁布的法令<sup>158</sup>至今未能很好地贯彻。我要求严格遵守粮食人民委员部的各项指示。请报告:你们的工作因什么而受阻,把米哈伊洛夫主席和其他的合作社工作者撇在一边的那个委员会是谁成立的、是根据什么开展工作的。不要因反对个别人而引起合作社不满,而要集中精力作好改选的政治准备。

人民委员会主席　**列宁**

载于 1945 年《列宁文集》俄文版第 35 卷

译自《列宁全集》俄文第 5 版第 51 卷第 119 页

# 237

# 致全俄工会中央理事会<sup>159</sup>

1920 年 1 月 16 日

致托姆斯基同志

并请提交全俄工会中央理事会和

全俄工会中央理事会共产党党团

亲爱的同志们:随信寄给你们的一份报告反映,在一项极为重要的**实际**工作中表现出惊人的**拖拉**、疲沓、官僚主义、笨拙无能。

我从不怀疑,在我们的人民委员部里,官僚主义还很严重,各部都如此。

但是,工会里的官僚主义也**并不少些**,这我却没有料到。

这是莫大的耻辱。请你们一定在全俄工会中央理事会共产党党团里宣读所有这些文件,并制定出同官僚主义、拖拉作风、无所事事和笨拙无能作斗争的**实际**措施。

请把结果告诉我。

梅利尼昌斯基**自己**打电话向我提出这 1 万名五金工人的问题。我向交通人民委员部大讲了一通，而现在梅利尼昌斯基同志却使我受窘……

致共产主义的敬礼！

**弗·乌里扬诺夫（列宁）**

载于 1925 年 1 月 22 日《劳动报》
第 18 号

译自《列宁全集》俄文第 5 版
第 51 卷第 120 页

## 238

# 给喀山省执行委员会的电报

### （1 月 16 日）

**直达电报**

**喀山　省执行委员会**

抄送：**粮食人民委员部伏尔加运输委员会、**

　　　　**省粮食委员会、**

　　　　省林业委员会、

　　　　省燃料委员会、

　　　　省肃反委员会

交给你们一项任务：无条件地保证把全部黑麦和小麦从阿拉

克钦水湾和帕拉特水湾送到伏尔加左岸各磨坊加工,然后再运到尤季诺车站装车。在河水解冻之前一定要保证供应加工全部粮食所需的烧柴。要动员农民运送木柴。及时电告执行情况。

国防委员会主席　　列宁

载于 1933 年《列宁文集》俄文版
第 24 卷　　　　　　　　　　　　　　　　译自《列宁全集》俄文第 5 版
　　　　　　　　　　　　　　　　　　　第 51 卷第 120—121 页

239

## 给秘书的批示

（1 月 16 日）

打电话询问契切林同志,并记下他的意见。如果他同意,就与弗拉基米尔斯基联系,让他发给通行证并采取其他措施加速办理。[160]

列　宁

1 月 16 日

译自《列宁文集》俄文版第 38 卷
第 287 页

# 240

# 在列·达·托洛茨基电报上的附言[161]

## (1月17日)

请伏龙芝同志按照托洛茨基的指示,发挥革命干劲,最大限度加速筑路工程和运油工作。收电后请告知。

人民委员会主席　列宁

载于1942年《列宁文集》俄文版
第34卷

译自《列宁全集》俄文第5版
第51卷第121页

# 241

# 致阿·瓦·卢那察尔斯基

1920年1月18日

卢那察尔斯基同志:

不久以前我——很遗憾也很惭愧,是第一次——翻看了有名的达里词典[162]。

真是一件了不起的东西,可是,这是一部**方言**词典,而且已经过时了。现在该编纂一部**现代**俄语词典,比如说,一部包括**现在**使用的和从普希金到高尔基的**经典作家们**使用的词汇的词典。

指定30名学者做这一工作,发给他们红军口粮,怎样?

您看这个想法如何？

经典俄语词典？

不要声张，如果没有什么困难，就同行家们谈谈，并把您的意见告诉我。

您的　**列宁**

载于 1940 年 1 月 21 日《真理报》
第 21 号

译自《列宁全集》俄文第 5 版
第 51 卷第 121—122 页

## 242

## 给秘书的批示

### （1 月 18 日）

请打电话给马尔柯夫，告诉他，我 **坚决** 支持谢马什柯的要求。[163]

**列　宁**

1 月 18 日

载于 1933 年《列宁文集》俄文版
第 24 卷

译自《列宁全集》俄文第 5 版
第 51 卷第 122 页

# 243

# 给哈·尤·尤马古洛夫的电报[164]

(1月20日以后)

乌法    尤马古洛夫

抄送:乌法    埃利钦

斯捷尔利塔马克    巴什基尔革命委员会、

巴什基尔区域委员会    阿尔乔姆·谢尔盖耶夫

全俄中央执行委员会在电报中说,"全俄中央执行委员会认为,说阿尔乔姆、萨莫伊洛夫和普列奥布拉任斯基会进行反巴什基尔共和国的宣传是不足为信的和根本不可能的";这样也就是再次向他们重申必须一丝不苟地遵守巴什基尔宪法。为了同一目的,中央委员会随后又给阿尔乔姆同志发了一封电报。在这种情况下,我完全相信,阿尔乔姆、普列奥布拉任斯基和萨莫伊洛夫决不会给人提供任何使事情复杂化的真正把柄。巴什基尔革命委员会委员们也应做到这一点。我只是从你们的电报中才得知,沙米古洛夫、伊兹迈洛夫及其他同志是被巴什基尔革命委员会驱逐出巴什基尔的。而中央委员会原来以为他们是自己想来莫斯科汇报,所以认为没有必要浪费这五位同志的时间前来,要他们返回斯捷尔利塔马克。

你们试图把党内的老同志逐出巴什基尔,荒唐地援引布哈林的方针,尽管是张冠李戴,你们还一再称普列奥布拉任斯基、阿尔乔姆、萨莫伊洛夫是"乌克兰人"——这一切使我有理由怀疑你们在这个问题上是否客观。因此,我命令你们立即执行全俄中央执行委员会1月20日的电报,电报中要求撤销关于阴谋活动的通告那一部分尚未执行。

受中央政治局委托　　列宁

载于1959年乌法出版的《巴什基尔苏维埃社会主义自治共和国的建立》一书

译自《列宁全集》俄文第5版第54卷第423—424页

### 244

## 致索·波·布里奇金娜

(1月21日)

布里奇金娜:

　　请登记下来并立即给捷尔任斯基同志送去请他发表意见(**非常急迫**),此件请他连同意见一起尽快退还。[165]

**列　宁**

1920年1月21日

载于1945年《列宁文集》俄文版第35卷

译自《列宁全集》俄文第5版第51卷第123页

# 245

# 致列·波·加米涅夫

## （1 月 21 日）

如果这样提出问题,那就请向您的秘书口授一份文件:对小人民委员会提出的异议以及供大人民委员会审议的决议草案（小人民委员会如无特殊理由不得干涉地方事务,除极紧急的情况外,**一概必须征求地方苏维埃的意见**）。[166]

载于 1933 年《列宁文集》俄文版
第 24 卷

译自《列宁全集》俄文第 5 版
第 51 卷第 122 页

# 246

# 同列·波·加米涅夫互递的便条

## （不早于 1 月 21 日）

## 1

那么您支持轻歌剧院吗?

对此我一点不了解,我一次也未去过。总的说来是赞成关闭的。但坚决反对这样的做法:先是凭卢那察尔斯基批给克桑德罗夫的几张条子背着我们发给他们木柴,后又通过人民委员会把它关闭,其实是可以通过莫斯科工人和红军代表苏维埃关闭的。

加·

卢那察尔斯基曾**主张**关闭。

## 2

### 致加米涅夫

尽管我一再警告不要管轻歌剧院的事,但人民委员会还是介入了尼基塔剧院的事,特此向您报告。

列·加·

在人民委员会里,我在这个问题上被击败了。但我**完全相信**卢那察尔斯基**在这件事情上**表现了不能容忍的摇摆,我完全赞同**揭露**叶韦利诺夫,同时也赞同"教训"卢那察尔斯基或者说给他一次"教训"。

昨天我从莫斯科苏维埃开会回来后,接到如下的正式通知:

卢那察尔斯基下令**开放**尼基塔剧院,还把叶韦利诺夫叫到他那里说:"如果加米涅夫**耍什么花招**阻挠您,就请给我打电话,哪怕深夜3点也行。"

叶韦利诺夫是在莫斯科苏维埃正式代表在场时说这番话的,这位代表把这番话告诉了我。这好吗?

译自《列宁文集》俄文版第38卷
第287—288页

# 247

# 致尼·尼·克列斯廷斯基

## （不晚于 1 月 23 日）

禁止拉林搞空洞计划。**向李可夫提出警告**：您要管束拉林，否则，**您**会受到训斥的。**167**

译自《列宁全集》俄文第 5 版
第 51 卷第 123 页

# 248

# 给第 1 劳动军革命军事委员会的电报

## （1 月 23 日）

**第 1 劳动军革命委员会**
**抄送：特别委员会特派员**①
**叶尔马柯夫　　叶卡捷琳堡**

叶尔马柯夫第 25 号电报提出，目前有大量各种各样的委员会、组织和单个的特派员在从事采办燃料的组织工作（仅军方的委

---

① 国防委员会实行铁路军事管制和促进燃料供应特别委员会特派员。——编者注

员会就有 12 个,还有根据共和国革命军事委员会的命令新设立的
叶卡捷琳堡军区的、在乌法的方面军的委员会,等等),为答复这份
电报,国防委员会决定:责成劳动军革命委员会解决电报里提出的
问题,在省林业委员会和铁路林业委员会仍起领导作用的前提下,
使木柴采伐、截段、运出和浮运等方面的工作恢复高度统一和密切
配合。**168**

请报告你们所通过的决议和采取的措施。

国防委员会主席    **列宁**

载于 1959 年《列宁文集》俄文版
第 36 卷

译自《列宁全集》俄文第 5 版
第 51 卷第 124 页

# 249

## 给彼得格勒各军事组织和
## 经济组织的电报

### (不早于 1 月 23 日)

彼得格勒集团军司令、彼得格勒军事交通部部长、

彼得格勒    北方区域国民经济委员会、军区、省执行委员会、

鲁佐夫斯卡亚街 9 号 Петорел[①]

伊若拉支线工地、红丘炮台的哨所、军事工地、工程兵营、道路

---

① 该俄文词未查到,无法译出。——编者注

桥梁工程连和乡革命委员会正在毁坏、拿走和窃取科波里耶铁路工程的物资,甚至不跟该工程行政领导打招呼。我命令立即制止这种擅自做主的行为,归还拿走的东西,赔偿窃取的和损失的东西,否则将严加追究。今后,凡未经有关部门事先同意,在任何情况下不得擅自动用其物资。对违反此令者要严加追究。报告执行情况。

人民委员会主席  列宁

载于1942年《列宁文集》俄文版
第34卷

译自《列宁全集》俄文第5版
第51卷第124—125页

## 250

# 同哈·尤·尤马古洛夫的来往直达电报

### (1月24日)

……巴什基尔革命委员会派对外联络局局长拉凯同志(他就是雷日科夫)同我一起去莫斯科,以便说明所发生的情况。阿尔乔姆对他采取了措施——不让他去中央。巴什基尔革命委员会认为阻拦拉凯就是阻拦自己的代表。请指示乌法和土耳其斯坦方面军:既不要阻拦拉凯,也不要阻拦我,要尽快地让我们去莫斯科。我在电报机旁等候答复。乌法,政府电报局。尤马古洛夫。请报告列宁同志,明天我必须动身。

如果巴什基尔革命委员会认为必要,您就带拉凯一道来。

列　宁

尤马古洛夫:列宁同志,巴什基尔革命委员会要派遣拉凯,并认为这是非常必要的。斯捷利塔马克的土耳其斯坦方面军即将派出一个工作组,鉴于巴什基尔革命委员会和土耳其斯坦方面军之间的关系十分紧张,我担心该小组的工作后果,担心关系更加紧张。我恳请土耳其斯坦方面军和阿尔乔姆同志能就巴什基尔的事态说几句话。

全俄中央执行委员会主席团 20 日给巴什基尔军事革命委员会委员并抄送阿尔乔姆和土耳其斯坦方面军的电报,十分明确地谈到所有人都必须忠实遵守巴什基尔宪法。此外,又发去几条补充指示。我相信巴什基尔活动家会同样忠诚,所以我不以为事情会复杂化。

译自《列宁文集》俄文版第 39 卷
第 217—218 页

251

# 给阿·阿·越飞的电报[169]

(1 月 25 日)

尤里耶夫

越飞

对您第 133 号来电的答复是:我同意经政治局讨论和批准的外交人民委员部的策略。改变策略不行。具体的局部让步还可以,但对此要另行商定。

列 宁

1920 年 1 月 25 日

译自《列宁文集》俄文版第 37 卷
第 192 页

# 252

## 致粮食人民委员部部务委员和
## 中央消费合作总社社务委员

### （1 月 26 日）

敬请粮食人民委员部部务委员和中央消费合作总社社务委员书面答复下列问题：

1.采购的粮食是多少（大概的百分数）

由合作社采购的（列扎瓦）

不经过合作社，由粮食人民委员部下属机构采购的

> **施米特**说的同列扎瓦说的一样

2.除粮食外的其他食品

由合作社采购的

由合作社参加采购的

没有合作社参加，由粮食人民委员部下属机构采购的[170]

载于 1933 年《列宁文集》俄文版第 24 卷

译自《列宁全集》俄文第 5 版第 51 卷第 125—126 页

# 253

## 给秘书的批示[171]

### (1 月 26 日)

列入人民委员会明天的议事日程。

立即复制并分送各有关人民委员(见第 11 节)。

如有不同意见,请人民委员们明天白天打电话给季诺维也夫。

列　宁

1 月 26 日

载于 1942 年《列宁文集》俄文版
第 34 卷

译自《列宁全集》俄文第 5 版
第 51 卷第 126 页

# 254

## 致罗斯塔社[172]

### (1 月 27 日)

转寄罗斯塔社:

(1)阅知并执行;

(2)查清"扎东斯基"的蠢话是谁发稿的,并确定给他什么处分;

(3)向我报告执行情况以及

(4)为防止今后发生此类"不幸事件"而采取的措施。

**列　宁**

1 月 27 日

载于 1942 年《列宁文集》俄文版
第 34 卷

译自《列宁全集》俄文第 5 版
第 51 卷第 126 页

## 255

# 给伊·尼·斯米尔诺夫和
# 莫·伊·弗鲁姆金的电报[①]

鄂木斯克

西伯利亚革命委员会

第 5 集团军革命军事委员会　**斯米尔诺夫**

弗鲁姆金

抄送:斯维尔德洛夫

1920 年 1 月 29 日

　　派克斯报告说,在西伯利亚铁路及其以西的地方,铁路员工显然是在怠工。他记下的一些事例令人愤慨。

　　其中就有:

　　鄂木斯克各铁路工厂约有 **3 000 名**工人。一个月大约出**三四**

---

① 　在手稿的上方有列宁的批注:"1920 年 1 月 29 日给托洛茨基发了电报。**归档,保存**。"——俄文版编者注

节车皮,而机车的数目是零。这些工厂并没有遭到破坏,燃料供应不及时的情况极少。人们怀疑是从伊热夫斯克调到这些工厂来的工人在怠工。往这里调机车的事,显然是在拖延。

载于1933年《列宁文集》俄文版
第24卷

译自《列宁全集》俄文第5版
第51卷第127页

256

## 致阿·洛莫夫[173]

（1 月 30 日）

　　洛莫夫同志:让国家建筑工程委员会在明天的会议之前准备好一份报告并向1月31日人民委员会会议汇报。

　　**急。**

**列　宁**

　　请给克拉辛也看一下。

载于1933年《列宁文集》俄文版
第24卷

译自《列宁全集》俄文第5版
第51卷第127页

# 257

# 致弗·德·邦契-布鲁耶维奇①

## （1月底）

弗·德·邦契-布鲁耶维奇同志：

　　我没有通过国家出版社就把克尔日扎诺夫斯基的小册子[174]交去排印了,他们可能会生气吧? 可能我违反规章制度了吧? 我当时太着急了。

　　如果您不便于用其他方式把这个问题说清楚,那么您是否就把我这张便条送交沃罗夫斯基同志(我请他代表国家出版社给第17印刷厂,即前库什涅列夫印刷厂写一条子,要尽快地,即在2月1日(星期日)以前印出克尔日扎诺夫斯基的小册子,并向他深表歉意,我把小册子直接寄到了印刷厂,因为我太着急了)。

　　也许这件事已经办了? 如果没有办,就**应当办**。请给我回信。

您的　列宁

载于1930年莫斯科出版的弗拉·
邦契-布鲁耶维奇《在二月革命和
十月革命的战斗岗位上》一书

译自《列宁全集》俄文第5版
第51卷第128页

---

①　列宁在信封上写着:"弗·德·邦契-布鲁耶维奇收。((如果在家,就等回信))(列宁寄)(要收条)"。——俄文版编者注

# 258

# 给格·伊·彼得罗夫斯基和
# 列·彼·谢列布里亚科夫的电报

## (2月4日)

哈尔科夫　乌克兰革命委员会
彼得罗夫斯基、谢列布里亚科夫
抄送：叶卡捷琳诺斯拉夫　省革命委员会

　　请告诉我，你们那里是否有谢尔盖·雅柯夫列维奇·阿利卢耶夫的消息。他是乌克兰最高国民经济委员会从哈尔科夫派去视察克里沃罗格矿区各矿的特别工作组的成员，从4月到6月底在那里工作。白卫军进攻时，他随工作组撤退到基辅。7月底他又回到克里沃罗格代表全乌克兰中央执行委员会去付清矿工工资。此后就再没有他的消息了。请向克里沃罗格询问，并给我回电。

列　宁

载于1942年《列宁文集》俄文版
第34卷

译自《列宁全集》俄文第5版
第51卷第128—129页

# 259

# 给下诺夫哥罗德
# 省执行委员会主席的电报

## （2月5日）

下诺夫哥罗德　省执行委员会主席
抄送：无线电实验室副主任

鉴于无线电实验室担负着特别重要的任务，并已取得重大成就，请在改善其工作条件和排除各种障碍方面给予最有效的协助和支持。

人民委员会主席　列宁

载于1945年《列宁文集》俄文版第35卷

译自《列宁全集》俄文第5版第51卷第129页

260

# 给下诺夫哥罗德
# 肃反委员会主席的电报

(2 月 5 日)

下诺夫哥罗德    肃反委员会主席

抄送:无线电实验室副主任

莫斯科    全俄肃反委员会    捷尔任斯基

鉴于无线电实验室任务紧迫,而且特别重要,由实验室全体人员和委员会作保,立即释放绍林,同时不停止对绍林案件[175]的审查。

人民委员会主席    列宁

载于 1933 年《列宁文集》俄文版
第 24 卷

译自《列宁全集》俄文第 5 版
第 51 卷第 129—130 页

261

# 致米·亚·邦契-布鲁耶维奇①

1920 年 2 月 5 日

米哈伊尔·亚历山德罗维奇:

尼古拉耶夫同志把您的信转给我了,并叙述了事情的实质。

----

①    列宁在信封上写着:"**下诺夫哥罗德**    米哈伊尔·亚历山德罗维奇·**邦契-布鲁耶维奇**收(列宁寄)"。——俄文版编者注

我向捷尔任斯基查问过，并且立即拍发了您所要求的两份电报。①

借此机会，对于您在无线电发明方面所进行的巨大工作表示深深的谢意和积极的赞助。您正在创造的不要纸张、"不受距离限制"的报纸，将是一件大事。对您的这一工作以及类似工作，我一定千方百计全力协助。

致良好的祝愿！

**弗·乌里扬诺夫（列宁）**

载于 1924 年《无线电报和电话》杂志
第 23 期（下诺夫哥罗德）

译自《列宁全集》俄文第 5 版
第 51 卷第 130 页

## 262

# 给斯·捷·科维尔金的电报

1920 年 2 月 7 日

直达电报

萨拉托夫

科维尔金

您的辞呈不能接受。您无论如何都必须同阿尔然诺夫合作好。如果您不固执己见，这是可以做到的。稍有摩擦，就向我报

---

① 见前两号文献。——编者注

告。阿尔然诺夫是临时派去的。[176]

列　宁

载于 1933 年《列宁文集》俄文版
第 24 卷

译自《列宁全集》俄文第 5 版
第 51 卷第 131 页

263

# 给劳动军革命军事委员会的电报

1920 年 2 月 10 日

叶卡捷琳堡
劳动军革命军事委员会

　　你们提出的问题，我将提交国防委员会。托洛茨基已动身去你处。我个人担心，你们热衷于空洞计划，而对立面布马日内和马克西莫夫尽搞本位主义的名堂。我劝你们不要争吵不休，要把全部力量都投入主要的工作，即：(1)恢复铁路运输，(2)调集和运送粮食，(3)调集木柴、木料、各码头的驳船。你们能否齐心协力、积极迅速地进行这些工作，望告。[177]

国防委员会主席　列宁

载于 1933 年《列宁文集》俄文版
第 24 卷

译自《列宁全集》俄文第 5 版
第 51 卷第 131 页

# 264

# 给约·维·斯大林的电报

## （2 月 10 日）

交值班委员

立即拍发

收报后通知莫斯科克里姆林宫

哈尔科夫　　乌克兰革命委员会　　斯大林

我仍然相信，在您同图哈切夫斯基交涉之后，在索柯里尼柯夫调离之后，您的工作不调动，整个事情也可以办好，所以我们暂时不通知斯米尔加。而您必须及时地、详细地从哈尔科夫用密码或电话向我汇报。我认为十分重要的是：在攻克敖德萨后腾出来的部队不要留在德涅斯特河一带，而要开往西线，以防波兰人向我们进攻。请把您的意见告诉我。

**列　宁**

译自《列宁全集》俄文第 5 版
第 51 卷第 132 页

# 265

# 给波·伊·戈尔德贝格的电报

## （2 月 10 日）

**喀山　后备集团军司令**

**兼喀山局 HKom①戈尔德贝格同志**

今年 2 月 7 日国防委员会作出决定，命令您全力协助修建尤季诺车站的站台，因为在伏尔加左岸各码头加工粮食，亟需这样一个站台。关于此事交通人民委员部已于今年 2 月 10 日用 ЦП 字第 1288 号急电向喀山铁路局局长下达了指示。

请尽最大努力执行上述任务并电告执行情况。

国防委员会主席　　**列宁**

载于 1933 年《列宁文集》俄文版
第 24 卷

译自《列宁全集》俄文第 5 版
第 51 卷第 132 页

---

① HKom——铁路局政治委员的电报代号。——俄文版编者注

# 266

# 致谢·帕·谢列达和亚·德·瞿鲁巴

1920 年 2 月 14 日

致谢列达同志和

瞿鲁巴同志

抄送:全俄工会中央理事会

国家监察人民委员部

商业人民委员部

最高国民经济委员会

叶·普列奥布拉任斯基同志在 2 月 11 日的《真理报》上发表了一篇非常好的文章《不要错过时间》,望你们予以高度重视。

必须采纳他的建议[178],并立即

(1)拟定下述法令草案

(a)关于城市(所有的)**必须**组织农场;

(b)关于加强和发展的措施;

(c)提出 1920 年这方面的**任务**(要详细些)等等;

(2)加紧在丹麦以及**国外**其他各地购买种子;

(3)对第 1 条的几项措施加强宣传**并**加强**工人监督**。

请就**已着手进行的**工作写一份简短的汇报给我送来(尽量写得能适合于刊登——如果不能登在《**真理报**》或《**消息报**》上,就登在《**经济生活报**》上)。

根据以上情况,应当更有力地、更有计划地同郊区的私贩粮食活动开展斗争,办法是吸收城市工人参加城市郊区播种面积、存粮、余粮、征粮的核算(详细核算)工作并协助粮食人民委员部各机构征粮。请粮食人民委员部向我报告,准备采取哪些措施。

人民委员会主席<br>**弗·乌里扬诺夫(列宁)**

载于 1942 年《列宁文集》俄文版　　　　　　译自《列宁全集》俄文第 5 版<br>第 34 卷　　　　　　　　　　　　　　　　第 51 卷第 133 页

## 267

# 给约·维·斯大林的电报

1920 年 2 月 16 日　　　　　　　　　　　　　　直达电报<br>　　　　　　　　　　　　　　　　　　　　　　优先拍发

哈尔科夫<br>西南方面军革命军事委员会<br>斯大林

今天,您和所有同我通话的人的每个字我都听得很清楚。您应当警告负责电信工作的人,以后再马马虎虎,不给您好的增音器,不保证我们顺利通话,就要枪毙。我同意降低了的征粮数,并赞同必须把收集到的粮食的一部分首先分配给贫苦农民。应当首先使贫苦农民感到有利。

**列　宁**

载于1938年《布尔什维克》杂志　　　　译自《列宁全集》俄文第5版
第2期　　　　　　　　　　　　　　　第51卷第134页

# 268

# 致伊·费·阿尔曼德

## 1

（2月16日以前）

亲爱的朋友：

听说您有病,想给您打个电话,可是电话坏了。请把电话号码告诉我,我叫人去修。

您怎么样? 请写几个字谈谈身体状况及其他情况。

敬礼!

**列　宁**

## 2

（2月16日以前）

亲爱的朋友：

请写几个字告诉我,您的情况如何。时令很坏:斑疹伤寒、流感、西班牙流感和霍乱流行。

我刚能下床，还不能出门。娜嘉体温 39℃，她还要求去看您。

您的体温多少？

治疗方面**需要什么东西**？恳请来信直说。

祝康复！

您的　**列宁**

### 3

### （2月16日以前）

亲爱的朋友：

请来信告诉我，大夫去过没有，**有什么嘱咐**。

要**切实**遵行。

电话又坏了。我已叫人去修，请您的女儿们把您的健康状况打电话告诉我。

大夫所嘱，务须切实遵行。

（娜嘉早晨体温 37.3℃。现在 38℃。）

您的　**列宁**

### 4

### （2月16—17日）

发烧 38℃（甚至高达 39℃）还出门，这简直是发疯！恳请您千万不要外出，**并代我**告诉您的女儿们：我请她们照看您，并且**不放**您**出门**，除非：

(1)体温完全恢复正常

和（2）得到大夫允许。

这一点请您一定给我一个明确的回话。

（娜捷施达·康斯坦丁诺夫娜今天（2月16日）早晨体温39.7℃，晚上这会儿38.2℃。大夫来看过，说是咽峡炎。将进行治疗。我已**完全**康复。）

您的　**列宁**

今天（17日）娜捷施达·康斯坦丁诺夫娜的体温已降到37.3℃。

译自《列宁文集》俄文版第35卷<br>第108—109页

269

# 给伊·捷·斯米尔加和<br>格·康·奥尔忠尼启则的电报

### （2月17日）

**全用密码**

致斯米尔加和奥尔忠尼启则

高加索前线我军的状况，布琼尼部队的完全瓦解，我军各部队战斗力的削弱，总指挥的软弱无力，各集团军之间的纠纷，敌军的增强，——这一切都使我极为不安。[179]必须竭尽全力，以革命的魄力采取一系列紧急措施。请用密码详细电告,你们究竟采取了哪些措施。

列　宁

载于 1942 年《列宁文集》俄文版
第 34 卷

译自《列宁全集》俄文第 5 版
第 51 卷第 134 页

# 270

# 致尼·巴·布留哈诺夫

1920 年 2 月 17 日

### 致布留哈诺夫同志

高尔基把这些材料交给了我,要我相信,戈尔金是个没有经验的孩子。

说这是富农**恶毒地**往粮食里掺雪:我们得不着,你们也别想得到。想让粮食发霉烂掉。

请您打电话把您的意见告诉我:该怎么办,您是怎么办的。[180]

致共产主义的敬礼!

列　宁

载于 1942 年《列宁文集》俄文版
第 34 卷

译自《列宁全集》俄文第 5 版
第 51 卷第 135 页

# 271

# 致 某 人

（不早于 2 月 17 日）

既然如此，请把给古科夫斯基[181]的电报送给我签字。

（1）不要犹豫，**好的**东西（就根据那张货单：货单早就有了）要立刻购买，**不怕多付钱**。

（2）每周要送来一次**简短的**报告；

提供情况
订购情况　　要简明扼要
需求情况

……

译自《列宁文集》俄文版第 37 卷
第 193 页

# 272

# 给约·维·斯大林的电报

## （2月18日）

哈尔科夫

乌克兰劳动军委员会

**斯大林**

抄送：乌克兰革命委员会

你们确定了适度的征粮数——15 800万普特，并把10％留给贫苦农民，你们已经把3个步兵团和4个骑兵连拨给了乌克兰劳动军委员会，这使我很高兴。我建议：(1)保护好现有的煤炭，火速调部队增援高加索方面军。这是最最主要的事情；(2)保护好食盐，步兵团和骑兵连要进驻顿巴斯周围各乡，不折不扣完成余粮收集任务，以粮食和食盐奖励贫苦农民；(3)立刻动员一部分哈尔科夫和顿巴斯的工人，同步兵团和骑兵连一道，参加征粮军的工作；(4)每天检查乌克兰劳动军委员会的工作，看它运到了多少粮食和煤炭，修好了多少机车。

**列　宁**

载于1942年《列宁文集》俄文版第34卷

译自《列宁全集》俄文第5版第51卷第135页

# 273

# 给秘书的批示[182]

## (2月18日)

打电话告诉

(1)米柳亭,

(2)弗拉基米尔斯基。

我认为,应当撤销县执行委员会的决定,把电站留给乡里。

**列　宁**

载于1933年《列宁文集》俄文版
第24卷

译自《列宁全集》俄文第5版
第51卷第136页

# 274

# 致Г.Л.沃伦贝格

1920年2月19日

邮电人民委员部

电话局局长

部务委员沃伦贝格

抄送:副邮电人民委员尼古拉耶夫

几个星期以来,我多次要求最迅速地修好我同哈尔科夫之间的电话,因为我极需要这个电话。

电话线彻底检修之后，我在 2 月 15 日通了话，结果哈尔科夫的声音我听得**非常清楚**（说明电话线没有毛病），但是哈尔科夫那边却听不到我的声音（在哈尔科夫能听到野战司令部的声音）。这说明，或者是话筒有问题，或者是我和野战司令部之间的电话线有问题。本来是极简单的维修，竟然也如此拖拉！

1920 年 2 月 15 日，我把这个糟糕的情况告诉了尼古拉耶夫。

直到**2 月 18 日**才来了电工，他说话筒里的炭精粉细（说是需要用粗的），并修理了某些地方。

2 月 18 日午后，我和哈尔科夫通话。我听到了哈尔科夫的声音（但比上次差：有**杂音**），哈尔科夫仍听不到我的声音。

2 月 18 日夜里 11 点—12 点，我给尼古拉耶夫同志打电话，要求在 2 月 19 日 12 点之前把电话修好（或者换个话筒），因为我今天必须通话。

今天，2 月 19 日，上午 11 点 45 分电工还没有来！

对于在这件小的、但是重要的事情上所表现出来的这种极端不负责任的态度，我向

　　　　　沃伦贝格同志

提出批评，同时警告：下次再犯

　　　　　　**我就把您送交法院**。

我要求为我的电话机指定一名责任管理员。把这个管理员的名字、地址、电话号码告诉我，并派他本人到我这里来。

　　　　　人民委员会主席

　　　　　**弗·乌里扬诺夫（列宁）**

载于 1933 年《列宁文集》俄文版
第 24 卷

译自《列宁全集》俄文第 5 版
第 51 卷第 136—137 页

# 275

# 给列·达·托洛茨基的电报

## （2 月 19 日）

密码

**致托洛茨基**

抄发:第 5 集团军革命军事委员会　　**斯米尔诺夫**

也**用密码**

我完全赞同您给斯米尔诺夫的答复。要痛斥反对建立缓冲国[183]的人（看来,弗鲁姆金就是反对者）,用党内审判来威胁他们一下,并要求西伯利亚的全体同志实行这个口号:"不准往东再前进一步,要全力以赴把部队和机车尽快往西调,调往俄罗斯"。如果我们迷恋于向西伯利亚长驱直入的蠢举,那我们就是白痴,因为在此期间邓尼金又会东山再起,波兰人也会打过来。我们这样做将是犯罪。

**列　宁**

载于 1959 年《列宁文集》俄文版
第 36 卷

译自《列宁全集》俄文第 5 版
第 51 卷第 137 页

276

# 致俄共(布)中央政治局委员[184]

(2月19日)

致克列斯廷斯基和

列·波·加米涅夫

政治局委员:

我反对召回斯大林。他是在挑剔。总司令的意见完全正确:首先应当战胜邓尼金,然后再转入和平·状态。

我建议这样答复斯大林:"政治局现在不能召您回来,政治局认为当前最重要的、刻不容缓的任务是彻底打垮邓尼金,为此您要全力以赴尽快增援高加索方面军。"

列　宁

载于1959年《列宁文集》俄文版
第36卷

译自《列宁全集》俄文第5版
第51卷第138页

# 277

# 致帕·德·马尔科夫

## （2月19日）

致克里姆林宫警卫长马尔科夫同志

　　经房地产总管理局同全俄中央执行委员会房屋及克里姆林宫管理处协商，决定把克里姆林宫现有的、当柴烧的全部枕木调拨给工人住宅工地和水塔工地铺设运输线路用。已责成房地产总管理局建筑处拆除破旧建筑物，搜集废木料以代替枕木。这些材料的保管和运输由您安排。请采取一切措施尽快把枕木换成上述烧火材料，并向我汇报工作的进展情况。每周写一简报：收到多少木柴，调出多少枕木。

人民委员会主席　**列宁**

1920年2月19日

载于1933年《列宁文集》俄文版第24卷　　译自《列宁全集》俄文第5版第51卷第138—139页

# 278

# 给约·维·斯大林的电报

**全用密码**
• • • •
直达电报

致西南方面军革命军事委员会委员斯大林同志

2 月 20 日于莫斯科

高加索战线的情况日益严重。照今天的形势看,罗斯托夫和新切尔卡斯克很可能失守,敌人还企图乘胜北上,威胁顿涅茨区。[185]请采取非常措施,加速调运第 42 师和拉脱维亚师,并加强其战斗力。我想您会对整个局势作出估计,施展您的全部力量,取得重大成就的。

列　宁

载于 1935 年 1 月 21 日《真理报》
第 21 号

译自《列宁全集》俄文第 5 版
第 51 卷第 139 页

# 279

# 给约·维·斯大林的电报

(2 月 20 日)

责成您设法尽快使增援部队从西南战线开到高加索战线。无论如何,要想尽办法给予援助,而不要在各部门的主管范围问题上扯皮。[186]

**列　宁**

译自《列宁全集》俄文第5版
第51卷第139——140页

## 280

# 给亚·西·沙波瓦洛夫的证明

1920年2月20日

　　早在革命前许多年,我就认识亚历山大·西多罗维奇·**沙波瓦洛夫**同志。我知道他是一位极可靠极忠诚的布尔什维克和革命者。

　　请予以充分信任和大力协助。

译自《列宁文集》俄文版第40卷
第69页

# 281

# 给米·瓦·扎哈罗夫和
# 亚·弗·布达西的电报

(2月21日)

萨拉托夫莫斯科街30号

政治委员扎哈罗夫、总工程师布达西

抄送:莫斯科    国家建筑工程委员会

请你们加倍努力建设亚—恩巴工程。命令你们用业务电报直接向人民委员会主席报告所遇到的一切障碍,并明确提出必须采取的措施。工程进展情况,每两周报告一次。

人民委员会主席    **列宁**

载于1942年《列宁文集》俄文版
第34卷

译自《列宁全集》俄文第5版
第51卷第140页

# 282

# 致工农检查人民委员部

## （2月21日）

致国家监察人民委员部[187]

抄送：国家建筑工程总委员会

我建议，在国家建筑工程总委员会为亚—恩巴工程筹办和采购物资时，不要用种种手续限制给他们拨款。如果需要特殊监督，请采取一些不妨碍筹办和采购工作的方式。

人民委员会主席　　**列宁**

载于1942年《列宁文集》俄文版
第34卷

译自《列宁全集》俄文第5版
第51卷第140—141页

# 283

# 致列·波·加米涅夫[188]

## （不早于2月21日）

我认为，您应当用**实际的**任务把他们"搞得筋疲力尽"：

唐恩——**卫生保健站**。

**马尔托夫**——监督**各食堂**。

译自《列宁全集》俄文第5版
第51卷第150页

# 284

# 给德·扎·曼努伊尔斯基的电报

## (2月22日)

哈尔科夫　曼努伊尔斯基
西南方面军司令部

　　萨普龙诺夫是不对的,因为在重心转向中农之前,应当首先,即在此之前,把贫苦农民组织起来。这是绝对必须做到的,并且最好不采取贫委会[189]的形式,而采取全由贫苦农民和中农组成的苏维埃这种形式,同时我们要采取特殊措施来保护贫苦农民利益和征收粮食。我问过您有关运输的情况,因为当前的主要任务是加速运送部队、彻底打垮邓尼金。此事要动员工人来做,无论如何要把很多部队迅速运到并夺回罗斯托夫。请斯大林答复我,他是否采取了一切措施。

**列　宁**

载于1957年基辅出版的弗·伊·列宁《论乌克兰》一书

译自《列宁全集》俄文第5版第51卷第141页

# 285

# 给约·维·斯大林的电报

## (2月22日)

### 哈尔科夫　　斯大林

必须立即在各司令部和军事机关配备翻译人员,责成所有的工作人员无条件接受乌克兰文的申请和公文。这是绝对必要的,在语言方面要作一切让步,尽量平等。关于铁路员工的薪金问题,马上就告诉您。如果您一个字一个字地说,我是能听清楚的,因此,请用电话答复我的两份电报。

**列　宁**

载于1942年《列宁文集》俄文版　　　　　　译自《列宁全集》俄文第5版
第34卷　　　　　　　　　　　　　　　　第51卷第141—142页

# 286

# 给克·格·拉柯夫斯基的电报

1920年2月23日

哈尔科夫

乌克兰人民委员会主席拉柯夫斯基

第三国际的决议[190]明晚最后定稿,星期三给您寄去。关于3

俄亩的标准的问题我刚才同瞿鲁巴谈过了,我们暂时谁也没有说服谁,但愿明天能作出决定。

列　宁

译自《列宁全集》俄文第 5 版<br>第 51 卷第 142 页

287

## 给秘书的批示[191]

(2 月 23 日)

(1)把抄件送交提到的那 4 个人民委员部。

(2)补充一点:我请它们立即就此事开会磋商,并把磋商的结果打电话告诉我。

列　宁

2 月 23 日

载于 1945 年《列宁文集》俄文版<br>第 35 卷　　　　　　　　　　　译自《列宁全集》俄文第 5 版<br>第 51 卷第 142 页

# 288

# 给米·瓦·伏龙芝的电报

## （2月24日）

### 塔什干　土耳其斯坦方面军　伏龙芝

立即以最快速度编组两列直达列车，一半装石油、一半装汽油，发往莫斯科。要采取果断措施，在你部警戒下迅速发车，紧急运往莫斯科。电告执行情况，并报告切列肯的石油情况和总的石油情况。

人民委员会主席　**列宁**①

载于1933年《列宁文集》俄文版
第24卷

译自《列宁全集》俄文第5版
第51卷第143页

# 289

# 在T.M.扎雷金来电上的批示

## （不早于2月24日）

致人民委员会主席
列宁同志
莫斯科　急

博尔霍夫县党委主席西马科夫按宗教仪式同一个做人质的资本家的女儿

---

①　签署该电的还有国防委员会军需特派员阿·伊·李可夫。——俄文版编者注

结了婚。我向博尔霍夫党组织的全体党员大会建议,开除西马科夫主席出党,因为他破坏了党的原则。这个建议得到通过,西马科夫被开除出党。有一部分党委委员坚持自己的意见,并把奥廖尔省委特派员帕昆同志请来。大会决议被撤销了。我因提出上述建议于数日后被捕,现关在监狱。请您协助解决。

县国民教育局局长　　**扎雷金**

　　立即释放被捕者。来电说明逮捕理由,然后将此案的全部材料寄给中央。

载于 1959 年《列宁文集》俄文版　　　　译自《列宁全集》俄文第 5 版
第 36 卷　　　　　　　　　　　　　第 51 卷第 143—144 页

290

# 给萨马拉、萨拉托夫<br>省委和省执行委员会的电报

(2 月 25 日)

萨马拉

　　　　俄共省委

　　　　省执行委员会

　　　　土耳其斯坦方面军副司令阿夫克森齐耶夫斯基

萨拉托夫

　　　　俄共省委

　　　　省执行委员会

　　　　恩巴铁路总工程师布达西

　　通往恩巴的铁路和输油管的修建工程具有极其重要的意义。

要竭尽全力给予支援,并想一切办法加速工程进度。要组织宣传鼓动,建立一个常设的支援委员会,实行劳动义务制。一切事项都要同负责修建这条铁路的布达西协商。请定期电告执行情况。

人民委员会主席　**列宁**

载于 1933 年《列宁文集》俄文版
第 24 卷

译自《列宁全集》俄文第 5 版
第 51 卷第 144 页

291

# ☆致粮食人民委员部部务委员

1920 年 2 月 25 日

莫斯科省莫斯科县乌赫托姆斯基(柳别尔齐)工厂,是农机厂,现在有煤,有材料,工人(1 300 名工人)**没有散伙**。维持这样的工厂应当说是**特别**重要的。

请赶紧讨论一下,能不能给这个厂的工人额外支援一些粮食。请用电话答复我。[192]

人民委员会主席<br>**弗·乌里扬诺夫(列宁)**

载于 1933 年《列宁文集》俄文版
第 24 卷

译自《列宁全集》俄文第 5 版
第 51 卷第 144—145 页

# 292

# 致 B.H.洛博娃、亚·叶·敏金和
# 叶·米·雅罗斯拉夫斯基<sup>193</sup>

1920 年 2 月 26 日

致洛博娃

敏金

叶·雅罗斯拉夫斯基同志

如果他们不在彼尔姆,就交给

俄共彼尔姆省委其他委员

持信人——

费多尔·萨姆索诺维奇·桑尼科夫同志、

格里戈里·伊万诺维奇·米哈列夫同志、

普拉东·巴甫洛维奇·莫斯卡列夫同志

是从加里宁那儿到我这里来的。

他们是非党人员,但是给人的印象极为真挚。

他们要求重新登记并审查县党委成员(他们是彼尔姆省乌索利耶县波洛沃多夫乡的人)。据他们说,当地党内有许多**坏**分子。

务请按照他们的要求办。

——将审查结果告诉我。

——把你们**本人**了解的、绝对可靠的那些县委委员(乌索利耶的和乌索利耶县各乡的)的名单报给我。

致共产主义的敬礼!

**弗·乌里扬诺夫(列宁)**

发往彼尔姆

译自《列宁全集》俄文第5版
第51卷第145—146页

载于1929年11月24日《真理报》
第274号

293

# 致阿·马·尼古拉耶夫[194]

(2月26日)

致尼古拉耶夫

把拍致敬电的那些人送交法院。

载于1933年《列宁文集》俄文版
第24卷

译自《列宁全集》俄文第5版
第51卷第146页

294

# 致德国航空公司一位飞行员

1920年2月26日

致德国航空公司飞行员波尔特

**柏林**

鉴于中央消费合作总社请您返回德国,而您的飞机上既无乘客,又无任何货物,下面署名人请求您用您的飞机将我国驻瑞士的商务代表弗雷德里克·**普拉滕**及其夫人载往柏林。载送乘客应付给"德国航空公司"的相应费用将由**普拉滕**先生直接向该公司支付。**195**

人民委员会主席

**弗·乌里扬诺夫（列宁）**

译自《列宁文集》俄文版第38卷
第289页

## 295

# 给列·达·托洛茨基的电报

1920年2月27日

**全用密码**

致托洛茨基

当然,国防委员会不会反对解散集团军的一些机关。**196**一切迹象表明,波兰将向我们提出根本无法办到的、甚至是蛮横无理的条件。必须集中全部注意力。做好备战工作,加强西方面军。我认为,必须采取紧急措施,从西伯利亚和乌拉尔把能够运来的一切都迅速运往西线。我担心劳动军这件事我们办得稍微急了一点,除非我们现在把他们全部用来加速向西线的运输。必须提出准备与波兰作战的口号。

列　宁

载于 1945 年《列宁文集》俄文版
第 35 卷

译自《列宁全集》俄文第 5 版
第 51 卷第 146—147 页

## 296

# 给费·费·拉斯科尔尼科夫的电报

1920 年 2 月 27 日

阿斯特拉罕

舰队司令拉斯科尔尼科夫

抄送:第 11 集团军革命军事委员会　基洛夫

俄共阿斯特拉罕省委

要尽一切力量,采取尽量周密的预防措施,保证开航后一小时也不耽搁立即把全部石油从古里耶夫运出来。请立即答复,是否采取了一切措施,准备情况如何,有哪些设想,是否委派了优秀人员,谁负责保障海上运输的安全。

列　宁

载于 1933 年《列宁文集》俄文版
第 24 卷

译自《列宁全集》俄文第 5 版
第 51 卷第 147 页

# 297

## ☆致粮食人民委员部部务委员

1920 年 2 月 27 日

韦谢贡斯克教师联合会执行委员会主席维诺格拉多夫同志递交了一份请求书,附在后面。**197**

实质性内容是,请**指示**韦谢贡斯克县粮食委员会提高教师(全县约 500 人)的粮食和马铃薯供应标准,并发给鞋或者皮革。

这些东西都从当地的储备中解决:**县里是有剩余的**。

请**今天就**进行必要的查询(这位同志明天就要走),并用电话答复我(晚上我们在国防委员会**作决定**)。

列　宁

载于 1924 年韦谢贡斯克出版的亚·维诺格拉多夫《回忆列宁》一书

译自《列宁全集》俄文第 5 版第 51 卷第 147—148 页

# 298

## 致康·阿·阿尔费罗夫

(2 月 27 日)

阿尔费罗夫同志:

罗蒙诺索夫还在动身之前就对我说过,输油管的事**全部**安排好了。

很清楚,这里有人在怠工,或者玩忽职守,因为您的报告**极其混乱**。

**一定要在星期二上午 11 点以前**给我送来(1)一份简短的,非常简短的报告,说明(a)订购了什么,(b)做了什么工作。

(2)**每一位**负责人员的名字、父名和姓。

**列  宁**

2 月 27 日

(附言:这是对您 2 月 27 日便条的答复。)**198**

载于 1926 年 4 月 22 日《真理报》
第 92 号

译自《列宁全集》俄文第 5 版
第 51 卷第 148 页

## 299

# 给格·叶·季诺维也夫的电报

1920 年 2 月 28 日

彼得格勒

季诺维也夫

波克罗夫斯基向我报告,有人抢劫原自由经济学会**199**的图书馆,甚至烧毁书籍。我强烈要求进行调查,制止这种胡作非为,并把现场责任检查员的名字告诉我。让他立即向我正式电告执行情况。

列　宁

载于 1933 年《列宁文集》俄文版
第 24 卷

译自《列宁全集》俄文第 5 版
第 51 卷第 149 页

## 300

# 给约·维·斯大林的电报

### （2 月 28 日）

#### 致西南方面军革命军事委员会委员斯大林

中央重申关于必须从西南方面军各集团军派遣负责的政治工作人员去运输部门工作的决议。中央认为调各集团军的人员去铁路部门，是挽救交通运输的最重要的保障。连高加索方面军也把第 2 集团军的全体机关人员以及 100 名政治工作人员派到东南铁路各线工作。请电告派出人员的人数和职务。

列　宁

载于 1942 年《列宁文集》俄文版
第 34 卷

译自《列宁全集》俄文第 5 版
第 51 卷第 149 页

# 301

# 给喀山省肃反委员会的电报

1920 年 3 月 1 日

喀山

省肃反委员会

抄送:省执行委员会

俄共省委

索菲娅·米哈伊洛夫娜·伊万诺娃(托尔斯泰协会已故主席的妻子)上告说,有人挑动一些愚昧无知之徒欺负她。请查一下,立即制止这种恶劣行为。请电告执行情况和调查人员的名字。详细情况来信说明。

**列　宁**

载于 1933 年《列宁文集》俄文版
第 24 卷

译自《列宁全集》俄文第 5 版
第 51 卷第 150 页

# 302

# 致列·波·克拉辛

(不早于 3 月 1 日)

可否麻烦您给我定制一份截至 1920 年 3 月 1 日为止的地图,

**标明**

正在修建的各铁路线

＋(a)已经铺轨的

(b)处在工程开始

(或进展)的其他阶段的。

译自《列宁全集》俄文第5版

第51卷第150—151页

303

# 在彼·阿·克拉西科夫来信上的批语[200]

## （3月2日）

转告兰斯伯里

我同兰斯伯里同志谈话时，曾答应他写一篇我们对宗教的态度的文章。这事克拉西科夫同志已经做了，并且比我能做到的要好得多，再说克拉西科夫同志是专门管这方面事务的。

列　宁

3月2日

译自《列宁全集》俄文第5版

第51卷第151页

# 304

# 给莫·伊·弗鲁姆金的电报

## （3月3日）

急电。军务电报

**西伯利亚革命委员会　弗鲁姆金同志**
**抄送：斯维尔德洛夫，发往他的所在地**

恢复西伯利亚的铁路和水路运输是共和国的一项基本任务。然而，根据您的命令却收回了拨给斯维尔德洛夫的ЦЧ①以应西伯利亚铁路急需的2亿卢布。这种命令从根本上破坏了运输恢复工作，使中部地区无法同西伯利亚建立联系。我命令无论如何要同斯维尔德洛夫达成协议，把从铁路收回来的款项退还给铁路。电告执行情况。

人民委员会主席　**列宁**

载于1959年《列宁文集》俄文版
第36卷

译自《列宁全集》俄文第5版
第51卷第151—152页

---

①　大概是交通部门某一种机构的电报代号。——编者注

# 305

## 给伊·捷·斯米尔加和
## 格·康·奥尔忠尼启则的电报

1920年3月3日

密码

高加索方面军革命军事委员会
斯米尔加和
奥尔忠尼启则

克桑德罗夫去顿巴斯负有特殊全权,你们要同他齐心协力一道工作,这一点极为重要。煤的情况如何,请电告。传说彼得斯在罗斯托夫被邓尼金匪徒杀害,是否属实;总的军事局势如何?

列 宁

译自《列宁全集》俄文第5版<br>第51卷第152页

# 306

# 给卫生人民委员部的电报

## （3月3日）

业务电报

电　报

卫生人民委员部

抄送：莫斯科　国家建筑工程总委员会

萨拉托夫　亚—恩巴工程

由于当地一点药品也没有，而伤寒病十分流行，因此提出一个问题：能否立即往**亚—恩巴**施工路段派 15 名医生、30 名医士、20 名女护士，[201]并带去一切必要设备、药品和消毒室，受总工程师布达西（萨拉托夫莫斯科街 30 号）调遣。速告你们的意见。

人民委员会主席　**列宁**

译自《列宁文集》俄文版第 38 卷
第 291 页

# 307

# 给陆军人民委员部的电报

## (3月3日)

业务电报

电　报

陆军人民委员部

抄送:莫斯科　国家建筑工程总委员会

萨拉托夫　亚—恩巴工程

提出一个问题:为迅速完成亚历山德罗夫盖—恩巴工程,能否命令土耳其斯坦方面军和高加索方面军最有效地帮助组织一支有2千匹马(部分用骆驼)的车队,并调用普加乔夫斯克和乌拉尔斯克地区的运输工具,为车队备足饲料,车队受总工程师布达西(萨拉托夫)调遣。速告你们的意见。

人民委员会主席　**列宁**

译自《列宁文集》俄文版第38卷
第290—291页

# 308

# 致 A.B.加尔金

1920 年 3 月 3 日

加尔金同志：

现将我们谈到过的那份指出科兹洛夫斯基同志的错误做法（私拿文件）的文件[202]寄给您。

请把小人民委员会关于此类违反规定的事今后不应再发生的决定寄来。

致共产主义的敬礼！

**列　宁**

译自《列宁文集》俄文版第 24 卷
第 305 页

# 309

# 给尼·尼·库兹明的电报

## （3 月 5 日）

密码
直达电报

致第 6 集团军革命军事委员会委员库兹明同志

复第 95 号电报。

此事您要极为慎重,不可轻信。[203] 当心,别上了想混进来瓦解我军的那些军官们的当。对每个想回来的人,您要作极详细的调查了解,如果您确信哪一个人回来有好处的话,要报请莫斯科批准。这个问题您还得同洛莫夫的工作组[204] 讨论一下,他们已动身前往阿尔汉格尔斯克。把讨论后的意见报上来。

复第 82 号电报

契切林关于出境问题的声明是以白卫政府投降为条件的,可是该政府成员逃跑了。您暂时不要批准他们出国。让已被逮捕的军官去劳动。对没有被逮捕的也要这样使用。斯克良斯基关于把他们中的一部分人送往中心地区的第 49 号密电仍然有效。这个问题请同洛莫夫的工作组讨论一下。

列　宁

载于 1942 年《列宁文集》俄文版
第 34 卷

译自《列宁全集》俄文第 5 版<br>第 51 卷第 153 页

# 310

# 致谢·叶·丘茨卡耶夫

3 月 5 日

丘茨卡耶夫同志:

应当采取**特别**紧急的措施,**加速**贵重物品的清理鉴别工作。[205] 如果我们误了时间,这些东西在欧洲和美国就卖不出去了。

在莫斯科可以(**也应当**)动员**上千名**党员及其他人在特殊监督下来做这项工作。

看来,您那里整个这项工作进行得**太迟缓了**。

请函告,您采取了哪些**紧急**措施来加速这项工作。

**列　宁**

译自《**列宁全集**》俄文第5版
第51卷第153——154页

# 311

# 给喀山省肃反委员会的电报

1920年3月6日

喀山　省肃反委员会

抄送:俄共省委、

　　　红色街36号　佩尔武申娜-扎列斯卡娅

电告逮捕社会科学系教师尼古拉·弗谢沃洛多维奇·佩尔武申的原因和你们的意见:能不能由他母亲扎列斯卡娅-佩尔武申娜提出几名共产党员担保,将他释放。[206]

**列　宁**

载于1933年《列宁文集》俄文版　　　　译自《列宁全集》俄文第5版
第24卷　　　　　　　　　　　　　　　　第51卷第154页

# 312

# 给列·达·托洛茨基的电报[207]

（3 月 7 日）

密码

### 致托洛茨基

既然采购粮食和木材的工作已经开展起来了，那就要着重解决驳船问题和做好浮运的准备工作，特别是解决运石油的驳船问题；其次要抓紧给车里雅宾斯克等地的采煤工人盖住房。能不能把西伯利亚的俘虏和军官调到乌拉尔去，让他们采煤和伐木？

为了尽快得到中央机关的答复，您要设法通过军事部门开通直达电报。

克列斯廷斯基已经答复您了。我再简单重复一遍：伊希姆县仍归秋明省。您可以把布鲁诺夫斯基暂时留下。关于肉的问题，已经命令设立一些腌制站。

关于各区域中心问题要慎重一些，再考虑考虑，以免导致地方主义。

如果西伯利亚把部队扩编得过了头，您就应当亲自检查同这种现象作斗争的实际措施，把该找的人叫到直达电报机旁。

应当让斯米尔诺夫回去搞和平建设，脱离外交、边防和军事事务。

**列　宁**

载于1942年《列宁文集》俄文版
第34卷

译自《列宁全集》俄文第5版
第51卷第154—155页

# 313

# 给列·达·托洛茨基的电报

### (3月8日和20日之间)

通过**军事部门**
用军事线路

**致托洛茨基**

用中央的密码

波兰人仍在向前推进,我们已经撤出了列奇察,戈梅利处于受攻击的地位,因此,与斯大林的乐观态度相反,我认为您提出的全部紧急措施是必要的,而且是迫切需要的。关于交通人民委员的问题,政治局决定提名您担任此职,因为克拉辛一周后要出国,罗蒙诺索夫患斑疹伤寒之后,要过6个星期才能康复。[208]请立即答复。

**列　宁**

译自《列宁全集》俄文第5版
第51卷第155页

# 314

## 给伊·尼·斯米尔诺夫的电报[209]

### （3 月 9 日）

　　同社会革命党人和孟什维克没有什么条件可讲。要么他们毫无条件地服从我们，要么他们将遭到逮捕。①

载于 1938 年《布尔什维克》杂志
第 2 期

译自《列宁全集》俄文第 5 版
第 51 卷第 156 页

# 315

## 给阿·洛莫夫的电报

1920 年 3 月 9 日

阿尔汉格尔斯克

最高国民经济委员会主席团委员

洛莫夫

　　请您尽力或委托别人从北方边疆区研究会博物馆和国家产业管理局找出有关乌赫塔河一带储油区的文字资料和报告。

**列　宁**

载于 1933 年《列宁文集》俄文版
第 24 卷

译自《列宁全集》俄文第 5 版
第 51 卷第 156 页

---

　　①　在电报打字稿上有落款："受政治局委托　**列宁**"。——俄文版编者注

# 316

# 给各人民委员部的指示[210]

1920年3月10日

鉴于伊万诺沃-沃兹涅先斯克省工人的缺粮情况万分严重,我要求今天就组织召开由下列各部门代表参加的会议:

> 粮食人民委员部
>
> 农业人民委员部
>
> 交通人民委员部
>
> 水运总管理局
>
> 中央纺织工业委员会
>
> 劳动人民委员部。

全俄中央执行委员会主席团委员**基谢廖夫**同志答应负责召集这个会议。

会议的任务是:讨论伊万诺沃-沃兹涅先斯克省党委3月6日提出的各项建议并制定**紧急**援助措施。执行情况的报告于星期六前交人民委员会。

人民委员会主席

**弗·乌里扬诺夫(列宁)**

载于1933年《列宁文集》俄文版
第24卷

译自《列宁全集》俄文第5版
第51卷第156—157页

# 317

# 致尼·尼·克列斯廷斯基

3 月 10 日

克列斯廷斯基同志：

　　有一件十分紧急的事，即关于枪毙基谢廖夫的判决问题。我在 1910 — 1914 年间在苏黎世见过他。他当时是**普列汉诺夫分子**，而且有人指责他干过不少卑鄙的事（详细情况我不了解）。1918 年或者 1919 年我在这里即在莫斯科和基谢廖夫匆匆见了一面。当时基谢廖夫在《消息报》工作，他对我说，他就要成为布尔什维克了。具体事实我不了解。

　　请打电话与加米涅夫联系。[211]

**列　宁**

译自《列宁文集》俄文版第 38 卷
第 292 页

# 318

# 致俄共（布）中央政治局[212]

（3 月 11 日）

**政治局**（或组织局）：要**抓住**这件事，把问题追查到底，找**捷尔**

**任斯基**协助,把这个孟什维克写到的那个"姐妹"查出来,并对卡拉汉那里的官员进行**清洗**。

**列　宁**

3 月 11 日

译自《列宁全集》俄文第 5 版
第 51 卷第 157 页

319

# 给列·达·托洛茨基的电报

## (3 月 11 日)

密码

**致托洛茨基**

契切林给我写信说:

"有 5 000 名法国军官已到达波兰,正等待福煦,避免战争的希望很小。**我们爱好和平的一贯态度向波兰的群众证明,他们无须害怕我们**,而威胁手段则会被帝国主义分子利用来破坏有利于我们的群众情绪。但是,绝对必须有充分的军事准备。要作好准备对付最坏的情况。

在芬兰,沙文主义正在大发作,因为我们击溃白卫军后对整个北部地区的占领,**使大芬兰主义的迷梦破灭了**。对芬兰那些活跃分子来说,是'机不可失,时不再来'。懦弱温和的文诺拉内阁已经辞职。**采取威胁手段对那些活跃分子是不起作用的**。相反,他们会利用我们的威胁去煽动本国的群众。我们必须在军事方面作好准备,以防万一。在芬兰战线必须作好防御准备。

可汗霍伊斯基[213]虽然还在进行论战,但急于争取谈判。如果我们不得不把全部力量用来对付波兰和芬兰,如果通过和平途径能取得石油,那么是否应当推迟那边的战争……"

李维诺夫也预计波兰是要打的,说他们把我们的和平建议看做是软弱。

列　宁

载于 1942 年《列宁文集》俄文版第 34 卷

译自《列宁全集》俄文第 5 版第 51 卷第 157—158 页

320

# 给约·斯·温什利赫特的电报

1920 年 3 月 11 日

密码

西方面军革命军事委员会<br>温什利赫特

看来,波兰人是要打了。我们尽一切可能加强防御。同时应当特别加强用波兰语进行宣传工作。需要的话,可以支援你们人力、钱和纸张。

列　宁

载于 1930 年出版的《国内战争。1918—1921》第 3 卷

译自《列宁全集》俄文第 5 版第 51 卷第 158 页

# 321

# 给伊·捷·斯米尔加和
# 格·康·奥尔忠尼启则的电报

1920年3月11日

**全用密码**

高加索方面军革命军事委员会

斯米尔加和

奥尔忠尼启则

抄送:西南方面军革命军事委员会

斯大林

听到你们预计邓尼金不久即将被彻底歼灭的消息,我非常高兴,但担心你们过分乐观了。看来,波兰人势必要和我们打仗。因此,现在主要的任务不是高加索劳动军问题,而是准备把尽可能多的军队及早调往西线。要尽一切努力完成这一任务。要最坚决地把俘虏用于同一目的。

**列　宁**

载于1934年《战争与革命》杂志
第1期

译自《列宁全集》俄文第5版
第51卷第159页

322

# 致格·马·克尔日扎诺夫斯基

3 月 14 日

格列勃·马克西米利安诺维奇：

看了**俄罗斯国家电气化委员会**的报告[214]，想了想昨天的谈话，我的结论是：这份报告**太枯燥了**。

单单这个是不够的。

您能否自己或者请克鲁格（或别的什么人）写一篇这样的文章，以便

证明

或者是举例说明：

(a)电气化的巨大好处，

(b)电气化的**必要性**。

大致内容是：

I. 运输。按旧方式恢复——

需要 α 百万卢布（按战前价格计算）

或者 α 燃料＋β 工作日。

而在电气化的基础上恢复

α—x 百万卢布

α—y 燃料＋(β—z)工作日。

或者**同样是** $\dfrac{\alpha}{\alpha+\beta}$，但效果要比前者大多少倍。

II. 蒸汽力。如果按旧方式恢复工业,**比**在电气化的基础上恢复开支**要大**。

III. 农业。

恢复,比方说,+500万套犁和马具。

按旧方式和在电气化条件下所需费用各多少?

这是**大致的内容**。我想,一个精明的专家在两天内就能做好这件工作(如果他想认真完成的话),或者是利用战前的统计数字(不用很多,只需要很少的总计数字),或者是作一**大体近似的**计算(就"大致"[215]算出**大致的数**)。

请找人做这件事情。也许让别人供给**材料**,由您自己写,或者**发表谈话**,我派记者去。这样我们就有宣传的**要点**了。而这是很重要的。

阅后请来电话。

　　　　　　　　　　　　　您的　**列宁**

载于1925年1月22日《经济生活报》
第18号

译自《列宁全集》俄文第5版
第51卷第159—160页

# 323

# 给费·费·拉斯科尔尼科夫和
# 谢·米·基洛夫的电报①

1920 年 3 月 14 日

密码

阿斯特拉罕

舰队司令拉斯科尔尼科夫和基洛夫

你们的计划是以深水域运输为根据的,而巴布金建议,为了不让敌人的舰队劫获或击沉,应在海岸附近的浅水域运送石油,即经过别林海滩。按吃水 1—1.25 俄尺②来说,他提出合适的轮船是"贾姆巴伊"号、"乌克诺"号、"拉特米尔"号、"雄狮"号、"涅瓦"号、"亲爱者"号、"吉尔吉斯人"号、"亚历山大"号,驳船是"冥王星"号、"阿波罗"号、"米杜萨"号、"美人鱼"号、"瓦列里亚"号、"斯捷法尼亚"号等等。在别林海滩附近转运。他认为,这样一个航次就能运送 32 万,一个月能运送 160 万。请告知你们的意见。

列　宁

载于 1942 年《列宁文集》俄文版
第 34 卷

译自《列宁全集》俄文第 5 版
第 51 卷第 161 页

---

① 手稿上方有列宁的批语:"译成密码后退给我。**列宁**"。——俄文版编者注

② 一俄尺相当于 0.71 米。——编者注

# 324

# 致埃·马·斯克良斯基

1920 年 3 月 15 日

斯克良斯基同志：

革命军事委员会必须下令：

加倍重视在克里木**所犯的**明显**错误**（没有及时调去足够的兵力）[216]；

——尽一切努力纠正错误（德国的事态[217]使**加速**消灭邓尼金的问题变得**非常**迫切）；

——特别要准备好海战兵器（水雷、潜水艇等等）并为可能从塔曼向克里木进攻作好准备（记得米哈伊尔·德米特里耶维奇·邦契-布鲁耶维奇和我谈过，从那里进攻很容易）。

关于这个问题，革命军事委员会**必须立即**下达一系列最明确、最坚决的命令。

请把抄件寄给我。

**列 宁**

影印件载于1930年出版的《国内战争。1918—1921》第3卷

译自《列宁全集》俄文第5版第51卷第161—162页

325

# 给全乌克兰斗争派
# 代表会议主席团的电报

1920年3月16日

哈尔科夫

乌克兰人民委员会　拉柯夫斯基

转布拉基特内交全乌克兰斗争派[218]

代表会议主席团

衷心感谢你们的致敬电。热烈祝愿代表会议各项工作取得成功,特别是祝愿已经开始的同布尔什维克党合并一事取得成功。

列　宁

载于1933年《列宁文集》俄文版
第24卷

译自《列宁全集》俄文第5版
第51卷第162页

326

# 给列·波·克拉辛的便条[219]

(3月16日)

为什么您不专门提出一项关于从国外招聘**专家**(电工专家)和

为此拨款 50 万卢布的法案？**这会有效益的**(政治上也**有利**)。

载于 1933 年《列宁文集》俄文版
第 24 卷

译自《列宁全集》俄文第 5 版
第 51 卷第 162 页

## 327

# 给列·波·克拉辛的批示[220]

### (3 月 16 日以后)

您"**准备**"抓"**大的**"，而放掉小的，这是错误的。应当抓山雀[221]。没有加入托拉斯的小公司是有的。这些公司可以制造(有时出售)备件等等。

译自《列宁全集》俄文第 5 版
第 51 卷第 163 页

## 328

# 同列·波·克拉辛互递的便条[222]

### (3 月 16 日以后)

各总管理局和各人民委员部申请购买的国外产品(<u>机车除外</u>)经我部压缩以后，总值仍达 <u>7 亿金卢布</u>！

只得无情地削减，仅为恩巴工程订购机车和管材，就这些。

当然，**其他都**见鬼去。

（1）机车

（2）输油管

（3）机器，**作为样品每种购两部**，仅此而已。

译自《列宁文集》俄文版第 38 卷
第 305—306 页

# 329

# 致　某　人

## （3 月 16 日以后）

修理机车的事有些还没有做完。

能不能由中央委员组成一个工作组，加以督促检查？

或者是每周作一次汇报？

或者用别的什么办法？

谁在监督？谁在催促？**谁也没有。**

有谁拨出了最好的修配厂？每修好一台机车给 200 普特粮食的奖励效果如何？

要不要叫**罗森霍尔茨**来**专门**负责此事？或者再加个谁？

颁布了法令就睡上大觉了……**223**

译自《列宁全集》俄文第 5 版
第 51 卷第 163 页

# 330

# 给伊·捷·斯米尔加和
# 格·康·奥尔忠尼启则的电报[224]

1920 年 3 月 17 日

**密码**

高加索方面军革命军事委员会

斯米尔加和

奥尔忠尼启则

拿下巴库,对我们非常非常必要。要全力以赴,同时在各项声明中一定要特别讲究外交策略,并要尽可能弄清是否确实在筹建坚强的地方苏维埃政权。对格鲁吉亚也要这样,不过我建议对格鲁吉亚要更加慎重。关于调动部队问题,请和总司令商量。

**列　宁**

载于 1942 年《列宁文集》俄文版
第 34 卷

译自《列宁全集》俄文第 5 版
第 51 卷第 163—164 页

# 331

# 给 И.Е.科特利亚科夫的电报

## （3 月 19 日）

彼得格勒

北方区域国民经济委员会主席

科特利亚科夫

我命令尽力协助俄罗斯电气化彼得格勒小组的国家工作人员迅速得到他们所需要的材料和单据。

人民委员会主席　**列宁**

载于 1939 年《红色文献》杂志
第 4 期

译自《列宁全集》俄文第 5 版
第 51 卷第 164 页

# 332

# 给阿·马·高尔基的电报[225]

## （3 月 19 日）

彼得格勒

高尔基

为答复您 3 月 5 日的来信,现将粮食人民委员部给巴达耶夫的电报抄录如下:"在人民委员会的专门委员会最终解决改善学者待遇的问题之前,建议您仍按以前您所订的计划供应,即按粮食人民委员部最近那个指示办,不予缩减。"波克罗夫斯基的委员会认为彼得格勒的名单不合理而提出异议。萨波日尼科夫已于3月9日释放。马努欣应当向卫生人民委员谢马什柯提出报告,说明他拟采用什么方法寻找,因为将根据对这个报告的审查结果作出决定。

人民委员会主席　**列宁**

载于1945年《列宁文集》俄文版
第35卷

译自《列宁全集》俄文第5版
第51卷第164—165页

# 333

# 给格·叶·季诺维也夫和
# И.E.科特利亚科夫的电报

## (3月19日)

彼得格勒　斯莫尔尼

季诺维也夫

和北方区域国民经济委员会主席

科特利亚科夫

抄送:彼得格勒　亚—恩巴工程办事处

鉴于正在抢修的军用亚历山德罗夫盖—恩巴铁路对国家具有

特殊意义,请你们坚决命令军政部门和国民经济委员会所属的全部机关和组织,尽一切可能协助该铁路驻彼得格勒办事处人员顺利完成他们所承担的重要任务。

人民委员会主席　列宁

载于 1933 年《列宁文集》俄文版第 24 卷　　　　　　　　译自《列宁全集》俄文第 5 版第 51 卷第 165 页

## 334

# 给波·伊·戈尔德贝格的电报

### (3 月 20 日)

后备集团军革命军事委员会

**戈尔德贝格**同志

工农国防委员会代表苏维埃政权向参加萨拉普尔附近卡马河桥梁修复工程的全体工人、红军战士、技术人员和行政管理人员致以同志的谢意。他们提前一个月完成了修复任务,这再一次证明,无产阶级以当前特别需要的自觉态度对待俄罗斯共和国为战胜所遭受的经济破坏而面临的共同任务,依靠组织性、干劲和劳动纪律能取得多么大的成果。

国防委员会主席　列宁

载于 1942 年《列宁文集》俄文版第 34 卷　　　　　　　　译自《列宁全集》俄文第 5 版第 51 卷第 166 页

# 335

# 致埃·马·斯克良斯基

1920年3月22日

斯克良斯基同志：

　　请您下令批准

　　红军战士

### 帕维尔·谢尔盖耶维奇·

### 阿利卢耶夫

长期休假（治病），然后调往高加索方面军（以便在南方的后备队中休养）。

（第6集团军第1步兵师第159步兵团；通信队；通信队副队长帕·谢·阿利卢耶夫。）

　　致共产主义的敬礼！

### 尼·列宁

　　附言：帕·谢·阿利卢耶夫刚患过斑疹伤寒，肺部不太好。关于批准他休假并来莫斯科他母亲处一事，请有关部门通知我。[226]

### 列　宁

载于1942年《列宁文集》俄文版
第34卷

译自《列宁全集》俄文第5版
第51卷第166—167页

# 336

# 致费·埃·捷尔任斯基

（不晚于 3 月 23 日）

捷尔任斯基同志：

这是布利兹尼琴科给我的。

据他说，99％不属实。

也许您知道：这是谁编制的？ 怎么编制的？ 应当怎么办？

见面时再谈。[227]

您的    **列宁**

译自《列宁文集》俄文版第 38 卷
第 306 页

# 337

# 致谢·德·马尔柯夫

1920 年 3 月 23 日

尊敬的马尔柯夫同志：

您的来信收到了。现在您大概已经收到政治局决议的摘录[228]。摘录发晚了，这显然是办公室的过错。

您的确需要**好好**休息一下。我们应当特别爱护有经验的和内行的工作人员。

等交通人民委员部的"暂"管结束和克拉辛回来,对整个交通人民委员部的问题中央委员会将重新考虑。

致同志的敬礼并希望好好休息!

**弗·乌里扬诺夫(列宁)**

译自《列宁文集》俄文版第 37 卷第 195 页

# 338

## 致卡·伯·拉狄克<sup>229</sup>

### (不早于 3 月 23 日)

拉狄克同志:

您的意见如何?请写上几个字还给我。您是否**确切**了解卡·李卜克内西家属的情况?是否需要接济,接济多少?

**列 宁**

译自《列宁全集》俄文第 5 版第 51 卷第 167 页

# 339

# 致约·维·斯大林

## （3月24日）

致斯大林同志
抄送:拉柯夫斯基同志

鉴于代表大会上的选举是每派各出13名代表,鉴于105名代表没有参加选举中央委员会以及8名代表弃权,为了摆脱这种不正常的局面,俄共中央政治局决定成立临时中央局,原中央委员会和新的中央委员会各出两名代表。指定原斗争派舒姆斯基同志为该中央局第五名委员。[230]

受政治局委托　列宁

译自《列宁全集》俄文第5版
第51卷第167页

# 340

# 给亚·雅·舒姆斯基的电报

## （3 月 24 日）

哈尔科夫　舒姆斯基
抄送：乌共新中央委员会、
拉柯夫斯基

密码

为证实列宁昨天夜里转给拉柯夫斯基的电话，现在通知：鉴于 8 名代表弃权、105 名代表拒绝参加选举中央委员会并对这次在他们看来是非法的选举提出异议，鉴于这种不能容许的局面，俄共中央政治局决定成立临时机关直至这一冲突解决为止。参加这个临时中央委员会的应当有舒姆斯基，他原来是斗争派，现在是党员，未参与乌克兰代表会议的派别斗争，还有两名新中央委员会的委员和两名原中央委员会的委员。

受政治局委托　**列宁**

译自《列宁全集》俄文第 5 版
第 51 卷第 168 页

# 341

## 致全俄中央执行委员会[231]

1920 年 3 月 24 日

　　人民委员会现将按照全俄中央执行委员会指示拟由最高国民经济委员会各中央机构直接管理并列为"I类"的企业名单提交全俄中央执行委员会审批。

　　此名单已由人民委员会所设立的委员会一致通过，并经人民委员会批准。

人民委员会主席<br>**弗·乌里扬诺夫（列宁）**

载于 1933 年《列宁文集》俄文版
第 24 卷

译自《列宁全集》俄文第 5 版
第 51 卷第 168 页

# 342

## 致俄共（布）中央政治局委员[232]

（3 月 24 日）

致政治局委员

建议发一份密码电报给

埃利亚瓦和鲁祖塔克："坚决要求你们不折不扣地执行中央有

关对外政策的决议。立即完全撤销赫列尔和布罗伊多的职务,全部工作都交给哥卢比、马希茨基和霍普纳尔。立即执行中央其他的各项指示并报告严格执行的情况。在此提出警告,今后如果再出现拖延或不服从党中央的情况,就要受到处分。"

**列　宁**

译自《列宁全集》俄文第5版
第51卷第169页

## 343

# 致阿·伊·斯维杰尔斯基

### (不早于3月24日)

斯维杰尔斯基同志:

　　我得到有关一些工厂处境极端困难的报告:

　　卡卢加省第6工厂管理委员会,特罗伊茨科耶-孔德罗沃各厂和波洛特尼亚内工厂,即原弗·戈瓦尔德—贡恰罗夫公司。

　　塞兹兰—维亚济马铁路线戈瓦尔多沃站和波洛特尼亚内扎沃德站。

工人约 ························· 2 500—3 000
职员 ························· 200人
人口 ························· 12 000人

今年2月28日实行军事化。

12月份转为按红军口粮标准供应。<u>但是他们什么也领不到</u>。①

　　请您想办法下达紧急指示发给他们粮食,并把您的答复告

----

① 着重线是列宁画的。——俄文版编者注

诉我。

列　宁

译自《列宁全集》俄文第5版
第51卷第169—170页

# 344

## 给秘书的指示[233]

### （3月24日以后）

（1）答复古布金：他的理由不能使我信服，因为彼得格勒的**省页岩委员会**同页岩总委员会的**间**接关系还是有的。

蒸馏厂要建造在伏尔加河边，因为韦马恩离边境太近。

（2）征求李可夫意见。

载于1933年《列宁文集》俄文版　　　　　　译自《列宁全集》俄文第5版
第24卷　　　　　　　　　　　　　　　　　第51卷第169页

# 345

## 在拯救儿童联合会理事会来信上的批示[234]

### （3月24日以后）

询问**捷尔任斯基**同志。我请他谈谈意见。（我想，这是一个诡计。）

**列 宁**

载于1945年《列宁文集》俄文版
第35卷

译自《列宁全集》俄文第5版
第51卷第170页

## 346

## 致俄共(布)中央组织局[235]

（3月26日和28日之间）

致中央组织局

我认为，在铁路运输**完全**恢复之前，这个问题连想都不用想。

**列 宁**

载于1933年《列宁文集》俄文版
第24卷

译自《列宁全集》俄文第5版
第51卷第170页

## 347

## 致阿·伊·李可夫

（3月28日）

致李可夫同志

在格罗兹尼缴获了1 500万普特汽油，[236]这要求我们采取一

些重大的紧急措施,诸如:

1. 非常严格地保管汽油。

   采取军事措施。由军人专门负责。

2. 计算一下:我们需要多少(**最大限度**)。

   其余部分——运往国外换机车。

3. 调集卡车(**从各处调**,特别是从军队里调),并加以检修,**以便把粮食运到各车站**。

4. 动员卡车和司机去运送粮食。

5. 把汽油运到各中心油库。

您是否就这个问题召开一个会议(由粮食人民委员部和军事部门的代表参加),并把会议的建议提交国防委员会?

这些事请您**尽快**办妥。

**列　宁**

3 月 28 日

载于 1933 年《列宁文集》俄文版
第 24 卷

译自《列宁全集》俄文第 5 版
第 51 卷第 171 页

## 348

# 致列·达·托洛茨基

(3 月 28 日)

托洛茨基同志:

供参考

给南方铁路：

扎巴罗夫，非常熟悉南方铁路情况。绝对可靠的党员。职业
是铁路员工。

布利兹尼琴科——给北顿涅茨铁路。也是绝对可靠的党员。
建立过重装甲营。铁路员工。

伊万诺夫·阿列克谢根本不行，是个懒汉（是乌克兰"新"中
央[237]派到南方铁路去的）。

以上情况是施瓦尔茨（"谢苗"）介绍的。施瓦尔茨是老布尔什
维克，极可靠的党员。他对乌克兰那些半马赫诺分子中伤拉柯夫
斯基一事非常气愤。

**列　宁**

1920年3月28日

译自《列宁全集》俄文第5版
第51卷第171—172页

## 349

# 致伊·伊·施瓦尔茨、
# 雅·阿·雅柯夫列夫等人[238]

### （3月31日）

顿涅茨全体工人都拥护萨普龙诺夫！！
我不相信。有事实吗？
送施瓦尔茨、

雅柯夫列夫等人阅。

译自《列宁全集》俄文第 5 版
第 51 卷第 172 页

# 350

# 致尼·尼·克列斯廷斯基

## （不晚于 3 月）

克列斯廷斯基同志：应当遵守**法规**。

按照法规，**组织局**的决定就是最后的决定，组织局已经否决了乌克兰中央的**反对意见**。

雅柯夫列夫（以及乌克兰中央）**必须立即**执行组织局的这个决定。

我同意可以提出**质询**，但不承认提出质询就有权不执行决定，因为**只有**中央全会才有这种权利。我要求有鼓动权。

列　宁

译自《列宁全集》俄文第 5 版
第 51 卷第 172 页

# 351

# 给尼·尼·克列斯廷斯基的批示[239]

（不晚于 3 月）

如果她不愿意走，我们就（通过组织局）下个命令，发给她面包、油、肉，不然她会因身体虚弱而死去。

译自《列宁文集》俄文版第 37 卷第 197 页

# 352

# 致亚·德·瞿鲁巴

（不晚于 3 月）

瞿鲁巴同志：

政治局谈过从西伯利亚运兵**改为运粮**（因为南方打了胜仗）。

决议没有形成文字，因为托洛茨基已表示完全同意，**并且已经下达了命令。**

最高运输委员会中的粮食人民委员部代表应当**密切注意。**

您的　**列宁**

载于 1959 年《列宁文集》俄文版第 36 卷

译自《列宁全集》俄文第 5 版第 51 卷第 173 页

# 353

# 致阿·马·尼古拉耶夫[240]

## (3月)

请给我:

(1)**按月的**简报,

(2)包括**所有的**大电台,

(3)要注明为

　　外交人民委员部、

　　陆军人民委员部、

　　罗斯塔社等部门

　　各发了多少字。

载于1934年莫斯科出版的阿·
马·尼古拉耶夫《列宁和无线电
事业》一书

译自《列宁全集》俄文第5版
第51卷第174页

# 354

# 同亚·李·舍印曼和
# 埃·马·斯克良斯基的来往便条

## (3月)

德国"米希列尔"公司(曾向我们提供飞机和用飞机运来药品)打算4月

底向莫斯科派齐柏林式货运飞艇(有效载重量 300 吨＝18 000 普特)。条件是：保证飞艇不受拦阻并且在到达后 24 小时内卸完货物。(飞艇不能停在露天。)斯克良斯基没有意见。 ＊)

舍印曼

♯
古科夫斯基购买了 8 万普特纸张。

＊)要取得斯克良斯基的**书面**同意，然后**接受**。

♯什么时候运到？用什么支付？

## 埃·马·斯克良斯基的答复

1.原则上不反对，但只有在搞清能够按期完成后我才能表示同意。
2.最好飞艇不带武装。这一点我已对舍印曼说过。

要定出确切的条件(当然，不能有武装。**我们要检查**)，然后**接受**。

译自《列宁文集》俄文版第 37 卷<br>第 197 页

## 355

# 致舒·姆·马努恰里扬茨

### (3 月以后)

**致图书管理员**

能不能
(1)把每个**人民委员部**印的**全部**材料都挑出来，分别放在文件夹里或书架各档上。

（2）俄共**中央**和各地方**党委**印的材料也这样整理？

载于1927年1月21日《真理报》
第17号

译自《列宁全集》俄文第5版
第51卷第174页

## 356

# 给格・康・奥尔忠尼启则的电报和
# 给列・达・托洛茨基的批语

1920年4月2日

绝密

密码

**高加索方面军革命军事委员会　奥尔忠尼启则**

我再一次请求您谨慎从事，对穆斯林必须表现出最大的善意，特别是在进入达吉斯坦的时候。要用一切办法并以最郑重的方式表示对穆斯林的同情，显示他们的自治、独立等等。请更确切更经常地报告情况。

**列　宁**

**托洛茨基**同志：如果您同意，请用密码发直达电报。电文是我和斯大林草拟的。

**列　宁**

译自《列宁全集》俄文第 5 版
第 51 卷第 175 页

## 357

## 致阿·瓦·卢那察尔斯基

（不早于 4 月 2 日）

可在彼得格勒城郊利用一些寺院来收容残疾和**流浪的**少年儿童。

**列　宁**

译自《列宁全集》俄文第 5 版
第 51 卷第 174 页

## 358

## 给斯·伊·博京的证明信[241]

1920 年 4 月 5 日

证明信

持信人斯捷潘·伊万诺维奇·**博京**同志受我委托担负一项特

别重要的任务,即从顿河畔罗斯托夫及南方其他城市运回一批莫斯科急需的物资。

为此,斯·伊·博京同志除自备的车皮外,要在当地得到两节车皮,并在顿巴斯得到一节载有煤的车皮。

为使斯·伊·博京**最迅速地**完成他的任务,请各地苏维埃、铁路、军事等主管部门予以**全力**协助,为他提供汽车等,允许他的全部车皮挂在任何一次列车上,并且一定要挂在最快的列车上,等等。

国防委员会主席

**弗·乌里扬诺夫(列宁)**

译自《列宁文集》俄文版第 39 卷第 227—228 页

# 359

# 致约·伊·霍多罗夫斯基

## (4 月 6 日)

喀山有一位**阿多拉茨基**(在大学,属副教授或教授一类的)。

我认识他已 10 多年了。是一个十分可靠的人,一个很有学识的马克思主义者。

我委托他写一本革命简史。

请

(1)充分利用他担任讲课之类的工作。

(2)帮助他解决口粮(**优待的**),包括他和他的家属,并解决烧柴等等。

(3)来电告诉我他的地址(以及为他办了哪些事)。

列　宁

1920 年 4 月 6 日

载于 1959 年《列宁文集》俄文版
第 36 卷

译自《列宁全集》俄文第 5 版
第 51 卷第 175—176 页

360

## 致弗·维·阿多拉茨基

1920 年 4 月 6 日

阿多拉茨基同志:

我已转告霍多罗夫斯基同志,请他帮您解决口粮和烧柴等问题。

他已答应照办。

请来信告诉我,——信可托人带来(最好托军人)

(1)是否帮您解决了些问题? 口粮? 烧柴?

(2)是否还需要别的东西?

(3)您能否收集到**国内战争史**

　　和**苏维埃共和国史**所需的资料?

在喀山能否收集到这些资料? 我能够帮忙吗?

有无全套的《**消息报**》和《**真理报**》? 缺很多吗?

我可否帮忙弄到缺少的部分？

请写信给我，**告诉我您的地址**。

致崇高的敬礼！

您的　**列宁**

载于 1924 年《无产阶级革命》杂志
第 3 期

译自《列宁全集》俄文第 5 版
第 51 卷第 176 页

# 361

## 致后备集团军司令及
## 所有军事和铁路主管部门

1920 年 4 月 6 日

请后备集团军司令以及所有军事、铁路等主管部门接受持信人**阿多拉茨基**同志写**给我的**信件，以便尽可能迅速无误地将信送到。

人民委员会主席<br>**弗·乌里扬诺夫**(列宁)

载于 1959 年《列宁文集》俄文版
第 36 卷

译自《列宁全集》俄文第 5 版
第 51 卷第 177 页

# 362

# 给萨马拉省执行委员会的电报

1920 年 4 月 6 日

> 萨马拉
>
> 省执行委员会
>
> 抄送:革命军事委员会

城市的打扫是否进行得相当彻底?请抓紧此事,并经常检查实际执行情况。资产者和市民是否逃避劳动义务?必须全力加以督促。

国防委员会主席　列宁

载于 1942 年《列宁文集》俄文版
第 34 卷

译自《列宁全集》俄文第 5 版
第 51 卷第 177 页

# 363

# 致马·伊·拉齐斯

1920 年 4 月 6 日

拉齐斯同志:"左派"社会革命党人"谢尼亚"的信**很重要**。
能否予以发表?[242]

马上办这件事还不行。请来信告知,何时可以办以及**怎样**办(刊登时必须采取**一系列**预防措施)。

敬礼!

列　宁

载于 1942 年《列宁文集》俄文版　　　　　　译自《列宁全集》俄文第 5 版
第 34 卷　　　　　　　　　　　　　　　　第 51 卷第 177—178 页

364

## 给格·康·奥尔忠尼启则的电报①

（4 月 15 日）

直达电报

顿河畔罗斯托夫　　高加索方面军革命军事委员会

**奥尔忠尼启则**

我授权您向山民们宣布:我答应通过人民委员会拨款支援他们。请您在这个项目下发给他们,数额不超过两亿卢布。按您的建议纳里曼诺夫日内将前往彼得罗夫斯克。您可用自己的名义告诉乌拉塔泽先生,说政府不反对他来莫斯科,同时我完全同意您的看法:不要急于让他从罗斯托夫来莫斯科。因此请您酌情确定他

---

①　电文下方有列宁的附言:"请于今晚通过直达电报发往顿河畔罗斯托夫。**列宁**"。——俄文版编者注

的动身日期。[243]关于土地关系问题,您可以自行处理,但要把您在这方面采取的措施报上来。请多通消息。请加快把部队调往西南战线。

列　宁

载于1942年《列宁文集》俄文版
第34卷

译自《列宁全集》俄文第5版
第51卷第178页

## 365

# 给萨拉托夫省执行委员会主席和<br>省肃反委员会的电报

### (4月15日)

直达电报稿

萨拉托夫　省执行委员会主席

萨拉托夫　省肃反委员会

抄送:萨拉托夫　省粮食委员会

卡梅申县执行委员会

我确认粮食人民委员瞿鲁巴第1111号电报[244]并要求坚决加以执行,我命令省执行委员会主席对省粮食委员会的报告进行核查。如果萨拉托夫省粮食委员会的报告属实,就将卡梅申县执行委员会主席拘留三昼夜,因为他对粮食工作的这种不能容许的干扰会损害整个国家和红军的利益。

人民委员会主席　**列宁**

1920 年 4 月 15 日

译自《列宁全集》俄文第 5 版
第 51 卷第 179 页

366

# 致费·埃·捷尔任斯基

1920 年 4 月 16 日

捷尔任斯基同志：

请您对审查工作抓得**更严一些**。可否委派一些公正的非彼得格勒人进行审查？

我还从另一个来源（除了这些信件＋卡尔梅柯娃）得知，当地的肃反委员会对该案件的处理很不像话。

要一查到底而且要快。

结案后烦您把所附文件还给我并让您的秘书用电话转告处理结果。**245**

敬礼！

您的　**列宁**

载于 1959 年《列宁文集》俄文版
第 36 卷

译自《列宁全集》俄文第 5 版
第 51 卷第 179—180 页

# 367

# 致弗·德·邦契-布鲁耶维奇

1920年4月16日

弗拉基米尔·德米特里耶维奇同志：

**如果您已经康复(完全康复)**,请您：

(1)找证人核实一下,**不要传出去**；

(2)把吉尔叫去,这次只给他**批评处分(轻微的)**,并警告他：鉴于他一贯表现好,只给他最轻的处分,不记入档案,如果重犯,那就不妙了。**246**

敬礼！

您的    **列宁**

载于1958年莫斯科出版的**A.A.**斯特鲁奇科夫《列宁和人民》一书

译自《列宁全集》俄文第5版第51卷第180页

# 368

# 给西伯利亚革命委员会的电报

鄂木斯克

1920年4月16日

请立即用最方便最快的办法将现在克拉斯诺亚尔斯克近郊兵

营的奥地利战俘鲁道夫·恩斯特中尉工程师送往莫斯科。[247]电告执行情况。

列　宁

译自《列宁文集》俄文版第34卷
第287页

369

# 在弗·马·安德森信上的批示

### (4月16日或17日)

　　……俄国革命文献无比珍贵,特别是在科学院所收藏的这类文献数量较少而且迄今未从疏散地运回的情况下,公共图书馆成了彼得格勒收藏这些"纸钻石"的唯一宝库。该馆的藏书一旦缺损,那将无法弥补。

　　总之,我请您,更正确地说,我恳求您,如果您认为可以的话,给我寄来一份不准任何人把革命文献借回家去的正式禁令。有些时候,没有莫斯科的支持,没有您的亲自支持,我是无可奈何的。所有这类奢求多半都是从便于阅读考虑的。不外借的理由很简单:此类出版物"稀有而且珍贵"……

　　**卢那察尔斯基同志:一定要下禁令! 我来签署。**[248]

您的　**列宁**

载于1945年《列宁文集》俄文版
第35卷

译自《列宁全集》俄文第5版
第51卷第180—181页

# 370

# 在阿·瓦·卢那察尔斯基来信上
# 作的标记和批示

## （4 月 17 日）

### 致人民委员会主席列宁同志

您转来了抱怨缺乏货币的喀山来电。我也收到了维亚特卡和沃洛格达两省类似的电报。因为没有货币,所有这些地区的教师们已经 3 个月没领薪金了。

结果,在一些重饥荒省份里教师们因为没有食品在挨饿,在喀山、沃洛格达和维亚特卡这样一些产粮省份,教师们本来可以吃饱,却因为没有货币也在挨饿。

弗拉基米尔·伊里奇,我恳请您下道命令,或者把这个问题提交人民委员会审议,把投放各省的货币按比例进行分配,这就是说,如果缺额为 10%—20%,那就由各部门分摊。否则,就会出现这样的事:除了教育部门的工作人员,其他所有的人都能领到薪金……

小人民委员会:请办理。甚至多给些:要优先照顾教师。

列　宁

4 月 17 日

载于 1945 年《列宁文集》俄文版
第 35 卷

译自《列宁全集》俄文第 5 版
第 51 卷第 181 页

# 371

# 致阿·瓦·卢那察尔斯基
# 和小人民委员会

1920 年 4 月 19 日

### 致卢那察尔斯基同志
### 和
### 小人民委员会

雕塑家谢·梅尔库罗夫认为,取消人民委员会交给他的任务(1919 年 12 月 30 日)的做法是极不公平和不正确的:

(1)没有找他本人谈,

(2)没有书面通知,也没有给他看人民委员会有关取消任务的决定的抄件。

因此,梅尔库罗夫坚决要求在 1920 年 4 月 15 日(人民委员会 1920 年 2 月 23 日的决定给阿廖申及其同事提出的期限)之前给他再一次提出新的设计的权利。[249]

人民委员会主席
**弗·乌里扬诺夫(列宁)**

载于 1945 年《列宁文集》俄文版
第 35 卷

译自《列宁全集》俄文第 5 版
第 51 卷第 182 页

# 372

# 致俄共（布）中央政治局委员

## （4月19日和5月6日之间）

### 致政治局委员

请传阅。**值得一读**。

我主张**寻求**同他们妥协的办法。<sup>250</sup>

**列　宁**

译自《列宁全集》俄文第5版
第54卷第425页

# 373

# 给格·列·皮达可夫的电报

## （4月20日）

## 1

叶卡捷琳堡　第1劳动军委员会　皮达可夫

人民委员会同意弗拉基米尔斯基同志的电报，并命令乌拉尔地区所有地方机关在重新调整省行政区划的问题上，必须采取非常稳重谨慎的态度。同时命令第1劳动军委员会也要遵循这一指令,其中包括不要就这个问题设立任何专门委员会。[251]

人民委员会主席    **列宁**

1920年4月20日

2

叶卡捷琳堡    第1劳动军委员会    皮达可夫

人民委员会20年4月20日会议决定:申斥第1劳动军委员会对待重新划分省份问题态度不够严肃,并要求今后办事要作更慎重的准备,以免各地提出互相矛盾的报告。

人民委员会主席    **列宁**

1920年4月20日

载于1942年《列宁文集》俄文版
第34卷

译自《列宁全集》俄文第5版
第51卷第182—183页

# 374

# ☆给红军通讯部、土耳其斯坦方面军革命军事委员会、第4集团军革命军事委员会和邮电人民委员部的电报

## (4月22日)

抄送:国家建筑工程委员会　**阿尔费罗夫**同志

新乌津斯克　亚—恩巴工程　**布达西**

莫斯科　亚—恩巴工程　库德林斯卡亚花园街13号

为配合亚历山德罗夫盖—恩巴线的建设,我命令立即架设一条从萨拉托夫至新乌津斯克的电报专线。为此可利用土耳其斯坦方面军所掌管的材料。报告何时动工。

国防委员会主席　**列宁**

载于1928年7月24日《真理报》
第170号

译自《列宁全集》俄文第5版
第51卷第183页

# 375

# 致彼得格勒苏维埃[252]

## (4月22日)

同志们:任何时候高尔基同志在此类问题上向你们求援,都请

你们一定要**全力**给予协助。如果有这样或那样的阻碍、干扰或反对意见,请具体告诉我。

**弗·乌里扬诺夫**(列宁)

1920年4月22日

载于1925年莫斯科—列宁格勒出版的《纪念弗·伊·列宁逝世一周年。1924年1月21日—1925年1月21日》一书

译自《列宁全集》俄文第5版第51卷第184页

376

## 给柯秀尔的电报

(4月22日)

格罗兹尼　柯秀尔
抄送:佩拉耶夫和斯米尔加

　　鉴于必须让佩拉耶夫回去做军事工作,并鉴于必须把领导石油工业区同使用为石油工业区派来的部队这两项工作更紧密地结合起来,国防委员会认为,建议最高国民经济委员会任命柯秀尔为格罗兹尼石油管理委员会主席是适宜的,这样可以使柯秀尔在各方面完全接受石油总委员会各机关的领导并将其全部时间用于管理石油工业,而为直接管理劳动军人员,他可为自己挑选一名助手。佩拉耶夫应立即到骑兵集团军革命军事委员会接受任务。柯

秀尔就职时请电告。

国防委员会主席  **列宁**

译自《列宁文集》俄文版第38卷<br>第309—310页

377

# 致列·米·卡拉汉和
# 费·埃·捷尔任斯基

1920年4月22日

致卡拉汉同志

和

捷尔任斯基同志

玛·费·安德列耶娃有办法联系收到报纸和邮件(可以收到和发出,可以交换)。

请尽力协助她安排好这件事。

**弗·乌里扬诺夫(列宁)**

载于1945年《列宁文集》俄文版
第35卷

译自《列宁全集》俄文第5版
第51卷第184页

# 378

# 给弗·巴·米柳亭的便条[253]

(4 月 23 日)

## 1

这种不明不白的状况**一天**也不能容忍下去了。如果有人提出异议，**请立即**提交**人民委员会**(否则就是您的过错)。

是否已经从德方代表那里拿到了**字据**，确认我们已经向他们宣布，我们**不保证**提供高于俄国其他**普通**工人的食、衣、住条件。

## 2

(1)请**务必**同契切林协商。

(2)**您应当检查一下**，是否拿到了字据(一定要拿到或者把**它的全部内容**写进合同)。

载于 1924 年《探照灯》杂志
第 4 期

译自《列宁全集》俄文第 5 版
第 51 卷第 185 页

# 379

# 给西伯利亚革命委员会的电报

## （4月26日）

鄂木斯克

西伯利亚革命委员会

有人请求我撤销中央出版物发行处托木斯克分处不许翻印我的关于个人管理制的发言<sup>254</sup>的禁令。请调查并电复。

列　宁

译自《列宁文集》俄文版第38卷第310页

# 380

# 致克·阿·季米里亚捷夫

1920年4月27日

亲爱的克利缅特·阿尔卡季耶维奇：非常感谢您的赠书和美好的题词。<sup>255</sup>读到您的反对资产阶级和拥护苏维埃政权的话，我不禁欣喜若狂。紧紧地、紧紧地握您的手并衷心地祝您健康，健康,更健康!

您的　弗·乌里扬诺夫(列宁)

载于 1923 年《星火》杂志　　　　　　译自《列宁全集》俄文第 5 版
第 35 期　　　　　　　　　　　　　　第 51 卷第 185 页

# 381

# 致格·瓦·契切林

## (4 月 27 日和 5 月 23 日之间)

### 致契切林同志

**契切林**同志:我想请您和法因贝格(如果您忙的话,就请您介绍一名十分了解英国社会主义运动的同志)看一下我那本小册子**或有关英国那一章**[256],并给我提点意见,我写的有没有错误或不妥之处。如果不觉得麻烦的话,非常希望能用铅笔在旁边写上具体的修改意见。

您的　列宁

载于 1945 年《列宁文集》俄文版　　　　译自《列宁全集》俄文第 5 版
第 35 卷　　　　　　　　　　　　　　第 51 卷第 186—189 页

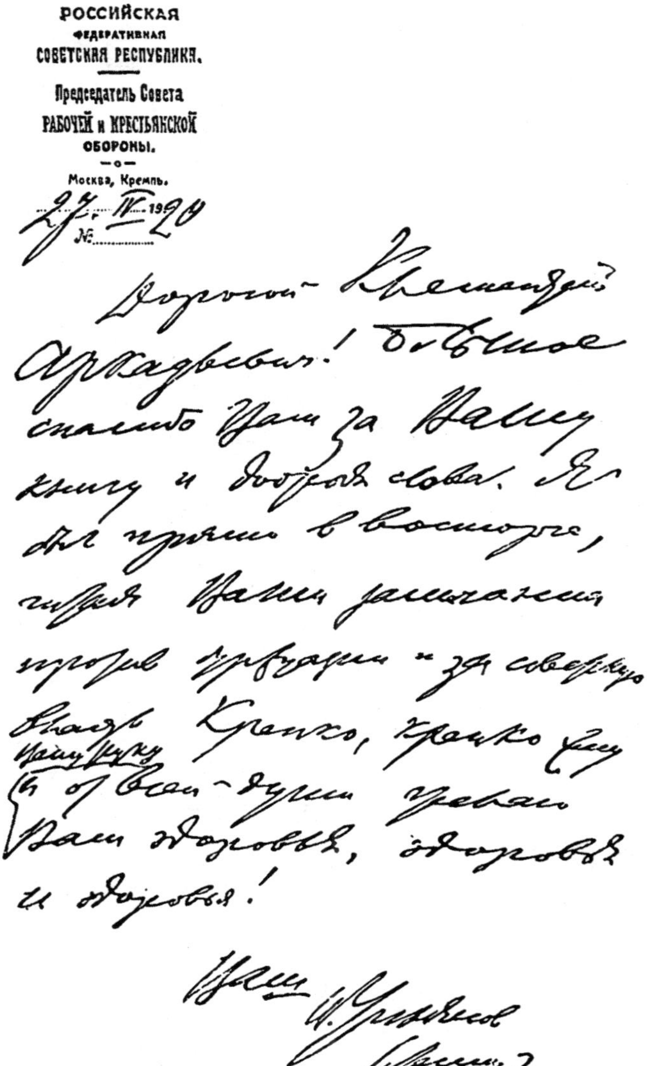

РОССИЙСКАЯ
ФЕДЕРАТИВНАЯ
СОВЕТСКАЯ РЕСПУБЛИКА.

Председатель Совета
РАБОЧЕЙ и КРЕСТЬЯНСКОЙ
ОБОРОНЫ.

Москва, Кремль.

27 / IV 1920 г.

№

Дорогой Климентий Аркадьевич! Большое спасибо Вам за Вашу книгу и добрые слова. Я был прямо в восторге, читая Ваши замечания против буржуазии и за Советскую власть. Крепко, крепко жму Вашу руку и от всей души желаю Вам здоровья, здоровья и здоровья!

Ваш В. Ульянов (Ленин)

1920 年 4 月 27 日列宁给
克·阿·季米里亚捷夫的信的手稿

# 382

# 在列·波·克拉辛便条上的批语

## (4 月 28 日以前)

　　要禁止《经济生活报》刊载燃料方面的详细资料。很可能,波兰人的进攻在某种程度上是我们在这方面太放肆引起的。我们很擅长在我们的报纸上用数字来论证由于种种原因自己必然灭亡。

　　**李可夫**:我看是这样。您的意见呢?[257]

译自《列宁全集》俄文第 5 版
第 51 卷第 186 页

# 383

# 给秘书的便条[258]

## (4 月 29 日)

　　弗拉基米尔斯基病了。

　　打电话给内务人民委员部(瓦西里耶夫?),一定要让内务人民委员部**采取措施**。

列　宁

载于 1945 年《列宁文集》俄文版
第 35 卷

译自《列宁全集》俄文第 5 版
第 51 卷第 186 页

## 384

# 致尼·亚·谢马什柯

1920年5月3日

如谢马什柯同志不在,就给**索洛维约夫**同志

谢马什柯同志:

来人德米特里·尼基季奇·**叶罗申科夫**同志是一位医助,请予接待。他是一位很可靠的同志介绍给我的。叶罗申科夫同志有几周空闲时间(在我们另给他任务以前),他想利用这段时间,一方面再学些医学,另一方面也想在医学上出些力。恳请您帮助他。

您的　**列宁**

附言:该同志发明了一种很**实用的消毒室**。应加以鉴定和利用。

载于1945年《列宁文集》俄文版
第35卷

译自《列宁全集》俄文第5版
第51卷第189页

# 385

# 给格·康·奥尔忠尼启则的电报

## （5 月 3 日）

**特急**

**直达电报稿**

（由电报局值班委员负责）

**致奥尔忠尼启则同志**

经**罗斯托夫**发往**巴库**，或发往他的所在地

再次请您**迅速地**、分秒不误地把您来电请求推迟的理由报告给我们。**259**

**列　宁**①

5 月 3 日

载于 1942 年《列宁文集》俄文版
第 34 卷

译自《列宁全集》俄文第 5 版
第 51 卷第 190 页

---

① 签署该电的还有约·维·斯大林。——俄文版编者注

# 386

# 给费·雅·柯恩的电报

## (5 月 4 日)

基辅　费利克斯·柯恩

抄送:哈尔科夫　拉柯夫斯基

关于温尼琴科一事,原则上同意。您同拉柯夫斯基商量一下细节。[260] 简要报告一下军事形势和前景。

**列　宁**

译自《列宁全集》俄文第 5 版
第 51 卷第 190 页

# 387

# 给格·康·奥尔忠尼启则的电报[261]

## (5 月 4 日)

经罗斯托夫发往巴库
高加索方面军革命军事委员会委员
奥尔忠尼启则

由负责人员送交,送交后通知共和国革命军事委员会斯克良斯基。

中央委员会责成您将部队从格鲁吉亚境内撤往边境,停止进攻格鲁吉亚。

与梯弗利斯的谈判表明,同格鲁吉亚媾和并非不可能。

立即告知有关起义者的全部确切情况。<sup>262</sup>

受中央政治局委托　　**列宁**①

载于1942年《列宁文集》俄文版　　　　　　译自《列宁全集》俄文第5版
第34卷　　　　　　　　　　　　　　　　　第51卷第191页

388

# 致列·达·托洛茨基<sup>263</sup>

(5月4日)

托洛茨基同志:据我看,契切林的意见是正确的,可立即答复,表示同意:(1)暂时停止(a)克里木和(b)高加索的军事行动(每个字都要仔细斟酌);(2)就交出克里木的条件进行谈判,**原则**(不能超出这一限度)是对白卫分子实行大赦和(3)英国军官参加我们同弗兰格尔的谈判。为了能在今夜答复,今天政治局就要讨论给契切林的复文。

**列　宁**

用电话表决:

译自《列宁全集》俄文第5版
第51卷第191页

---

①　签署该电的还有约·维·斯大林。——俄文版编者注

# 389

# 给尤·弗·罗蒙诺索夫的电报[264]

## （不早于 5 月 4 日）

**致罗蒙诺索夫**

密码

中央委员会不能接受您的辞职。这一切纯系误会，当面谈谈就会消除。

列　宁

译自《列宁文集》俄文版第 38 卷第 312 页

# 390

# 致帕·伊·波波夫、亚·李·舍印曼和康·马·施韦奇科夫

1920 年 5 月 5 日

我指定由波波夫同志、舍印曼同志和施韦奇科夫同志组成工作组，负责在充分保证中央统计局统计调查用纸方面取得实际成果。工作期限为 3 天。

执行情况报告（或协议书抄件）请工作组 3 名成员共同签署后

寄来。

人民委员会主席

**弗·乌里扬诺夫(列宁)**

载于 1959 年《列宁文集》俄文版
第 36 卷

译自《列宁全集》俄文第 5 版
第 51 卷第 192 页

391

# 致米·尼·波克罗夫斯基

1920 年 5 月 5 日

波克罗夫斯基同志:

有一次我与卢那察尔斯基同志谈到有必要出版一部好的俄语词典。[①] 不是达里词典那样的,而是适于所有人使用(和学习)的词典,比如说,经典现代俄语词典(大致从普希金到高尔基)。找30 名学者并供给口粮,或视需要定人数,让他们去搞。当然,这应当是些不适于做其他工作的人。

卢那察尔斯基说,这个问题他已经考虑过,他不知这个工作正在进行还是将要完成了。

烦您检查一下,工作是否在进行,并写信告诉我。

您的　**列宁**

载于 1942 年《列宁文集》俄文版
第 34 卷

译自《列宁全集》俄文第 5 版
第 51 卷第 192 页

---

① 见本卷第 241 号文献。——编者注

## 392

# 致俄共(布)中央书记处[265]

(5月6日)

我建议发一个指示:凡是有关波兰和对波战争的文章都应由责任**编辑**审阅并由他们**个人**负责。不要说得过分,即不要陷入沙文主义,任何时候都要把波兰的地主、资本家同波兰的工人、农民加以区别。

**列 宁**

载于1942年《列宁文集》俄文版
第34卷

译自《列宁全集》俄文第5版
第51卷第193页

## 393

# 致弗·巴·米柳亭[266]

(5月6日)

我完全赞成这个声明以及米柳亭同志1920年3月16日用无线电报发出的声明[267],并要求发一指示,要**所有**到俄国来的外国工人代表团务必提交字据,确认为使外国工人**了解情况,已经向代表团宣布了**这两次声明和我的这一意见的内容。外国工人应当了解迁居我国将过艰苦生活这一实际情况。

人民委员会主席　列宁

1920 年 5 月 6 日

载于 1933 年《列宁全集》俄文
第 2、3 版第 29 卷

译自《列宁全集》俄文第 5 版
第 51 卷第 193 页

394

# 致叶·阿·普列奥布拉任斯基

1920 年 5 月 6 日

普列奥布拉任斯基同志:

　　加涅茨基同志提出让他担任对外贸易人民委员部部务委员的问题。**268**

　　应当提交政治局**并征求各方面的意见**,特别是克列斯廷斯基的意见,如果治疗情况允许他暂时离开一下的话。

　　加涅茨基不满意在中央消费合作总社的工作,认为那里的工作对他来说太轻了。

列　宁

译自《列宁全集》俄文第 5 版
第 51 卷第 193—194 页

# 395

# 在伊·埃·古科夫斯基来电上的批示

## （5 月 6 日）

根据我偶然得到的完全可靠的消息，最近芬兰正在加强军事准备，显然是准备进攻。

**古科夫斯基**

1920 年 5 月 6 日

用密码转发给彼得格勒军方和季诺维也夫，让他们暂时不要泄露出去。

补充一点，李维诺夫也发来了同样内容的警告。

载于 1942 年《列宁文集》俄文版
第 34 卷

译自《列宁全集》俄文第 5 版
第 51 卷第 194 页

# 396

# 致俄共(布)中央组织局委员

## （5 月 7 日）

### 致组织局委员

我们是否应当作出如下决定：

由俄共中央向乌克兰中央发出指示：把粮食工作人员的人数

1920 年 4 月 22 日鄂木斯克工人往莫斯科发运粮食的列车

增加**一倍**，为此要**毫不留情地**大量抽调除陆军人民委员部以外的所有人民委员部的人员。

**列　宁**

5月7日

载于1959年《列宁文集》俄文版
第36卷

译自《列宁全集》俄文第5版
第51卷第194页

# 397

# 致　巴　辛

1920年5月7日

巴辛同志：

　　请您转达我对土耳其斯坦方面军红色公社战士第30团的谢意，感谢他们寄来了通心粉和面粉，我已转送给了莫斯科市的儿童。

人民委员会主席

**弗·乌里扬诺夫（列宁）**

载于1942年《列宁文集》俄文版
第34卷

译自《列宁全集》俄文第5版
第51卷第195页

# 398

# 给格·康·奥尔忠尼启则的电报<sup>269</sup>

## （5 月 7 日和 12 日之间）

这同中央委员会的决议根本抵触。会产生极其有害的后果。中央委员会无论如何也不会允许。坚决要求不要执行并撤销这个决定。

**列  宁**①

译自《列宁全集》俄文第 5 版
第 51 卷第 195 页

# 399

# 致莉·亚·福季耶娃

## （不晚于 5 月 8 日）

给我找一份(通过克林格尔)**韦尔特曼**关于南非的报告。

译自《列宁文集》俄文版第 37 卷
第 203 页

———————

① 签署该电的还有列·达·托洛茨基。——俄文版编者注

# 400

# 致 M.卡梅尼尔

## （5 月 8 日）

亲爱的卡梅尼尔同志：

同您最近的一次谈话使我非常不安。我同一位高明的、经验丰富的医生谈过话，我有充分理由完全相信他，而且他曾有机会从给您治病的医生那里了解到您的健康的真实情况。

这样，我就**绝对**可靠地了解到，您的身体状况**决不是**没有希望的。

您的病**完全**可以治好。

因此我**最恳切地**劝您冷静下来，抛弃一切悲观的想法，不要疑神疑鬼，要**耐心**治疗。

如果您听劝告的话，您的病**一定**会治好的。而您的病应当治好，况且精通英语、熟悉美国运动、又能读俄文和德文的革命家实在太少。这样的工作人员特别需要，他们应当特别爱护自己。

总之，耐心地治疗，就一定会治好。

祝一切都好！

您的  **列宁**

1920 年 5 月 8 日

译自《列宁文集》俄文版第 37 卷
第 201 页

# 401

# 对叶若夫的直达电报的答复[270]

（5月8日）

我马上查问此事，一有结果就发急电答复您。

**列　宁**

译自《列宁文集》俄文版第 37 卷
第 202 页

# 402

# 给萨马拉省粮食委员的电报

（5月8日以后）

萨马拉　省粮食委员
伊万诺沃-沃兹涅先斯克省
运粮直达列车警卫长叶若夫

立即给伊万诺沃-沃兹涅先斯克省粮食委员会的 189 次运粮直达列车(警卫长叶若夫)装满 40 车皮粮食，发往伊万诺沃-沃兹涅先斯克省粮食委员会。执行 5 月 4 日第 246 号紧急命令[271]时不得妨碍按 1919 年 12 月 11 日协议组成的工人组织的运粮直达列车的装运工作。

国防委员会主席　**列宁**

译自《列宁文集》俄文版第 37 卷<br>第 202 页

## 403

# 给列·波·克拉辛的电报

### （5 月 11 日）

**密码**

**致克拉辛同志**

已向您转达的政治局决定的精神是：您要签订的合同，凡需用黄金通货支付的都应预先交政治局审批。尽一切力量节省黄金极为必要。政治局不认为有什么切实理由撤销这个决定。

受政治局委托　**列宁**

1920 年 5 月 11 日

译自《列宁全集》俄文第 5 版<br>第 51 卷第 195—196 页

# 404

# 给格·瓦·契切林的批示

## （5月11日或12日）

这需要作出决定：或释放他，或按**间谍**罪予以逮捕。请同全俄肃反委员会或斯大林接洽，以便立即决定。**斯大林大概在组织局**。[272]

请转送斯大林，因为所有格鲁吉亚的事务都由**他**接洽。[273]

译自《列宁文集》俄文版第38卷
第312页

# 405

# 给伊·捷·斯米尔加的电报

## （5月12日）

（直达电报）

**密码**

致斯米尔加

总司令命令派往西部的各师**应立即出发**。您要亲自监督此事。您要采取措施，防止各师沿途减员，并防止方面军在各师出发前抽调其人员。如果您认为有可能再增派一些部队,就把问题向总司令提出来。要更有力地支援西方面军。请详细电复。

**列　宁**

1920 年 5 月 12 日

载于 1934 年《战争与革命》杂志
第 1 期

译自《列宁全集》俄文第 5 版
第 51 卷第 196 页

406

# 致约·维·斯大林[274]

（5 月 13 日）

斯大林同志:

　　如果您能找到绝对可靠的这方面的内行、专家,请征求他的意见,并且务必告诉我。

您的　**列宁**

5 月 13 日

载于 1945 年《列宁文集》俄文版
第 35 卷

译自《列宁全集》俄文第 5 版
第 51 卷第 197 页

# 407

# 致弗・德・邦契-布鲁耶维奇[275]

1920 年 5 月 14 日

### 致邦契-布鲁耶维奇同志

弗拉基米尔・德米特里耶维奇同志：

请您吩咐人民委员会汽车库在接到下列同志的电话时出车：

（1）邮电人民委员部部务委员

　　**尼古拉耶夫**同志，

（2）斯捷潘・伊万诺维奇・博京同志（博京）。

这是必需的，**是临时的，**因为我给了他们任务。

您的　**列宁**

译自《列宁文集》俄文版第 37 卷<br>第 206 页

# 408

# 致阿・萨・叶努基泽

1920 年 5 月 14 日

叶努基泽同志：务请吩咐全俄中央执行委员会汽车库在接到

下列同志的电话时出车：

(1)邮电人民委员部部务委员**尼古拉耶夫**同志；

(2)斯捷潘·伊万诺维奇·**博京**。

这是临时的,我想不会太长；这是因为我给了他们特殊任务。

敬礼！

您的　**列宁**

译自《列宁文集》俄文版第37卷
第207页

# 409

# 给各人民委员部的指示

## (5月15日)

内务人民委员部为接待英国代表团,已准备了该人民委员部的工作图表、简明数字报告并有担任解说的英语翻译。如果其他人民委员部尚未采取措施,我命令尽快采取措施。关于印制简明数字报告一事,与沃罗夫斯基接洽。[276]

人民委员会主席

**弗·乌里扬诺夫(列宁)**

载于1945年《列宁文集》俄文版
第35卷

译自《列宁全集》俄文第5版
第51卷第197页

# 410

# 在列·波·加米涅夫的便条上的批语[277]

（5 月 15 日）

是的，某种类似的机构**是必要的**。通过民族事务人民委员部？主要是缺乏优秀力量。

在哪儿？谁？**是的。**[278]

译自《列宁文集》俄文版第 39 卷第 228 页

# 411

# 致阿·叶·巴达耶夫

1920 年 5 月 16 日

**彼得格勒**

巴达耶夫同志

或他的副手

请供给国家电气化委员会彼得格勒小组（负责人沙特兰）**50**份后方红军口粮和 **9** 份家属口粮，不收回公民口粮配给证。

请用电话通知我，是什么时间给的和给了多少。

**列　宁**

载于 1942 年《列宁文集》俄文版
第 34 卷

译自《列宁全集》俄文第 5 版
第 51 卷第 198 页

# 412

# 致亚·绥·绥拉菲莫维奇[279]

致绥拉菲莫维奇同志

1920 年 5 月 21 日

亲爱的同志：

　　妹妹刚才将您所遭受的极大的不幸转告我了。请允许我紧紧地、紧紧地握您的手，希望您振作起来，坚强起来。我很想常常和您见面，更进一步和您认识，非常遗憾，我没有能够实现这个愿望。但是您的作品和妹妹的叙述使我对您深有好感，我很想告诉您：工人和我们大家是多么**需要**您的工作，您现在是多么需要有坚强的意志来战胜沉痛的心情，**强使**自己回到工作上来。写得太潦草，请原谅。再一次紧紧地、紧紧地握手。

您的　**列宁**

载于 1924 年出版的 B.韦什涅夫
《语言大师亚·绥拉菲莫维奇》一书

译自《列宁全集》俄文第 5 版
第 51 卷第 198—199 页

# 413

# 致彼得格勒的同志们

## (5 月 23 日)

出版我的论"左派"小册子[280]的彼得格勒的同志们:

(1)请照这次改的**校样**作**最后**的校对;

(2)请把寄去的这份校样**寄还**给我;

(3)在"增补"里请**着重**校对第 3 页**边上**标有如下记号的地方:

　　1)))

和 2)))(用后还给我);

(4)请用电话告诉我**负责**校对和**负责**最后出版的同志的**名字**。(同时告诉我**什么时候**出版。)

(5)**不必**再等我修改了。

**列　宁**

1920 年 5 月 23 日

载于 1945 年《列宁文集》俄文版
第 35 卷

译自《列宁全集》俄文第 5 版
第 51 卷第 199 页

# 414

# 致莉·亚·福季耶娃

## (不晚于 5 月 25 日)

鉴于政治局作了极严格的规定,应当注意这个问题——特别是在节日[281]。我的意见,在离开时(也就是在特殊情况下,不得不离开时)须**和女话务员谈妥**,给她们留下**住处**的电话号码,这样在万不得已时可以同住处(打电话)取得联系。这样,检查人员就**不会说找不到秘书了**。

再说一遍:只要动动脑筋(用点心思),就可以做到让**检查人员不至于说"找不到秘书"**了。

我们这里不是没有实行秘书夜间值班制吗? 既然没有,就应当**使**夜班女话务员**适应**这种情况。

载于 1959 年《列宁文集》俄文版　　　　　译自《列宁全集》俄文第 5 版
第 36 卷　　　　　　　　　　　　　　　第 51 卷第 199—200 页

# 415

# 给米·瓦·伏龙芝的电报

## (5月25日)

**发无线电报**

塔什干

土耳其斯坦事务委员会

埃利亚瓦

转伏龙芝

石油情况如何? 储存量多大? 油田是否完整? 生产规模怎

样？采取了什么样的增产措施？可外运的有多少？当地铁路需要多少？①

列　宁

载于1942年《列宁文集》俄文版
第34卷

译自《列宁全集》俄文第5版
第51卷第201页

## 416

## ☆致莉·亚·福季耶娃

1920年5月25日

根据中央委员会关于全力加强值班工作，特别是星期天和节日值班工作的指示，

请您马上拟定规则并交给我签字：

关于人民委员会和国防委员会秘书处负责值班人员（格利亚谢尔、沃洛季切娃、基扎斯等人）星期天和节日值班的专门规则（以及平时的值班规则）。值班时间及其他事项。

人民委员会主席　列宁

载于1945年《列宁文集》俄文版
第35卷

译自《列宁全集》俄文第5版
第51卷第200页

---

① 在电报的末尾有列宁的附言："向无线电台要回执。"——俄文版编者注

# 417

# 致埃·马·斯克良斯基

1920年5月25日

斯克良斯基同志：

　　请发给来人**别连基**同志（全俄肃反委员会所派）去所有炮兵仓库、机关、武器库、弹药库等处的证明（如有必要就写信），以便检查谢列布良内针叶林区和莫斯科郊区上述设施的保卫工作。[282]

人民委员会和国防委员会主席

**弗·乌里扬诺夫（列宁）**

译自《列宁文集》俄文版第37卷第209页

# 418

# ☆致全体人民委员[283]

特别是农业人民委员

粮食人民委员和

劳动人民委员

1920年5月26日

请全力协助尽快编组"北高加索"号列车，并调配干练的政治工作人员和指导员。

人民委员会主席

**弗·乌里扬诺夫(列宁)**

载于 1942 年《列宁文集》俄文版
第 34 卷

译自《列宁全集》俄文第 5 版
第 51 卷第 201 页

## 419

# 致共和国革命军事委员会

## (5 月 26 日)

能否叫人给我绘制一幅标明战线情况的西方战线地图:

(1)波兰进攻之前(4 月 1 日或 15 日或 30 日??);

(2)波兰人推进最深时(5 月 10 日,15 日?);

(3)现在(5 月 25 日,24 日,26 日)?

载于 1942 年《列宁文集》俄文版
第 34 卷

译自《列宁全集》俄文第 5 版
第 51 卷第 202 页

## 420

# 致瓦·亚·阿瓦涅索夫

1920 年 5 月 26 日

阿瓦涅索夫同志:有人向我报告,汽车处(最高国民经济委员会的；负责人是邦达连科）内存在着某些混乱现象，竟**违反**米柳亭同志（最高国民经济委员会）的**指示**，对外国人也不提供汽车。请您务必严格**检查**。[284]

您的　**列宁**

译自《列宁文集》俄文版第 38 卷<br>第 313 页

## 421

## 给莉·亚·福季耶娃的指示

（5 月 27 日）

向莫斯科和彼得格勒苏维埃补充说明（在传达今天作出的关于菜园的决定时）：[285] 我们还等待他们提出统计和征收市郊菜农剩余蔬菜的办法①。

载于 1945 年《列宁文集》俄文版　　　　　译自《列宁全集》俄文第 5 版<br>第 35 卷　　　　　　　　　　　　　　第 51 卷第 202 页

---

① 文献上有莉·亚·福季耶娃的请示：“写进会议记录还是只写进电话稿？”，列宁在“只写进电话稿”这几个字下面画了三条着重线。——俄文版编者注

# 422

## 在高加索方面军革命军事委员会
## 来电上的批示[286]

### （不早于 5 月 27 日）

只有在下列条件下才允许这样做：

(1)有**确定的**当地同志负专责。

(2)有解除武装的**特殊**措施。

(3)不释放特别危险的分子(名单需经全俄肃反委员会核准)。

载于 1942 年《列宁文集》俄文版 第 34 卷

译自《列宁全集》俄文第 5 版 第 51 卷第 202 页

# 423

## 致米·尼·波克罗夫斯基[287]

### （5 月 28 日）

### 1

**致米·尼·波克罗夫斯基同志**

(1)您见到巴尔卡希娜了吗？ 如见到,结果如何？

（2）明天白天（11时—4时）想给您打电话。您将在何处？

列　宁

2

波克罗夫斯基同志：

如果您不急于走，——也许会后我们可以用5分钟来谈谈巴尔卡希娜的问题？

列　宁

译自《列宁文集》俄文版第38卷<br>第315页

424

# 致米·巴·托姆斯基、瓦·弗·施米特、<br>亚·德·瞿鲁巴和弗·巴·米柳亭

（5月29日）

我提议立即建立一个由

劳动人民委员部（或全俄工会中央理事会）

粮食人民委员部

最高国民经济委员会

这三个部门的代表以及西伯利亚革命委员会委员派克斯同志组成的委员会，以便讨论能否即刻将一些空闲的产业工人（也可以

是某一工厂全厂工人)由饥荒地区调往西伯利亚去做粮食工作或参加征粮军(在1920年夏秋两季)。

向人民委员会提交报告的日期——6月1日,星期二。[288]

人民委员会主席

译自《列宁文集》俄文版第40卷第70页

# 425

# 致格·瓦·契切林

## (5月30日)

契切林同志:

我把给英国工人的信[①]寄给您。

我对这封信不满意,因为我很疲劳,写得非常糟糕。如果您建议不要发出的话,简单写一下,叫送信人(他马上就返回)带回,我们争取在电话里再谈一谈。[289]

您的　**列宁**

载于1959年《列宁文集》俄文版第36卷

译自《列宁全集》俄文第5版第51卷第203页

---

① 见本版全集第39卷第117—121页。——编者注

# 426

# 致格·瓦·契切林

（5 月 30 日）

契切林同志：

一定要利用斯大林同志在莫斯科逗留的机会（两三天），**亲自**和他谈一下并收集（马上收集，在他回去**之后**也要收集，即还要从前线寄来）有关英国援助弗兰格尔的**全部**材料。

细心地收集全部材料，过一两周后予以**公布**，同时提出一份口气平静的（不带谩骂的）抗议照会，证明英国**规避事实真相**。[290]

敬礼！

列　宁

附言：我把给英国工人的信寄给了布哈林（也**给您**寄去了）。**请打电话同布哈林联系。**

载于 1959 年《列宁文集》俄文版第 36 卷

译自《列宁全集》俄文第 5 版第 51 卷第 203 页

# 427

## 给黑海各港口的电报

### （5月31日）

我代表劳动国防委员会确认劳动国防委员会委员李可夫的电报[291]："在外国商船到达黑海各港口时，绝对不准征用、没收其货物，否则革命法庭将严加追究。立即通知莫斯科对外贸易人民委员部。"

劳动国防委员会主席　**列宁**

载于1932年《列宁文集》俄文版
第20卷

译自《列宁全集》俄文第5版
第51卷第204页

# 428

## 给下诺夫哥罗德
## 省执行委员会主席的电报

### （5月31日或6月1日）

下诺夫哥罗德　省执行委员会主席

据悉5月30日，星期日，按照下诺夫哥罗德省执行委员会的决定没有装运粮食。鉴于西线、彼得格勒和莫斯科的供给几乎完全依靠水路运输，装运工作即使是只中断一天，也是不能容许的犯罪行为。我命令采取措施，使今后不再发生类似的事情，并迅速向我报告执行情况。

劳动国防委员会主席　列宁

载于 1942 年《列宁文集》俄文版　　　　　译自《列宁全集》俄文第 5 版<br>第 34 卷　　　　　　　　　　　　　　　　第 51 卷第 204 页

# 429

# 给秘书的指示

（6 月 2 日）

请打电话询问人民委员会的全体委员（**和加米涅夫同志**）：

他们是否同意对昨天通过的小人民委员会的"宪法"[292]加一项补充：某些事务也可**根据人民委员会主席的建议**交小人民委员会审议。

就在此处写下大家的意见。

列　宁<br><br>6 月 2 日

**同意的：**　　　　　　　　　　**不同意的：**

译自《列宁全集》俄文第 5 版<br>第 51 卷第 205 页

# 430

# 给秘书的批示²⁹³

## (6月2日)

打电话同布留哈诺夫联系：如果别连基不能**绝对**保证迅速送到，那么务必**立即**准许自行采购。由于粮食人民委员部工作人员的愚蠢或固执而失去巴库，那就是犯罪。

**列　宁**

6月2日

译自《列宁全集》俄文第5版
第54卷第427页

# 431

# 给约·维·斯大林的电报

## (6月2日)

**克列缅丘格　斯大林**同志
只能由**斯大林**亲收并亲自解码

西方战线局势比图哈切夫斯基和总司令所想的要坏，因此必须把您要的那几个师派到那里去，从高加索方面军已不能再抽调了,因为那里发生了起义,而且局势令人极为担忧。托洛茨基正忙于从克里木各师中给您增派部队,这样您也许能从中抽出两三个师派往基辅方向。您要督促各部队,无论如何也要使已经开始的进攻更猛烈地继续下去。您当然还记得,根据政治局的决定,暂时停止对克里木的进攻,直至政治局作出新的决定为止。**294**

**列　宁**

载于1942年《列宁文集》俄文版
第34卷

译自《列宁全集》俄文第5版
第51卷第205页

**432**

## 给约·维·斯大林的电报

（6月2日）

克列缅丘格

国防委员会委员**斯大林**

卡扎科夫想给我一个不是以诺言而是以事实为根据的答复,只是要在6月7—9日之间。①

**列　宁**

译自《列宁文集》俄文版第38卷
第316页

---

① 见本卷下一号文献。——编者注

# 433

# 在约·维·斯大林来电上
# 作的标记和批语<sup>①</sup>

## (6月3日)

绝密

电报(密码)
发自克列缅丘格。6月3日零时50分收

莫斯科   克里姆林宫   列宁

6月2日于克列缅丘格

您的密电收到了。我想,您没有看到我昨天给斯克良斯基的密电:对您
×
的来电我是这样理解的:<u>中央委员会拒绝</u>调给两个师,而不管我多次提醒,这
就使我对前线以后可能出现的不良后果不再负责。那就这样吧。政治局的
决定我是记着的,但由于弗兰格尔不理会这一决定,相反却在准备进攻,并且
他完全有可能突破我们的防线,所以我认为自己有责任采取军事行政和军事
作战性质的预防措施。仅此而已。

**斯大林**

×这等于把问题提交政治局。需要询问政治局全体委员。

译自《列宁文集》俄文版第38卷
第316页

---

① 参看本卷第431、439号文献。——编者注

# 434

# 给格·康·奥尔忠尼启则的电报

## (6 月 3 日)

必须采取最迅速的、毫不留情的果断行动,彻底解除资产阶级和农民以及不可靠分子的武装。请准确地报告所采取的措施和取得的成效。

列　宁

载于 1942 年《列宁文集》俄文版第 34 卷

译自《列宁全集》俄文第 5 版第 51 卷第 206 页

# 435

# 给格·康·奥尔忠尼启则的电报

## (6 月 3 日)

高加索方面军革命军事委员会　奥尔忠尼启则

收到了您诉说委屈的信。您把我必须提出的询问看做不信任,是没有道理的。希望您在我们会面之前就抛掉这种不应有的委屈情绪。

列　宁

载于 1942 年《列宁文集》俄文版第 34 卷

译自《列宁全集》俄文第 5 版第 51 卷第 206 页

# 436

# 致列·达·托洛茨基[295]

（6月3日）

　　这显然是空想。要付出的牺牲不是太大了吗？我们将使无数的士兵丧失生命。应当反反复复地考虑和斟酌。我建议这样答复斯大林："您的进攻克里木的建议事关重大，我们必须深入了解情况，极慎重地加以考虑。请等待我们的答复。**列宁　托洛茨基**"。

　　　　　　　　　　　　　译自《列宁全集》俄文第5版
　　　　　　　　　　　　　第51卷第206—207页

# 437

# 致尼·尼·克列斯廷斯基

（6月4日）

**致克列斯廷斯基**　　　　　　　　　　　　急

（附上西伯利亚关于普查问题的来电和波波夫的意见。）

我建议今天就打电话征求政治局委员对下述决定的意见：
　　西伯利亚的普查，一定要与俄罗斯同时进行，并且要从俄
　　罗斯饥荒省份抽调工人，而不用当地的可疑分子和高尔

察克嫌疑分子。

　　如果不同意，明天，6月5日早晨要召开政治局会议。需要的工人不到1 000名。运送他们很容易，而且好处很大。

载于1959年《列宁文集》俄文版第36卷

译自《列宁全集》俄文第5版第51卷第207页

# 438

# 致瓦·瓦·沃罗夫斯基和弗·巴·米柳亭

## （6月4日）

致沃罗夫斯基同志

（国家出版社）和

米柳亭同志（最高国民经济委员会）

吉尔吉斯的同志们要求支援，想得到

　　　　铸字厂、

　　　　印刷厂

　　　　和纸张。

务请接待他们并给予全力协助。

弗·乌里扬诺夫（列宁）

1920年6月4日

载于1942年《列宁文集》俄文版第34卷

译自《列宁全集》俄文第5版第51卷第208页

# 439

# 致列·达·托洛茨基[296]

(6月4日)

## 1

托洛茨基同志:

应通知总司令并要他提出意见。接到他的意见后,把您在国防委员会会议上作的结论寄给我或者打电话谈一谈(如果会议不是很晚结束的话)。

列　宁

## 2

这里面大概有点任性。但是要尽快讨论。有哪些非常措施?

列　宁

译自《列宁全集》俄文第5版
第51卷第208页

# 440

# 同康·阿·阿尔费罗夫互递的便条[297]

## （6月4日）

### 致康·阿·阿尔费罗夫

阿尔费罗夫同志：塔赫塔梅舍夫在您那里工作吗？**您给他吃的不好吧**？他为什么那样瘦，那样苍白？

### 康·阿·阿尔费罗夫的答复

他是最高一级的委员会的委员，吃苏维埃口粮，他工作废寝忘食。

阿尔费罗夫

### 致康·阿·阿尔费罗夫

应当设法把他的口粮标准**提高**。

不能容忍这种情况。应当破例照顾。

译自《列宁全集》俄文第5版<br>第51卷第209页

# 441

# 致斯·伊·博京

1920 年 6 月 4 日

博京同志：您告诉别连基同志说，试验可以在星期五（即今天）进行**298**。现在出现了一种**特殊的**政治军事情况，即我们在最近几天有可能**白白地**损失**成千上万**的红军战士。因此我有义不容辞的责任请您坚决地加快试验，如有一点可能，一定要在**今天就进行**（所有的**粗活**，如调试发动机之类的工作，您都应当交给**别人**去做，不必亲自去干那些琐事）。

务请立即让来人把回信带给我，要尽可能写得准确些、详细些。如果不是需要**立即**作出极其重要的政治和战略决策，我就不会来催促您了。

请详细回答：

（1）能否尽快试验？

（2）什么时候进行第一次试验，什么时候（预计）能结束？

敬礼！

**列　宁**

译自《列宁全集》俄文第 5 版
第 51 卷第 209—210 页

# 442

# 致斯·伊·博京<sup>①</sup>

6月4日晚11点半

博京同志：您今天来见我时，我只有两分钟的时间，因为我正在参加一个重要会议。

现在我有一刻钟的空闲，所以能够（并且应当）比较详细、比较明确地告诉您，显然是犯了错误，必须坦率地、真诚地、坚决地纠正这些错误，否则这一极其重要的事业将会毁掉。

错误在于：第一，不信任"专家"**299**，这妨碍了您马上把**全部情况**都告诉他，并妨碍了**试验**尽快进行；第二，您亲自做"粗活"，做准备工作，使您脱离了**真正的**工作，其实这一大堆"粗活"，即准备工作都**必须**交给机械工、装配工、电工等去做，这样的人我们能找到**很多**。要想分清什么是您**真正的**工作，什么是准备工作或辅助工作，就需要**经常**听取"专家"的意见。

现在您向我保证完全信任"专家"，我也相信，您对于他的党性和他对革命的绝对忠诚是完全信服了。因此我应当请您：**彻底履行您对我的诺言**（否则必然会**重犯**错误）。明天一早（趁**助手们调动车厢和做准备工作的时候**）就**把一切都介绍给"专家"看，都讲给他听**。这样就能同"专家"一起毫不拖延地进行**试验**。

---

① 在信封上有列宁写的："别连基同志转交**博京**同志（并带回他的回信）。"——俄文版编者注

请您答复我,说您答应这样做。

敬礼!

列　宁

载于 1927 年 1 月 21 日《红色日报》
第 17 号

译自《列宁全集》俄文第 5 版
第 51 卷第 210—211 页

443

# 在列·达·托洛茨基给格·瓦·契切林的电报上的批语[300]

(不早于 6 月 4 日)

克拉辛在办此事,但这靠不住。克拉辛最"善良",再善良不过了。

(1)劳合-乔治同克拉辛的谈判十分清楚地表明,英国现在和将来都是既帮助波兰人,又帮助弗兰格尔。这个方针是绝对不变的。

译自《列宁文集》俄文版第 38 卷
第 317 页

# 444

# 致弗·亚·奥布赫

1920年6月5日

　　亲爱的弗拉基米尔·亚历山德罗维奇：刚才从玛丽亚·伊里尼奇娜那里知道了您儿子去世的消息。这消息如同霹雳一般使我们两个人感到极大的震惊！想必是心脏病吧。请允许我代表我自己，代表娜捷施达·康斯坦丁诺夫娜，代表玛丽亚·伊里尼奇娜紧紧地、紧紧地握您和您妻子的手，遗憾的是，我还没有机会认识您的妻子。在过于繁重的工作所造成的极度疲劳的情况下，你们两个人要经受住这个打击，就应当更坚强。要经受得住，因为工作人员实在太少了。再一次紧紧地、紧紧地握手！

完全属于您的　　列宁

载于1960年《苏共历史问题》杂志
第2期

译自《列宁全集》俄文第5版
第51卷第211页

# 445

# 给伊·尼·斯米尔诺夫的电报

## （6月5日）

致西伯利亚革命委员会主席斯米尔诺夫

经与政治局商定，对您的第4451/c号来电答复如下：西伯利亚的普查必须在今年与俄罗斯的普查同时进行。派克斯明天动身。

人民委员会主席　**列宁**

载于 1959 年《列宁文集》俄文版　　　　　　译自《列宁全集》俄文第 5 版
第 36 卷　　　　　　　　　　　　　　　　　第 51 卷第 212 页

446

# 致 Г.Л.沃伦贝格

1920 年 6 月 8 日

致邮电人民委员部部务委员

沃伦贝格同志

抄送:柳博维奇同志

沃伦贝格同志:

大约一周以前,我把一份写给您的修理电话线的请求交给了别连基同志(全俄肃反委员会),由别连基同志告诉您要修理的是哪条线。

一直到现在,电话线的通话效果非常糟糕。50 俄里内的通话效果还比不上同 600—750 俄里外的彼得格勒和哈尔科夫通话的效果!!

似乎电话通讯工作的组织和纪律非常糟糕。

请给我送来:

(1)您的第一次有关修理这条电话线(以及将它直接连接克里

姆林宫三楼的,即人民委员会的交换机)的指示的抄件;

(2)我请您立即作出的第二次指示的抄件;

(3)把负责贯彻指示以及负责**日常**检修电话线路人员的姓名(及职务)告诉我。请您告诉所有这些人,如再修不好,我将按战时法严加追究。

劳动国防委员会主席

**弗·乌里扬诺夫(列宁)**

载于1942年《列宁文集》俄文版　　　　译自《列宁全集》俄文第5版
第34卷　　　　　　　　　　　　　　第51卷第212—213页

447

# 致帕·伊·波波夫

(6月8日)

## 致中央统计局波波夫同志

请给我送来下列材料短期使用:

(1)1907年德国农业统计调查汇编(全德国的总计,关于雇佣劳动、雇佣工人的资料);

(2)奥地利农业统计调查汇编,全奥地利的总计,好像是1902年的。

在我这里还有……①

_____

① 打字稿上句子到此中断。——俄文版编者注

如果需要，我马上还。

致共产主义的敬礼！

**弗·乌里扬诺夫（列宁）**

译自《列宁全集》俄文第5版
第51卷第213页

# 448

## 给米·弗·弗拉基米尔斯基的批示

### （6月8日）

请打电话同克列斯廷斯基联系，以便用电话征求政治局委员的意见，然后我们再用电话征集各人民委员的签名。[301]

译自《列宁文集》俄文版第37卷
第215页

# 449

## 致列·米·卡拉汉

### （6月9日）

卡拉汉同志：

请给

李维诺夫和克拉辛发一份这样的密码电报：

在巴黎 XIV 区维克多·孔西得朗街5号住着韦斯拜恩先生。

他有一只装着党的和我个人的材料的皮箱[302]。要设法十分秘密地取出皮箱。韦斯拜恩在圣米谢尔林荫路40号的"佛罗伦萨"事务所工作。

列　宁

载于1945年《列宁文集》俄文版第35卷

译自《列宁全集》俄文第5版第51卷第213—214页

## 450

## 给阿·叶·巴达耶夫的电报

（6月9日或10日）

### 致巴达耶夫同志

　　鉴于俄罗斯国家电气化委员会彼得格勒分委员会的工作是临时的并纯属加班性质,[我认为应该]请准许其成员继续使用食物配给证。告知是否以及何时执行。

列　宁

译自《列宁文集》俄文版第40卷第71页

# 451

# 给伊尔库茨克省执行委员会或
# 省革命委员会的电报

1920 年 6 月 10 日

**（1）伊尔库茨克**

省执行委员会或省革命委员会

**（2）抄送：鄂木斯克**

西伯利亚革命委员会主席斯米尔诺夫

请尽力帮助和我一起在西伯利亚流放过的难友伊万·卢基奇·普罗明斯基。他是因诺肯季耶夫斯卡亚机务段的车辆注油工。地址：因诺肯季耶夫斯卡亚第 4 商业街卢基亚诺夫大楼 195 号。并请用电报转达我对他的问候，最后，请把他调到阿尔泰铁路，给他一个较好的工作。他已经老了。电告结果。

**列　宁**

载于 1924 年《星火》杂志
第 34 期

译自《列宁全集》俄文第 5 版
第 51 卷第 214 页

# 452

## 致格·瓦·契切林[303]

（6月11日）

因为这显然是撒谎和欺骗傻瓜。

给了武器，又提供煤和**舰队**——然后又**通过**"怀斯"（＝布利特?)来声明。

建议:(1)用密码通知克拉辛:"劳合-乔治这个恶棍在卑鄙无耻地欺骗您,您一句也不要相信,而要加倍地还之以欺骗。"

(2)对寇松:我认为应发一份挖苦他的电报(当然啰,在**已经**给了他武器之后,是**他**发起了进攻,而不是**你们**;在给了他**煤**之后,是**他**开动了船只,而不是你们。就本着这个精神写)。

列　宁

译自《列宁全集》俄文第5版
第51卷第214—215页

# 453

## 给秘书的指示

（6月11日）

告诉尼古拉耶夫和别连基,他们向我提出的问题应当由他们自己来解决。在我不能征求**大家**意见和不能当场察看的情况下,[304]要求我来解决,这是不合情理的。我已指出过哪个集体管理机构应当自己作判断,收集资料,通过正式的精确的表决作出决定。我建议就这么办,在仔细研究所有的资料与情况之后自己作决定,把全体人员签署的决定报来。

列　宁

译自《列宁全集》俄文第5版<br>第51卷第215页

454

## 致波·巴·波泽尔恩

(6月11日或12日)

第5集团军革命军事委员会
波泽尔恩

请以我的名义邀请在季内村的伊万·泰奥多罗维奇到莫斯科来。请对他的旅行给以协助,提供费用。请向他转达我的良好祝愿和问候。

人民委员会主席　列宁

译自《列宁文集》俄文版第37卷<br>第215—216页

# 455

# 致德·伊·列先科

## (6 月 12 日)

鉴于哥伊赫巴尔格同志带来的审判高尔察克的部长们的照片和文件极端重要,而且具有极大的现实意义,我命令:**立即**翻拍这些照片和文件,附上哥伊赫巴尔格同志的简短说明,编成一套可供**放映的**影片,以便最广泛地发行。

将执行情况每周两次报告给我。

人民委员会主席

**弗·乌里扬诺夫(列宁)**

载于 1925 年莫斯科—列宁格勒
出版的格·鲍尔强斯基《列宁与
电影事业》一书

译自《列宁全集》俄文第 5 版
第 51 卷第 215—216 页

# 456

# 给格·瓦·契切林的批示

## (6 月 12 日)

不加评论地在报刊上发表怀斯对克拉辛的许诺(诺言)这类东

西是不准许的。<sup>305</sup>

列　宁

6 月 12 日

译自《列宁文集》俄文版第 39 卷
第 230 页

457

## ☆致莫斯科苏维埃燃料局

1920 年 6 月 16 日

亲爱的同志们：随信附上劳动国防委员会 6 月 11 日的决定，<sup>306</sup>另外我请你们**高度**重视这个问题。

可以**而且应当**动员莫斯科居民人人都**用手**从森林中把相当数量的木柴搬到铁路和窄轨铁路的车站(比方说，每个成年男子 3 个月搬 1 立方米——确切数量由专家来计算；我是举例说的)。

如果不采取**果敢的**措施，我在国防委员会和中央委员会里将亲自提议通过一项决定：不仅逮捕而且枪毙一切负责人员。不尽职守和疏忽懒散是不能容忍的。

致共产主义的敬礼！

列　宁

载于 1942 年 8 月 26 日《真理报》
第 269 号

译自《列宁全集》俄文第 5 版
第 51 卷第 216 页

# 458

# 致阿·伊·李可夫[307]

（6 月 16 日）

请李可夫同志或米柳亭同志把**专家**和你们的意见寄给我。

**列　宁**

6 月 16 日

载于 1932 年《列宁文集》俄文版　　　　　　译自《列宁全集》俄文第 5 版
第 20 卷　　　　　　　　　　　　　　　　　第 51 卷第 217 页

# 459

# 给格·叶·季诺维也夫的电报

6 月 17 日

　　鉴于共和国的运输情况，必须把劳动军也看做总司令部的后备队，所以在运输情况改善以前，不可能不从劳动军中抽调某师去执行战斗任务。调第 56 师去高加索战线，那里形势极为严重。第 19 师的一些部队将用于阿尔汉格尔斯克和摩尔曼斯克战役；两个骑兵团调往波兰战线，这两个团到达后那里将组成一个有 6 个团的骑兵师；如需加强第 6 集团军，则准备抽调第 10 师。最后这一问题有待彻底弄清，第 10 师仍属劳动军编制，可以参加劳动，但以不削弱其战斗力为限。

列　宁

译自《列宁文集》俄文版第 37 卷
第 217 页

# 460

## 给扬·埃·鲁祖塔克的委托书

1920 年 6 月 18 日

兹委托鲁祖塔克同志召集有关部门(最高国民经济委员会、全俄工会中央理事会、劳动人民委员部和普遍劳动义务制推行总委员会)开会研究如何统一劳动力登记调配工作问题。

劳动国防委员会主席
**弗·乌里扬诺夫**(列宁)

载于 1959 年《列宁文集》俄文版
第 36 卷

译自《列宁全集》俄文第 5 版
第 51 卷第 217 页

# 461

## 致 A.M.赫列尔[308]

1920 年 6 月 18 日

赫列尔同志:

给您寄去**全部**(我现有的)材料。

立即编出这些材料的**准确**目录。

《前进报》[309]我弄到后，就寄去。

把**能证明**改良主义者(尤其是屠拉梯之流)违反纪律和决议的**极其重要的**文件列一清单，把**最**重要的翻译出来。

(譬如说塞拉蒂，1920年2月15—29日《共产主义》杂志[310]第10期第693页：

弗兰切斯科·米夏诺在同一号《苏维埃报》[311]上写道："类似的清洗工作——'净化'工作，可能确实是及时的、有益的，特别是针对这样一些人，他们坚决反对为实现博洛尼亚[312]制定的作为我们运动目标的原则作宣传。")①　　注意　✕

　　　✕

这些就需要**找出来**，要**有名有姓**而且准确。

您的　**列宁**

译自《列宁全集》俄文第5版<br>第51卷第217—218页

462

☆致苏维埃2号楼管理主任

抄送:绍特曼同志

1920年6月19日

亚·瓦·绍特曼同志所占用的苏维埃2号楼439号住宅，在

---

① 着重线是列宁画的。——俄文版编者注

该同志外出期间,由芬兰共产党中央委员会使用,未经人民委员会的特别许可,任何人都不得占用。

请给前来的芬兰同志以全力协助,并按一般标准供给他们衣食,最好是按较高的标准,按客人对待。

人民委员会主席

译自《列宁全集》俄文第5版
第51卷第218页

463

# 在彼·瓦·布哈尔采夫来电上作的
## 标记和给秘书的指示[313]

(6月19日)

请于36小时内批准同美国公司代表(其背后是美国)的合同……

……订购绳索、机器、技术设备,交货期限为20天,订购不少于200台带罐车和车厢等等的蒸汽机车,交货期限不超过3个月。合同中最主要的条款是:公司承担义务按照全权代表提出的货单从国外提供各种商品,如材料、机器、工具、药品等等,还有化妆品和奢侈品,以换取原料;但弹药不在此列。上述一应物品在全权代表指定的一个黑海港口交货。第二,全权代表用原料向公司偿付货款……

……除第二条规定的货款外,全权代表还付给公司相当于所提供的商品价值百分之十的佣金,也用原料支付。第四,全权代表为交  多了!
换所提供的商品而付的原料是烟草、羊毛、油饼等等,按交货时的世界市场价格定价……

急
·

(1)打电话同列扎瓦(和舍印曼,如果他还在这里的话)、同政治局各委员商定。

（2）我原则上**主张**（a）讲讲条件：以降低佣金的百分比；（b）明确约定：在他们的商品运到后，我方交货，或者在**我国的港口**交换。别的办法不行。

列　宁①

6 月 19 日

载于 1932 年《列宁文集》俄文版
第 20 卷

译自《列宁全集》俄文第 5 版
第 54 卷第 427—428 页


# 464

# 致 Б.Г.卡普伦

## （6 月 20 日）


卡普伦同志：

请您尽力协助高尔基使专家委员会[314]大楼装上防火设备。

务请告诉我，办了哪些事、什么时间办的。

据说拖拉得很厉害。

致共产主义的敬礼！

弗·乌里扬诺夫（列宁）

1920 年 6 月 20 日

载于 1945 年《列宁文集》俄文版
第 35 卷

译自《列宁全集》俄文第 5 版
第 51 卷第 218—219 页

---

①　列宁在下面写道："＋加米涅夫"。——俄文版编者注

465

# 致米·尼·波克罗夫斯基[315]

（6 月 20 日）

　　波克罗夫斯基同志:高尔基的意见是必须给予帮助。请把您的意见告诉我。

**列　宁**

6 月 20 日

载于 1945 年《列宁文集》俄文版　　　　　　译自《列宁全集》俄文第 5 版
第 35 卷　　　　　　　　　　　　　　　　　　第 51 卷第 219 页

466

# 致阿·瑙·梅列任[316]

（6 月 21 日和 7 月 26 日之间）

致梅列任同志

　　还应当(根据拉费斯和其他人的材料)补充一条,大致如下:

　　在乌克兰的那些民族特别混杂的地区,以及在白俄罗斯(和＋? ＋? 匈牙利?),无产阶级专政的经验表明:民族斗争,不仅最民主的资产阶级共和国也无法摆脱的那种反犹太人的大暴行,就连那种细小的但随处可见的纠纷,也都接近于消失。其原因是:(1)工人和劳动农民的兴趣、注意力、全部精力都完全贯注于同资产阶级进行的伟大斗争,这一斗争团结了各民族的劳动者;(2)无产阶级专政压制资产阶级、小市民、资产阶级知识界的行动"自由",因为这种自由意味着资产阶级利用其力量、影响和知识来挑起阶级斗争。

可否再补充两三个具体事实—— ——?

载于 1942 年《列宁文集》俄文版
第 34 卷

译自《列宁全集》俄文第 5 版
第 51 卷第 219—220 页

# 467

# 致农业人民委员部和粮食人民委员部

1920 年 6 月 22 日

**梯尔柯夫**公民是英雄的民意党人小组的最后的莫希干人[317]之一,刺杀亚历山大二世的三月案件的同案人,现年事已高,我命令给梯尔柯夫公民

两三俄亩地(从他原有田园中拨出)和两头奶牛,供他一家使用。

农业人民委员谢列达同志

和粮食人民委员瞿鲁巴同志(或他的副手)**用电报**与当地省执

行委员会协商,迅速执行此令。①

人民委员会主席

**弗·乌里扬诺夫**（**列宁**）

请两位人民委员签署:是否同意?

载于 1945 年《列宁文集》俄文版　　　　译自《列宁全集》俄文第 5 版
第 35 卷　　　　　　　　　　　　　　　第 51 卷第 220 页

# 468

# 致雅·斯·加涅茨基

6 月 22 日

加涅茨基同志:今天人民委员会通过一项决定,任命您为部务委员。

一定要休假:我认为这就是政治局决定的意思。<sup>319</sup> 国家财富是应当爱护的。所有的人都说并列举事实,说您疲劳过度了。

为什么不休息休息呢?

敬礼!

**列　宁**

载于 1924 年 2 月 13 日《真理报》　　　译自《列宁全集》俄文第 5 版
第 35 号　　　　　　　　　　　　　　　第 51 卷第 221 页

---

① 在文献上方列宁写道:"请提醒我,要农业人民委员部向我报告执行情况。"<sup>318</sup>——俄文版编者注

# 469

## ☆致莫斯科省波多利斯克县执行委员会

1920 年 6 月 22 日

鉴于韦威尔同志[320]的补充陈述，我再一次研究了我关于他的问题的决定，现通知你们：我的决定仍然有效，必须执行。

人民委员会主席　列宁

载于 1959 年《列宁文集》俄文版　　　　　译自《列宁全集》俄文第 5 版
第 36 卷　　　　　　　　　　　　　　　第 51 卷第 221 页

# 470

## 给尼·尼·克列斯廷斯基的批语

（6 月 22 日）

您说得对，人员应当改动或者就这些决定向政治局提出申诉。[321]

译自《列宁文集》俄文版第 38 卷
第 317 页

# 471

## 在约·斯·温什利赫特来电上的批语

### (不早于 6 月 22 日)

(1)**柏林**……**同莫斯科之间**早就在使用。

(2)**我们已经发明**,通话距离达 400 俄里,**已吩咐研制可达 2 000 俄里的**。[322]

译自《列宁文集》俄文版第 39 卷
第 234 页

# 472

## 致格·叶·季诺维也夫

### (不早于 6 月 23 日)

季诺维也夫同志:

(1)威·赫尔佐格要我写一封给德国左派独立党人的**信**。您的意见呢? 我打算写。

(2)他还为左派报纸要求**经费**。这就是您的事了。请把您的意见告诉我。他不是为自己要钱,当然不能给他个人。

(3)有无不利于这位威·赫尔佐格的**事实**呢? 看来没有。德国独立党中央要求汉堡组织在(国会)候选人名单中抹掉赫尔佐格的名字。汉堡组织拒绝了。

右派独立党人**诽谤**陷害他。这是很清楚的。对此不能沉默和容忍。这是一种可耻行为。**而德国共产党为何不列举事实呢**？他们有点害怕诽谤的浪潮。

(（在尖锐化问题上他**表现得**比莱维
正确 1 000 倍)）

(4)而在左派德国独立社会民主党人当中只有赫尔佐格一人是**正直的**。据说党团中(国会中的独立社会民主党人)左派只有 **5人**(布拉斯＋多伊米希＋施特克尔＋另外 2 人)，最多 **10 人**!!!

(5)保加利亚人(戈尔德施泰因)是一个正直的人。早在苏黎世时我就认识他。

(6)执行委员会需要作出决议：**任何人**都可以向共产国际执行委员会提出申诉和声明，但**必须**附有送交本国党中央的副本。

列　宁

译自《列宁文集》俄文版第 38 卷第 318 页

# 473

# 给格·瓦·契切林的批示[323]

## (6月24日)

此事卡拉汉同志有过错。

他不知道在苏维埃共和国事情应当**怎样**办：

（1）摘抄政治局的记录，

（2）以此为根据请小人民委员会作**决定**（由我签署）或是请有关的

人民委员作**决定**，

（3）**如过了 24** 小时**之后**仍未执行，则正式向我申诉，

（4）每次都这样来办。

连这些都不知道，未免太幼稚了。

**列　宁**

6 月 24 日

译自《列宁全集》俄文第 5 版

第 51 卷第 221—222 页

474

# 致列·米·卡拉汉[324]

（6 月 24 日以后）

**致卡拉汉**

请**用密码**电告克拉辛：

列宁请求把他的东西从巴黎运往伦敦您处。要谨慎。宁可慢
一些，但是要谨慎些。

译自《列宁文集》俄文版第 39 卷

第 234 页

# 475

# 致格·叶·季诺维也夫

（6月25日）

致彼得格勒执行委员会主席季诺维也夫同志

　　著名生理学家巴甫洛夫由于他在物质生活方面处境困难而要求出国。让巴甫洛夫出国未必合适，因为他以前谈过这样的意思：在提起相应的话头时，他作为一个诚实的人，不能不表示反对俄国的苏维埃政权和共产主义。

　　然而，这个学者是如此巨大的文化财富，在物质生活没有保障的条件下，不能容许把他强留在俄国。

　　因此，最好是作为例外，供给他超标准的口粮，乃至给予特殊照顾，给他安排较舒适的环境。

　　我听说，在彼得格勒一些休养所休养人员的生活安排得很好。也可以在巴甫洛夫教授的住所为他作某些类似的安排。

　　卢那察尔斯基同志会向巴达耶夫同志提出相应的建议。我请您在这方面给他以支持。[325]

列　宁

6月25日

载于1942年《列宁文集》俄文版
第34卷

译自《列宁全集》俄文第5版
第51卷第222页

# 476

# 给第 2 劳动军委员会的电报

## (6 月 25 日)

萨拉托夫

第 2 劳动军委员会

根据国防委员会 6 月 25 日的决定[326]，我命令采取果断措施，尽快完成亚—恩巴铁路线和输油管工程。请确认执行。

国防委员会主席　**列宁**

载于 1942 年《列宁文集》俄文版　　　　　　译自《列宁全集》俄文第 5 版
第 34 卷　　　　　　　　　　　　　　　　第 51 卷第 223 页

# 477

# ☆致西伯利亚各苏维埃机关

1920 年 6 月 26 日

请大力协助持信人伊里亚·丹尼洛维奇·**普京策夫**同志在其家乡(塞米巴拉金斯克省巴甫洛达尔县)创办幼儿园和其他类似设施。

劳动国防委员会主席

**弗·乌里扬诺夫**(列宁)

载于 1942 年《列宁文集》俄文版　　　　　　译自《列宁全集》俄文第 5 版
第 34 卷　　　　　　　　　　　　　　　　第 51 卷第 223 页

# 478

# 给共产国际执行委员会的批语

## (6月26日)

送第三国际执行委员会。

我**完全**支持。[327]

**列 宁**

6月26日

译自《列宁文集》俄文版第39卷
第234页

# 479

# 给秘书的批示[328]

## (6月28日)

查一下我们是**什么时候**要的①。

对他们的这种不能容许的拖拉作风要给予警告。他们必须**立即**给出简要答复。我们允许延期的(他们应当提出请求:延期**几**天)只是更详细的报告。

---

① 见下一号文献。——编者注

把答复他们的电文给我。

载于1945年《列宁文集》俄文版
第35卷

译自《列宁全集》俄文第5版
第51卷第223—224页

480

# 给阿·叶·巴达耶夫的电报和
# 给德·伊·库尔斯基的指示

(6月29日)

彼得格勒
执行委员会    巴达耶夫
抄送:省农业局

在上报征收蔬菜的材料这个问题上,你们表现了不能容忍的拖拉作风。5月28日给你们打了第一个电话。6月22日打了第二个电话。直到6月26日去电报才收到你们的由特里利谢尔秘书签字的答复。你们的简要报告应立即提出。要准确告知,需延期几天才能提出更详细的报告。如不立即提出简要报告并在最短期间内提出更详细的报告,要严究当事者的责任。

人民委员会主席    **列宁**

抄送库尔斯基同志:对拖拉行为要追究法律责任。

报告执行情况。

列　宁

载于1942年《列宁文集》俄文版　　　　　译自《列宁全集》俄文第5版<br>第34卷　　　　　　　　　　　　　　　　第51卷第224页

## 481

# 致阿·马·尼古拉耶夫

1920年6月29日

尼古拉耶夫同志:

应**充分**利用这个记录和让您参加的机会(连我们那位任性的人[329]也**终于**开窍了:没有专家是不行的!),**果断地**重新安排整个工作。

(1)要仔细研究记录并询问电站的机械师;

(2)在此基础上由您自己决定值不值得**继续**试验;

(3)如果您认为值得的话,我们就拟定明确的**书面**规章,赋予专家(也就是您)**一切**权利,并**由我**向发明者保证我们将保守**秘密**。

那时就认真地干起来,即吸收专家们来完成一系列辅助性的专门任务并**向一名专家**(您)**公开所有的**机密。

敬礼!

列　宁

译自《列宁全集》俄文第5版<br>第51卷第225页

# 482

# 致叶·阿·普列奥布拉任斯基

（6月29日）

**普列奥布拉任斯基**同志：

（1）请让国家出版社迅速出版

**凯恩斯**《和约的经济后果》一书（节本）**330**；

（2）安排**一些**副教授，编译其他**优秀的**（按拉狄克、布哈林的指

示）**新的**经济学著作；

（3）吸收阿克雪里罗季哈（柳博芙·阿克雪里罗得）参加**哲学**

部分的编辑工作；

（4）出版**一批**（17和18世纪）唯物主义者著作的译本和**一批**

根据他们著作编写的书籍。

**列　宁**

1920年6月29日

载于1945年《列宁文集》俄文版
第35卷

译自《列宁全集》俄文第5版
第51卷第225—226页

# 483

# ☆致莫斯科苏维埃主席团

（6月29日）

寄去小册子《煮食物不用火》的摘录（《主妇小丛书》第1辑，共

43 页,1918 年莫斯科最高国民经济委员会出版社出版),请告诉我莫斯科苏维埃粮食局有奖征求保温器设计的结果。**331**

人民委员会主席
**弗·乌里扬诺夫(列宁)**

载于 1945 年《列宁文集》俄文版　　　　　译自《列宁全集》俄文第 5 版
第 35 卷　　　　　　　　　　　　　　　　第 51 卷第 226 页

484

# 致格·康·奥尔忠尼启则

(6 月 29 日)

经阿利卢耶娃转

**全用密码**
**急**

### 致奥尔忠尼启则同志

季诺维也夫马上就会向您转达一项重要的国际任务。**332** 此外,我查明了情况,我认为您通过方面军和通过地方党的最高机关仍然拥有全部权力和权限。再一次请您不要急躁,耐心一些。

另外,委托您掌握阿塞拜疆的全部对内对外政策并监督执行中央和外交人民委员部关于波斯、亚美尼亚、格鲁吉亚的指示。**333**

请答复。

**列　宁**

译自《列宁全集》俄文第 5 版
第 51 卷第 226—227 页

# 485

# 致格·叶·季诺维也夫

## (6 月 29 日)

### 1

应当用德语(以及其他语言)出版我那本关于**帝国主义**的小册子,因为这个基本问题一直**存在**。

您的意见如何?

如果同意,委托**谁**来做?

### 2

我想写一篇新序言。

**最晚**期限是什么时间?

### 3

找一两名副教授,让他们到最好的图书馆里查找资料。

**他们能找到**。[334]

载于 1959 年《列宁文集》俄文版
第 36 卷

译自《列宁全集》俄文第 5 版
第 51 卷第 232 页

# 486

# 致小人民委员会

1920 年 6 月 30 日

　　致小人民委员会

　　抄送：(1)外交人民委员部

　　　　　(2)民族事务人民委员部

　　马尔赫列夫斯基同志向我报告说，**前波兰王国事务清理委员会**由民族事务人民委员部转归外交人民委员部一事拖得不能再拖了。

　　**请加紧**研究此事（彻底研究），并准确告知何时能解决。

　　　　　　　人民委员会主席

　　　　　　　**弗·乌里扬诺夫（列宁）**

载于 1945 年《列宁文集》俄文版　　　　　译自《列宁全集》俄文第 5 版<br>第 35 卷　　　　　　　　　　　　　　　　第 51 卷第 227 页

# 487

# 对诺维科夫指示的补充

## （6月）

**致初级机械师卡林金**

　　根据列宁同志的指示,准备把他办公室的电话设备作如下改动:(1)把通到桌式交换机2号吊牌上的专用线重

新和斯克良斯基同志的线路接通。(2)暂时掐断和野战司令部新接上专用线的电话,但留在原处不动,以备恢复和野战司令部的该专用线的联络时用。**每天上午9点到10点,下午5点到6点检查办公室的电话机。前两项要得到列宁同志的许可,最后一项必须坚持执行。**

**只在这些钟点内:**

工程师　　诺维科夫

　　♯如果这部电话机能用来扩大音量(哈尔科夫来的电话),那就不要掐断。但必须做到,无论何时检查,铃也**不响**(根本就不让它响)。

　　如果不是(像现在这样)通过野战司令部,而是把交换机(三楼人民委员会的)直接接往长途电话局,听哈尔科夫来的电话是否能更清楚些?

　　＋补充一点:把我桌上那部接在10门小交换机上的增音器(带有吊式听筒)接到我那部连接我的办公室和大交换机(克里姆

林宫三楼人民委员会）的电话上。

载于 1942 年《列宁文集》俄文版
第 34 卷

译自《列宁全集》俄文第 5 版
第 51 卷第 227—228 页

# 488

## 给尼·尼·克列斯廷斯基的批示[335]

### （不晚于 7 月 2 日）

致克列斯廷斯基同志

需由组织局作出决定：

所有机关都要紧张行动起来。

要求阿瓦涅索夫

＋

斯克良斯基协商。

译自《列宁文集》俄文版第 38 卷
第 319—320 页

# 489

## 给格·叶·季诺维也夫的电报

### （7 月 3 日）

彼得格勒　　季诺维也夫

我在星期一前将给您寄去：第一，关于代表大会任务的提纲①,第二,关于奥托·鲍威尔那本反布尔什维主义的新书³³⁶的论文或书评。但愿您能来得及刊登。您是否同意,请告知。

**列  宁**

1920年7月3日

于莫斯科克里姆林宫

译自《列宁全集》俄文第5版

第51卷第228—229页

490

# 致莉·亚·福季耶娃

(7月3日)

莉迪娅·亚历山德罗夫娜:

非常感谢。您把一切都安排得非常好。

<u>　　　同意在星期三　　　</u>　　　　　　　请您约定

<u>6点到7点准时　　　　　</u>　　　　　　　　　并

<u>会见法国人³³⁷　　　　　</u>　　　　　于星期二以前

<u>(6点开始安排。)　　　　</u>　　　　　　　提醒我。

<u>7点到9点国防委员会　</u>

<u>9点到10点准时会见墨菲</u>

请给我送来:

(1)我办公室里的全套《共产国际》杂志³³⁸,在桌子旁边;在旋

---

①  即《关于共产国际第二次代表大会的基本任务的提纲》(见本版全集第39卷)。——编者注

转式书架上放着一卷红书皮装订的《共产国际》杂志第**1—8**期和没有装订的第**9**期＋第**10**期。

这就是全套。

(2)《帝国主义》①(第1版,最好是第2版)。我不知放在什么地方了。设法向邦契、斯捷潘诺夫、涅夫斯基、普列奥布拉任斯基借用两三天。

德米特里·伊里奇就要去那里,他会到我的住处和办公室的柜子里找一找。

☐关于芬兰和平谈判的报告,不要了。☐

敬礼!

**列　宁**

载于1959年《列宁文集》俄文版　　　　　译自《列宁全集》俄文第5版
第36卷　　　　　　　　　　　　　　　　第51卷第229页

491

# 在伊·尼·斯米尔诺夫来信上的批示

(7月3日和13日之间)

弗拉基米尔·伊里奇:

我把堆放在码头上准备运往国外的货物的数字材料寄给您,这些材料完**全准确,我们的人员在现场核**对过。所有的货物都已**包装好**,两星期以后发往鄂毕河口。

---

①　即列宁《帝国主义是资本主义的最高阶段》(见本版全集第27卷)。——编者注

我们应当做的都做了，我担心的是这些货物的价值要比从瑞典运给我们的高一两倍。

请您督促一下对外贸易人民委员部，让他们把这一大批货物利用好。

**斯米尔诺夫**

### 致克拉辛

（1）**写上意见**后退我。

（2）要大力**督促**。

（3）把**措施**给我抄一份来。<sup>339</sup>

列　宁

载于 1959 年《列宁文集》俄文版
第 36 卷

译自《列宁全集》俄文第 5 版
第 51 卷第 230 页

492

# 致格·瓦·契切林[340]

（7 月 3 日和 19 日之间）

契切林同志：

尽快就这个问题提出第三国际第二次代表大会的**决议草案**并向季诺维也夫索取我的提纲副本。

列　宁

译自《列宁文集》俄文版第 37 卷
第 218 页

# 493

## 给莉·亚·福季耶娃的便条[341]

### (不早于 7 月 3 日)

给我**只要**寄最近 10 — 12 号

《人道报》

《红旗报》(柏林)

《红旗报》(维也纳)

《每日先驱报》

《前进报》

只寄这些报纸,只寄最近几号。

载于 1933 年《列宁文集》俄文版    译自《列宁全集》俄文第 5 版
第 23 卷                        第 51 卷第 230 页

# 494

## 给格·叶·季诺维也夫的电报

### (7 月 4 日)

交值班委员

彼得格勒

季诺维也夫

季诺维也夫同志:明天(星期一)我把提纲寄去[342]。请安排一下,使大家能及时收到。一定要在大会[343]之前,约科别茨基和沃罗夫斯基准备好对挪威和瑞典左派党的"实事求是的"批评。要有准确而充分的材料。大会上的翻译工作要事先组织好:要让大家按语种分别入座,以便能够立即同时向德国人、法国人和英国人翻译。这样可以缩短时间。俄语翻译看来也需要,因为很明显,大家将要求在剧院开会。

　　敬礼!

列　宁

译自《列宁全集》俄文第5版
第51卷第231页

495

## 致交通人民委员部

### (7月5日)

交通人民委员部

汽车局局长

请发给司机**吉尔**供人民委员会主席的汽车使用的:

| | | |
|---|---|---|
| 外胎 | $920 \times 120$ | ——12 条 |
| 内胎 | $920 \times 120$ | ——11 条 |

人民委员会主席

**弗·乌里扬诺夫(列宁)**

译自《列宁文集》俄文版第39卷
第235页

# 496

# 致德·伊·库尔斯基[344]

## （7 月 6 日）

是否已采取措施，**立即**：(1)在新解放区建立**苏维埃政权**；(2)召开苏维埃**代表大会**；(3)赶走**地主**，把地主的**一部分**土地分给贫苦农民，其余部分分给雇农**苏维埃**？

载于 1945 年《列宁文集》俄文版
第 35 卷

译自《列宁全集》俄文第 5 版
第 51 卷第 231 页

# 497

# 致格·叶·季诺维也夫

## （7 月 7 日）

季诺维也夫同志：

寄去《帝国主义》[①]一书的序言。

请您再安排一下，把 1912 年的**巴塞尔宣言**作为**附录**刊载。（德文原文不难找到：您那里有格律恩贝格的《文汇》等资料）

您关于苏维埃及其建立条件的提纲我已收到了，仅简略地翻

---

① 即列宁《帝国主义是资本主义的最高阶段》（见本版全集第 27 卷）。——编者注

阅了一下。我不反对。

　　敬礼!

列　宁

7月7日

　　关于我在代表大会上的讲话和报告怎么办? 要不要用德语或法语来准备? 我想,开幕词(及其他讲话)**用俄语讲**(因为几乎可以肯定将在剧院里开会,有俄国听众),由别人翻译。而且既然有了提纲,讲话时可以一带而过。您的意见如何?(土地问题由马尔赫列夫斯基来讲;我讲**民族问题**并致**开幕词**,就这些吗?)

载于1959年《列宁文集》俄文版
第36卷

译自《列宁全集》俄文第5版
第51卷第232—233页

498

## ☆致交通人民委员部[345]

(7月7日)

抄送:**哈尔科夫　　克桑德罗夫**

　　我代表劳动国防委员会命令向所有线路发出通电,没有燃料总委员会正式代表或国防委员会特派员克桑德罗夫的批准,绝对禁止征用煤炭燃料,此外,在一切焦炭和锻造用煤的运输途中,禁止任何人以任何方式征用,改换收货地点或拖延发运,不论这是出于什么目的,也不论要运送到什么地方。

人民委员会主席　**列宁**

载于 1942 年《列宁文集》俄文版　　　　　译自《列宁全集》俄文第 5 版
第 34 卷　　　　　　　　　　　　　　　第 51 卷第 233 页

499

# 致阿·马·尼古拉耶夫

(不早于 7 月 7 日)

尼古拉耶夫同志:收到了您 7 月 7 日的来信。

我很高兴,您现在开始做对了。

我建议:(1)更正式地、更坚决地要求**马上**向您公开**全部**秘密。

(2)如果可以的话,把设备放在特制的木架上,使之能够立即从车厢上卸下来(也许最好不用车厢而用平板货车),装上载重汽车或放在**地上**以及其他地方(因为发明家做过一次据他说是成功的试验,但**不是**在车厢里)。

(3)如果您认为"这张羊皮值得鞣",那么就要不惜财力和人力**加快**这项工作。

敬礼!

**列　宁**

译自《列宁全集》俄文第 5 版
第 51 卷第 233—234 页

# 500

# 致米·马·格鲁津贝格

## （7月8日）

格鲁津贝格同志：

墨菲同志对我说，**提纲**的译文中有些地方有语病。

您应当亲自动手（或者马上建立**一个小组**帮忙）仔细校订**整个**提纲的译文。

此事请和英国人商量一下。

关于怀恩科普：他的声明（**怀恩科普**用英文写的）我已寄给拉狄克。英文是否好，我不知道。**请向拉狄克索取我寄去的全部材料**（如果需要，可以把这封信转寄给拉狄克），检查一下，英文是否好。（声明的内容：荷兰**党**对"左派"不担负责任，说这是**某些**荷兰人的**事情**。）

（只印这份声明和我那份关于对文字作修改的声明。[346]）

对英译文的质量，您应特别关心，还应建立一个**负责**的英国人小组（由他们负**文字**责任），否则别人会诽谤我们（也会诽谤您）。

敬礼！

您的　列宁

7月8日

译自《列宁全集》俄文第5版<br>第51卷第234页

# 501

# ☆致卫生人民委员部[347]

## (7月8日)

据我所知,你们那里有闲置不用的电影胶片。

鉴于教育人民委员部电影局和当前一些具有重大宣传意义的紧急工作的迫切需要,请你们从储备中至少拨一部分给教育人民委员部电影局①。

人民委员会主席

**弗·乌里扬诺夫(列宁)**

载于1945年《列宁文集》俄文版
第35卷

译自《列宁全集》俄文第5版
第51卷第235页

---

① 文献上有莉·亚·福季耶娃的附言:"根据弗·伊·的指示,请报告执行情况。**莉·福季耶娃**"。——俄文版编者注

# 502

# 致俄共(布)中央政治局委员

## (7月9日)

致政治局全体委员

我提议给克拉辛和整个代表团发出如下指示：

"要更强硬一些，不要怕谈判暂时中断。"**348**

列　宁

7月9日

译自《列宁全集》俄文第5版
第51卷第235页

# 503

# 致列·波·加米涅夫和格·瓦·契切林

## (7月10日)

### 致加米涅夫和

### 契切林

加米涅夫同志的计划根本不正确。**349**同英国**就是**搞贸易。契

切林不对。要往英国派的**只能**是"商人":人家要价2¼戈比,你就
还价1¾戈比。

　　这种场合进行揭露是有害的。这不是1918年。这有共产国
际来管。加米涅夫的全部理由＝**反对**他去的理由。

列　宁

7月10日

　　附言:我们暂时指定克拉辛、沃罗夫斯基和两三个助手前往。**350**

列　宁

译自《列宁全集》俄文第5版<br>
第51卷第236页

## 504

# 致尼·尼·克列斯廷斯基和
# 格·瓦·契切林351

(7月10日)

　　**克列斯廷斯基**和**契切林**:我没有看过条约文本。如不能拖延,要
把条约文本及契切林的意见寄给我。但我看还是再拖延一下为好。①

列　宁

7月10日

译自《列宁文集》俄文版第38卷<br>
第320页

---

　　①　列宁在信封上写着:"致克列斯廷斯基和契切林(列宁寄)"。——俄文版编者注

# 505

# 在伊·尼·斯米尔诺夫来电上
# 作的标记和批示

## （7 月 11 日）

莫斯科　**克里姆林宫　列宁**
抄送:粮食人民委员部　**瞿鲁巴**

7 月 9 日于鄂木斯克

　　半个阿尔泰省和半个托木斯克省普遍发生了富农暴乱,我们正在进行武装镇压。暴乱的原因是商品缺乏。从暴乱的富农手里<u>我们没收的粮食全都没有脱粒</u>。必须火速派<u>劳动力</u>来这里脱粒和装运;如果不派工人来,我们就不能拿到粮食。阿尔泰一个省现在至少就需要 <u>7 000 人</u>。如果来晚了,就要错过时机。弄清楚能否派人并通知我们;假如不能派人,那么我们马上撤销没收的命令,因为粮食没有脱粒又无人看守,会被富农烧掉。
西伯利亚革命委员会主席　斯米尔诺夫

　　我坚持要求:要尽全力援助。中央的指示是:想一切办法赶快办。我们一定派人去。

　　瞿鲁巴、施米特(劳动人民委员部)和普遍劳动义务制推行总委员会:

　　　　要马上火速派人,全力以赴。

列　宁

载于 1959 年《列宁文集》俄文版
第 36 卷

译自《列宁全集》俄文第 5 版
第 51 卷第 236—237 页

# 506

# 致埃·马·斯克良斯基

## （7 月 11 日和 15 日之间）

斯克良斯基同志：

　　请您注明哪些事**已经完成**，还有一些**究竟什么时候**能完成，并
把信<sup>352</sup>退还给我。

列　宁

载于 1942 年《列宁文集》俄文版
第 34 卷

译自《列宁全集》俄文第 5 版
第 51 卷第 237 页

# 507

# 致约·维·斯大林<sup>353</sup>

## （7 月 12 日或 13 日）

### 打电话给在**哈尔科夫**的**斯大林**：

　　收到寇松的一份照会。<sup>354</sup>他建议我们同波兰停战，条件是波
军撤到和会<sup>355</sup>去年给波兰划定的格罗德诺、亚洛夫卡、涅米罗夫、
布列斯特-里托夫斯克、多罗胡斯克、乌斯季卢格、克雷洛夫一线以
西。此线在佩列梅什利和俄罗斯拉瓦之间穿过加利西亚直到喀尔

巴阡山脉。此线以东地区全归我国。我军必须撤到**此**线以东50公里处。在伦敦将召开苏维埃俄国、波兰、拉脱维亚、立陶宛、芬兰等国代表会议,受和会监护。加利西亚东部将被允许派代表参加。我们可派我国任何代表出席。他还建议我们同弗兰格尔签订停战协定,条件是弗兰格尔退到克里木。弗兰格尔将去伦敦商谈其部队的命运问题,但不是作为会议的成员。限我们一周答复。此外,寇松的照会中还说,波兰政府已经同意根据上述条件同俄国媾和。

这就是寇松照会的内容。我请斯大林:

(1)迅速下令猛烈加强攻势。

(2)把他的,即斯大林的意见告诉我。

而我个人认为,这完全是一个骗局,是要兼并克里木,这一点已在照会中无耻地提出来了。他们想用骗人的诺言夺走我们到手的胜利。

列 宁

把斯大林的**回话**记录下来,**打电话**告诉我。

列 宁

载于1950年《列宁全集》俄文
第4版第31卷

译自《列宁全集》俄文第5版
第51卷第237—238页

508

# 致埃·马·斯克良斯基

（7 月 12 日或 13 日）

斯克良斯基同志：国际局势，特别是寇松的建议（割让克里木以换取同波兰停战，界线是格罗德诺—比亚韦斯托克），要求**迅猛地**加速对波兰的进攻。

事情是否在进行？是否都在进行？是否坚决？

**列 宁**

译自《列宁全集》俄文第 5 版
第 51 卷第 238 页

509

# 对格·瓦·契切林给
# 乔·寇松的电报的补充

（7 月 12 日和 17 日之间）

……在与波兰议和的问题上，苏维埃政府认为，除了俄国劳动群众的利益和愿望外，需要注意的只能是波兰劳动群众的利益和愿望。因此它认为，只有通过同**波兰**（波兰政府）直接谈判，才能签订同波兰的和约……

……苏维埃政府不能不注意到如下情况：这条边界有相当一部分是最高会议在俄国反革命分子即**资产阶级和地主的**（业已垮台的旧制度的）拥护者的压力下确定的，例如在海乌姆地区，最高会议对这一问题的决定就明显地反映出这些反革命分子的影响，并且在这一问题上是步了沙皇政府和**帝国主义大俄罗斯资产阶级的反波**政策的后尘。苏维埃俄国在和约条件方面准备照顾波兰国的利益和愿望，但其程度要看波兰人民在其国内生活中在为波兰、俄罗斯、乌克兰、白俄罗斯和立陶宛各族劳动人民的真正兄弟关系奠定巩固基础**并保证波兰不再充当对苏维埃俄国和其他各民族的工农发动进攻和进行阴谋活动的工具**这条道路上走多远。[356]

译自《列宁文集》俄文版第 39 卷
第 237 页

# 510

# 致费·阿·罗特施坦

1920 年 7 月 15 日

亲爱的同志：十分感谢您的来信，每次来信都提供了极有价值的情报。附上我妻子的一封信，请代我向您的妻子和全家转达我的问候，在伦敦时我在您那里曾见过他们。

关于您是否来俄国，我拿不定主意。您对于伦敦的工作实在是太重要了。让他们驱逐您吧，看他们敢不敢这样做。他们总得抓住点什么吧,否则就会出丑。我不反对您来俄国"看看",但是我担心您离开英国对事业不利。

关于代表团问题,这几天我们要全面讨论。还要讨论给寇松的答复,我看他想狠狠地诈骗我们一下。这办不到。

关于给您寄书刊的事,我已采取了特别措施。您要知道,对俄国人就得骂上 20 次,再检查 30 次,他才能办好一件最简单的事情。你要盯着点,多催问(甚至有时也可以问我),我再施加压力,让您能比较按时地收到那些没有收全的东西。

我认为,您参与对盎格鲁撒克逊人运动的领导(可以用您的笔秘密参与)是有特殊意义的。这里,拨正路线至关重要。您将收到我那本反"左"的小册子**357**和为第三国际第二次代表大会准备的决议(草案),我很想听听您的意见。

紧紧握手并致最良好的祝愿!

您的　**列宁**

发往伦敦

译自《列宁全集》俄文第 5 版<br>第 51 卷第 239 页

# 511

## 致小人民委员会

### (7 月 15 日)

我拒绝签字,因为写得太笼统,含糊不清。

建议改写,写得准确一些("**纳入网**"的**具体**意思究竟是什么?),**连同工作细则重新提交审议**。**358**

**列　宁**

7 月 15 日

载于 1959 年《列宁文集》俄文版
第 35 卷

译自《列宁全集》俄文第 5 版
第 51 卷第 240 页

512

## 给伊·捷·斯米尔加和
## 约·维·斯大林的电报

1920 年 7 月 17 日

全用密码

斯摩棱斯克　西方面军革命军事委员会
斯米尔加　急
哈尔科夫　西南方面军革命军事委员会
斯大林　急

中央全会几乎全部采纳了我的建议。**359** 全文你们即将收到。务请每周两次用密码详细电告战局的发展和事情的进展。

**列　宁**

载于 1930 年《布尔什维克》杂志
第 2 期

译自《列宁全集》俄文第 5 版
第 51 卷第 240 页

# 513

# 致列·波·加米涅夫

(7月17日)

## 致加米涅夫

1. 应当特别注意搜集论证下述观点的英国书刊:对于英国资产阶级来说,同苏维埃各共和国签订贸易协定要比试图扼杀苏维埃共和国这种无利可图、甚至会招致巨大损失的做法更为有利。要给我们搜集这类书刊,此外,要同内行的人讨论一下,是否还要再租一个像书局或代办处那样的机构来出版类似的小册子,作报告以及分发这些材料,等等。您当然知道这件事首先应当同谁去商量。

2. 应当通过专人去系统地搜集,并不惜金钱购买有关最新经济问题的书籍、论文、小册子、剪报,特别是英文的,其他文字的也要,每样给我们寄5份。凯恩斯的《和约的经济后果》一书可以作为样本。应当系统地搜集的就是这类出版物。

3. 搜集各种期刊,特别是下列四种派别的小册子和会议记录,也要这样做,不过要通过专人,每样给我们寄20份。这四种派别是:(1)共产主义派;(2)中间派(例如,英国的独立党);(3)无政府主义派或与之接近的派别;(4)工团主义派之类。

4. 办理所有这些事情都必须合乎公证合同的手续,出面的人一定要是英国公民,而且不是共产党人。

5.我请求给我个人寄来:(1)好的最新参考资料和综合统计书刊——地理的、政治的、经济的,特别是英文的和法文的,这些在伦敦比较容易搞到;(2)两个好的保温瓶。

列　宁

译自《列宁全集》俄文第5版<br>第51卷第240—241页

514

## 致列·波·加米涅夫、<br>米·马·格鲁津贝格和<br>卡·伯·拉狄克

（7月17日）

我那本关于"幼稚病"的小册子英文版出现了如下错误。译者是按手稿翻译的,然而作者对俄文版本已作了某些修正和改动。望加米涅夫同志一定把英文和俄文两种版本都带上,并请罗特施坦同志按照俄文本将英文版本加以修改。

请格鲁津贝格同志将俄文本同英文本加以对照,把必须改动的地方印成单页,以便贴到英文本里。

请拉狄克对法文本和德文本也照此办理,这两种文本我没有见到。

列　宁

译自《列宁全集》俄文第5版<br>第51卷第242页

# 515

# 对亚·米·克拉斯诺晓科夫
# 所提问题的答复[360]

## (不早于 7 月 17 日)

(1)在何处召开代表大会？

哪里都行。

(2)选举原则(可否采用四原则选举制[361])？

可以。

(3)宪法和经济政策的原则？

可以采用对共产党人稍加优待的民主制。[362]

(4)苏维埃俄国与远东共和国正式的相互关系的规定性是什么？

友好。

(5)鉴于某些州不服从中央的指令和过几天即将召开预备会议,必须重新准确表述远东共和国的原则并确定其权限。

要听中央的,否则就赶走。

译自《列宁全集》俄文第 5 版
第 54 卷第 428—429 页

## 516

## 给秘书的指示[363]

（7 月 20 日）

　　人民委员会不是作出过有关他的决定吗?[①] 请把决定找出来并将此信交布留哈诺夫同志提出意见。

**列　宁**

7 月 20 日

译自《列宁文集》俄文版第 38 卷
第 320 页

## 517

## 致格·瓦·契切林

1920 年 7 月 22 日

致契切林同志

　　我建议:

　　(1)根据契切林同志建议的精神由外交人民委员部向柯普发出指示(只是贸易谈判)。

---

　　① 　见本版全集第 48 卷《附录》第 47 号文献。——编者注

(2)答复古科夫斯基。

(3)对寇松**过两天**再答复(不要更早;为什么要迁就他们呢),再询问一下加米涅夫和领事:为什么我们没有英文原本?[364]

非常客气地这样答复

如果**英国**(＋法国＋? ＋?)希望有普遍的、即**真正的**和平,这**我们**早已**同意**。那就**请把弗兰格尔领走**,因为他是**你们的**,是你们豢养的,那时我们就立即开始谈判。

如果波兰希望媾和,我们**同意**;这点我们已经讲得很清楚,现在再讲一遍,让它提出来吧。

如果你们中断**贸易**谈判,那很遗憾;但这样就暴露出你们**自己**无视现实,因为,是你们**在波兰战争时期**开始这一谈判,并**答应停战**的。要心平气和、准确无误地揭露他们的矛盾。

复照草案要在星期五或星期六(7月23日或24日)用电话征得政治局各委员同意。[365]

**列　宁**

契切林同志:

如果同意,请通知克列斯廷斯基(他已原则上同意),然后起草复照。

您的　**列宁**

译自《列宁全集》俄文第5版
第51卷第242—243页

# 518

# 给格·康·奥尔忠尼启则的电报

1920 年 7 月 22 日

急

优先拍发

直达电报

巴库

奥尔忠尼启则

　　我在同季诺维也夫及克列斯廷斯基商量之后,答复如下:请来一天,要尽量节省时间,多带一些有关波斯革命的材料和情报。

**列　宁**

译自《列宁全集》俄文第 5 版
第 51 卷第 243 页

# 519

# 致劳动国防委员会委员

（不早于 7 月 22 日）

　　波兰人提出媾和建议,这使我们有可能比较有计划地使用准

备从高加索方面军调往西方面军的部队。因此,我建议国防委员
会研究如下决定:

1. 高加索方面军的部队要徒步穿越整个乌克兰,行军路线的
安排要使部队先后**两次**进入**每一个**乡(乌克兰大约有 1 900 个
乡),两次之间要有一定的时间间隔,先骑兵后步兵,以执行下列任
务(并随后**检查**执行情况):

(a)收集粮食(按余粮收集制);

(b)就地筹集,即在每个村庄筹集(相当于余粮收集额的)**两
倍的**储备粮(存在粮仓以及神父、地主、富户之类家里的)
由当地农民看守并由他们负责。

这双倍的储备粮用做**商品交换**的储备:**在**向当地农
民提供**商品**(俄国的和**外国的**)**之后**,**根据**同当地农民达
成的**协议**,从农民的这一储备中提取粮食;

(c)编制(并审查)**"负责的"**农民名册(从当地**富户**里划定;要
从上往下,也就是从最富的往下排,每个村庄划出 5%—
20%的户主,具体多少按村庄大小而定)。

"负责的"农民对完成政府粮食等方面的任务**亲自**
负责。

部队走后,妥善管理和保存这个名册,是地方政府的
一项专门任务(不执行这项任务者——**枪毙**);

(d)解除富农武装。

武器全部收缴。如有漏掉的武器,由部队首长承担
责任;如有未报的武器,从谁手里找到就由谁承担责任
(枪毙),同时**全体"负责的"**农民也要承担责任(挨罚,但
不罚款,而是罚粮食和物品;没收财产,拘捕;矿坑劳动);

(e)帮助种地、修理农具以及帮助做其他一些必要的工作(看
守仓库或检查看守情况,做铁路方面的工作等等)(看守盐
仓等等)。

2. 为此目的,要给每个部队(即给每个部队的党支部)补充一
名政治委员或指导员(如果需要,从彼得格勒、莫斯科、伊万诺沃-
沃兹涅先斯克征召 1 000 名工人),以指导上述各项任务的执行。

3. 在一些"顽固"的乡或村里,军队或者组织"第三次拜访"(派
部队),或者在那里多驻扎一段时间(到两周),以便加以惩处和
纠正。

4. 这些决定,一部分由国防委员会通过,一部分由劳动军委员
会和乌克兰人民委员会通过。

5. 要向农民印发**最通俗的**传单,讲清总的情况,特别是讲清**筹
集储备粮以便同外国商品进行商品交换的意义**。

立即成立一个工作组,来印发一系列这样的传单,同时印发各
种细则。

为了研究这些建议,立即成立由布留哈诺夫同志和斯克良斯
基同志组成的委员会。请斯大林同志担任这个委员会的主席。

国防委员会主席

**弗·乌里扬诺夫(列宁)**

载于 1942 年《列宁文集》俄文版
第 34 卷

译自《列宁全集》俄文第 5 版
第 51 卷第 244—246 页

# 520

# 致扎·梅·塞拉蒂

## （7月25日）

致塞拉蒂同志

或另一位意大利人

为什么意大利的同志一个也不参加殖民地问题委员会,以维护自己**不支持资产阶级民主运动**的主张呢?

原文是法文　　　　　　　　译自《列宁全集》俄文第5版

第51卷第244页

# 521

# 同保·莱维互递的便条[366]

## （7月25日）

我认为,提纲中还应包括下列几点:

(1)反对民族布尔什维主义　卄

(2)反对国际联盟

(3)关于西欧的民族问题(奥地利并入德国;的里雅斯特等等)

(4)关于反犹太主义(目前在欧洲反犹太主义又在产生很大影响)

请将您的相应建议正式写出来。

我原则上同意。**367**

♯不要忘记独特的任务（利用爱国主义情绪）。

原文是德文　　　　　　　　　　　译自《列宁文集》俄文版第 38 卷
　　　　　　　　　　　　　　　　第 321 页

## 522

# 致伊·费·阿尔曼德

### （7 月 28 日以前）

　　亲爱的朋友：得知您过度疲劳并对工作和周围的人（或者说对同事）不满意，**368**我感到很忧虑。我能不能为您帮忙，安排您去疗养？我非常乐意为您尽力。如果您去法国，我当然也准备帮忙。只是我有点担心，甚至害怕，生怕您在那里遇到麻烦……　会遭到逮捕并且长期不释放……　还是要小心些。是不是最好去挪威（那里许多人懂英语）或者去荷兰？或者以俄籍（或加拿大籍）法国人的身份去德国？最好不去法国，在那里您会被长期关押，而且就是用别人去交换也未必能行。最好不去法国。

　　我休息得好极了，晒黑了，一个字也没有看，一次电话也没有打。狩猎场**原先**是很好的，现在全被破坏了。到处都听人提起您的一家，说"**当年**他们在的时候一切都井井有条"等等。**369**

　　如果您不喜欢去疗养院，去不去南方呢？去高加索找谢尔戈？

谢尔戈会给您安排休息,安排阳光充足的地方,安排如意的工作,他一定会给您安排好的。他在那里**是说了算的**。请考虑这一点。**370**

紧紧地,紧紧地握手!

您的　**列宁**

译自《列宁文集》俄文版第37卷<br>第233页

523

☆致俄共(布)中央波兰局

1920年7月28日

兹介绍伊万·卢基奇·

　　**普罗明斯基**同志前去你处,

他是波兰工人,1894年参加社会民主党。

我在1897——1900年流放期间同他很熟。请给予信任和协助。

俄共中央委员

**弗·乌里扬诺夫(列宁)**

译自《列宁全集》俄文第5版<br>第51卷第244页

# 524

# 给伊·尼·斯米尔诺夫的电报

## （8 月 2 日）

**密码**

**直达电报**

致西伯利亚革命委员会主席斯米尔诺夫

鄂木斯克

总司令要求西伯利亚提供弹药和枪支。对此项要求必须立即照办，不准拖延，要以最快的速度运到。请了解一下，这些东西如能多给，就多给一些。要检查执行情况。

**列　宁**

载于 1942 年《列宁文集》俄文版
第 34 卷

译自《列宁全集》俄文第 5 版
第 51 卷第 246—247 页

# 525

# 给约·维·斯大林的电报和
# 给埃·马·斯克良斯基的便条

## （8月2日）

急

**密码**

### 致斯大林

刚才政治局通过了划分战线的决定，[371]以便由您专门对付弗兰格尔。由于有些地区发生暴乱，特别是库班，其次是西伯利亚，弗兰格尔成了巨大的威胁，中央内部愈来愈倾向于立即同资产阶级波兰媾和。我请您非常认真地考虑一下弗兰格尔的情况并提出您的意见。我已同总司令商定，他给您更多的弹药、援兵和飞机。捷尔任斯基和他的朋友们已建立波兰革命委员会，[372]并发表了告人民书。

**列 宁**

### 致斯克良斯基同志

请按照我们商定的意见，在您通过直达电报同斯大林同志交换意见后，将这份密电拍发给他。

载于1945年《列宁文集》俄文版
第35卷

译自《列宁全集》俄文第5版
第51卷第247页

# 526

# 给约·维·斯大林的电报[373]

（8月3日）

密码

## 致斯大林

我不十分理解，为什么您对划分战线不满意。讲讲您的理由。我认为，既然来自弗兰格尔的危险不断增长，就必须这样做。关于接替者的人选问题，请把您的意见告诉我。同时也请告诉我，哪些诺言总司令迟迟没有履行。我们的外交服从于中央，只要弗兰格尔的危险不引起中央内部的动摇，那么我们的外交在任何时候也破坏不了我们的胜利。我们从库班和顿河州收到了令人不安的、甚至是令人沮丧的电报，说暴乱正在可怕地蔓延。他们坚决要求尽快消灭弗兰格尔。

列　宁

载于1959年《列宁文集》俄文版
第36卷

译自《列宁全集》俄文第5版
第51卷第248页

# 527

# 致伊·捷·斯米尔加和
# 米·尼·图哈切夫斯基

1920年8月3日

**密码**

**直达电报**

致斯米尔加同志和

图哈切夫斯基同志

必须采取一切措施,在波兰最广泛地散发波兰革命委员会的告人民书。为此可调用我们的飞机。报告你们完成的情况。

**列　宁**

载于1942年《列宁文集》俄文版
第34卷

译自《列宁全集》俄文第5版
第51卷第248页

# 528

# 给约·维·斯大林的电报

（8月4日）

致斯大林

中央全会定于明日下午6时开会。请设法在会前把您关于布琼尼受挫[374]和我军在弗兰格尔战线受挫的性质以及我军在这两条战线上作战前景的意见送来。您的意见会关系到一些极重要的政治决策。

列　宁

载于 1942 年《列宁文集》俄文版　　　　译自《列宁全集》俄文第 5 版
第 34 卷　　　　　　　　　　　　　　　第 51 卷第 249 页

529

# 致列·波·加米涅夫

(不晚于 8 月 5 日)

应当说(关于边界)我们可以**多让一些**(即边界线**偏东一些**)[375],

但**不能说**:多让"**很多**",往东偏**很多**。

载于 1942 年《列宁文集》俄文版　　　　译自《列宁全集》俄文第 5 版
第 34 卷　　　　　　　　　　　　　　　第 51 卷第 249 页

530

# 致尼·尼·克列斯廷斯基[376]

(8 月 5 日)

克列斯廷斯基同志:

为了库班,为了镇压暴乱,是否采取了一切措施?

此外，是否召开一次下列各方参加的会议：

(1)全俄肃反委员会

(2)弗拉基米尔斯基

(3)斯克良斯基

(4)克列斯廷斯基？

列　宁

译自《列宁全集》俄文第5版
第51卷第249页

# 531

# 给约·维·斯大林的电报

## （8月7日）

### 致斯大林

请原谅我因共产国际的收尾工作耽误了回信。中央全会没有作出任何改变既定政策的决定。① 英国用战争进行威胁，说等到星期一，即8月9日就不想再等了。我不太相信这种威胁。眼下加米涅夫在伦敦也持强硬立场，而且我相信，您对弗兰格尔的胜利将有助于消除中央内部的犹豫。总之，许多事情还取决

---

① 以下电文列宁用线画出，并在页边注了"密码"二字。——俄文版编者注

于华沙及其命运。①

列　宁

载于1959年《列宁文集》俄文版
第36卷

译自《列宁全集》俄文第5版
第51卷第250页

532

给秘书的批示[377]

(8月7日)

（1）抄写**两份**，

（2）立即寄给布留哈诺夫，以便采取措施

并（3）列入人民委员会星期二会议的议程，

（4）这件事（即第3点）要通知布留哈诺夫。

列　宁

载于1959年《列宁文集》俄文版
第36卷

译自《列宁全集》俄文第5版
第51卷第250页

---

①　参看本卷第539号文献。——编者注

# 533

# 致国家出版社和叶·阿·
# 普列奥布拉任斯基、尼·伊·布哈林

## （8月8日）

**国家出版社**和
**普列奥布拉任斯基**同志、
**布哈林**同志

无论是我国报纸还是外国报纸（不仅是**各国共产党**的报纸，而且还有**资产阶级**报纸），**每周都积累大量材料，特别是关于**协约国**对外政策**的材料。

这些材料（另见《**外交人民委员部公报**》）没有在国际共产主义的宣传中加以利用，可是这些材料极有价值。

建议成立一个委员会来汇总这些材料，并**按月**出版小册子。

内容：协约国对外政策的**事实**（掠夺；战争；暴动；**财政扼杀**）。

印数不必多，因为主要目的是译成**其他语言**。

由几个教授组成的分委员会应当（在严格的监督下）收集**一切**有价值的材料，**特别是资产阶级报纸上的**（这些报纸最能**暴露**自己的"对手"）。

由**党员**同志组成的委员会将审阅教授们的稿子，加以修改，或**要他们**修改。

报纸会散失；小册子能保存下来，**并能帮助国外同志**。

请谈谈意见。

列　宁

1920 年 8 月 8 日

载于 1924 年《书目索引》杂志
第 3 期

译自《列宁全集》俄文第 5 版
第 51 卷第 251 页

534

# 给伊·捷·斯米尔加、
# 费·埃·捷尔任斯基和
# 尤·约·马尔赫列夫斯基的电报

（8 月 9 日）

密码

致斯米尔加、

捷尔任斯基、

马尔赫列夫斯基

你们的报告过分简略。现在需要的,而且是最迫切需要的,是有关雇农和华沙工人的情绪以及整个政治前景的详细情况。务请尽可能于今日答复。

列　宁

载于 1942 年《列宁文集》俄文版
第 34 卷

译自《列宁全集》俄文第 5 版
第 51 卷第 252 页

# 535

## 给秘书的批示[378]

### (8 月 9 日)

(1)寄给洛巴切夫

(**粮食**人民委员部)以便采取措施

(2)并向我反映意见,

(3)要求**交通人民委员部**对此事(12 天行驶 250 俄里)作出
解释,

(4)针对第 3 点情况,要加速运行,

(5)列入人民委员会星期二会议的议程。

载于 1945 年《列宁文集》俄文版
第 35 卷

译自《列宁全集》俄文第 5 版
第 51 卷第 252 页

# 536

## 致彼得格勒苏维埃[379]

1920 年 8 月 10 日

请出版一本地图册,**类似**
《俄国铁路》(1918 年 9 月 1 日彼得格勒 A.伊林制图社出版),

(1)即印成小开本的册子;

(2)一张地图占两页,尽量**不折页**;

(3)每张地图都要画**新的**省界线(各省的颜色同伊林社出版的
书一样)。标出**所有的**县城;

（4）铁路线标上**每个**车站；

（5）**新的**国界线；

（6）单独印出：脱离原俄罗斯帝国的地区和地域（单印一张地图）；

（7）附上**几份**历史地图，标明 1917—1920 年（国内战争）各个不同时期的**各条战线**。

列　宁

载于 1942 年《列宁文集》俄文版
第 34 卷

译自《列宁全集》俄文第 5 版
第 51 卷第 253 页

537

# 给约·维·斯大林的电报[380]

（8 月 10 日）

致斯大林

波兰代表团已经通过了我们的防线。同代表团的第一次会晤拟于明日举行，因此巴兰不可能从一开始就参加。我们马上征求契切林对于巴兰以后参加会晤的意见，然后通知您[①]。

列　宁[②]

载于 1942 年《列宁文集》俄文版
第 34 卷

译自《列宁全集》俄文第 5 版
第 51 卷第 253—254 页

---

①　文献上有尼·尼·克列斯廷斯基写的附言："阿利卢耶娃同志：将此复电发斯大林，然后问一下契切林对于斯大林来电的意见。"——俄文版编者注

②　签署该电的还有尼·尼·克列斯廷斯基。——编者注

# 538

# 给亚·格·别洛博罗多夫的电报

1920 年 8 月 10 日

> 高加索劳动军委员会
> 别洛博罗多夫
> 发往顿河畔罗斯托夫
> 或他的所在地阿尔马维尔等地

**密码**

　　请电告高加索和库班两地的暴乱情况，是在发展还是在减弱，是否采取了一切措施，新来的部队是否有明显作用，数量够不够，以及其他详细情况。[381]

　　　　　　　　　人民委员会主席　**列宁**

载于 1942 年《列宁文集》俄文版
第 34 卷

译自《列宁全集》俄文第 5 版
第 51 卷第 254 页

# 539

# 给约·维·斯大林的电报

## （8 月 11 日）

致斯大林

密码

刚接到加米涅夫的急电。英国害怕总罢工,劳合-乔治宣称,他建议波兰接受我们的停战条件,包括裁军、把武器交给工人、划分疆界等等。我们已经获得巨大的胜利,如果再击溃弗兰格尔,就会得到全胜。我们在这里正采取一切措施。请你们也尽一切努力,无论如何在这次突击中全部收复克里木。现在一切都决定于此。波兰人在拖延,没有如期到达。这对我们极其有利。

列　宁

载于 1942 年《列宁文集》俄文版
第 34 卷

译自《列宁全集》俄文第 5 版
第 51 卷第 254—255 页

# 540

# 给卡·克·达尼舍夫斯基的电报

## （8月11日）

致达尼舍夫斯基

　　您将从契切林那里得知我们在英国就波兰问题所取得的重大外交胜利。希望您能充分考虑到这一点,并且巧妙地把华沙(照我们谈的那样)以及其他各项最可靠的保障列入条件。

列　宁

译自《列宁全集》俄文第5版
第51卷第255页

# 541

# 致尼·尼·克列斯廷斯基

1920年8月11日

致克列斯廷斯基同志

　　沙波瓦洛夫同志(亚历山大·西多罗维奇)是党的一位老同志。彼得格勒工人。

还是在国外的时候，在党内我就很了解他，那时总是像老黄牛那样地工作。

**现在他病了。很需要**加强营养。

能否安排他在克里姆林宫食堂就餐？此事务请办到，请给他一份口粮（优待的）并尽量给予照顾。

列　宁

译自《列宁全集》俄文第 5 版<br>第 51 卷第 255—256 页

# 542

# 致尼·尼·克列斯廷斯基[382]

1920 年 8 月 11 日

克列斯廷斯基同志：

旅俄华工联合会会长**刘**同志有一些问题必须同您商谈。务请给他这个机会。

致共产主义的敬礼！

列　宁

译自《列宁全集》俄文第 5 版<br>第 51 卷第 256 页

# 543

## ☆给各省执行委员会和各省农业局的电报[383]

### (8月11日和13日之间)

人民委员会决定在另行作出新规定之前,为贯彻下述措施暂时停止林务员、其助手以及武装护林队直接参加采伐木材的劳动,责成他们全力以赴进行防火和灭火,其办法如下:(1)普遍加强日常巡查,特别是在容易起火的危险地区,例如:铁路和大车道沿线、堆木场、未经清理的伐木区和泥炭沼泽地;(2)设置瞭望点网,并定时巡视林业区;(3)立即组织清理伐木区的残屑废料;(4)务必亲自参加灭火。凡是吸收他们参加其他工作,例如参加灭火或参加挖沟工程等等,应开具专门的证明,确认林业管理人员在紧张工作。贯彻执行上述全部措施由林务员负责。省农业局必须每周将有关防火和灭火工作的进程以及林业管理人员参加这项工作的情况报送中央林业局。

林务员如不履行自己的职责,又没有准确详细的记录和证明,将以渎职罪论处。

人民委员会主席　　列宁[①]

载于1959年《列宁文集》俄文版
第36卷

译自《列宁全集》俄文第5版
第51卷第256—257页

---

① 签署该电的还有农业人民委员谢·帕·谢列达和瓦·亚·阿瓦涅索夫。——俄文版编者注

# 544

# 致小人民委员会[384]

## (不早于 8 月 11 日)

### 致小人民委员会

请研究这一要求(b 项的**一部分要转组织局**)。**某些部分**应予以满足,因为扫盲斗争**比其他任务都更为重要**。

**列 宁**

载于 1945 年《列宁文集》俄文版第 35 卷　　　　　　　　　　译自《列宁全集》俄文第 5 版第 51 卷第 257 页

# 545

# 致德·伊·库尔斯基

## (不晚于 8 月 12 日)

库尔斯基同志:

这是谁出版的,这么糟糕?[385]

乱七八糟。连书名都不清楚。

把琐碎的资料,甚至布告,都收进来了。

编者是笨呢,还是消极怠工?

应当出版这么大一本**最重要的现行**法令(现在的,1920年的)。

**列　宁**

载于1945年《列宁文集》俄文版
第35卷

译自《列宁全集》俄文第5版
第51卷第258页

## 546

# 致埃·马·斯克良斯基

## (8月12日)

是否需要指示斯米尔加,应(在粮食收完之后)征集**所有的**成年男子入伍?

需要。

既然布琼尼去南方,就得**加强**北方。

译自《列宁全集》俄文第5版
第51卷第258页

## 547

# 致尼·尼·克列斯廷斯基[386]

## (8月12日)

克列斯廷斯基同志:

是否可以由一个**严格的**委员会再审查一下? 沃兹涅先斯基本

来干得不错。

把他撤掉是否有不当之处？是否有个人成分？无原则纠纷？

**列　宁**

1920 年 8 月 12 日

译自《列宁全集》俄文第 5 版
第 51 卷第 258 页

548

# 给格·叶·季诺维也夫的电报

（8 月 13 日）

彼得格勒　斯莫尔尼
季诺维也夫

克尔日扎诺夫斯基报告说：彼得格勒区亚历山大大街 15 号楼贫民住宅委员会主席威胁说，要搜查住在 3 号住宅的亨利希·奥西波维奇·格拉夫季奥教授，并没收其财产。

格拉夫季奥是一位有贡献的教授，是自己人。必须保护他，不准贫民住宅委员会主席胡作非为。请报告执行情况。

人民委员会主席　**列宁**

译自《列宁全集》俄文第 5 版
第 51 卷第 259 页

# 549

# 致格·瓦·契切林

1920年8月14日

契切林同志:

希望您把那些证明法国和达申斯基**破坏**明斯克**会晤**[387]的**全部**事实完全告诉加米涅夫。

这是必要的。非常非常必要。

要通知达尼舍夫斯基,让他一开始就**郑重**声明

(1)独立和主权,

(2)边界让步**超过**寇松的要求[388],

(3)不要任何赔款。是否这样?

为答复加米涅夫的请求,现送上如下电文,以便译成密码:

致加米涅夫　　　　　　　密码

依我看,全部问题在于法国和达申斯基破坏明斯克会晤,大概还要破坏停战。我想,英国不会参战,而没有英国,他们就一切都完了。波兰的消息几乎听不到。现有的少量情报证实了我们中央全会上的决定:保持高度警惕,我们一定能打赢这一战局。我们唤起了工人,这就是一个不小的胜利。**列宁**

致共产主义的敬礼!

**列　宁**

附言:英国力图证明是**我们**在破坏会晤。应将**全部**文件迅速寄给加米涅夫。

载于1959年《列宁文集》俄文版　　　译自《列宁全集》俄文第5版
第36卷　　　　　　　　　　　　　　第51卷第259—260页

## 550

# 致阿·莫·阿尼克斯特

### （8月14日）

**致阿尼克斯特**

必须同挪威的**朗塞特**同志**明确**商定:他(或者**他们**)要为外国工人提出什么条件。

**列　宁**

8月14日

译自《列宁文集》俄文版第38卷
第326页

## 551

# 致埃·马·斯克良斯基

### （8月14日和17日之间）

总司令不该急躁。如果**军事**部门或总司令**不反对**夺取华沙,那就应当**夺取它**(为此需要有哪些紧急措施？ 能否告知?)。

当敌人**进攻**的时候,还谈什么**尽快**停战,这是非常愚蠢的。

既然波兰人已转入**全**线进攻,需要的不是埋怨(像达尼舍夫斯基那样),因为这是可笑的。

须考虑**对策**:各种军事措施(迂回,拖延**一切**谈判等等)。

译自《**列宁全集**》俄文第 5 版
第 51 卷第 260 页


# 552

## ☆致高加索疗养地和疗养院管理局

1920 年 8 月 17 日

伊涅萨·费多罗夫娜·阿尔曼德同志和她有病的儿子前去你处,请尽力帮助他们得到最好的安置和治疗。

我本人了解这两位党内同志,请给予充分信任和尽力协助。

人民委员会主席
**弗·乌里扬诺夫(列宁)**

载于 1945 年《列宁文集》俄文版
第 35 卷

译自《**列宁全集**》俄文第 5 版
第 51 卷第 261 页

# 553

# 给卡·克·达尼舍夫斯基的电报

## (8月17日)

密码

致达尼舍夫斯基

在停战还没有实现的时候,埋怨敌人狡诈,是可笑的。您要保持冷静,要万分强硬,寸步不让,直至波兰人能证明他们真想媾和。

列　宁

发往明斯克

译自《列宁全集》俄文第5版
第51卷第261页

# 554

# ☆致全体人民委员和部务委员

1920年8月17日

美国共产党人**路易·弗雷纳**同志要在莫斯科逗留一段时间,他写过许多(有关布尔什维主义、布尔什维主义的历史和策略的)极其有益的英文著作。

他需要**几名**俄译英的**翻译**同志经常和他一起工作。

翻译可以不是党员。

请物色几名合适的、**精通**英文的同志,并通知**我们的秘书处**。

人民委员会主席

**弗·乌里扬诺夫**(列宁)

载于 1957 年《外国文学》杂志
第 11 期

译自《列宁全集》俄文第 5 版
第 51 卷第 261—262 页

## 555

# 致格·康·奥尔忠尼启则

1920 年 8 月 18 日

谢尔戈同志:伊涅萨·阿尔曼德今天动身。请不要忘记您答应的事。您要往基斯洛沃茨克发一份电报,指示他们要好好地安排她和她的儿子,并要检查执行情况。如果不检查执行情况,他们什么事都不给办。

请写信答复我,如有可能,再拍一个电报:"来信收到,一切照办,并将认真检查。"

鉴于库班一带的危险局势,请您务必同伊涅萨·阿尔曼德建立联系,以便在需要的时候及时地把她和她的儿子转移到彼得罗夫斯克和阿斯特拉罕或安置到里海沿岸的山区(儿子正在生病),总之要采取一切措施。

关于波斯等等的情况请时常来信谈谈。

您很少汇报情况。

敬礼!

您的　**列宁**

载于 1942 年《列宁文集》俄文版
第 34 卷

译自《列宁全集》俄文第 5 版
第 51 卷第 262 页

556

# 给伊·捷·斯米尔加的电报

(8 月 18 日)

密码

致斯米尔加

波兰人的进攻使我们必须加一把劲(哪怕是几天也好)。要尽一切可能去做。如果您认为有益的话,就向部队发出命令,说明他们现在作出十倍的努力,就能保证俄国获得对今后多年都有利的媾和条件。

**列　宁**

载于 1942 年《列宁文集》俄文版
第 34 卷

译自《列宁全集》俄文第 5 版
第 51 卷第 263 页

# 557

# 致小人民委员会

## （8 月 18 日）

请小人民委员会尽快研究此事，并尽可能给予满足。**389**

列　宁

8 月 18 日

载于 1945 年《列宁文集》俄文版
第 35 卷

译自《列宁全集》俄文第 5 版
第 51 卷第 263 页

# 558

# 给伊·捷·斯米尔加的电报

8 月 19 日

**明斯克　斯米尔加**

托洛茨基同志将把政治局的详细决定**390**告诉您，从中您会看到我们完全赞同您的观点。必须竭尽全力动员白俄罗斯的工人和农民，即使是穿草鞋和内衣也能立即以革命的速度给您提供三到四倍的人员补充。

其次，要加紧用飞机撒传单的方式对波兰工人和农民进行宣传，说明他们国家的资本家正在破坏媾和并迫使他们无谓地流血。

列　宁

载于 1942 年《列宁文集》俄文版
第 34 卷

译自《列宁全集》俄文第 5 版
第 51 卷第 263—264 页

559

# 给卡·伯·拉狄克的电报

（8 月 19 日）

请用**密码**发出

**致斯米尔加并转拉狄克**

　　您的想法我们予以考虑。既然您到捷尔任斯基那里去，那就请您坚持更迅速、更有力地无情镇压地主和富农，而且要利用地主的土地和森林实际帮助农民。请详细报告，就地检查。

列　宁

译自《列宁全集》俄文第 5 版
第 51 卷第 264 页

# 560

# 给弗·彼·扎东斯基的电报

### (8月19日)

**请用密码发出**

**致扎东斯基**

（斯克良斯基知道地址和密码）

请详细报告，为了发动加利西亚的农民，你们正在做些什么。武器已经给你们运去。够不够？要无情地镇压地主和富农，使雇农以及广大农民感到这一急剧变革对他们是有利的。你们用飞机撒传单了吗？[391]

**列 宁**

译自《列宁全集》俄文第5版
第51卷第264—265页

# 561

# 致米·尼·波克罗夫斯基

### (不晚于8月20日)

**致波克罗夫斯基同志**

(1)无产阶级文化协会[392]的**法律**地位如何？

（2）它的领导核心**如何**？（3）是由**谁**任命的？

（4）你们从教育人民委员部拨给它多少经费？

（5）关于无产阶级文化协会的地位、作用和工作结果还有哪些**重要情况**？

列　宁

载于 1945 年《列宁文集》俄文版第 35 卷

译自《列宁全集》俄文第 5 版第 51 卷第 265 页

562

# 致俄共(布)中央政治局[393]

（8 月 20 日）

我建议答复如下：

现在这个时机无疑是不合适的，因为我们正在华沙城下退却。请寄来一份经立陶宛白俄罗斯共产党全体中央委员签署的关于立陶宛情况的最详细准确的报告和斯米尔加的意见。准备工作请更加审慎和有条不紊地继续做下去。

已征得三名**政治局**委员的同意。

列　宁

译自《列宁全集》俄文第 5 版第 54 卷第 430 页

# 563

# 给格·康·奥尔忠尼启则的电报

## （8 月 20 日）

**全用密码**

**致奥尔忠尼启则**

今天政治局决定您必须去罗斯托夫，直接参加围歼库班和黑海沿岸的陆战队[394]。您要竭尽全力抓紧完成这一任务，要经常向我报告。找一个人接替您在巴库的工作。还有个请求：别忘记您答应我的安排伊涅萨·阿尔曼德和她生病的儿子治病的事。他们于 8 月 18 日动身，大概已到罗斯托夫了。

**列　宁**

载于 1942 年《列宁文集》俄文版
第 34 卷

译自《列宁全集》俄文第 5 版
第 51 卷第 265 页

# 564

# 给卡·伯·拉狄克、费·埃·
# 捷尔任斯基和波兰中央委员会
# 全体委员的电报

（8月20日）

密码

致斯米尔加转拉狄克、捷尔任斯基和<br>波兰中央委员会全体委员

　　既然谢德尔采省少地的农民已经开始夺取地主的土地，那么波兰革命委员会绝对必须颁布一项专门法令，以便保证把地主的部分土地分给农民，并且无论如何要使少地的农民和雇农之间取得和解。请答复。

列　宁

载于1951年莫斯科出版的《费利克斯·埃德蒙多维奇·捷尔任斯基。1877—1926》一书

译自《列宁全集》俄文第5版第51卷第266页

# 565

# 给列·波·加米涅夫的电报和
# 给格·瓦·契切林的便条

## (8月20日)

**密码**

### 致加米涅夫

我们未必能很快①攻下华沙。敌人在那里加强了力量并且正在进攻。显然,劳合-乔治在有意识地同丘吉尔分工扮演不同的角色,以和平主义的空话掩盖法国人和丘吉尔的现实政策,愚弄韩德逊之流这些傻瓜。要竭力向英国工人阐明这一点,要亲自为他们写文章、提纲,要具体地教马克思主义,教他们利用韩德逊们向左摇摆的动向,教他们在群众中进行鼓动——这就是你们的主要任务。劳合-乔治用和平主义欺骗了我们,从而帮助丘吉尔把增援波兰人的部队在但泽送上了岸。这就是问题的实质。要同罗马尼亚大使保持接触。

**列　宁**②

契切林同志:如果同意,请发出。如果不同意,我们通过电话

---

① "很快"一词是格·瓦·契切林加的。——俄文版编者注
② 签署该电的还有格·瓦·契切林。——俄文版编者注

谈一谈。

列　宁

发往伦敦　　　　　　　　　　　　　　译自《列宁全集》俄文第 5 版
　　　　　　　　　　　　　　　　　　第 51 卷第 266—267 页

566

# 致格·叶·季诺维也夫

1920 年 8 月 20 日

致季诺维也夫同志

并转国家第一地图绘制委员会（原 A.伊林制图社）

普里亚日卡街 5 号

非常感谢又寄来一本《俄国铁路》地图册，请不要忘记，如果出版标明**新的**行政区划的新地图册，必须从各人民委员部那里**非常仔细地**收集有关新的省，以及鞑靼、巴什基尔等共和国，还有州及公社（德意志人的，楚瓦什人的）等等的边界的资料。

如果不在人民委员会下面设立一个委员会，此事未必能办好。

致共产主义的敬礼！

**弗·乌里扬诺夫**（列宁）

发往彼得格勒　　　　　　　　　　　译自《列宁全集》俄文第 5 版
载于 1942 年《列宁文集》俄文版　　　　　第 51 卷第 267 页
第 34 卷

# 567

# 给秘书的批示

## （8 月 21 日以前）

告诉契切林

（1）我看，加米涅夫是对的，应当**通过他**来答复（而且是否定的答复）。

（2）**通过克拉辛**开始同万德利普谈判，把**条件**准确无误地弄`清楚，先不要叫万德利普到这里来。**395**

译自《列宁全集》俄文第 5 版
第 51 卷第 268 页

# 568

# 致约·维·斯大林

8 月 21 日

斯大林同志：已同斯米尔加谈妥，他将等到 9 月 14 日（他要在 10 月 15 日以前去克里木）等等。这就是说，问题已解决了。对财政人民委员部要特别抓紧，一般说来，我们的机关是个薄弱环节。附上两张便条，请通过李可夫送交收件人。

您的 **列宁**

译自《列宁文集》俄文版第 38 卷
第 326 页

# 569

# 致俄共(布)中央组织局

## (8月24日)

### 致克列斯廷斯基
### 并转**组织局**

我同意克列斯廷斯基的意见:普列奥布拉任斯基是"没有表达出来"。应更详细、**更有鼓动性**、更有感情,而且要更明确、更实际。

让**季诺维也夫**来写(明天,8月25日,**他在这里**),由组织局修改。**396**

列　宁

译自《列宁全集》俄文第5版
第51卷第268页

# 570

# 给下诺夫哥罗德
# 省执行委员会主席的电报

## (8月24日)

### 下诺夫哥罗德　省执行委员会主席
### 抄送:无线电实验室

收到此电后,立即采取一切相应的措施给派到下诺夫哥罗德去完成国家军事任务的博京以全面协助,同时也要给博京领导的第 605 号军用无线电台小队供应住房和粮食。给博京提供必要的交通工具,一份前线红军口粮,并给他本人、妻子和女儿提供住房。

国防委员会主席　**列宁**

1920 年 8 月 24 日

译自《列宁全集》俄文第 5 版
第 51 卷第 268—269 页

# 571

# 致阿·伊·李可夫和
# 埃·马·斯克良斯基[397]

(不早于 8 月 26 日)

致李可夫
　　　　和
斯克良斯基

　急! 画有着重线的地方极为重要。请同列扎瓦商量。不要错过机会!

**列　宁**

译自《列宁文集》俄文版第 38 卷
第 327 页

# 572

# 致格·康·奥尔忠尼启则

## （8月27日以前）

谢尔戈同志：现将我收到的情况报告寄给您。请注明哪些事情属实，哪些不属实，然后退给我。[398]

您有时大概急躁得厉害吧？

也许您应当找几个助手，把工作安排得更有条理一些。

我想，您不会抱怨我的意见，并能坦率地回答，哪些您打算改进和纠正以及怎样改进和纠正。

敬礼！

您的　列宁

载于1942年《列宁文集》俄文版
第34卷

译自《列宁全集》俄文第5版
第51卷第269页

# 573

## 致尼·伊·布哈林

### (不晚于 8 月 27 日)

布哈林同志：

我认为**应当**用俄文出版德莱昂的《片断》。[399] 附上弗雷纳的注释和序言。我也要写几句话。

如果同意，您就通过国家出版社**下达指示**。

如果不同意，我们再商谈。

列　宁

载于 1924 年《生活》杂志
第 1 期

译自《列宁全集》俄文第 5 版
第 51 卷第 272 页

# 574

## ☆致爱德华·马丁同志

1920 年 8 月 27 日

亲爱的同志：

我知道，您是由于为共产国际过分紧张地工作而生病的。约翰·里德同志和我谈过这个情况。

请您接受我最良好的祝愿，最真挚的谢意，并请您相信，我将竭尽全力帮助您。

　　致最良好的祝愿！

您的　弗·乌里扬诺夫（列宁）

载于 1957 年《外国文学》杂志
第 11 期

译自《列宁全集》俄文第 5 版
第 51 卷第 269—270 页

## 575

# 致小人民委员会

1920 年 8 月 27 日

致小人民委员会

　　鉴于**沃罗夫斯基**同志患了**极其严重**而危险的疾病（肠伤寒、肺炎等等），请急速批拨一大笔补助金，供他治病和加强营养之用。

人民委员会主席

**弗·乌里扬诺夫（列宁）**

载于 1945 年《列宁文集》俄文版
第 35 卷

译自《列宁全集》俄文第 5 版
第 51 卷第 270 页

# 576

# 致尼·尼·克列斯廷斯基[400]

## （8 月 27 日）

我同意，但是对这一结论（即"警告"）务必加以补充：**不得挑起部门间的争吵**，不得向**最高国民经济委员会、粮食人民委员部**和其他人民委员部寻衅找碴。

**列　宁**

译自《列宁全集》俄文第 5 版
第 51 卷第 270 页

# 577

# 致费·埃·捷尔任斯基

## （不早于 8 月 27 日）

捷尔任斯基同志：附上别洛博罗多夫同志的密电[401]。

我认为，危险极大。

我建议：

**由政治局通过一项指示：**

请组织局同陆军人民委员部和全俄肃反委员会商定消除

暴动危险的**紧急**措施，并动员足够的军事力量、肃反人员和党员。

**请**把这一切立刻**转告克列斯廷斯基**同志（他今天只外出几个小时），您从自己方面也要**立即**采取**一切**措施。

如果库班发生暴动，那**我们的整个政策**（在中央委员会谈过的）**就要失败**。无论如何不许发生暴动，要不惜人员和力量。要不要把曼采夫派到那里去？

　　　　　　　　　　　您的　**列宁**

译自《列宁全集》俄文第 5 版
第 51 卷第 271 页

# 578

# 致小人民委员会[402]

## （8 月 31 日）

### 致小人民委员会

必须把救济物资集中起来统一管理，**正确地**加以分配。

　　　　　　　　　　　列　宁

　　　　　　　　　　　8 月 31 日

载于 1945 年《列宁文集》俄文版
第 35 卷

译自《列宁全集》俄文第 5 版
第 51 卷第 271 页

# 579

# 致鲁勉采夫博物院图书馆[403]

## (9 月 1 日)

如果按规定参考书不准带回家,那么在晚上,在夜间图书馆闭馆时,可否借出。次日早晨送还。

借一天,作参考用:

一、两部最好、最全的希腊语词典。希德、希法、希俄或希英。

二、几部最好的哲学辞典,哲学名词辞典:德文的,大概是艾斯勒编;英文的,大概是鲍德温(Baldwin)编;法文的,大概是弗兰克编(如果没有更新的);俄文的,借一部新的。

三、希腊哲学史

(1)策勒著,要全的和最新的版本。

(2)龚佩茨(维也纳哲学家)《希腊思想家》。

载于 1929 年《星火》杂志
第 3 期

译自《列宁全集》俄文第 5 版
第 51 卷第 272 页

580

## 给格·康·奥尔忠尼启则的电报

1920年9月2日

高加索方面军

革命委员会

奥尔忠尼启则

　　来电收悉。您犯不着生气。如果 X 的报告[404]不属实，那就冷静地写几行字加以反驳，给我寄来。请再更详细地谈谈剿匪斗争进展情况，以及我在这里曾当面向您谈到过的那两位苏维埃工作人员安置到基斯洛沃茨克的情况[①]。

人民委员会主席　**列宁**

载于1942年《列宁文集》俄文版
第34卷

译自《列宁全集》俄文第5版
第51卷第273页

581

## 致尼·尼·克列斯廷斯基

### （9月2日）

　　克列斯廷斯基同志：我认为，应当将这种浪费精美纸张和印刷

---

　　①　见本卷第555号文献。——编者注

经费的人**送交法庭审判**，把他们撤职和逮捕。**405**

**列　宁**

9月2日

载于1959年《列宁文集》俄文版
第36卷

译自《列宁全集》俄文第5版
第51卷第273页

582

# 致列·波·克拉辛

（9月2日）

**请用密码发给克拉辛**

　　玛丽亚·费多罗夫娜·安德列耶娃请求由对外贸易人民委员部派她去美国或斯堪的纳维亚国家。**406**

**列　宁**

9月2日

载于1958年《戏剧》杂志
第4期

译自《列宁全集》俄文第5版
第51卷第274页

583

## 致阿·伊·李可夫和列·达·托洛茨基

（9月3日）

**李可夫**和**托洛茨基**：

　　请派人在**萨马拉**和**沃罗涅日**（向工人）进行调查并把结果告诉我。[407]

**列　宁**

9月3日

译自《列宁文集》俄文版第37卷
第237页

584

## 在娜·阿·尼库林娜来信上的批示

（不早于9月3日）

最尊敬的弗拉基米尔·伊里奇：

　　完全是由于走投无路，我才不得不打搅您，向您提出恳求。我74岁了，其间我尽我的力量和才能为我亲爱的莫斯科服务了51年…… 我知道人们居住得多么拥挤，因此主动协助并献出了自己小房子里的几个房间。只留下了我必需的和不便于居住的过道上的几个寒冷的房间。现在，我面临着就连这几个房间也要被剥夺的威胁，我恳求您，帮帮我的忙…… 您指示写几句话,就足以使我得到充分的保障了。

致真挚的敬意!

国立小剧院功勋演员 **娜·尼库林娜**

请查一下,打个电话,别再打扰她了。

载于 1945 年《列宁文集》俄文版
第 35 卷

译自《列宁全集》俄文第 5 版
第 51 卷第 274 页

# 585

## 给波多利斯克县粮食委员会的电报

### (9 月 6 日)

致波多利斯克县粮食委员会

抄送:波多利斯克县执行委员会

下面的呈文是直接递交给我的。[408]

我可以证明博格丹诺沃村(俗称博格丹尼哈)缺粮情况严重。因此,请马上审理他们的呈文,并尽可能地改善他们的处境,即尽可能减少他们那里的征粮数。

请把你们的决定用函件并用电话通知我。

人民委员会主席

**弗·乌里扬诺夫(列宁)**

1920 年 9 月 6 日

载于 1942 年《列宁文集》俄文版
第 34 卷

译自《列宁全集》俄文第 5 版
第 51 卷第 275 页

## 586

# 致莉·亚·福季耶娃[409]

(9月6日)

致莉迪娅·亚历山德罗夫娜

读后转寄科学技术局,并检查一下办了哪些事情(给他去信了吗?)。

列　宁

9月6日

载于1945年《列宁文集》俄文版
第35卷

译自《列宁全集》俄文第5版
第51卷第275页

## 587

# 致弗·德·邦契-布鲁耶维奇

(9月7日)

我今天签署了小人民委员会关于再拨一所房子(好像是什塔特内胡同12号)给社会教育司(什塔特内胡同13号)的决定。

我能否请您

(1)看看这所房子,

(2)告诉我,能不能完全修复,多长时间能修复?

（3）是否适用？

译自《列宁全集》俄文第5版
第51卷第276页

# 588

# 致列·达·托洛茨基

## （9月8日）

托洛茨基同志：

这是今天收到的对我在夜间关于"化名者"的询问的答复（他被召到我们这里，也询问了古谢夫**410**……①　古谢夫不反对。

但是，他讲的第13集团军打了大败仗的消息是极为令人不安和极为重要的。

我认为，鉴于整个局势，应当采取极其严肃认真的态度，并且应当(1)立刻询问总司令，(2)今天晚上提交中央委员会……①

……①要不要任命伏龙芝为抗击弗兰格尔的方面军司令并让伏龙芝立即赴任。**411**我已请伏龙芝尽快同您谈谈。伏龙芝说他研究过弗兰格尔战线，对这个战线作过准备，他熟悉（根据在乌拉尔州的经验）同哥萨克作战的方法。

**列　宁**

译自《列宁全集》俄文第5版
第51卷第276页

---

① 打字稿有脱漏。——俄文版编者注

# 589

# 致列·达·托洛茨基

1920年9月9日

密码

### 致托洛茨基

　　古谢夫转交给您的雅柯夫列夫有关克里木军队的建议，我认为是极其重要的。我建议予以采纳，并派人作专门审查，但不管审查情况如何，应立即起草一份宣言书，由您、加里宁、我、总司令、布鲁西洛夫以及其他一些过去的将军签署。其中要提出明确的建议和保证，还要指出加利西亚东部的前途和波兰人日益嚣张的蛮横态度。请您尽快提出意见，最好同时提出您的宣言草案。[412]

列　宁

译自《列宁全集》俄文第5版<br>第51卷第277页

# 590

# 给格·康·奥尔忠尼启则的电报

1920年9月9日                                          **密码**

高加索方面军革命军事委员会
奥尔忠尼启则

最迅速而彻底地消灭高加索和库班的一切土匪和白卫军残部,这是一件对全国有重大意义的事。请更经常、更准确地把情况告诉我。

**列 宁**

载于1936年10月28日《真理报》        译自《列宁全集》俄文第5版
第298号                              第51卷第277页

# 591

# 致亚·格·施利希特尔①

1920年9月9日

施利希特尔同志:

我对您有一个请求:娜捷施达·康斯坦丁诺夫娜在坦波夫有

---

① 列宁在信封上写道:"**坦波夫**市    省执行委员会主席**施利希特尔**同志收(列宁寄)"。——俄文版编者注

两位她熟悉的同志,阿赞切夫斯卡娅老太太和她的女儿——

伊丽莎白·尼古拉耶夫娜·阿赞切夫斯卡娅和安娜·瓦西里耶夫娜·阿赞切夫斯卡娅。

地址:**坦波夫**  尼古拉耶夫旅馆,**好像是** 1 室。

娜捷施达·康斯坦丁诺夫娜恳求您采取措施,使她们在饮食方面得到**圆满的**照顾。这是这位老太太完全**应当得到**的。

劳驾写几个字告诉我此事办得怎样,是否采取了措施,以便您**不在时**(在您**外出的时候等等**)她们也不至于无人关照。

坦波夫省的情况怎样?

挨饿吗?

不能让大家吃饱吗?(靠当地的粮食)

你们采取哪些措施?

致崇高的敬礼!

您的    列宁

发往坦波夫

载于 1945 年《列宁文集》俄文版
第 35 卷

译自《列宁全集》俄文第 5 版
第 51 卷第 278 页

# 592

# 致阿·伊·李可夫和安·马·列扎瓦

（9月10日）

最高国民经济委员会　李可夫
对外贸易人民委员部　列扎瓦

我国在伦敦的贸易代表团做成的几笔出口木材的大交易具有重大的政治意义和经济意义，这是在事实上冲破了封锁。因此必须高度重视，使这些合同能按照签订的条件准确及时地得到履行。请立即在这方面作出一切有关指示，并对这些指示的执行建立行之有效的监督。

同时，显然有必要千方百计地增加我们的出口储备，而首先要抓紧出口木材的采伐。为了把采伐木材列为突击任务，请在最短期间内拟定一份有关必要措施的法令草案提交人民委员会，其中要指出对主管采集出口原料的各机关组织监督。[413]

人民委员会主席　**列宁**

载于1920年9月18日《经济生活报》
第207号

译自《列宁全集》俄文第5版
第51卷第278—279页

# 593

# 致伊·格·鲁达科夫

### (9 月 10 日)

彼得格勒

彼得格勒公社燃料局局长

**鲁达科夫**同志

抄送:彼得格勒苏维埃执行委员会

请您给学者生活改善委员会供应木柴。

如果对他们应得的木柴量有什么分歧意见或反对意见,请简单写两句告诉我。

人民委员会主席

**弗·乌里扬诺夫(列宁)**

载于 1933 年《列宁文集》俄文版第 23 卷

译自《列宁全集》俄文第 5 版第 51 卷第 279 页

# 594

# 致尼·尼·克列斯廷斯基

### (9 月 11 日)

克列斯廷斯基同志:

我建议以**中央**的名义宣布给工作马虎的**乌克兰通讯社**以**严重**

**警告处分**，并预先警告他们，下次重犯将给予更加严厉的处分。[414]

列　宁

9月11日

译自《列宁文集》俄文版第37卷
第238页

595

## 致格·瓦·契切林[415]

（不早于9月11日）

契切林同志：

非常感谢您提供的情况。您的答复好得多;请签上您的名字寄给法国人(可以加上一笔:应列宁的要求)。

您的　列宁

译自《列宁全集》俄文第5版
第51卷第280页

## 596

# 给阿塞拜疆革命委员会的电报

### （不晚于 9 月 12 日）

电报

巴库    阿塞拜疆革命委员会

抄送：阿塞拜疆石油委员会主席谢列布罗夫斯基

据谢列布罗夫斯基报告，因生活条件极为恶劣，外国工程师陆续离开巴库。鉴于石油工业对各苏维埃共和国具有特别重要的意义，必须保证它有足够的技术力量。外国人强留是不行的，因此你们应不惜超出一般标准向最有名望的专家提供能保证他们留在我们这里工作的食住条件。在个别情况下，只好同意对特别有名望的专家用外币支付部分工资，好让他们汇给在国外的眷属。使专家留在石油工业部门工作一事完全由你们负责。请准确无误地报告，你们为此究竟做了些什么。

国防委员会主席    **列宁**①

载于 1920 年 9 月 12 日巴库出版的《共产党人报》第 109 号（非全文）

译自《列宁文集》俄文版第 38 卷第 328 页

---

① 签署该电的还有阿·伊·李可夫。——俄文版编者注

# 597

# 致亚·格·别洛博罗多夫

### (9 月 10 日和 13 日之间)

致东南劳动军委员会主席别洛博罗多夫

劳动国防委员会在 9 月 10 日会议上决定对东南劳动军委员会在巴泰斯克拦截装有修筑基兹利亚尔—旧捷列克铁路所需材料的直达列车这一错误提出警告,责成该委员会采取一切措施保护这些物资不被盗窃,并把它运往指定地点。

国防委员会主席　**列宁**

译自《列宁全集》俄文第 5 版
第 51 卷第 280 页

# 598

# 给弗·雅·丘巴尔和
# 弗·尼·克桑德罗夫的电报

### (9 月 10 日和 13 日之间)

直达电报

乌克兰工业局　丘巴尔和
顿涅茨煤矿总管理局　克桑德罗夫

鉴于你们没有呈报材料答复(1)8 月 20 日煤炭总委员会的询

问,以及(2)9 月 4 日劳动国防委员会的询问,国防委员会于 9 月 10 日决定对乌克兰工业局和顿涅茨煤矿总管理局给予严重警告处分,同时预先警告,如果不立即作出令人满意的答复,将对这些机关的全体人员给予更加严厉的处分。

劳动国防委员会主席　**列宁**

载于 1942 年《列宁文集》俄文版　　　　　　译自《列宁全集》俄文第 5 版
第 34 卷　　　　　　　　　　　　　　　　　第 51 卷第 280—281 页

599

# 给高加索方面军革命军事委员会的电报

(9 月 10 日和 14 日之间)

致高加索方面军革命委员会

鉴于高加索方面军革命委员会未执行劳动国防委员会 6 月 25 日的决定和共和国野战司令部 7 月 5 日的命令[416],劳动国防委员会决定给该委员会以严重警告处分,同时预先警告高加索方面军革命委员会各委员,如果他们不全力以赴执行上述决定,他们将被逮捕法办。

劳动国防委员会主席　**列宁**

载于 1942 年《列宁文集》俄文版　　　　　　译自《列宁全集》俄文第 5 版
第 34 卷　　　　　　　　　　　　　　　　　第 51 卷第 281 页

# 600

# 在亚·米·克拉斯诺晓科夫
# 来电上的批示[417]

(9月13日)

急

送佛敏和李可夫

以便就**紧急**措施达成**书面**协议。

列 宁

9月13日

译自《列宁文集》俄文版第40卷
第72页

# 601

# 致瓦·亚·阿瓦涅索夫[418]

(9月14日)

请派人进行调查,同斯克良斯基协商,吸收部队党员参加,您自己也派一些党员参加(简单写两句给我)。

译自《列宁全集》俄文第5版
第51卷第281页

# 602

# 致切列姆霍沃煤矿工人[419]

1920年9月15日

致东西伯利亚煤矿总管理委员会
并转煤矿工人和技术人员

亲爱的同志们:衷心地感谢你们委托伊万·雅柯夫列维奇·伊林同志转交给我的1920年8月2日的贺信。伊林同志和我谈到西伯利亚各煤矿在奋力工作,并且介绍了劳动者(他们现在不是为资本家劳动,而是为自己劳动)愈来愈自觉地遵守纪律的情况,使我感到极大的快慰。

同志们,你们的贺信中特别宝贵的就是对于苏维埃政权必将完全彻底地战胜地主、资本家和一切剥削者的极其坚定的信念,以及克服一切障碍和困难的顽强的意志和决心。我同一切共产党人一样,正是从工人和劳动群众的这种顽强的意志中汲取工人和工人事业必将在全世界获胜的信心。

致共产主义的敬礼,并祝你们最迅速地获得成功!

忠实于你们的

弗·乌里扬诺夫(列宁)

载于1920年11月11日《彼得格勒真理报》第253号

译自《列宁全集》俄文第5版第51卷第282页

# 603

# 致 А.П.普拉东诺夫[420]

### (9 月 15 日)

致苏维埃房屋管理处主任
普拉东诺夫同志

　　请立即在苏维埃 5 号楼为**阿多拉茨基**同志提供他所要求的**五间一套**的、有取暖设备的住房。阿多拉茨基同志将同皮翁特科夫斯基同志(五口之家)住在一起。

　　请向我报告执行情况。

　　　　　　　　　人民委员会主席
　　　　　　　　**弗·乌里扬诺夫(列宁)**

　　　　　　　　　　　　译自《列宁文集》俄文版第 39 卷
　　　　　　　　　　　　第 241 页

# 604

# 给阿·阿·越飞的电报[421]

### (9 月 16 日)

请发给越飞

20 日召开中央全会。请于 19 日夜将您的意见报来:波兰人意向如何；媾和是否可能，能否很快，条件是什么；特别是关于立陶宛、白俄罗斯、加利西亚东部的问题，情况如何。

列　宁

载于1942年《列宁文集》俄文版　　　　　　译自《列宁全集》俄文第5版<br>第34卷　　　　　　　　　　　　　　　　第51卷第282—283页

# 605

# 致米·伊·加里宁

1920年9月16日

## 致加里宁同志

加里宁同志：

伊林同志和家属请求让他们在梅特罗波尔大饭店的旧住宅住到春天，

因为医生证明他的妻子和孩子都患重病，要求在冬季做手术时能有个较好的环境和条件。

我在革命前从国外回来时就认识伊林同志，恳切请求您帮助他安排好此事。

列　宁

译自《列宁全集》俄文第5版<br>第51卷第283页

# 606

# 致 A.Π.普拉东诺夫

（9 月 16 日）

**致普拉东诺夫同志**

我坚决要求立即给斯克沃尔佐夫同志安排住房。

人民委员会主席

**弗·乌里扬诺夫（列宁）**

译自《列宁全集》俄文第 5 版
第 51 卷第 283 页

# 607

# 致安·马·列扎瓦[422]

（9 月 16 日）

送列扎瓦同志（同斯克良斯基协商之后要尽快决定并采取措施）。

**列　宁**

9 月 16 日

附言:这样的文件应**直接**送对外贸易人民委员部,以免耽误时间。

译自《列宁全集》俄文第 5 版
第 51 卷第 284 页

## 608

## 致尼·尼·克列斯廷斯基[423]

### (不早于 9 月 17 日)

克列斯廷斯基同志:

　　此类东西最好**直接**送您,以免由我转递而**耽误时间**。

列　宁

译自《列宁文集》俄文版第 38 卷
第 328 页

## 609

## 致格·瓦·契切林

### (不晚于 9 月 20 日)

契切林同志:

　　(1)请以我的名义给李维诺夫发一封密码电报:

我很气愤,您又对克拉辛进行显然无理的挑剔,如反对同瑞典人签订木材合同。我警告您,如果您不从根本上改变自己的做法,我将请求中央把您召回。

列　宁

(2)请**批准斯特凡·苏日尔卡**入境。我们需要无线电专家。如果需要征求全俄肃反委员会的意见,就请以**我的**名义叫他们**尽快答复**。我认为入境的事非常急迫。请速办。

您的　**列宁**

译自《列宁全集》俄文第 5 版<br>第 52 卷第 28 页

# 610

## 在华·万德利普来信上的批示[424]

### (9 月 20 日)

9 月 20 日收到。

我认为应当采纳第 3 条(作为基础),并**火速**行动。

列　宁

**致列扎瓦同志**

立即翻译,并印出 5—**10** 份,分送中央委员。

译自《列宁全集》俄文第 5 版<br>第 51 卷第 284 页

# 611

# 致安·马·列扎瓦

1920 年 9 月 20 日

### 致列扎瓦同志

列扎瓦同志：应**赶紧**同齐默尔曼会面，并向政治局提出：

普拉滕通过自己的信使（齐默尔曼（**明天**,9 月 21 日启程）；瑞士来的共产党员；现在此地）请求

保留和确认他的俄罗斯联邦驻瑞士商务代表委任书，因为这样

（1）能帮助他普拉滕**提前**获释出狱（他**已**入狱，要坐 6 个月的牢）。

（2）能巩固他在共产主义运动中的地位。

应提供给普拉滕**一些钱**，他处境艰难。

**列 宁**

译自《列宁全集》俄文第 5 版
第 51 卷第 284—285 页

# 612

# 致莫·伊·弗鲁姆金[425]

### （9 月 22 日）

为了保护列车免遭匪徒抢劫，您当然有权利而且有义务采取

一切措施直至临时停车,因为您负责列车的安全。关于基兹利亚尔—旧捷列克铁路是否需要的问题,人民委员会经过重新审议,最终确认它是需要的。

列 宁

载于 1942 年《列宁文集》俄文版第 34 卷　　　　译自《列宁全集》俄文第 5 版第 51 卷第 285 页

613

# 在安·马·列扎瓦给列·达·托洛茨基的电话的记录上作的标记和批示

(9 月 22 日)

电话记录第 167 号
对外贸易人民委员部给
交通人民委员部托洛茨基同志

我认为有必要把关于在国外订购机车的问题通知您。您知道,克拉辛和罗蒙诺索夫同志在国外拥有交通人民委员部交给的向各国订购机车的广泛的权力和任务。订购工作已部分办妥,其余部分正同各公司谈判。然而,参加对外贸易委员会的交通人民委员部的代表最近对订购机车一事改变了原先的设想,于是对外贸易委员会最近一次会议通过了一项决定,要求克拉辛和罗蒙诺索夫同志暂停进一步订购机车,等交通人民委员部订购机车的新计划取得人民委员会批准后再说。这一决定我已通知克拉辛和罗蒙诺索夫同志。交通人民委员部所作的这些变动使我们同罗蒙诺索夫打交道遇到阻碍,这在他最近几份电报中已反映出来了。

副对外贸易人民委员　列扎瓦<br>1920 年 9 月 22 日

托洛茨基同志：

♯　难道是真的吗??

如果是真的,那是极其危险的。

**列　宁**

9 月 22 日

译自《列宁文集》俄文版第 38 卷
第 329 页

# 614

## 在谢·谢·加米涅夫报告上
## 作的标记和批示

(9 月 23 日)

……

(2)以沙拉河、奥金斯基运河、亚谢利达河、斯特里河以及俄国和加利西亚东部之间的国界为界,可作为我方最大限度的领土让步。如果我们的边界再往东移,就会给我们造成非常困难的战略条件,使我们丧失像巴拉诺维奇、卢尼涅茨、萨尔内和罗夫诺这样重要的铁路枢纽。况且,我各集团军的状况以及总的战略态势也并不要求作出如此重大的牺牲……

♯　契切林同志:这就是边界的极限。中央已通过。必须明确重申这一点。[426]

**列　宁**

载于 1945 年《列宁文集》俄文版
第 35 卷

译自《列宁全集》俄文第 5 版
第 51 卷第 285—286 页

# 615

# 给阿·阿·越飞的电报

## （9 月 23 日）

**即日**以中央全会的名义用密码发给越飞。

对我们来说,全部实质在于:第一,要在短期内实现停战;第二,也是主要的,就是要有在 10 天的期限内实现真正媾和的切实保障。您的任务就是保证这一点,并检查为实际执行提供的保障是否切实。如果您能保证这一点,那就可以作出最大限度的让步,直至退让到沙拉河、奥金斯基运河、亚谢利达河、斯特里河以及俄国和加利西亚东部之间的国界一线。如果我们作出一切努力和让步,但仍然无法保证这一点,那么您唯一的任务就是揭露波兰人拖延时间并确凿地向我们证明冬季战局不可避免。

载于 1959 年《列宁文集》俄文版
第 36 卷

译自《列宁全集》俄文第 5 版
第 51 卷第 286 页

# 616

# 致格·瓦·契切林[427]

## （不早于 9 月 24 日）

契切林同志:

应当向中央

(1)再提出一份**确切的**决定草案:中央禁止怎样做,要求怎样做。

(2)具体控告**每一件**违反规定的事。

(3)由中央批准任命一个**负责**人（不是很"高级的"）。

否则只能是发一通牢骚而已。

列　宁

载于 1959 年《列宁文集》俄文版
第 36 卷

译自《列宁全集》俄文第 5 版
第 51 卷第 286—287 页

# 617

## 在列·波·克拉辛来电上作的标记和批示

### （不早于 9 月 24 日）

发自伦敦，2/23　130/129　23/9　6　35
1920 年 9 月 24 日收到并解码
莫斯科　契切林
抄送：列扎瓦、列宁、克列斯廷斯基

**注意**‖罗蒙诺索夫从柏林报告说，柯普打算于 9 月 24 日通过不可靠的经纪人在没有可能在德国办理机车订货的条件下购买一亿卢布的货物。<u>我认为在德国订购机车具有重大意义</u>，而且我有理由对柯普周围的人持怀疑态度，因此我坚持暂缓做这笔交易并向我通报该交易的条件。此外，我们这里的人都不怀疑：德国任何一笔大的交易，如果没有英国金融界的参与，终归是要失败的。等待您的迅速答复。

克拉辛
1920 年 9 月 23 日

列扎瓦同志：

　　请不要忽视！请同托洛茨基商定，或提交人民委员会，也可提交国防委员会。

**列　宁**

译自《列宁文集》俄文版第40卷<br>第73页

# 618

# 致索·伊·吉列尔松

（9月25日）

特急

**布拉格　吉列尔松**

　　请立即在报上公布，并转告捷克斯洛伐克社会民主党代表大会[428]：弗兰蒂舍克·贝奈什说什么同我交谈过捷克斯洛伐克是否有可能实行无产阶级专政的问题，这是彻头彻尾的谎言，我不但从未同他谈过话，连见都没见过他。不言而喻，贝奈什所引述的我对库恩·贝拉和匈牙利革命的见解，也是同样卑鄙的谎言。

**列　宁**

译自《列宁全集》俄文第5版<br>第51卷第287页

# 619

# 致尼·亚·谢马什柯

## (9月25日)

**致谢马什柯**同志

请把柳博芙·伊萨科夫娜·**阿克雪里罗得**(正统派)留在第二疗养所(第三涅奥帕利莫夫斯基巷5号)过冬,拨给她一个舒适的房间。

人民委员会主席

**弗·乌里扬诺夫**(列宁)

谢马什柯同志:请简单写两句谈谈她的安置情况。必须给她帮助。

您的　**列宁**

译自《列宁全集》俄文第5版
第51卷第287—288页

# 620

# 给尼·亚·叶梅利亚诺夫的证明

1920年9月25日

## 证明

兹证明:尼古拉·亚历山德罗维奇·**叶梅利亚诺夫**同志系谢斯特罗列茨克苏维埃主席,**我认识他**,他从我处携带一个**箱子**[429]送往谢斯特罗列茨克,不得进行任何检查。

人民委员会主席

**弗·乌里扬诺夫**(列宁)

译自《列宁文集》俄文版第39卷
第242页

# 621

# ☆致西伯利亚革命委员会[430]

(9月26日)

伊·尼·斯米尔诺夫同志:给您寄去以下几点意见,请考虑。请简单写两句对这些意见的看法。

您的 **列宁**

1. 要关心西伯利亚的贫苦农民,从当地所征的粮食中拨出一部分供应他们。

2. 要在西伯利亚组织焦油生产,吸收当地苏维埃和居民参加(地方焦油生产)。

3. 农民领到1普特小麦,磨成精粉,能得到18—20俄磅面粉。最好能磨成普通面粉,农民会同意这样做的。

4. 要特别重视农村修理农业机具的铁匠铺,供应他们煤炭。

西伯利亚真有过给大车上牛油(代替焦油)的事情吗?

列　宁

1920年9月26日

载于1945年《列宁文集》俄文版第35卷　　　　　　　　　译自《列宁全集》俄文第5版第51卷第288页

# 622

## 在俄罗斯国家电气化委员会第5期公报上的批示[431]

### (9月26日)

**致格·马·克尔日扎诺夫斯基同志**

格列勃·马克西米利安诺维奇:看了第20—21页,请写上几个字退我。

您的　列宁

……毫无疑问，我们在初期也必须像现在欧美普遍所做的那样，<u>特别重</u><u>视合理地使用现有的电机设备</u>。<u>要使我们现有的主要电站尽快达到全负荷</u><u>发电</u>，几个电站协同工作，合理地使用电网，这样做在当前所具有的意义是怎样估计也不会过高的。

$\|$注意

最近我们看到，在我们全国各地，特别是在那些有某种水力资源可以利用的地方，广泛掀起了兴建新的小型电站的热潮。然而，无论这股潮流多么富有生命力，我们都不应忘记，在合理的电气化事业当中只有大型区电站才<u>具有决定意义</u>……

注意

……目前，<u>工作已完成¾</u>，<u>从7月中起</u>，<u>我们着手最后汇总，以便向人民</u><u>委员会提交一份相应的报告</u>。也只有在这项工作全部结束的时候，我才能向您较为具体地说明我们所说的俄国农业、工业和运输业电气化的概况，即明确今后十来年内各项工程的先后次序。

**格·克尔日扎诺夫斯基**

问题恰恰就出现在这里：到目前为止，在整整5期《公报》里，我们只有**远景**的"方案"和"规划"，而**近期的却没有**。

要让"**现有的电站尽快达到全负荷发电**"，究竟还缺少什么（**要确切**）？

这就是关键所在。但对此却只字未提。

缺少什么呢？工人？熟练工人？机器？金属？燃料？还是别的什么？

要马上制定并公布把所缺少的**一切**搞到手的"**计划**"。

**列　宁**

9月26日

载于1942年《列宁文集》俄文版　　　　　译自《列宁全集》俄文第5版
第34卷　　　　　　　　　　　　　　　第51卷第289—290页

# 623

## 给秘书的指示

### （不早于 9 月 26 日）

　　查询一下,平斯克及各指挥部和技术设备是在什么情况下丢掉的。**432**

　　事先是否知道有危险？

载于 1945 年《列宁文集》俄文版
第 35 卷

译自《列宁全集》俄文第 5 版
第 51 卷第 291 页

# 624

## 致尼·巴·布留哈诺夫

1920 年 9 月 27 日

布留哈诺夫同志：

　　寄给您两份文件,请阅后一起还我：

　　(1)关于伊万诺沃-沃兹涅先斯克省

　　9 月 29 日我们将提交国防委员会。**433**

　　必须非常重视,并尽可能更多地满足他们的要求。

　　(2)关于坦波夫省。

　　要注意。派征 1 100 万普特余粮是真的吗？ 要不要削减？

致共产主义的敬礼！

**列　宁**

载于 1945 年《列宁文集》俄文版
第 35 卷

译自《列宁全集》俄文第 5 版
第 51 卷第 290 页

625

# 致尼·尼·克列斯廷斯基

（不晚于 9 月 29 日）

克列斯廷斯基同志：

我认为，应由组织局作出决定并指示革命军事委员会明文规定，让粮食人民委员部的特派员参加各方面军革命军事委员会，**担任委员**，对涉及粮食人民委员部的问题有表决权。

**列　宁**

译自《列宁全集》俄文第 5 版
第 51 卷第 291 页

626

# 致小人民委员会

（9 月 29 日）

我支持这个请求，因为我亲眼见到沃罗夫斯基生活艰难，有些同志也向我指出这一情况。[434]

**列　宁**

9 月 29 日

载于 1945 年《列宁文集》俄文版　　　　　　译自《列宁全集》俄文第 5 版
第 35 卷　　　　　　　　　　　　　　　　　第 51 卷第 291 页

627

## 致列·波·加米涅夫[435]

（9 月 29 日或 30 日）

我不看了。我已经不止一次**写**信对契切林说：不要再**发牢骚**了①，请向中央提出**切实的**建议。

载于 1945 年《列宁文集》俄文版　　　　　　译自《列宁全集》俄文第 5 版
第 35 卷　　　　　　　　　　　　　　　　　第 51 卷第 292 页

628

## 致亚·尼·维诺库罗夫

（9 月 30 日）

致维诺库罗夫

阿列克谢·安德列耶维奇·普列奥布拉任斯基是一位老的党

---

①　见本卷第 616 号文献。——编者注

的工作者,我认识他①,现为萨马拉—兹拉托乌斯特铁路局行政负责人,在铁路工作20多年了。他现年五十七八岁。他由于疲劳过度,请求免除他的现任职务,领取退休金。

休息几个月之后,他还可以在某个部门工作。

他的地址:萨马拉火车站。

劳动国防委员会主席

附言:请告知:能否通过社会保障人民委员部办理这件事以及退休金能否够用? 如不够用,我将向中央组织局提出。

列　宁

译自《列宁文集》俄文版第37卷
第246—247页

# 629

# 致尼·伊·布哈林[436]

## (9月和12月之间)

波格丹诺夫把**您**骗了:他把过去的争论改头换面(verkleidet),力图**重新提出来**,而您就上当!

载于1930年《列宁文集》俄文版
第12卷　　　　译自《列宁全集》俄文第5版
第51卷第292页

---

① "我认识他"几个字是莉·亚·福季耶娃写上的。——俄文版编者注

# 630

# 致列·达·托洛茨基

1920年10月1日

秘密

托洛茨基同志：

随信附上斯克良斯基的通报。

看来对克里木的进攻将推迟到10月27日！！！

这件事有共和国革命军事委员会的决定吗？？？

总司令曾向我夸口说，10月10日(或8日)他将作好**一切**进攻准备。这么说，他是扯谎了？

是什么时候决定把布琼尼派到**那里**的？**在没有决定派他之前不是已答应会有多两倍的兵力吗？**

最后，如果**已经**改变原定计划，那么派一个师还不够吗？

看来，总司令的**全部**估计都是毫不中用的，**每周都要改变**，简直就像个门外汉！摇摆不定是极端危险的！

列　宁

译自《列宁全集》俄文第5版
第51卷第292—293页

# 631

# 致韦·米·斯维尔德洛夫

## （10 月 1 日）

### 致斯维尔德洛夫同志

阿列克谢·安德列耶维奇·普列奥布拉任斯基是一位老的党的工作者，在铁路工作 20 多年了。现在担任萨马拉—兹拉托乌斯特铁路局行政负责人的职务，现年五十七八岁。他疲劳过度，而且患病，必须长期休息和治疗。请求：给他 3 个月的假，工资和口粮照发。

他的地址：萨马拉火车站。

人民委员会主席

**弗·乌里扬诺夫**（列宁）

译自《列宁全集》俄文第 5 版
第 51 卷第 293 页

# 632

# 致列·达·托洛茨基

## （10 月 2 日）

托洛茨基同志：我认为必须把**加米涅夫**和**季诺维也夫**两人立

即派往南方面军（特别是**第1骑兵集团军**）。目的是：**检查政治工作，促进和活跃**政治工作，**加快**整个速度。否则就不能扭转士气。

列　宁

10月2日

译自《列宁全集》俄文第5版
第51卷第293页

## 633

# 致小人民委员会[437]

### （10月3日）

**小人民委员会**：依我看，根本不应批准，因为，西方面军革命军事委员会司令部**可以**（而且应当）**设在别的建筑物**。尽管这样会挤一些。

列　宁

10月3日

载于1945年《列宁文集》俄文版
第35卷

译自《列宁全集》俄文第5版
第51卷第294页

# 634

# 给西方面军革命军事委员会的电报

## （10月3日）

西方面军革命军事委员会

在人民委员会或国防委员会对问题作出决定以前，不准占用斯摩棱斯克大学校舍。

国防委员会主席　**列宁**

载于1942年《列宁文集》俄文版　　　　　　译自《列宁全集》俄文第5版
第34卷　　　　　　　　　　　　　　　　　第51卷第294页

# 635

# 致尼·巴·布留哈诺夫[438]

10月4日

布留哈诺夫同志：

（1）这里描述的是陆战队登陆时的情况。据昨天兰德尔顺便向我提供的消息，在消灭了陆战队之后，情绪和局面已完全变了。

（2）兰德尔还说，正是现在，在平定一系列叛乱（陆战队引起的）之后，送交粮食（主要是在库班，那里粮食很多）已经开始或即将开始。

(3)兰德尔认为那里可以征集到比预定数**更多**的粮食。

给弗鲁姆金写一封密**信**(不打电报),让他注意这一点。要利用时机,别错过时间(以后会难办些),并督促库班。

致共产主义的敬礼!

列　宁

载于1959年《列宁文集》俄文版
第36卷

译自《列宁全集》俄文第5版
第51卷第294—295页

636

# 给第1骑兵集团军
# 革命军事委员会的电报[439]

(10月4日)

直达电报(密码)

**第1骑兵集团军革命军事委员会**

全力加速你部向南方面军的调动,极为重要。请为此采取一切措施,包括坚决果断的措施。电告你们采取了哪些措施。

国防委员会主席　列宁

10月4日

载于1933年2月23日《真理报》
第53号

译自《列宁全集》俄文第5版
第51卷第295页

# 637

# 致阿·马·尼古拉耶夫

## (10月6日)

尼古拉耶夫同志：

　　研究了您的材料并同斯大林同志商量了一下(他也研究了您的材料)，我请您就下述几点向我作补充报告：

　　(1)关于您提出的3位委员会候选人的详细情况，即：

　　　　(a)每个人的职务；

　　　　(b)技术工龄(是从事无线电专业，还是仅仅具备电工学知识；他们的工龄)；

　　　　(c)他们是共产党员吗？如果是，何时入党？如果不是，您认为他们的可靠程度如何？

　　(2)您是否给过博京重做梯弗利斯试验的任务？如果没有，那么给过什么其他任务？如果给了，那么是口头的还是书面的？是当时就给的还是晚些时候给的，究竟是什么时候？

　　(3)博京是否明确对您讲过，他对自己的发明在理论上既不能解释，也不能表述，而是偶然做出的？(请您更准确地向我叙述一下您向我报告过的他对这个问题的说明。)

　　(4)多少经费？是谁在什么时间拨给博京使用的？是从什么经费里拨出的？是从下诺夫哥罗德无线电实验室的经费，还是从其他的经费中拨出的？

(5)"莫斯科大功率连续振荡无线电台政治委员"(姓名看不
清)根据什么说是50万卢布?(见他的1920年9月28日
的文件)

列　宁

10月6日

附言:请您就在这份文件上答复,并把它退还给我。**440**

译自《列宁全集》俄文第5版
第51卷第295—296页

## 638

# 致阿·伊·李可夫**441**

(10月6日)

李可夫同志:我看,应当讲讲价钱,但最后(经人民委员会批
准)要作出让步。为了讨价还价应提出:**30年**后可用**高于**他们所
花的经费和劳动的代价提前赎回。

列　宁

10月6日

租让期定为50年这一让步可由您来应承。

译自《列宁全集》俄文第5版
第51卷第296页

# 639

# 致尼·尼·克列斯廷斯基

1920 年 10 月 6 日

克列斯廷斯基同志：

请向组织局提出这个问题。我认为，**必须给病人**另外供应些特需食品并作出决定加以改善，这就要

**建立一个医务**

**委员会。**

对于坏血病患者和其他病人，我认为，必须立即准许在自由市场购买东西，但事先要作出一定的规定（或许也要搞一个委员会，并吸收国营农场参加）。

关于彼得格勒中央提出异议的问题，我建议征求一下意见。我的意见是：

（1）动员一下季诺维也夫，

（2）撤销男子总动员。[442]

列　宁

译自《列宁全集》俄文第 5 版
第 51 卷第 297 页

# 640

# 致弗·古·格罗曼

1920 年 10 月 7 日

格罗曼同志:

看了您的简短的工作报告[443],您在报告中引证了**报告的附件**(并说附件"即将寄来"),我查问了一下。

秘书福季耶娃同志说,您还没有寄出这些附件,因为篇幅过多。

既然如此,就请您把附件的**目录**告诉我,并尽可能补充一下,是否汇报的每一点(在这些附件中)都有详细计算,如果不是全部都有,那么是哪几点有。

人民委员会主席
**弗·乌里扬诺夫(列宁)**

译自《列宁文集》俄文版第 37 卷
第 253 页

# 641

# 致格·瓦·契切林[444]

(10 月 7 日)

契切林同志:问题没有提交,**也不会**提交人民委员会。

　　请将附上的格罗曼的工作报告看一下，阅后还给我(**以及这封信**)，并写上简短的意见：您是否赞成克拉辛提出的委员会？

　　我想未必需要一个委员会，有格罗曼的委员会的材料**备用**就够了。用得着时，就把这些材料找出来使用。

**列　宁**

10 月 7 日

译自《列宁文集》俄文版第 37 卷
第 253 页

## 642

## 致俄共(布)中央组织局

1920 年 10 月 8 日

致中央组织局

　　在组织局 10 月 7 日的决议(第 59 号，第 3 项)中，

　　第 2 分项警告**邦契－布鲁耶维奇**同志，不许他就这个问题以及"类似的小问题"找我。

　　我请求撤销这一分项，

　　因为，我在克里姆林宫医院曾**亲自**从**医生**那里听到关于病人营养不足的反映，并**亲自**向**医生们**提出，让他们通过邦契－布鲁耶维奇把

　　关于改善病人营养等等的书面意见交给我。

可见,这里根本就不存在邦契-布鲁耶维奇同志"找"我的问题。

**弗·乌里扬诺夫(列宁)**

载于 1959 年《列宁文集》俄文版
第 36 卷

译自《列宁全集》俄文第 5 版
第 51 卷第 297—298 页

## 643

# 致格·瓦·契切林

### (不早于 10 月 9 日)

契切林同志:

根据人民委员会的决定,格罗曼的委员会[445]现已**撤销**。委员会的事务交**对外贸易人民委员部**处理。

您应当提议把该委员会事务交外交人民委员部处理或委托某些人审查(特增一项任务,算出 2 000 亿)。

找到合适人选后(克尔任采夫或另一个什么人＋??),应向人民委员会提交一份类似的决议草案(措辞要谨慎一些)。

**列　宁**

译自《列宁文集》俄文版第 39 卷
第 245—246 页

# 644

# 给列·达·托洛茨基的电报

## (10月10日)

**密码**

**托洛茨基亲收**

鉴于整个波兰战线的局势,并根据这个局势,特别是根据同越飞的夜间谈话,——他有力地证实了自己的和我们的军事专家的观点,即波兰人事实上不能够破坏停战协定的签订(越飞以谈判破裂相威胁迫使波兰人放弃了要一定数目黄金的要求。越飞说:波兰人比我们更怕破裂),中央政治局责成军事当局冒一定的危险,调用西南方面军一些部队,以便最迅速和最可靠地消灭弗兰格尔。

受政治局委托　列宁

译自《列宁全集》俄文第5版<br>第51卷第298页

# 645

# 致尼·伊·布哈林[446]

## (10 月 11 日)

何必要在**现在**涉及我和您的分歧(也许是可能存在的分歧),只要以**整个中央的名义**声明(并论证)以下几点就够了:

(1)无产阶级文化＝共产主义

(2)实行者是俄国共产党

(3)无产阶级＝俄国共产党＝**苏维埃政权**。

这几点我们都同意吧?

载于 1958 年《苏共历史问题》杂志
第 1 期

译自《列宁全集》俄文第 5 版
第 51 卷第 298—299 页

# 646

# 致 A.M.赫列尔

## (10 月 11 日和 11 月 4 日之间)

赫列尔同志:

此处(第 **3** 页)引用的特雷维斯的发言[447]**务必**给我弄到。

请把**全部**材料搜集起来并把其中**主要的**翻译出来,以便**证实**

都灵纲领的**每一个论点**,**是证实**。

敬礼!

**列 宁**

译自《列宁全集》俄文第 5 版
第 51 卷第 299 页

## 647

# 给埃·马·斯克良斯基的批示

## (不晚于 10 月 12 日)

请提交组织局(政治局),并请于**今日**同克列斯廷斯基商定解决这种无谓纠纷的**紧急**措施。[448]

译自《列宁文集》俄文版第 38 卷
第 331 页

## 648

# 致谢·叶·丘茨卡耶夫

1920 年 10 月 12 日

丘茨卡耶夫同志:

(1)应当补充说明是**什么**卢布,并折合成金卢布或者用**美元**大致地表示出来。

(2)你们如何处理已经打开并已经分类的贵重物品?[449]

古科夫斯基说,他可以合法地卖出这些物品。这件事要尽快办。

(3)有多少人在财政人民委员部国家珍品库工作?

(4)有多少箱(或多少房间,或大约多少件),其中打开了多少?

致共产主义的敬礼!

列　宁

载于 1942 年《列宁文集》俄文版
第 34 卷

译自《列宁全集》俄文第 5 版
第 51 卷第 299—300 页

649

## 致谢·帕·谢列达[450]

(10 月 12 日)

谢列达同志:您是否就这一问题同内务人民委员部＋中央执行委员会哥萨克部的代表磋商一下? 我看,有必要。

写几个字给我或把您的意见转给人民委员会。

列　宁

10 月 12 日

载于 1959 年《列宁文集》俄文版
第 36 卷

译自《列宁全集》俄文第 5 版
第 51 卷 300 页

# 650

# 致弗·德·邦契-布鲁耶维奇

1920 年 10 月 12 日

邦契-布鲁耶维奇同志：

请您务必找有关机构和部门给西伯利亚来的**泰奥多罗维奇**同志及其家属解决住房(暖和的)和吃饭问题。

人民委员会主席

**弗·乌里扬诺夫(列宁)**

译自《列宁全集》俄文第 5 版
第 51 卷第 300 页

# 651

# 致格·马·克尔日扎诺夫斯基

(10 月 12 日)

我本来已经准备给"发明家"**451**写信,说他**已失去了我的**信任；

**如果他想重新得到信任,就让他立即**向尼古拉耶夫把情况**全部讲清楚。**

如果他不愿意,我就把他还给斯大林并**取消**"试验"。

别连基建议我等到星期二（今天），并给我看了**您的签字**。

我们再等一两天吧。

什么时候您认为有必要，就简单写几句给我（取消的理由）。订货的进展情况和其他情况您是从谁那里知道的？

什么地方讲到您被"解职"了？

译自《列宁全集》俄文第 5 版
第 51 卷第 302—303 页

652

# 致尼·尼·克列斯廷斯基

（10 月 12 日以后）

致克列斯廷斯基

我提议，**要强迫**曼努伊尔斯基去找**最好的**医生（派医生到他那里去）进行诊断和**认真的**治疗。

列　宁

载于 1933 年《列宁文集》俄文版
第 23 卷

译自《列宁全集》俄文第 5 版
第 51 卷 301 页

# 653

## 致俄共(布)中央政治局委员<sup>452</sup>

（10 月 13 日）

### 致政治局委员

我看应当同意总司令的意见,但要补充一点:在实际实现停战之前。

列　宁

10 月 13 日

载于 1961 年出版的《苏联国内战争
史料选辑》第 3 卷

译自《列宁全集》俄文第 5 版
第 51 卷第 301 页

# 654

## 致埃·马·斯克良斯基

（10 月 14 日）

**斯克良斯基**同志:

请您命令将申请者叶梅利亚诺夫同志安排到骑兵指挥员训练班;尽可能离彼得格勒近一些。

我认识叶梅利亚诺夫同志，我推荐他。

列　宁

10 月 14 日

亚·叶梅利亚诺夫。

**他**父亲的通讯处：**谢斯特罗列茨克**（苏维埃）　尼古拉·亚历山德罗维奇·**叶梅利亚诺夫**。

译自《列宁全集》俄文第 5 版
第 51 卷第 301—302 页

# 655

# 致格·马·克尔日扎诺夫斯基

10 月 14 日

格列勃·马克西米利安诺维奇：

寄给您尼古拉耶夫的复信。

博京明天该到了，我让他去找您。

鉴于尼古拉耶夫有疑问和怀疑，必须对博京的问题作出明确的、正式的安排：就是说，或者您宣布"不值得试验"。那就全部取消。或者您说"值得再试一试"。那就派他上您那里去，您向他提出**明确**的任务，**明确**的工作条件，进行**严格的监督**。（能不能让他详细地、非常详细地把有关梯弗利斯试验的情况写出来？）

您的　**列宁**

译自《列宁全集》俄文第 5 版
第 51 卷第 302 页

# 656

# 致俄共(布)中央委员会委员[453]

## (10 月 15 日)

**中央委员**：我坚决不同意这个方案。变换名称——这是有害的游戏。

为执行九大决议(附上决议原文)，我认为，应当在劳动国防委员会下面设立一个由我主持的(如果同志们不反对的话)**跨部门常设委员会**。这就足够了。

列　宁

10 月 15 日

请阅后写上名字退我。

列　宁

10 月 15 日

载于 1959 年《列宁文集》俄文版
第 36 卷

译自《列宁全集》俄文第 5 版
第 51 卷第 303 页

# 657

## 致埃·马·斯克良斯基[454]

（10 月 15 日）

斯克良斯基同志：请责成，或者确切些说，明确命令共和国革命军事委员会，**要迅速彻底平定叛乱**。把采取的措施告诉我。

国防委员会主席 **列宁**

10 月 15 日

载于 1945 年《列宁文集》俄文版
第 35 卷

译自《列宁全集》俄文第 5 版<br>第 51 卷第 303 页

# 658

## 致英·安·哈列普斯基

1920 年 10 月 15 日

### 致哈列普斯基同志

我对您提出警告，**同您的说法相反**，莫斯科—哈尔科夫的电话我昨天夜里试过，通话效果很差。我听不清，对方几乎听不见我的声音，无法通话。

我要求立即改进，使它的效果不比彼得格勒的差。

将措施报告给我。

如果还不能调好,我要追究责任。

国防委员会主席　　**列宁**

载于 1959 年《列宁文集》俄文版
第 36 卷

译自《列宁全集》俄文第 5 版
第 51 卷第 304 页

659

# 致尼·伊·布哈林[455]

10 月 15 日

布哈林同志:请阅。

您是否感觉到有一种危险,即"一小部分'老'(?)共产党员"对新党员,对工人采取荒谬的吹毛求疵的态度? 这是一种宗派主义的、狭隘的反常现象。

是否打算收集一下材料并在报刊上发表文章反对这种不良现象?

您的　　**列宁**

译自《列宁文集》俄文版第 37 卷
第 258 页

# 660

## 致休罗沃车站水泥厂全体职工

1920 年 10 月 16 日

休罗沃车站

水泥厂

　　值此工厂开工之际,我向全体职工表示祝贺。我希望,你们通过顽强的劳动能够恢复并超过以前的生产水平。请工厂委员会和党支部过一两个月后向我报告工作情况。

国防委员会主席　**列宁**

载于 1942 年《列宁文集》俄文版　　　　　　译自《列宁全集》俄文第 5 版
第 34 卷　　　　　　　　　　　　　　　　　第 51 卷第 304 页

# 661

## ☆致最高国民经济委员会印刷局

(10 月 16 日)

抄送:《真理报》**印刷厂**

　　请告诉我,《真理报》为什么印得这样不好,见附上的今年 10

станція Щурово
Цементный завод

Приветствую рабочих и служащих пущенного завода надеюсь что энергичной работой удастся восстановить и превзойти прежнее производство прошу заводский комитет и комячейку прислать мне сообщение о ходе работ через один два месяца.

Предсовнаркома Ленин.

1920 年 10 月 16 日列宁给
休罗沃车站水泥厂全体职工的信的手稿

月 16 日《真理报》第 231 号。我将在人民委员会提出这个问题,所以请尽快告诉我你们采取的办法,以及改进现状的保证措施。

人民委员会主席

**弗·乌里扬诺夫(列宁)**

载于 1942 年《列宁文集》俄文版
第 34 卷

译自《列宁全集》俄文第 5 版
第 51 卷第 307 页

# 662

# 给米·瓦·伏龙芝的电报

## (10 月 16 日)

密码

**秘密**

**南方面军革命军事委员会    伏龙芝**

收到了古谢夫和您欣喜若狂的电报,我担心你们是过分乐观了。要记住,无论如何要紧追敌人,直抵克里木。要作好更充分的准备,检查一下,进攻克里木的一切涉渡线路是否经过调查研究。[456]

**列 宁**

1920 年 10 月 16 日

载于 1935 年《红色文献》杂志
第 5 期

译自《列宁全集》俄文第 5 版
第 51 卷第 307 页

# 663

# 致《共产国际》杂志编辑部

## (10 月 16 日)

致《共产国际》杂志编辑部

新的我不能写。如果合适的话,请找来 1906 年出版的我的小册子《立宪民主党人的胜利和工人政党的任务》[①],重印其中**关于专政**的部分(《题外话》及其他某些段落)。

这会很合适。我可以写个 20 行的前言。[457]

致共产主义的敬礼!

**列　宁**

10 月 16 日

载于 1945 年《列宁文集》俄文版第 35 卷　　　　　　　　　　译自《列宁全集》俄文第 5 版第 51 卷第 308 页

---

① 见本版全集第 12 卷第 242—319 页。——编者注

# 664

# ☆致社会主义科学院

（10 月 16 日）

请告诉我,社会主义科学院[458]图书馆归谁管,图书管理员和图书馆主持工作的负责人是谁?

人民委员会主席

**弗·乌里扬诺夫(列宁)**

附言:请写上电话号码,如果可能也请写明图书馆(对外开放吗?)和阅读室的借阅条件。

译自《列宁全集》俄文第 5 版
第 51 卷第 308 页

# 665

# 致伊·埃·古科夫斯基、格·亚·索洛蒙、季·伊·谢杰尔尼科夫和阿·斯·雅库波夫

（10 月 16 日）

致古科夫斯基、索洛蒙、
谢杰尔尼科夫和雅库波夫同志

鉴于在雷瓦尔所造成的局面(古科夫斯基同志同索洛蒙同志

之间的关系使工作无法协调一致；谢杰尔尼科夫同志不通过古科夫斯基同志而直接与爱沙尼亚政府部长会议主席联系；雅库波夫同志暂停执行外交人民委员部和对外贸易人民委员部的指示；雅库波夫同志建议古科夫斯基同志把存在自己家里的贵重物品存入银行，而古科夫斯基同志拒绝执行这一建议，等等）完全破坏了俄罗斯联邦驻爱沙尼亚政府代表团的统一，并有损于代表团的威信，中央派越飞同志去雷瓦尔，委托他立即创造条件，使我们代表团的工作今后能正常进行。[459]

越飞同志没有被授予苏维埃的正式委托书，但是全体同志，我国代表团的成员和工作人员，都应根据党的纪律执行越飞同志根据情况认为需要作出的一切指示和命令。

在收到越飞、古科夫斯基、索洛蒙、谢杰尔尼科夫和雅库波夫同志的报告之后，中央委员会将作出最后决定。

致同志的敬礼！

受中央政治局委托

**弗·乌里扬诺夫**（列宁）

1920年10月16日

译自《列宁文集》俄文版第38卷第332—333页

# 666

# 致米·韦·科别茨基

## （10月18日）

科别茨基同志：（1）您的那份**报告**（即由您转来的医生报告）和这篇简讯要译成英文寄往国外。**460**

（2）谁主管"留克斯"宾馆、主管为《共产国际》杂志改建该宾馆的工作？谁主管总务？

**列　宁**

10月18日

载于1957年《外国文学》杂志
第11期

译自《列宁全集》俄文第5版
第51卷第309页

# 667

# 在东方各民族代表大会
# 一位代表来信上的批示

## （10月18日）

兹呈上关于卡拉恰伊局势的报告（根据您在会上的口头建议），请您在俄共中央政治局最近一次会议上研究并批准为平息卡拉恰伊目前的事态所‖提出的措施（在报告末尾）。

如果不采纳或者拒绝这些措施，我（作为库班山民中多少还算积极的党的工作者)将不再对这次卡拉恰伊居民骚动的后果负责。

东方各民族代表大会代表团团员

卡拉恰伊劳动者代表

1920年10月18日

> 卡缅斯基同志:我认为,必须**立即**将**抄件**寄给斯大林同志并转中央委员会高加索局,原件请转克列斯廷斯基同志。也请您就报告的实质内容简单地向我谈谈您的意见。**461**
>
> 列　宁
>
> 10月18日

译自《列宁文集》俄文版第38卷第333—334页

# 668

# 致谢·帕·谢列达

## (10月19日)

谢列达同志:请向我提出您的意见。**462**

必须赶快制定出**大办拖拉机的计划**。

(1)从国外购买

(2)在俄国生产

(3)技术人员——

　　工人等等。

您一定要在最近几天告诉我,什么时候提出初步方案(要不要马上召开会议？）。

**列　宁**

10 月 19 日

载于 1959 年《列宁文集》俄文版
第 36 卷

译自《列宁全集》俄文第 5 版
第 51 卷第 309 页

669

# 致瓦·斯·科尔涅夫

（10 月 19 日）

致国内警卫部队司令

科尔涅夫同志

抄送：捷尔任斯基同志

施利希特尔同志向我报告说，坦波夫省的叛乱在扩大，我们的兵力单薄，特别是骑兵。

绝对必须尽快加以平定（作出榜样）[①]。

请告知正在采取什么措施。必须表现出更大的决心，投入更多的兵力。[463]

劳动国防委员会主席

**弗·乌里扬诺夫**（列宁）

载于 1945 年《列宁文集》俄文版
第 35 卷

译自《列宁全集》俄文第 5 版
第 51 卷第 310 页

---

① 见本卷第 657 号文献。——编者注

# 670

# 致费·埃·捷尔任斯基

（10 月 19 日以后）

急

### 致捷尔任斯基同志

博尔德列沃（坦波夫省拉斯卡佐沃）的工厂被匪徒占领了。太不像话了。

我命令把坦波夫省这次失职的肃反人员（和省执行委员会人员）

（1）送交军事法庭，

（2）给科尔涅夫严重警告，

（3）立即派去最得力的人员，

（4）发电报给予申斥并作指示。

列　宁

译自《列宁全集》俄文第 5 版<br>第 51 卷第 310—311 页

# 671

# ☆致图拉的同志们

（10月20日）

亲爱的同志们：

根据**你们**的陈述，我同意你们的意见。但如果你们想利用我的意见来反对你们的"反对派"，那就请把你们的来信连同我的回信一齐**交给**他们。**464**这样他们就会了解情况，也能向我陈述**他们的**意见，而我对情况的了解就**不**至于片面了。

我就问题的实质简略地说几句话。在我们还没有**彻底**粉碎弗兰格尔、还没有攻克整个克里木之前，军事任务总是占**首要**地位。这是绝对不容争辩的。

其次，**对拥有兵器厂和弹药厂的图拉来说**，甚至**在战胜弗兰格尔之后**一定期间内，完成制造兵器弹药的工作**很可能依然是头等**重要的任务，**因为在春季以前必须使军队作好准备**。

恕我答复得这样简略，并请告诉我，你们是否把我的这封回信以及你们的来信都交给"反对派"看过。

致共产主义的敬礼！

列　宁

载于1942年《列宁文集》俄文版　　　译自《列宁全集》俄文第5版
第34卷　　　　　　　　　　　　　第51卷第311页

# 672

# 致安·马·列扎瓦和
# 米·尼·波克罗夫斯基

(10月21日)

致列扎瓦和米·尼·波克罗夫斯基同志

我坚持主张**火速**办理此事,并在**星期二**(10月26日)向人民委员会提出决议草案:

(1)决定尽快在国外出售这些东西;

(2)要求教育人民委员部**在星期二**(10月26日)**以前**正式答复是否有不同意见(据说它**已经**为我们的博物馆选了一些东西,因为我同意只给博物馆保留最低数量的**绝对**必要的东西;

(3)立即派一个由专家+贸易人员组成的专门小组去国外,答应他们,如果能迅速以好价钱卖出就给以**重奖**;

(4)鉴于工作进行异常缓慢(33个**中**的8个),我认为绝对有必要**增加专家委员会**的成员(高尔基提出**要**200人),并以迅速完成任务为条件发给他们**口粮**。[465]

列 宁

10月21日

载于1942年《列宁文集》俄文版
第34卷

译自《列宁全集》俄文第5版
第51卷第312页

# 673

## ☆致彼得格勒苏维埃主席团[466]

### （10 月 21 日）

尊敬的同志们：我认为，在彼得格勒（住房最宽裕的城市）多给科学家一间房子做办公室和实验室，实在不是罪过。本来你们自己应当主动地提出这个倡议。

恳请你们把这项工作促进一下，如果你们不同意这样做，务请立即写封短信给我，让我知道障碍在哪里。

致共产主义的敬礼！

**弗·乌里扬诺夫（列宁）**

10 月 21 日

载于 1924 年 9 月 13 日《彼得格勒真理报》第 209 号

译自《列宁全集》俄文第 5 版第 51 卷第 312—313 页

# 674

## 致尼·巴·布留哈诺夫

1920 年 10 月 21 日

### 致布留哈诺夫同志

斯塔夫罗波尔的农民（给儿童们运来粮食的）抱怨合作社不

供应

车轮润滑油(仓库里有)，

火柴

和其他商品。

鲱鱼**都烂掉了**，也不供应。

不满情绪非常强烈。省粮食委员推脱说：你们把余粮征集指标全部完成，然后我们才能供应。

他们坚持必须**立即供应**。

征收 2 700 万普特——太多了，连**种子**都要拿走。他们说，播种时种子肯定不够。

斯塔夫罗波尔省——中等收成（2 700 万）。

库班省比斯塔夫罗波尔省好（3 700 万普特）。

**请赶快**研究一下，特别是第一点，最晚在明天把意见告诉我。

人民委员会主席

**弗·乌里扬诺夫**（**列宁**）

地址：喀山（车站）　货运站　**第 506955 号**车厢　岔道线上取暖车厢　省党委的**彼得罗夫**。

载于 1945 年《列宁文集》俄文版第 35 卷

译自《列宁全集》俄文第 5 版第 51 卷第 313—314 页

# 675

## ☆致小人民委员会[467]

### （10 月 21 日）

请尽快研究此事。从附件中可以看到,根据粮食人民委员部（中央）的指示,这些食品是交给学者生活改善委员会支配的。这就是说,未经中央机关同意彼得格勒无权征用或顶替口粮!

列　宁

10 月 21 日

载于 1945 年《列宁文集》俄文版
第 35 卷

译自《列宁全集》俄文第 5 版
第 51 卷第 314 页

# 676

## 致国家出版社[468]

1920 年 10 月 21 日

（1）第一项——太小手小脚了。克莱因——是本好书,要多订些。

（2）第二项（布罗茨基）。是一件谁也不需要的、不合时宜的事。

阿·伊·李可夫也犯了一些极不应该的错误等等。

译自《列宁全集》俄文第5版
第51卷第314页

# 677

## 致《共产国际》杂志编辑部

### (10月21日)

**彼得格勒**

**《共产国际》**杂志编辑部

昨天我寄出

(1)手稿一份。

(2)**两本要重印的书。**[469]

总数＝我的文章的全文。

收到后,立即检查,排版

(全部退还给我)。

译自《列宁文集》俄文版第39卷
第247页

# 678

# 给第 1 骑兵集团军
# 革命军事委员会的电报

## （10 月 24 日）

第 1 骑兵集团军革命军事委员会

　抄送：南方面军、列·波·加米涅夫①

　弗兰格尔显然在撤走他的部队。可能他现在就已经打算龟缩到克里木。放走他是极大的犯罪行为。这一次进攻能否胜利在很大程度上取决于第 1 骑兵集团军。我们建议第 1 骑兵集团军革命军事委员会采取最坚决果断的措施加快第 1 骑兵集团军的集结。

人民委员会主席　列宁②

1920 年 10 月 24 日

载于 1940 年《军事史杂志》
第 10 期

译自《列宁全集》俄文第 5 版
第 51 卷第 315 页

---

① 在电报开头有如下文字："特急　由政治检查员亲自负责将革命军事委员会成员和加米涅夫收到电报的时间通知斯克良斯基同志的密码处。"——俄文版编者注

② 签署该电的还有革命军事委员会主席列·达·托洛茨基。——俄文版编者注

# 679

## 致韦·米·斯维尔德洛夫[470]

（10 月 24 日）

**急**

斯维尔德洛夫同志：这是怎么回事？您不是在最高运输委员会①吗？从手续上看，即从法定程序和权限的角度来看，这是个什么问题？

托洛茨基不经过国防委员会就下命令对吗（合法吗）？

列　宁

10 月 24 日

载于 1933 年《列宁文集》俄文版
第 21 卷

译自《列宁全集》俄文第 5 版
第 51 卷第 315 页

# 680

## 致格·瓦·契切林[471]

（10 月 25 日）

契切林同志：

对此事以及所有类似事件，**一定**要发出**正式**照会。

---

①　人民委员会所属最高运输委员会。——编者注

请通令俄罗斯联邦全体驻外代表。

**列　宁**

10 月 25 日

译自《列宁全集》俄文第 5 版
第 51 卷第 316 页

# 681

# 致阿·阿·越飞

## (10 月 25 日)

**彼得格勒　越飞同志**

鉴于正在出现的复杂情况,您必须尽快去里加。只要健康允许,请赶快返回里加。

人民委员会主席　**列宁**

译自《列宁全集》俄文第 5 版
第 51 卷第 316 页

# 682

# 同亚·德·瞿鲁巴的来往便条

## （10 月 26 日）

几乎可以肯定**能行**。上午 11 时通个电话。

您明天是否能<u>接见我 30—40 分钟</u>?

**得到医生允许了吗**?

星期四前我打算到哈尔科夫去 5—7 天。今天我已经停<u>止疗养</u>了。①

在塔夫利达省缴获了弗兰格尔 **200 万**普特粮食。

要**尽快把它拿到手**并保证**顿巴斯**的供应。

载于 1945 年《列宁文集》俄文版第 35 卷

译自《列宁全集》俄文第 5 版第 51 卷第 316 页

---

① 着重线是列宁画的。——俄文版编者注

# 683

# 致安·马·列扎瓦、
# 费·费·瑟罗莫洛托夫和
# 谢·米·弗兰克福特

## （10月27日）

致列扎瓦

瑟罗莫洛托夫

弗兰克福特同志

　　请你们利用弗兰克福特同志在莫斯科的机会，商讨一下西伯利亚采金业的状况和发展措施问题。

　　商讨后的意见请交给我，以便转给人民委员会，或采取各部门协商等办法来解决这个问题。[472]

人民委员会主席　**列宁**

10月27日

载于1945年《列宁文集》俄文版
第35卷

译自《列宁全集》俄文第5版
第51卷第317页

# 684

# 致弗拉基米尔省党委[473]

1920 年 10 月 27 日

致弗拉基米尔省党委

兹证明:拉特尼科夫、雷巴科夫、罗曼诺夫、格拉祖诺夫四同志代表县党代会(弗拉基米尔省亚历山德罗夫县)于 1920 年 10 月 27 日来过我这里反映党内和苏维埃内令人不能容忍的恶劣现象。

我认为他们来找我是完全正确的,是客观情况造成的;请告诉我:你们对县党组织成员来莫斯科上访、包括上访俄共中央作了哪些一般性规定。

致共产主义的敬礼!

**弗·乌里扬诺夫(列宁)**

载于 1942 年《列宁文集》俄文版第 34 卷

译自《列宁全集》俄文第 5 版第 51 卷第 317 页

# 685

# ☆致俄共(布)监察委员会

## (10 月 27 日)

致捷尔任斯基、穆拉诺夫、
普列奥布拉任斯基及其他同志

务请亲自接见拉特尼科夫、雷巴科夫、罗曼诺夫和格拉祖诺夫四同志，他们是由县党代会(弗拉基米尔省亚历山德罗夫县)派来反映情况的，据说特罗伊茨基军工厂存在着令人**不能容忍的**、异常严重的营私舞弊行为(苏维埃内和党内都有)，特别是党员很难向中央上告，即使想**在党内**迅速查处也难以做到。看来省党委也不纯——这是我的印象。附上组织局的决定的抄件。

致共产主义的敬礼！

**弗·乌里扬诺夫(列宁)**

载于 1942 年《列宁文集》俄文版
第 34 卷

译自《列宁全集》俄文第 5 版
第 51 卷第 318 页

# 686
# 致阿·伊·李可夫和伊·伊·拉德琴柯

1920 年 10 月 28 日

(1)致**李可夫**同志(如果病还没好,就给米柳亭同志)

(2)并**泥炭总委员会　伊·伊·拉德琴柯**同志

抄送:(3)罗·爱·克拉松(通过拉德琴柯可找到),

(4)俄罗斯国家电气化委员会主席克尔日扎诺夫斯基,

(5)斯克良斯基(第 4 项)和托洛茨基,

(6)列扎瓦和罗蒙诺索夫,

(7)电影局,

(8)索斯诺夫斯基,

(9)沙图诺夫斯基(运输总委员会)。

1920 年 10 月 27 日给许多党员观众放映了电影,影片记录了使泥炭开采机械化的新型水力泥炭泵(罗·爱·克拉松工程师的)工作情况,并跟旧方法作了比较。

为此,克拉松工程师、泥炭总委员会代表伊·伊·拉德琴柯及莫罗佐夫同志、沙图诺夫斯基同志(代表运输总委员会)和我在一起交换了意见。

这次交换意见表明,泥炭总委员会的领导完全同意发明人对这项发明的重大意义的看法。泥炭开采的机械化可以使俄罗斯联邦国民经济的恢复和全国电气化的整个事业以现在无法比拟的高速度、更扎实地、更广泛地向前发展。因此必须立即在全国范围内采取一系列措施以发展这项事业。

请立即讨论这个问题并尽快向我报告你们对昨天初步交换意见时提出的下列建议有什么意见(修改,补充,或另提建议,等等)。

1.肯定泥炭水力开采法的应用对国家具有头等重大意义,因而是一项特别紧急的工作。此事在星期六,10月30日,由人民委员会通过。

2.要求各有关总管理机构(及其他机关)派出自己的代表(最好是共产党员,至少也是确实认真负责和**特别能干的**人)固定参加**"泥炭水力开采委员会"**(属于泥炭总委员会),该委员会的工作能否取得成功主要取决于上述单位的协助。要特别责成他们毫不拖延地**最快地**完成该委员会的订货和请求。把这些代表的姓名、住址报给人民委员会。

3.对于和这项事业关系最为重大的几家工厂也要这样办。列出这些工厂的名单。

4.指示**海军**总部派一个十分熟悉该总部材料储备和技术设备的代表参加这个委员会。

5.对于同这项事业能否迅速取得圆满成功直接有关的那些人员,要发给红军口粮;同时要提高他们的工资,使他们能全力以赴从事自己的工作。指示"泥炭水力开采委员会"将这些人的**名单**(准确名单)送交粮食人民委员部和全俄工会中央理事会,单子上要注明工资、**奖金**等等的标准。

6.立即同对外贸易人民委员部讨论一下:应当马上向瑞典和德国工厂订哪些货(也许要从那里雇用一位或几位著名化学家),使我们能在1921年夏季前得到为更迅速、更广泛地采用水力开采法所必需的东西。此事可利用罗蒙诺索夫同志几天后即将去瑞典和德国的机会。

7. 指示**电影局**(教育人民委员部的?)**十分广泛地**(特别是在彼得格勒、伊万诺沃-沃兹涅先斯克、莫斯科和**泥炭开采地区**)上映水力开采法的影片,并且一定要念说明泥炭开采机械化和电气化的巨大意义的简明通俗的传单(请索斯诺夫斯基同志来编写)。

8. 我指定**"泥炭水力开采委员会"**于1920年10月30日在人民委员会就这一问题作第一次报告。[474]

人民委员会主席

**弗·乌里扬诺夫**(列宁)


附言:李可夫同志:是否应提出把**海军**总部的材料和技术设备**更多地**用于生产资料生产的需要这个问题?新装甲舰之类对我们有什么用?现在合适吗?**沙图诺夫斯基**(要重视他,他忠诚,是**工人**,在国外学了数学,是宝贵的人才)说(据索斯诺夫斯基讲),托洛茨基在海军总部发现了好像是**100万普特优质钢**(造装甲舰用的),拿去给了运输总委员会。调查一下,仔细考虑一下,或许我们提交国防委员会或人民委员会。

您的　**列宁**

译自《列宁全集》俄文第5版
第51卷第318—321页

# 687

# 给米·瓦·伏龙芝的电报[475]

1920 年 10 月 28 日

　　　　　　　　　　　　　　　密码

致南方面军司令伏龙芝
抄送:托洛茨基

　　答复您第 001/пш 号来电。我为您的乐观口气而不安,因为正是您报告说,那项主要的、早就提出来的任务只有百分之一的成功希望。如果情况这样糟糕透顶,请研究采取调运重炮、为此筑路、调配工兵等最紧急的措施。

　　　　　　　　　　　　　　　列　宁

载于 1941 年出版的《米·瓦·伏龙芝　　　译自《列宁全集》俄文第 5 版
在内战前线。文件汇编》一书　　　　　第 51 卷第 321 页

# 688

# 致小人民委员会[476]

(10 月 28 日)

　　**小人民委员会**:请研究这一请求。如果按别的条件找不到护

士的话,看来只好再花钱了。一定要**治好**,然后派往意大利。

**列  宁**

10 月 28 日

载于 1945 年《列宁文集》俄文版
第 35 卷

译自《列宁全集》俄文第 5 版
第 51 卷第 321 页

689

# 致叶·阿·普列奥布拉任斯基[477]

(不早于 10 月 28 日)

(1)我已将抄件交**托洛茨基**

(2)我已告诉伏龙芝:"如果情况这样糟糕,请您准备**重炮**、**工
兵**等等。"①

译自《列宁文集》俄文版第 38 卷
第 334 页

---

① 见本卷第 687 号文献。——编者注

# 690

# 给约·维·斯大林的电报[478]

## (10月29日)

**密码**

致共和国革命军事委员会委员斯大林
发往**巴库**或他的所在地

10月29日

我认为,格鲁吉亚无疑会(可能秘密地)把巴统让给协约国,而协约国一定会进攻巴库。请立即考虑并采取加强通往巴库的水陆要道的工事、调运重炮等措施。请把您的决定告诉我。

**列 宁**

载于1942年《列宁文集》俄文版
第34卷

译自《列宁全集》俄文第5版
第51卷第322页

# 691

# 致帕·伊·波波夫[479]

## (10月30日)

(1)苏维埃职员人数。

(2)按人民委员部。

(3)如可能,按局。

(4)如可能,按主要类别(专家、勤杂人员、办事人员等等)。

(5)其他情况(如性别等等),根据调查表上有哪些项目而定。

请把这项工作分成两部分:

(1)最简略的情况(如数字等)。

　　不得超过4周。

(2)详细情况——几周?

(3)最详细的情况——几周?

**弗·列宁**

1920年10月30日

载于1945年《列宁文集》俄文版
第35卷

译自《列宁全集》俄文第5版
第51卷第322页

# 692

# 致斯·伊·博京

## (10月)

博京同志:

　　请您对所有的试验都作记录

(1)电流或电能的强度,

(2)在什么地方(距离多少俄丈)**按照方案**设置炸药筒,在障碍
　　物前还是在障碍物后,

(3)在地面,在高处,在低处,在地下(深度),

(4)什么时间爆炸的,哪一些爆炸了,

(5)三个人都要在记录上签字,记录保留**在您处**,然后转交
　　给我。

每次试验都要分别作记录(日期、钟点等等)。

您的　**列宁**

译自《列宁全集》俄文第5版<br>第 51 卷第 323 页

693

☆致小人民委员会

(11月1日)

**特急**

高尔基同志向我反映了如下情况:

"请允许我提醒您,如果把某些机关从莫斯科迁到彼得格勒,就能腾出许多住房;莫斯科的住房危机随着寒冷季节的到来正变得十分严重。"

请利用季诺维也夫同志在莫斯科的机会尽快研究这个问题。

人民委员会主席

**弗·乌里扬诺夫**(列宁)

1920 年 11 月 1 日

译自《列宁全集》俄文第5版<br>第 51 卷第 323 页

# 694

# 致瓦·亚·阿瓦涅索夫

11月1日

阿瓦涅索夫同志：

我认为，提纲[480]需要修改。

标题要改。

副标题：**报告**(12月20日)提纲**初稿**。

分三部分：

一、原则性的论点。

二、1920年2月7日法令。[481]

三、工农检查院的经验。

**关于一**：

摘选并引证俄共纲领的内容(政治部分第8节；经济部分第5节；**经济**部分第8节)。

| 对俄共纲领 政治部分 第8节 末　尾 | 补充布哈林关于转到生产劳动的意见$\left(\begin{array}{c}\text{近日的}\\《真理报》\end{array}\right)$。指出这种转移的条件，即"简化管理机关的职能"(俄共纲领；政治部分第8节末尾)取得**结果**的**条件**。 |

对纲领中的**每一项**指示和**每一个思想**都要周密思考，使之条理化，并单独列出。

**关于二**：对照党纲等，分析1920年2月7日法令的主要思想。

一和二**要简短**

三、工农检查院的**经验**：

三
——
要

详

细

些

可否简要地归纳出或指出**主要之点**？

工人人数？莫斯科和外省？

　　职员总数中的

训练班？

检查次数？是否有工人和农民参加？

有多少工人和农民参加？

非党代表会议的次数？

在工人**揭发的**案件中举出两三个突出的例子。

简化办文制度委员会。**结果**？

简化会计制度委员会。

仓库事务委员会？

　　　　等等，**逐点谈到**。

在末尾。发展缓慢的原因。大发展的前景和任务。

您最好能在星期四(或星期五)，能早些更好，

　　把修改过的提纲①送给我。

　　　　　　　您的　**列宁**

（附言：补充：把工农检查院培训过的
　　人员派去做**管理工作**）

译自《列宁文集》俄文版第38卷
第336—337页

---

① 参看本卷第699号文献。——编者注

# 695

# 在尼·亚·谢马什柯电话的记录上的批示

## (11月2日)

人民委员会在10月4日的会议上决定让西方面军革命军事委员会把斯摩棱斯克市那所大学的校舍腾出来,并要共和国革命军事委员会发电报贯彻这一决定。为贯彻人民委员会的决定,斯克良斯基同志已将这一决定转交革命军事委员会执行。然而西方面军司令部至今没有把这所大学的校舍腾出来。由于大学(一个专业系)十分需要房屋,我向您控告这种不执行人民委员会决定的行为,并请您向西方面军革命军事委员会下达坚决的命令。

卫生人民委员　　谢马什柯

**致斯克良斯基同志**

立即执行。报告执行情况。关于不服从决定和如何处罚的问题,我将提交小人民委员会。

人民委员会主席

**弗·乌里扬诺夫(列宁)**

11月2日

译自《列宁全集》俄文第5版<br>第51卷第324页

# 696

# 给西方面军革命军事委员会的电报

## （11月2日）

**直达**电报

**西方面军革命军事委员会**

抄送：斯克良斯基

尽管人民委员会的决定要求把斯摩棱斯克大学的校舍腾出来，但是据卫生人民委员谢马什柯同志报告说，你们至今没有腾出校舍。我命令立即执行人民委员会的决定，把大学校舍腾出来，并报告执行情况。

关于你们不执行人民委员会的决定和给予处分的问题，我将提交人民委员会。

人民委员会主席　**列宁**

载于1945年《列宁文集》俄文版
第35卷

译自《列宁全集》俄文第5版
第51卷第324—325页

697

## 致罗·爱·克拉松

1920 年 11 月 2 日

克拉松同志：

我担心您——恕我直言——不会利用人民委员会关于泥炭水力开采法的决定。[482] 我所以担心，是因为看来您在关于资本主义复辟的"毫无意义的幻想"上花费的时间太多了，而没有足够地重视从资本主义到社会主义的过渡时期的极其独特的特点。但是，我说这些话不是为了责备您，也不只是由于回想起 1894 — 1895 年和您在理论上的争论，而是为了纯粹实际的目的。

为了很好地利用人民委员会的决定，必须：

（1）最密切地注意决定的执行情况，有违反决定的事，就毫不留情地及时上告，当然，要选择适当的事例，要符合"不轻言，言必中"的原则；

（2）间或——也要根据同一个原则——写信给我（注意，在信封上注明：亲收，**某某人**寄，为某某事）：

> 鉴于已确认"泥炭水力开采法"具有全国性的重大意义，我要求就某某问题对某某人或某某机关
>
> 发出某种警告或质问（警告书或质问书草稿写在另一张纸上）。

如果您不骗我，就是说警告和质问完全是实事求是的（不带部门间纠纷或争吵的成分），我两分钟内就签署这样的警告书或质问

书,它们有时会带来实际好处。

　　祝您的发明迅速获得巨大成就! 敬礼!

**弗·乌里扬诺夫(列宁)**

载于1929年《发明家》杂志　　　　　译自《列宁全集》俄文第5版
第2期　　　　　　　　　　　　　　第51卷第325—326页

## 698

# 致阿·季·哥尔茨曼

1920年11月3日21时25分

**特急。亲收**

**致哥尔茨曼同志**

**抄送:埃斯蒙特**

**服装总局**

　　服装总局应当把关于生产2万双猎人靴的奖励问题提交奖励委员会研究。

　　这个问题对我们在南方的胜利具有重大意义,所以,最重要的是要火速生产出靴子。请您急速研究此事,并采取措施,以便确实能按总司令加米涅夫同志要求的期限把靴子做好。

劳动国防委员会主席

**弗·乌里扬诺夫(列宁)**

附言:委托斯克良斯基同志监督执行。

**列　宁**

译自《列宁全集》俄文第5版
第51卷第326页

# 699

# 致瓦·亚·阿瓦涅索夫

### (11月5日或6日)

阿瓦涅索夫同志:

今天和明天您**务必**每天腾出

**2—4** 小时

来认真地、从容地对提纲进行加工,提纲应在星期一(11月8日)12时以前准备好,并至迟于11月8日中午12时或下午1时印出 10—15 份送给我(**和克列斯廷斯基**)。

这样做是必要的。

务必腾出手来,以便从容地对提纲进行考虑和加工一两次。

必须再修改一次,修改后可叫提纲**初稿**,提交全会备查或**基本**批准,因为连您本人也希望**再**次进行修改。

需要作这样修改和加工:

(1)第一部分。**主要的原则性的论点。**

俄共纲领就同官僚主义作斗争问题提出了下列主要论点

要逐条列出这些论点,把摘自俄共纲领的引文

加上引号

（2）(也许可以不要这个第二部分? 需要再考虑一下)。**从原则性的论点中得出的结论:同官僚主义作斗争的任务**

　　(1)简化机构

　　(2)改进机构

　　(3)**为此**,实行工农监督。吸收群众参加

　　(4)把部分公务员转到生产劳动

　　(5)彻底消除官僚主义的**步骤**:劳动者普遍亲自参加管理。

（3）**1920年2月7日法令的意义**

应把法令的主要论点**逐点**列出,然后作出结论:说这是一项重要措施,是彻底消除官僚主义的**实际步骤**。

说这项措施至今**仍**收效甚微。

为什么?

原因:战争

　　　运输

　　　及其他。占用了许多优秀工人。

　　(略加发挥、解释、证明。)

结论:我们仍然应当沿着这条道路走并将**不断地**、顽强地、坚定地走下去。

（4）工农检查院的工作**经验**。

　　(1)在彼得格勒。在外省

　　　　在莫斯科

　　　　举行过选举的非党代表会议的次数

（2）工农检查院机关中的工人人数，工农检查院的"工人化"。"农民化"。

（尽管数字不完全，但需要有**数字**、**事实**）

（3）工人和农民在工农检查院从事有益工作的例子（两三个）或做法

（4）几项措施：**简化**机构

**简化**会计制度

**简化**仓库事务

**简化**办文制度等等。

$$\left\{\begin{array}{l}\text{发展情况}\\\text{发展计划}\end{array}\right.$$

（5）开展工农监督工作的计划（哪怕简单提一下）。

（6）举出两三起**彻底**揭发出来的、已送交法院审理的重大案例

　　　**和工农在揭发中的作用**

及其他。

对这部分，即实际**经验**部分，需要略加发挥，**可占**三四页对开打字纸。

我认为，修改和加工提纲的全部方案就是这样。

再说一遍：一定要考虑和加工。我同意再看一遍。

致共产主义的敬礼！

列　宁

译自《列宁文集》俄文版第38卷
第337—339页

# 附　　录

## 1919 年

### 1

## 给克·格·拉柯夫斯基的电报

1919 年 7 月 5 日

基辅　人民委员会　拉柯夫斯基
抄送：施利希特尔

交值班委员

优先拍发

收报后通知莫斯科克里姆林宫

直达电报稿

苏梅和苏梅区现有大量食糖储备。请命令所有有关机关立即无条件地将食糖发运北方。任何拖延食糖发运的行为都是犯罪行为。尽可能每天向瞿鲁巴报告发运情况。**483**

人民委员会主席　**列宁**①

译自《列宁文集》俄文版第 40 卷
第 66 页

---

①　签署该电的还有粮食人民委员亚·德·瞿鲁巴。——俄文版编者注

2

# 给奥廖尔军区军事委员会的电报

（7 月 12 日）

**奥廖尔　军区军事委员会**

抄送：执行委员会、

南方面军革命军事委员会

　　根据国防委员会 7 月 11 日的决定，我命令将奥廖尔所有未用于军事运输的救护车立即交给奥廖尔军区军事工程管理局，用于军事救护。报告执行情况。

国防委员会主席　**列宁**

1919 年 7 月 12 日

载于 1940 年《无产阶级革命》杂志
第 1 期

译自《列宁全集》俄文第 5 版
第 51 卷第 329 页

# 3

# 给恩·奥新斯基的电报

## (7 月 19 日)

**图拉 省特派员奥新斯基**
抄送:区域警备司令 **H.Л.米雅诺夫斯基**、
工厂政治委员奥尔洛夫
奥西金
省党委
省粮食委员会
省执行委员会

答复奥新斯基的来电。不论在什么情况下都不准许任何人自行采购,不管是按自由价格,还是按固定价格。我请所有愿意加强采购工作的人根据共同的计划,统一步调,采用商品交换的办法,完全按照中央的指示,在省粮食委员会统一领导和负责下进行采购。在采购方面的一切单独行动,特别是违反粮食政策各项原则的做法以及由此产生的一切后果,都将被认为是破坏粮食工作。请对此事有足够权力的奥新斯基同志和地方当局全力以赴坚决打击各种破坏行为,直至罢免和逮捕破坏分子。我完全有把握肯定:正确地组织与顽强坚定地工作,不仅能满足当地的需要,还能分出一些余粮给挨饿的中心城市和军队,因为省内的粮食资源还远未用尽。

人民委员会主席　**列宁**①

载于 1933 年《列宁文集》俄文版
第 24 卷

译自《列宁全集》俄文第 5 版
第 51 卷第 329—330 页

# 4

# 给弗·斯·叶尔马柯夫的电报

## （8 月 6 日）

军务　急

**彼尔姆**　铁路管理局

交通部副委员**叶尔马柯夫**

抄送:**彼尔姆**　铁路管理局　叶卡捷琳堡车站

**彼尔姆**　**叶卡捷琳堡**　克列斯廷斯基、尤里耶夫

　　工农国防委员会授权东方面军交通部副委员叶尔马柯夫同志负责按照粮食人民委员部和交通人民委员部的指示把叶卡捷琳堡和彼尔姆以及附近地区现存的盐、面粉和粮食运往中部地区,但必须按照粮食人民委员部的指示留足供当地需要的部分。我命令所有当局和机关,包括军事机关,全力协助叶尔马柯夫同志完成国防委员会交给他的任务并无条件地满足他为完成此项任务所提出的

---

① 　签署该电的还有粮食人民委员亚·德·瞿鲁巴。——俄文版编者注

一切合理要求。

国防委员会主席　**列宁**

译自《列宁文集》俄文版第 40 卷<br>第 67 页

5

# 给第 5 集团军革命军事委员会的电报[484]

(8 月 8 日)

第 5 集团军革命军事委员会

第 5 集团军建立一年来已经由一支小队伍变成一个充满了强烈的革命激情并在保卫伏尔加河和粉碎高尔察克部队的胜利战斗中团结起来的集团军。在你军建军一周年之际,工农国防委员会向红军英雄们致以同志的敬礼,并对集团军为保卫社会主义革命所承受的种种艰难困苦表示感谢。为弥补集团军在艰苦战斗中所承受的物质上的困苦,特奖励第 5 集团军全体指战员一个月的薪饷。

国防委员会主席　**列宁**①

<table>
<tr><td>

载于 1919 年 8 月 24 日《红色射手报》<br>(第 5 集团军革命军事委员会政治部<br>机关报)第 95 号

</td><td>

译自《列宁全集》俄文第 5 版<br>第 51 卷第 330—331 页

</td></tr>
</table>

---

①　签署该电的还有国防委员会委员埃·马·斯克良斯基。——俄文版编者注

# 6

## 给克·格·拉柯夫斯基、列·达·托洛茨基和斯·维·柯秀尔的电报①

（8 月 13 日）

基辅　拉柯夫斯基、托洛茨基、柯秀尔

我们坚决主张，除陆军人民委员部、交通人民委员部、粮食人民委员部外，关闭所有人民委员部。动员全体人员参加军事工作，要求他们坚持哪怕几周也行，把人民委员会、国防委员会、中央执行委员会和乌共中央合并成一个机构。请托洛茨基对此事全力加以督促。**485**

政治局　**列宁**②

8 月 13 日

载于 1956 年莫斯科出版的弗·伊·列宁《军事书信集。1917 — 1920》一书

译自《列宁全集》俄文第 5 版第 51 卷第 331 页

---

① 电报上有批注："立即用密码发出。叶列娜·斯塔索娃。1919 年 8 月 13 日。"——俄文版编者注

② 签署该电的还有加米涅夫、斯塔索娃。——编者注

# 7

# 给 И.Н.马耶夫斯基、米·康·
# 弗拉基米罗夫、南方面军革命军事委员会和
# 第 13 集团军革命军事委员会的电报

## （10 月 8 日）

致马耶夫斯基同志、弗拉基米罗夫同志、
南方面军革命军事委员会、
第 13 集团军革命军事委员会

鉴于国防委员会特派全权代表弗拉基米罗夫即将去东南方面军，而迅速撤清奥廖尔—图拉路段所积压的货物又非常重要，在弗拉基米罗夫回来之前，将南方面军在该路段特派员的权力交给中部地区特派员马耶夫斯基同志。

国防委员会主席　**列宁**

译自《列宁文集》俄文版第 40 卷第 69 页

# 8

# 给乌法工人的电报[486]

（10 月 10 日）

乌法　参加别拉亚河大桥修复工程的工人们

抄送：萨马拉　Hполком[①]、乌法　奥尔舍夫斯基工程师、

莫斯科 3P[②]、革命军事委员会、

交通人民委员部、交通人民委员部总政治处

别拉亚河大桥的临时修复工程，在即使对和平时期来说也是极其困难的条件下，比规定的期限提前 4 天胜利完工，共和国国防委员会认为这完全归功于你们的组织性和坚强的团结。这种组织性和团结精神来源于那不仅要在战场上手握武器保卫苏维埃俄国，而且也要在夺取和平建设成果的道路上保卫苏维埃俄国的强烈愿望。我代表国防委员会向你们致以同志的敬礼和最深切的谢意！

共和国国防委员会主席　**列宁**

译自《列宁全集》俄文第 5 版
第 51 卷第 332 页

---

①　Hполком 是铁路局局长兼政治委员的电报代号。——俄文版编者注

②　3P 是中央军事交通部部长的电报代号。——俄文版编者注

# 9

## 给辛比尔斯克省执行委员会和
## 塞兹兰县执行委员会的电报[487]

### （10月15日）

**直达电报稿**

**辛比尔斯克　省执行委员会**
**抄送：粮食人民委员部伏尔加运输委员会**
**塞兹兰　县执行委员会**
**粮食人民委员部伏尔加运输委员会**

　　由于粮食即将在恰索夫尼亚和巴特拉基由水路转为铁路运输，要求你们在这两地组织足够的装卸人员做转运工作，以保证驳船能迅速卸货、重返伏尔加河下游装运货物，并把车皮装货时间缩短到最低限度。请在恰索夫尼亚指定一名辛比尔斯克省执行委员会委员，在巴特拉基指定一名县执行委员会委员，负责提供劳动力。关于采取的措施和指定的负责人，最迟要在10月20日向我报告。

人民委员会主席　**列宁**

1919年10月15日

载于1940年《无产阶级革命》杂志第1期

译自《列宁全集》俄文第5版第51卷第332—333页

# 10

# 致阿富汗国王阿曼努拉汗[488]

## （11 月 27 日）

阿富汗国王陛下：

您的特使、尊贵的穆罕默德·瓦利汗转交的陛下极为重要的来信已收悉，现匆致谢意，感谢您的问候和您提出的建立伟大的俄罗斯人民和阿富汗人民的友好关系的倡议。

早在阿富汗人民为争取独立进行光荣斗争的时候，俄国工农政府就立即对阿富汗的新制度表示承认，郑重承认阿富汗的完全独立，并为建立莫斯科与喀布尔之间长久的、永恒的联系派出了自己的使节。现在，欣欣向荣的阿富汗成了世界上唯一独立的穆斯林国家，命运赋予阿富汗人民一项伟大的历史任务——把所有被奴役的穆斯林民族联合在自己的周围并带领他们走上自由和独立的道路。

俄国工农政府委托本国驻阿富汗的使节同阿富汗人民的政府就缔结贸易条约和其他友好条约而举行谈判，其目的不仅在于巩固睦邻友好关系，使其进一步为两国人民造福，而且在于同阿富汗一起与世界上最凶恶的帝国主义政府——英国展开斗争，您在来信中说得对，英国的种种阴谋至今还在妨碍阿富汗人民和平自由地发展，并使阿富汗与周边邻国的关系变得疏远。

我同您的特使、尊贵的穆罕默德·瓦利汗会晤后得知，您准备在喀布尔举行关于签订友好协议的谈判，并得知阿富汗人民希望能在反对英国的斗争中得到俄国人民的军事援助。工农政府愿意最大限度地向阿富汗人民提供这种援助，除此之外，还要恢复被俄国历代沙皇政府践踏的公道。我们已向您的特使提议并指示我土耳其斯坦当局成立一个联合委员会，其任务是在法律、公正以及边境地区各族人民自由表达意愿的基础上更改俄阿边界，也就是扩大阿富汗的领土。我们希望，这个委员会在得到您的赞同后能立即开始工作，以便使更改边界的工作能与在喀布尔进行的关于签订俄阿协议的谈判同时完成。

应您的特使请求，我国政府已通过无线电报与俄国的邻国政府进行联系，以保证阿富汗使节能继续前往欧洲和美国，但遗憾的是，您在您的极为重要的来信中提到的那个利益攸关的大国的阴谋使陛下的计划无法实现，所以您的特使只能选择另一条路线。在恭送您的使节带着俄国人民的所有美好祝愿离去之际，谨以工农政府的名义向陛下和全体阿富汗人民致以诚挚的问候。

人民委员会主席

**弗·乌里扬诺夫**（列宁）

1919 年 11 月 27 日

于莫斯科　克里姆林宫

载于 1928 年 4 月 29 日《真理报》第 100 号（非全文）

译自 1999 年《不为人知的列宁文献（1891—1922）》俄文版第 308—309 页

# 11

# 给奥廖尔省粮食委员的电报

## （12月11日）

奥廖尔

省粮食委员

拉夫罗沃乡的农民投诉说粮食征集指标太高。他们说，供个人消费的粮食可能吃不到圣诞节。请仔细调查诉述的情况是否属实。如果属实，要消除不合理的现象。[①]

人民委员会主席　**列宁**

载于1945年《列宁文集》俄文版
第35卷

译自《列宁全集》俄文第5版
第51卷第333页

# 12

# 给各铁路局政治委员的电报

## （12月30日）

**交通人民委员部　各铁路局　Нполком**[②]

有关木柴和煤炭装车情况的调度报表报得极其马虎。每天都

---

① 电报末尾有阿·伊·斯维杰尔斯基写的批语："抄送粮食人民委员部饲料管理局。"——俄文版编者注

② Нполком 是铁路局局长兼政治委员的电报代号。——俄文版编者注

发现有若干线路漏报,其总数可达上千个车皮。漏报的在事后也不补报,因此关于装车情况的报告是混乱的。这样马虎是不能容许的。要立即安排专人负责每天上报报表并监督报表是否送达指定机关。责成交通人民委员部中央统一调度室进行严格监督,以保证及时收到报表并通知有关部门。

人民委员会主席　　列宁

载于1942年《列宁文集》俄文版
第34卷

译自《列宁全集》俄文第5版
第51卷第333—334页

# 1920 年

## 13

## 给第5集团军革命军事委员会的电报

### (1月21日)

### 第5集团军革命军事委员会

我赞同你们有关缓冲国问题的建议。[489]只是必须明确规定:要让我们驻政治中心的一名代表或者最好是两名代表了解所有的决定,有权参加政治中心的一切会议。

**第二**,对收缴捷克斯洛伐克军武器采取严格的监督措施。[490]

**第三**,由于运输上的种种原因,运送捷克斯洛伐克军我们是很困难的。

国防委员会主席　**列宁**①

1920 年 1 月 21 日

载于 1960 年出版的《在恢复时期的
伊尔库茨克党组织(1920——1926 年)》
一书

译自《列宁全集》俄文第 5 版
第 51 卷第 334 页

# 14

# 给约·维·斯大林的电报

### （2 月 4 日）

直达电报

（密码）

### 致斯大林

　　如果在最近几周您能把全部精力集中用于支援高加索方面军，使西南方面军的利益服从于高加索方面军，中央就不坚持要您去。**491**阿尔然诺夫被派往沃罗涅日，以便加快部队的必要调动。请给他必要的协助，并将调动的情况准确地告诉我们。

国防委员会主席　**列宁**①

1920 年 2 月 4 日

载于 1942 年《列宁文集》俄文版
第 34 卷

译自《列宁全集》俄文第 5 版
第 51 卷第 335 页

---

　　①　签署该电的还有革命军事委员会主席列·达·托洛茨基。——俄文版编者注

# 15

## ☆给辛比尔斯克、萨马拉、喀山、奔萨、梁赞、乌法省执行委员会的电报

### （2月28日）

抄送：萨马拉—兹拉托乌斯特、

塞兹兰—维亚济马、

梁赞—乌拉尔、莫斯科—喀山

各铁路局 Нполком[①] 和铁路政治部

　　工农国防委员会重申：只要铁路部门一提出要求，所有省、县、乡执行委员会都必须全力给予协助，包括粮食装车以及加强与粮食列车运行有关的全部工作，加强维修、调整运行等等。给予协助的办法应当是，动员最有责任心的人员，调给铁路部门使用，组织实行劳动义务制，提供畜力运输工具等等。请简要电告动员的人数以及采取的其他协助办法。

国防委员会主席　列宁

载于1942年《列宁文集》俄文版第34卷

译自《列宁全集》俄文第5版第51卷第335—336页

---

①　Нполком 是铁路局局长兼政治委员的电报代号。——俄文版编者注

# 16

## 给各省党委、省执行委员会、
## 省粮食委员会的电报

### （4月17日）

**直达电报稿**

雅罗斯拉夫尔、科斯特罗马、乌拉尔斯克、梁赞、奔萨、
辛比尔斯克、坦波夫、下诺夫哥罗德、弗拉基米尔、萨马拉、
萨拉托夫、斯摩棱斯克、戈梅利、维捷布斯克、乌法、
叶卡捷琳堡、沃罗涅日、库尔斯克、奥廖尔、维亚特卡、莫斯科
各省党委、省执行委员会、省粮食委员会

为了缓和共和国的缺粮状况，马铃薯在今后的一年里应当起特别重要的作用。因此在最近一个月里，我们的全部注意力和全部现有力量都应当用来保证供应全国的留种马铃薯。全体地方工作人员的革命热情和对苏维埃俄国利益的赤胆忠诚必将克服一切可能出现的障碍，准确地无条件地完成粮食人民委员部交给的任务。为了卓有成效地完成这项任务，请组织一个留种马铃薯周，把党的和粮食部门的优秀工作人员全都投进去，以便进行广泛的文字和口头宣传，采购留种马铃薯，运送到车站、码头并及时装运。要掀起一个广泛的马铃薯运动，在这个关系到共和国生死存亡的问题上拿出最大的干劲。组织留种马铃薯周的时间由当地规定。

请电告马铃薯周的开展情况及其结果。抄发农产品采购处。

列　宁[①]

载于1942年《列宁文集》俄文版
第34卷

译自《列宁全集》俄文第5版
第51卷第336—337页

# 17

# 给波罗的海舰队的电报

（4月20日）

**彼得格勒　波罗的海舰队**

　　为了立即组织木材出口，必须排除一切障碍和机关的拖拉作风，火速着手整顿彼得格勒港，即：清除沉没的驳船和平底木船。打捞上来的平底木船应立即修好并交给船舶修理部门支配。每星期六向我电告进行了哪些工作。抄发最高国民经济委员会所属对外贸易委员会。

人民委员会主席　**列宁**

载于1942年《列宁文集》俄文版
第34卷

译自《列宁全集》俄文第5版
第51卷第337页

---

① 签署该电的还有亚·德·瞿鲁巴。——俄文版编者注

# 18

# 给各省执行委员会主席的电报

## （4 月 23 日）

直达电报

**坦波夫**、**萨拉托夫**、**萨马拉**、**乌法**、**车里雅宾斯克**、

**喀山**、**维亚特卡**、**萨拉普尔**（卡马河沿岸地区的省粮食委员会）、

**奔萨**、**波克罗夫斯克**、**巴龙斯克**（德意志人公社）、

**奥伦堡**（吉尔吉斯粮食人民委员会）、**鄂木斯克**（西伯利亚

革命委员会）、**叶卡捷琳堡**（劳动军委员会）、**沃罗涅日**

**各省执行委员会主席**

抄送：各省军事委员会

各省劳动委员会

各省粮食委员

国防委员会于 4 月 21 日决定采取强有力的措施来完成共和国粮食和饲料供应计划，并通过实行劳动和畜力运输义务制以及使用军队人员的办法把粮食从内地集粮点运到铁路车站和水路码头。因此我命令（作为战斗命令），在收到此电报后 24 小时内成立三人工作组，在把粮食从内地集粮点运往铁路车站这段时期进行工作，工作组由省粮食委员亲自主持，由省劳动委员会主席和省军事委员亲自参加，以贯彻执行国防委员会的上述决定。省劳动委员会必须首先迅速满足省粮食委员会对劳力和畜力的需要。三人小组必须：（1）立即弄清楚，应当从哪里运出，运多少，运到哪些铁

路车站以及待运的究竟是哪些粮食;(2)宣布在这些地区实行劳动和畜力运输义务制并调用必要数量的军队人员和畜力运输工具;(3)所有运到车站的货物应立即交铁路部门,同样作为战斗任务组织装运,并要注意交通人民委员部是否保证及时提供空车;(4)监督整个工作过程,每周向省执行委员会报告工作结果,并于每星期一用直达电报向粮食人民委员部值班代表报告。

国防委员会主席　**列宁**①

载于1942年《列宁文集》俄文版
第34卷

译自《列宁全集》俄文第5版
第51卷第338—339页

# 19

## 给各省执行委员会、莫斯科和
## 彼得格勒两市执行委员会、
## 各省革命委员会、西伯利亚
## 革命委员会的电报

### (5月5日和7日之间)

**各省执行委员会、莫斯科和彼得格勒两市执行委员会、
各省革命委员会、西伯利亚革命委员会
抄送:农业局、省粮食委员会、省国民教育局、
省管理委员会、省劳动委员会、省统计局**

根据苏维埃第七次代表大会的决议,人民委员会决定在今年

---

① 签署该电的还有粮食人民委员亚·德·瞿鲁巴。——俄文版编者注

8月进行人口、职业和农业普查,同时简单调查一下工业企业的情况。[492]普查材料对于苏维埃共和国的社会主义建设将具有头等重要的和指导性的意义。为了坚决贯彻执行,我命令你们无论是在筹备工作期间,还是在进行普查和突击整理所得材料阶段都要全力协助负责进行这次普查的中央统计局及其地方机关。省内现有的、为进行普查所必需的全部人力物力都应当利用起来。你们要按照中央统计局及有关部门制定的专门计划,协助省统计局采取动员和实行劳动义务制的办法吸收教师、农艺师以及其他苏维埃机关的职员担任工作人员。要为分送调查材料和运送统计人员提供必要的交通工具和邮政、电报、信使等联络手段。要给省统计局提供印刷厂、印制调查卡片的纸张、办公用品和包装材料,要保证有取暖、照明、家具等全套设备的房屋。请立即指示各市、乡、村苏维埃机关,要无条件地协助中央统计局及其各机关和所有参加普查的人员。省执行委员会主席应至少每周一次听取省统计局负责人员关于普查情况以及为有计划进行普查而采取的措施的报告,遇到急需解决的问题可增加次数。对即将开展的对苏维埃共和国的建设具有头等重要意义的普查工作协助不力者,不管其地位如何,将立即交革命法庭审判。

人民委员会主席　　**列宁**①

载于1942年《列宁文集》俄文版
第34卷

译自《列宁全集》俄文第5版
第51卷第339—340页

---

①　签署该电的还有中央统计局局长帕·伊·波波夫。——俄文版编者注

# 20

# 给列·波·克拉辛和
# 马·马·李维诺夫的电报

## (5月8日)

**哥本哈根　克拉辛、李维诺夫**

**密码**

对你们的第34、35、49、43、48号来电答复如下:(1)同瑞典几家金属加工厂和一家机车制造厂的财团订的合同很好,你们可以签字。请说明一下,合同里规定的用我们接受的贷款支付这种方式是否适用于我们现在购买的所有瑞典金属制品,还是仅仅适用于我们今后的订货? (2)3 200万克郎的黄金将按你们的要求寄往雷瓦尔。(3)我们对斯堪的纳维亚的工业能否大大促进我国运输业的恢复还有怀疑。1 000辆机车的交货期定为6年,就证明了这一点。我们重视所签订的合同,主要是为了影响欧美各大机车制造厂。(4)必须严格限制继续花费黄金。我们认为当前的政治行情对我们把很大一部分储备存放国外不够有利。可授权你们用黄金支付的那些商品的货目和数量,将另行通知。(5)沃罗夫斯基提出的订货调整得怎样了? 临时政府存放在瑞典的俄国黄金的命运如何？

**列　宁**①

5 月 8 日

载于 1945 年《列宁文集》俄文版
第 35 卷

译自《列宁全集》俄文第 5 版
第 51 卷第 341 页

21

## 给下诺夫哥罗德省执行委员会的电报

（5 月 15 日）

**下诺夫哥罗德　省执行委员会**

**抄送：省粮食委员会、省劳动委员会、运输器材局、**

**伏尔加粮食委员会、省军事委员会**

　　鉴于下诺夫哥罗德当前成了向西方面军、莫斯科、彼得格勒供应粮食的重点，我命令按粮食人民委员部伏尔加运输委员会的要求每天派出必要数量的工人、大车，给驳船卸货，往各车站运粮食，一昼夜不得少于 60 车皮粮食。

国防委员会主席　**列宁**②

载于 1942 年《列宁文集》俄文版
第 34 卷

译自《列宁全集》俄文第 5 版
第 51 卷第 342—343 页

---

①　签署该电的还有约·维·斯大林、列·波·加米涅夫、阿·洛莫夫、M.M.舍印曼。——俄文版编者注

②　签署该电的还有粮食人民委员亚·德·瞿鲁巴。——俄文版编者注

# 22

# 给索尔莫沃工厂管理委员会的电报

## （5月28日）

索尔莫沃工厂管理委员会

抄送：国营机械制造厂联合公司中央管理局

最高国民经济委员会主席团和国防委员会主席知道索尔莫沃工厂承接了繁重的军事订货，但是仍然要求你们接受泥炭总委员会2月17日的第9号订货，即根据你们绘制的第30821号图纸制造履带式泥炭起重机并在最短期间内完成。接受此项订货后，请电告，并抄发泥炭总委员会。

国防委员会主席　**列宁**①

载于1942年《列宁文集》俄文版
第34卷

译自《列宁全集》俄文第5版
第51卷第342页

---

① 签署该电的还有最高国民经济委员会主席团委员阿·洛莫夫和泥炭总委员会主席伊·伊·拉德琴柯。——俄文版编者注

# 23

## 给西伯利亚革命委员会和
## 一些省执行委员会的电报

### （6月25日和30日之间）

鄂木斯克　　西伯利亚革命委员会

萨马拉

萨拉托夫

乌法　　　　　　　　　　省执行委员会　　抄送：省农业局

顿河畔罗斯托夫

乌拉尔斯克

车里雅宾斯克

　　为了有组织地将农民迁往西伯利亚和产粮省份，人民委员会决定现在就准许农民代表去当地了解迁居条件。要迅速查明有多少可耕的空闲土地。7月10日前向农业人民委员部电告这些情况，并说明（1）俄亩数；（2）地点；（3）每县、每乡能立即接收多少对男女农民；（4）迁居地点。单独说明一下能否在国营农场安置，以及对劳动力的总的需求。立即着手准备接待代表和移民，必要时向农业人民委员部请示。请注意，这项工作非常重要，责任重大。

人民委员会主席　　列宁[①]

载于1942年《列宁文集》俄文版
第34卷

译自《列宁全集》俄文第5版
第51卷第343—344页

---

　　① 签署该电的还有农业人民委员谢·帕·谢列达。——俄文版编者注

# 24

# 给阿塞拜疆国民经济委员会的电报

## (6 月 29 日)

**巴库　阿塞拜疆国民经济委员会**

抄送:阿斯特拉罕　国防委员会特派全权代表**巴布金**

阿斯特拉罕　粮食人民委员部部务委员**波嘉耶夫**

据粮食人民委员部得到的消息,你们掌握着 6 000 普特黑鱼子酱,准备向国外出口,独自进行商品交换。我们认为有必要提请你们注意:你们在商品交换问题上不同我们协商的举动,从国家全局的观点来看是不妥当的。如果确实剩余 6 000 普特鱼子酱,请发运到**莫斯科交粮食人民委员部**,以便分配给各挨饿的中心城市的儿童和患病的无产者。下一步的情况请电告**粮食人民委员部分配委员会**。

人民委员会主席　**列宁**①

载于 1942 年《列宁文集》俄文版
第 34 卷

译自《列宁全集》俄文第 5 版
第 51 卷第 344 页

---

① 　签署该电的还有副粮食人民委员尼·巴·布留哈诺夫。——俄文版编者注

25

# 给克·格·拉柯夫斯基的电报

（7 月 28 日）

**哈尔科夫**

**乌克兰人民委员会主席拉柯夫斯基**

　　我已给各省执行委员会、各省革命军事委员会、第 1 劳动军委员会、西伯利亚革命委员会、鞑靼革命委员会、巴什基尔革命委员会和吉尔吉斯革命委员会分别发了电报，并要求抄送各省统计局，内容如下：

　　"兹定于 1920 年 8 月 28 日开始进行人口、职业和农业普查。

　　城市的人口和职业普查进行一周，农村地区为两周。农业普查进行一个半月，从 8 月 28 日算起。这次对苏维埃共和国的建设具有重大意义的普查成功与否完全取决于省统计局的工作的计划性和准备情况，取决于能否通过实行劳动义务制的办法保证提供调查人员，能否迅速及时地在省内运送调查人员和调查材料，取决于各苏维埃机关能否保证提供必要的房屋、照明设备、粮食、钱款，以及其他协助办法。

　　责成省执行委员会、省农业局、省粮食委员会、省肃反委员会、省国民教育局、省财政局、省劳动委员会、管理局使用他们拥有的一切手段全力协助中央统计局及其地方机关。普查不是某个部门的事，而是全共和国的事，是所有苏维埃机关的事。如协助不力，不负责任,马虎大意,不管是谁,都将以严重失职罪按革命时期的规定严加追究。

省执行委员会主席应特别关心如何使普查顺利进行。我责成他们于8月1日、15日、25日打电报给中央统计局,以便向我报告普查的情况、遇到的困难以及为克服困难所采取的措施。"

为了保证按上述期限在乌克兰境内及时而顺利地进行普查,您是否认为可以向乌克兰苏维埃社会主义共和国各省级机关分别拍发类似的电报?

人民委员会主席　**列宁**

译自《列宁全集》俄文第5版
第51卷第345—346页

## 26

# 给 Б.И.托洛茨基的电报

### (7月30日)

鄂木斯克　西伯利亚粮食委员会　托洛茨基
抄送:省执行委员会

为了保证红军和共和国各工人集中地区劳动居民的肉、油供应,我命令采取有效的革命措施,完成这些食品的征购工作。为使这一运动取得成功,同时也出于经济方面的考虑,应当事先将征购额通知居民,而征购本身则应在秋季进行,因为那时农民还未开始大量消耗自己所存的肉类,而且由于他们事先已经把征购额计算在内，所以这种征购也就不会成为太重的经济负担了。基于上述理由，请立即着手征购上述食品，要发挥最大的干劲，并要考虑到使粮食人民委员部对西伯利亚各省所制定的计划至迟在明年1月1日以前圆满完成。请注意：工农政府认为这是一项革命的战斗任务，因此必须无条件地完成。

人民委员会主席　　**列宁**①

<table>
<tr><td>载于1942年《列宁文集》俄文版<br>第34卷</td><td>译自《列宁全集》俄文第5版<br>第51卷第346—347页</td></tr>
</table>

27

# 给乌拉尔州革命委员会和
# 萨拉托夫省执行委员会的电报

### （8月2日）

**直达电报**

**乌拉尔斯克**　乌拉尔州革命委员会

**萨拉托夫**　执行委员会主席团

抄送：**阿夫克森齐耶夫斯基**

**乌拉尔斯克**　省党委

**萨拉托夫**　省党委

　　土耳其斯坦第2师前师长萨波日科夫在布祖卢克地区发动了

---

① 签署该电的还有副粮食人民委员尼·巴·布留哈诺夫。——俄文版编者注

暴乱。萨波日科夫把某些红军部队和部分富农拉到了自己一边，目前他正企图窜往新乌津斯克，下一步看来要窜向伏尔加河和乌拉尔河下游。为便于同萨波日科夫斗争，使其不能轻易逃脱，我命令：(1)责成各级革命委员会和执行委员会，只要还有一点可能就要坚守岗位，大力开展反对这个叛徒的宣传，并千方百计阻挠他在居民中进行煽动；(2)派一批得力人员交阿夫克森齐耶夫斯基指挥；(3)在你们管辖下的革命委员会、执行委员会同部队之间要建立最密切的联系，保证行动统一，要采取措施保护通信设备；(4)利用当地居民对萨波日科夫部队的行动进行严密监视，并向邻近部队首长报告观察结果；(5)要运用全部革命权力防止当地居民对萨波日科夫表示任何同情、尤其是支持；如果有人支持，应要求交出首恶分子；在萨波日科夫部队沿途必经的各村庄要扣留人质，以防援敌的可能性。此命令要求由所有执行人亲自负责，火速、坚决加以执行。**493**

劳动国防委员会主席　**列宁**①

8月2日

载于1942年《列宁文集》俄文版　　　　译自《列宁全集》俄文第5版
第34卷　　　　　　　　　　　　　　第51卷第347—348页

---

① 电报末尾有附记："经伏尔加左岸军区司令部转交，由司令部政治委员负责。共和国革命军事委员会副主席**斯克良斯基**"。——俄文版编者注

# 28

# 致乌克兰共产党中央委员会[494]

（8 月 19 日）

直达电报（密码）

**哈尔科夫　拉柯夫斯基**同志
**乌克兰共产党中央委员会**

　　由于即将同波兰白军进行紧张战斗，俄共中央不能把注意力完全集中于弗兰格尔战线。乌克兰共产党中央委员会方面务必采取措施，把相当数量的优秀人员抽到弗兰格尔战线，这些人员必须有能力提高部队战斗力，巩固后方，在紧靠前线的后方对逃兵现象和土匪活动开展斗争等等。将所采取的措施报告俄共中央。

列　宁[①]

8 月 19 日

载于 1942 年《列宁文集》俄文版　　　　　译自《列宁全集》俄文第 5 版
第 34 卷　　　　　　　　　　　　　　　　第 51 卷第 348—349 页

---

①　签署该电的还有尼·尼·克列斯廷斯基、列·达·托洛茨基、约·维·斯大林、尼·伊·布哈林。——俄文版编者注

# 29

# 致俄共(布)中央高加索局

## (8月19日)

直达电报(密码)

### 中央高加索局

目前还要同波兰白军进行一场顽强的战斗。因此中央只能抽出有限的人员去弗兰格尔战线。中央高加索局应以弗兰格尔战线为主要任务,极严格地计算和分配力量。必须帮助加强政治部、特别部、各集团军的法庭,提高部队战斗力,要派优秀的共产党员。将采取的措施报告中央。

列　宁[①]

8月19日

载于1942年《列宁文集》俄文版
第34卷　　　　　　　　　　　　译自《列宁全集》俄文第5版
　　　　　　　　　　　　　　　第51卷第349页

---

① 签署该电的还有尼·尼·克列斯廷斯基、列·达·托洛茨基、约·维·斯大林、尼·伊·布哈林。——俄文版编者注

# 30

# 致俄共(布)中央西伯利亚局

## （8 月 19 日）

直达电报（密码）

## 中央西伯利亚局

同波兰白军的战斗还远没有结束。弗兰格尔战线要求作出极大的牺牲。可能要进行冬季战局。中央希望西伯利亚局和西伯利亚革命委员会继续加紧工作。除一般值勤队之外，还需要组建志愿部队，尤其是骑兵部队，即使是小部队也行。需要军马、辎重等等。粮食工作无论如何不能削弱。将采取的措施报告中央。

**列 宁**[①]

8 月 19 日

载于 1942 年《列宁文集》俄文版
第 34 卷

译自《列宁全集》俄文第 5 版
第 51 卷第 349—350 页

---

① 签署该电的还有尼·尼·克列斯廷斯基、列·达·托洛茨基、约·维·斯大林、尼·伊·布哈林。——俄文版编者注

# 31

# 致交通人民委员部和中央军事交通部

交通人民委员部
中央军事交通部

1920 年 8 月 28 日于莫斯科

在当前的军事形势下,特别需要铁路紧张地不停地进行军事运输。虽然铁路在这方面目前做得也很好,但是还要作出更大的努力,因为现在整个事业的胜利特别取决于铁路工作。对待军用直达列车尤其需要灵活和准确,绝不允许有任何耽搁和调错线路的情况发生。

劳动国防委员会主席

**弗·乌里扬诺夫(列宁)**

载于 1942 年 2 月 23 日《真理报》　　　　译自《列宁全集》俄文第 5 版
第 54 号和《消息报》第 45 号　　　　　　第 51 卷第 350 页

## 32

# 给伏尔加河流域
# 各省执行委员会的电报[495]

（8月31日）

阿斯特拉罕、萨拉托夫、察里津、

下诺夫哥罗德、萨马拉、雷宾斯克、喀山各省执行委员会

抄送：阿斯特拉罕、萨拉托夫、察里津、

下诺夫哥罗德、萨马拉、雷宾斯克、喀山各省党委、

交通人民委员部

　　沿伏尔加河从阿斯特拉罕外运石油产品由于下述原因陷于停顿：(1)河水空前的浅；(2)起辅助作用的载重量不大的木船数量不够。从全国考虑，坚决要求最大限度地、及时地把石油产品运到中部各工业区。所以命令你们采取一切办法和手段帮助地方水路运输机关修理这些货船并满足水路运输的其他各种需要（如供应参加劳动的人以粮食、秋季衣服等等）。此事由省执行委员会主席负责。

劳动国防委员会主席　列宁

1920 年 8 月 31 日

载于 1942 年《列宁文集》俄文版
第 34 卷

译自《列宁全集》俄文第 5 版
第 51 卷第 351 页

# 33

# 给巴库海军部队首长和
# 阿斯特拉罕省军事委员会的电报

## (9 月 10 日)

巴库　海军部队首长、
　阿斯特拉罕省军事委员会
　抄送:国防委员会特派全权代表巴布金
　港口指挥

　　阿斯特拉罕倒卖食盐、鱼类的投机活动十分猖獗,倒卖数量已达几十万普特,因而破坏了红军和挨饿的中心城市的食品供应。为了取缔投机倒把活动,国防委员会主席列宁曾在给国防委员会特派全权代表巴布金的第 4513 号电报中命令:组织对船舶、火车的严密检查,为此可动用国内警卫部队的力量;采取毫不留情的措施取缔鱼类、食盐的自由买卖,杜绝这些货物从作业场地和仓库外流,逮捕罪犯。[496]同时据阿斯特拉罕省粮食人民委员涅普里亚欣报告,运送鱼类、食盐的主要是水兵。由于鱼类、食盐是红军最主要的食品,因此命令你们立即同国防委员会特派全权代表巴布金协商,采取有力措施杜绝水兵非法运送鱼类和食盐。要向里海舰队颁布相应的命令,组织对军车的检查,非法隐藏和转运的鱼类和食盐,一经发现立即没收。追究罪犯的责任。

国防委员会主席　　**列宁**①

译自《列宁文集》俄文版第40卷<br>第71—72页

34

## 致克·格·拉柯夫斯基

（9月10日和13日之间）

### 致乌克兰人民委员会主席拉柯夫斯基同志

　　我已给各省执行委员会、各省革命军事委员会、第1劳动军委员会、高加索劳动军委员会、西伯利亚革命委员会、土耳其斯坦革命委员会、巴什基尔革命委员会、鞑靼革命委员会、吉尔吉斯革命委员会分别发了电报，并要求抄送各省统计局，内容如下：

　　"在确认我第249号、第379号和第416号电报的同时，我命令采取一切措施加速人口职业普查和农业普查（包括工业企业调查）的工作。普查是工农政府所需要的。调查材料将作为苏维埃建设的依据。要竭尽全力在你们全省做到普遍调查。要用革命的办法排除所遇到的一切障碍。要为有计划地进行调查创造条件。要保证向省统计局提供人员、房子、粮食、钱款，要组织好运送工作。省内各苏维埃机关和组织都应当积极帮助省统计局及其代办

---

　　① 签署该电的还有共和国革命军事委员会副主席埃·马·斯克良斯基和共和国海军司令亚·瓦·涅米茨。——俄文版编者注

员。要同省统计局一起按照中央统计局的指示制定计划,为有成效地整理材料创造条件。这件对国家具有重大意义的工作一天也不能拖延。你省应当进行全面调查,而且要如期完成。请注意,工农政府要求你们集中精力抓这件事。要严惩那些阻碍调查的人,要记住:如对调查工作抓得不力,调查得不好,工农政府首先要追究你们的责任。根据第379号电报的要求把工作进行情况告知中央统计局,以便向我报告"。

请务必向乌克兰各机关分别拍发类似的电报,使俄罗斯联邦和乌克兰社会主义苏维埃共和国的普查能在完全相同的条件下进行。

人民委员会主席　列宁

译自《列宁全集》俄文第5版<br>第51卷第351—352页

# 35

# 给各省粮食委员的电报

## (9月17日)

给各省粮食委员、

西伯利亚粮食委员会主席科冈诺维奇、

粮食人民委员部北高加索特派员弗鲁姆金

抄送:省粮食会议主席

省执行委员会主席

由于共和国大部分地区的粮食收成低于中等水平,为缓和粮食危机,必须把可以弥补居民粮食不足的马铃薯的收购量增加到最大限度。因此我命令(作为战斗命令):(1)要求各乡苏维埃执行委员会督促已接到征购指标的户主,在刨出马铃薯后立即交到国家粮食收集站;(2)给省、县、区粮食委员会的每个特派员规定一定的任务,即在一定的最短期间内完成一定百分比的征购任务;(3)在严冬到来之前马铃薯征购任务必须百分之百地完成;(4)与省劳动委员会共同组织畜力运输,把马铃薯运到各铁路沿线和马铃薯库房;(5)粮食机关的技术部门负责在10月1日前完成马铃薯库房的设置;(6)各省国民经济委员会应采取一切措施向粮食机关提供必需的建筑材料;(7)每天用直达电报向粮食人民委员部报告国家粮食收集站收进的马铃薯数量。

人民委员会主席　列宁①

载于1942年《列宁文集》俄文版
第34卷

译自《列宁全集》俄文第5版
第51卷第353页

---

① 签署该电的还有副粮食人民委员尼·巴·布留哈诺夫。——俄文版编者注

# 36

# 给伊·尼·斯米尔诺夫和
# Π.Κ.科冈诺维奇的电报

## （10 月 8 日和 11 日之间）

**鄂木斯克　西伯利亚革命委员会　斯米尔诺夫**

**西伯利亚粮食委员会　科冈诺维奇**

十月革命三周年即将来临,为庆祝这一节日应当给我们英雄的红军以及儿童、劳动居民增发哪怕是少量的食品。我相信这一呼吁会得到你们的积极响应,请你们一天也不拖延,立即筹办并发出 7 列车白面,每天发一列车,收货单位:莫斯科粮食人民委员部,十月革命节专用,发运日期请电告我和粮食人民委员部。与此同时,已指示交通人民委员部,准许这些直达列车像军用列车一样通行。收到和发出时告知粮食人民委员部分配委员会。**497**

人民委员会主席　**列宁**

载于 1942 年《列宁文集》俄文版第 34 卷

译自《列宁全集》俄文第 5 版第 51 卷第 354 页

# 37

# 关于整顿军事运输的电报

## （10 月 15 日）

革命军事委员会参谋长、ЗР，各 ЗФ、ЗА、ЗНП、
ЦК РК、ФК РК、КРК、НОТ、РН、各铁路 Н①
抄送：最高运输委员会

俄罗斯联邦各铁路线机车车辆奇缺，因此使用这些车辆来装运货物必须严加控制，鉴于这种情况，为执行劳动国防委员会 10 月 13 日的决议，**498**我命令切实做到：(1)立即采取最有力的措施，把方面军各铁路上的军用物资卸完；(2)采取一切措施使方面军辖区内的军事运输无条件地按最高运输委员会批准的计划进行；只有在军事情况需要时，并与有关铁路部门事先商妥，才容许增加运输量。ЦК РК 必须每周向**人民委员会**最高运输委员会报告车辆卸货情况。

劳动国防委员会主席　**列宁**

载于 1942 年《列宁文集》俄文版
第 34 卷

译自《列宁全集》俄文第 5 版
第 51 卷第 354—355 页

---

① 电报代号：ЗР——中央军事交通部部长；ЗФ——方面军军事交通局局长；ЗА——集团军部队运输主任；ЗНП——铁路局长军事助理；ЦК РК、ФК РК、КРК、НОТ——未查清；РН——区交通局长；Н——铁路管理局。——俄文版编者注

# 38

## ☆给西方面军、西南方面军、南方面军、高加索方面军革命军事委员会的电报[499]

### （10 月 15 日）

　　劳动国防委员会命令采取一切措施,火速卸完车皮里的军用物资。在当前运输危机的情况下,耽误车皮的周转以及车皮堵塞线路,都是损害全共和国利益的犯罪行为,应当受到最严厉的惩处。各方面军革命军事委员会每星期一要向交通人民委员部和共和国革命军事委员会报告所采取的措施和所取得的成果,并说明在各方面军辖区内的每条铁路线上尚未卸货的车皮数。

国防委员会主席　列宁

载于1942年《列宁文集》俄文版第34卷

译自《列宁全集》俄文第5版第51卷第355—356页

# 39

## ☆给各省粮食委员的电报

### （10 月 27 日）

梁赞、图拉、奥廖尔、沃罗涅日、库尔斯克、卡卢加六省除外

抄送:省农业局局长

8 月 30 日我在第 500/БА 号电令中宣布:凡属秋播土地都必

须种上越冬作物,这是一切政权机关,特别是乡和村的政权机关的具有国家意义的战斗任务。我还责成省粮食委员本人于 10 月 15 日报告命令执行情况。现在我要求在三天之内发直达电报给克里姆林宫,向我报告命令执行情况。报告的内容是:(1)与 1919 年相比未播种面积占百分之多少?(2)与 1916 年相比未播种面积占百分之多少?(3)未播种的原因;(4)从不正经播种的人手里收回并交给集体播种的土地有多少? 所有数字资料均应以县为单位呈报。由省粮食委员和省农业局长亲自负责及时把答复寄来。

人民委员会主席　列宁[1]

载于 1942 年《列宁文集》俄文版
第 34 卷

译自《列宁全集》俄文第 5 版
第 51 卷第 356 页

---

[1]　签署该电的还有副粮食人民委员尼·巴·布留哈诺夫。——俄文版编者注

# 注　　释

**1**　电报上有副陆军人民委员、共和国革命军事委员会副主席埃·马·斯克良斯基在呈送给列宁时加的批语:"如同意,拟以国防委员会名义批准。"——1。

**2**　米·瓦·伏龙芝当天给列宁回电说:"鉴于高尔察克战线和邓尼金战线显然有在伏尔加河连接起来的危险,我过去和现在一直对乌拉尔战线,特别是对尼古拉耶夫斯克地区的敌军行动给予极认真的注意。遗憾的是,在此地段内归我指挥的部队到现在为止都是一些战斗力很弱的部队,根本缺乏训练,装备也经常不足。其他部队则在高尔察克进攻萨马拉时调去进行抗击,至今仍在乌法方向作战……"(见《苏联国内战争史料选辑》1961年俄文版第2卷第234页)伏龙芝向列宁保证,最多不超过10—14天,乌拉尔斯克和乌拉尔州整个北部地区的白卫军都将被肃清。1919年7月11日,红军解放了乌拉尔斯克。——5。

**3**　1919年6月16日,人民委员会收到军事工程师叶·亚·别尔卡洛夫的一份电报,内说彼得格勒波罗霍夫卡区苏维埃财政科要从他获得的5万卢布奖金中征收4万卢布的特别税,而这笔奖金是人民委员会根据1918年11月26日决定,为表彰他在火炮领域的发明(探索大炮远程射击方法和加快炮弹运动初速)而发给他的。最高国民经济委员会科学技术局局长尼·彼·哥尔布诺夫在将这份电报的抄件转给财政人民委员尼·尼·克列斯廷斯基时写道,人民委员会授予别尔卡洛夫的奖金应完全归本人,否则"我们就可能破坏发明家对国家的信任,把他们吓跑,结果将为此付出很高的代价,那时损失的将不是几万,而是几千万"(苏联中央国家十月革命档案馆)。

　　　　人民委员会《关于发明的条例》于1919年6月30日通过,7月4日公布于《全俄中央执行委员会消息报》第144号。该条例规定发明奖不纳税。——5。

**4**　这张便条是对亚·德·瞿鲁巴请示如何就粮食问题发言作的答复。根据俄共(布)中央全会1919年7月3日的决定,全俄中央执行委员会、莫斯科工人和红军代表苏维埃、全俄工会理事会和莫斯科市工厂委员会代表于次日举行联席会议。瞿鲁巴将在会议上作粮食状况的发言。

　　　　便条中谈的是国家粮食收购情况的好转:1917年8月1日—1918年8月1日收购粮食3 000万普特,1918年8月1日—1919年5月1日已收购1亿普特(见本版全集第37卷第29、114、163页)。——7。

**5**　苏哈列夫卡是莫斯科的一个市场,坐落在1692年彼得一世所建造的苏哈列夫塔周围。在外国武装干涉和国内战争时期,苏哈列夫卡是投机商活动的中心。从此,苏哈列夫卡一词就成了私人自由贸易的同义语。1920年12月,莫斯科苏维埃作出封闭该市场的决议。新经济政策时期该市场曾恢复,1932年被取缔。——7。

**6**　这里说的是派人参加孟什维克拟在莫斯科举行的一次群众大会一事。孟什维克根据全俄中央执行委员会1918年11月30日的决议取得合法地位后,曾几次举行这样的集会。

　　　　在1919年6月14日以前举行的这样一次群众集会上,尼·苏汉诺夫和其他孟什维克首领发了言。

　　　　在7月3日的会议上,孟什维克格·戈洛索夫(波·伊·尼古拉耶夫斯基)作了报告。他是1918年被孟什维克党中央派往西伯利亚,前一天才回到莫斯科的。戈洛索夫在报告中谈到了高尔察克匪帮在西伯利亚胡作非为,惨无人道,他就是这些暴行的见证人;说不仅工人而且农民,甚至富农和有爱国心的知识分子都已起来反对高尔察克;在西伯利亚爆发革命的条件已经成熟,乌拉尔工人起义已经开始。报告人不得不承认,整个西伯利亚都在盼望红军和布尔什维克的到来。所有的人都愿为恢复苏维埃政权作出任何牺牲。然而就在戈洛索夫作报告时,主持会议的费·唐恩竟示威性地为立宪会议委员会这一反革命政府中的孟什维克成员组织募捐。《贫苦农民报》编辑列·谢·索斯诺夫斯基、记者伊·维·姆格拉泽(伊·瓦尔金)以及其他许多布尔什维克出席了这次会议。他们在会上发言，揭露了孟什维克"投合普遍增长着的情绪"的做法(见 1919 年 7 月 4 日和 5 日《全俄中央执行委员会消息报》第 144 号和第 145 号)。

　　列宁于 7 月 4 日在全俄中央执行委员会、莫斯科苏维埃、全俄工会中央理事会和莫斯科市工厂委员会代表联席会议上作的《关于目前形势和苏维埃政权的当前任务》的报告中，谈到了上述戈洛索夫的报告(见本版全集第 37 卷第 34—35 页)。——7。

**7**　关于必须给西方面军发运 3 列车粮食的问题，是列宁在 1919 年 6 月 21 日给克·格·拉柯夫斯基的电报中就已提出的(见本版全集第 48 卷第 824 号文献)。——8。

**8**　列宁劝阿·马·高尔基搭乘正沿伏尔加河与卡马河航行的"红星"号巡回宣传指导轮"出去走走"。娜·康·克鲁普斯卡娅同一批负责干部一起参加了这次航行。列宁 1919 年 7 月 10 日给克鲁普斯卡娅去电说，高尔基断然拒绝乘坐此船(见本版全集第 53 卷第 270 号文献)。关于这件事，参看本卷第 16、17 号文献。——9。

**9**　国防委员会(工农国防委员会)是全俄中央执行委员会为贯彻它在 1918 年 9 月 2 日颁发的宣布苏维埃共和国为军营的法令而于 1918 年 11 月 30 日设立的。国防委员会是苏维埃俄国的非常最高机关，有动员人力物力保卫苏维埃国家的全权。国防委员会的决议，中央以及地方各部门和机关、全体公民都必须执行。在外国武装干涉和国内战争时期，国防委员会是组织共和国战时经济和编制计划的中心。革命军事委员会及其他军事机关的工作都处于它的严格监督之下。列宁被任命为国防委员会主席。1920 年 4 月初，国防委员会改组为劳动国防委员会，其任务是指导经济系统各人民委员部和所有国防机关的活动。劳动国防委员会一直存在到 1937 年 4 月。——10。

**10**　绿林分子原指在苏维埃俄国国内战争和外国武装干涉时期不愿在军队

中服役而躲藏在森林中的人。在外国干涉者和白卫军占领区，布尔什维克地下组织曾成立"红色绿林军"游击队，为重建苏维埃政权进行斗争。当时也有部分劳动者逃避在苏维埃军队中服役，这种绿林分子是富农匪帮的兵源之一。白卫军指挥部也企图在红军后方建立由富农队伍和白卫军残余组成的"白色绿林军"支队。列宁在这里指的是这种反革命的绿林分子队伍。——11。

11　1919年7月3日，索尔莫沃妇女组织常务局在娜·康·克鲁普斯卡娅前往该市时，请求她协助她们从索尔莫沃工厂管理处索要一座房屋，给保育院使用。因工厂房舍转交其他机关需经国防委员会批准，索尔莫沃妇女组织的申请书便转给了列宁。下诺夫哥罗德省执行委员会主席团研究了列宁的指示，决定满足索尔莫沃妇女组织的请求。——12。

12　1919年7月初，南方面军指挥部请求列宁批准在前线附近地区征召年满18岁的劳动者入伍。列宁在向国防委员会提出这个问题之前，要求全俄总参谋部报告有关派往南方面军的补充兵员情况。南方面军革命军事委员会在答复列宁7月8日的电报时再次提出了这个请求。1919年7月11日，国防委员会决定"允许南方面军革命军事委员会在其所申请的地区之内动员18岁的人入伍"。此外，还责成共和国革命军事委员会采取措施立即把经过训练的部队派到各方面军去，首先是派到南方面军去。

　　　全俄总参谋部是苏维埃俄国最高军事机关之一，主管兵役义务人员的统计、训练和动员工作，红军部队的组编、配置和战斗训练，并研究与共和国国防有关的其他问题。1918年5月8日成立，1921年2月10日与共和国野战司令部合并为统一的工农红军司令部。——13。

13　红军战士费·施图尔明写信给列宁，请他指示下诺夫哥罗德县军事委员部发给他患病期间的薪饷。列宁把施图尔明寄来的证件连同这个便条一起寄给了埃·马·斯克良斯基。——13。

14　谢·瓦·马雷舍夫作为北方区域公社联盟的特派员领导一支流动驳船商队，在伏尔加河流域开展以商品交换粮食的活动。列宁接到马雷舍夫第一次报告后给他拍了贺电(见本版全集第 48 卷第 348 号文献)。此后列宁还不止一次地关注马雷舍夫的工作成绩。1919 年 8 月,他曾要萨马拉和萨拉托夫两省粮食委员会详细汇报马雷舍夫往下诺夫哥罗德和雷宾斯克两地给粮食人民委员部发过多少粮食,何时发的(见《列宁文集》俄文版第 24 卷第 149 页)。——16。

**15**　图拉省五金工人代表大会主席团于 1919 年 7 月 11 日致电列宁,说代表大会已决定大量增产武器(列宁在这句话下面画了两条着重线),对工人进行普遍的军训并组建后方工人团,准备在需要时同白卫军作战。主席团请列宁向人民委员会转达"五金工人同国内外的帝国主义者决战到底这一社会主义的誓言"。——18。

**16**　列宁对最高国民经济委员会科学技术局局长尼·彼·哥尔布诺夫的这一指示,曾由哥尔布诺夫在其 1919 年 7 月 14 日编制的有关石油、煤炭、腐泥煤、页岩和可燃气体开采措施总计划里加以引用。他建议莫斯科科学委员会地质大地测量组吸收所有有关的部门和机构以及有关的科学家和工程师们来讨论这个问题。

　　　　1919 年春,页岩总委员会曾派一支庞大的勘察队到伏尔加河流域,安排开采温多雷、卡普希尔(塞兹兰附近)和休克耶沃的油页岩和沥青岩。7 月下半月—8 月,以伊·米·古布金为首的页岩总委员会的一批负责干部以及最高国民经济委员会最高矿业委员会主席费·费·瑟罗莫洛托夫和维·巴·诺根等前往伏尔加河流域,检查了上述勘察队的工作。同年 10 月古布金带了几瓶从油页岩中提取的汽油、煤油及其他石油产品向列宁作了汇报。——20。

**17**　苏维埃俄国这次提高粮食固定价格的前后经过如下。

　　　　由于粮食供应困难,苏维埃政府不得不从 1919 年下半年起提高粮食的固定价格,并相应规定工业品的最高价格。为了准备有关文件,成立了一个专门委员会。1919 年 7 月 22 日,人民委员会会议讨论了该委员会的报告(报告人是弗·巴·米柳亭)。会上,列宁写便条给最高国民经济委员会副主席米柳亭和中央统计局局长帕·伊·波波夫,请他们计算一下,如果把粮食价格以及供应给农民的工业品价格提高(两倍或四倍),而按原价售给工人和职员粮食和工业品并把他们的工资和薪金增加10%,每月大约需要多少钱(见本卷第37号文献)。遵照列宁的指示,人民委员会责成专门委员会作出提高固定价格约两倍的概算,并责成粮食人民委员部和最高国民经济委员会根据这些概算于1919年7月24日向人民委员会提出关于固定价格的建议。人民委员会在7月24日的会议上原则通过了米柳亭的意见,决定不予公布。会议还决定于7月31日讨论实行一些措施使工人和职员得以按1919年上半年的价格购买粮食和工业品的问题,以及关于应售工业品的实际数量和工业品的价格问题。7月31日,人民委员会讨论了这些问题后决定,对工人和职员的粮食和工业品售价不变,同时责成粮食人民委员部和最高国民经济委员会主席团最晚不迟于1919年9月1日公布米柳亭所列举的粮食和工业品的全年固定价格。——20。

18 1919年7月16日列宁收到克·格·拉柯夫斯基来电,请求把答应拨给乌克兰解决尖锐的货币危机的款子寄去。这里说的是草拟给拉柯夫斯基回电的事。财政人民委员部部务委员雅·斯·加涅茨基草拟的、列宁认为不行的第一个回电稿是:"今寄3亿,其中5 000万是给卡卢加的。今后汇款将有计划地进行。"——22。

19 指解放乌拉尔战斗中取得的一批决定性胜利:第5集团军于1919年7月13日占领兹拉托乌斯特市;第2集团军于1919年7月14日占领叶卡捷琳堡市。——24。

20 指米·瓦·伏龙芝,他是1919年7月13日被任命为东方面军司令的。——24。

21 大概是指吸收巴什基尔人参加对高尔察克白卫军作战和组建巴什基尔族部队的情况。——24。

22 列宁在1919年7月17日给拉脱维亚苏维埃政府的电报中写道:"关于更名问题,请同西方面军革命军事委员会委员斯大林联系。"(见《列宁文集》俄文版第34卷第194页)

拉脱维亚步兵师是苏联国内战争中的一支战功卓著的红军部队,于1918年4月13日由各拉脱维亚步兵团合编而成。1919年7月8日曾更名为第53步兵师。8月3日恢复原称——拉脱维亚步兵师。——25。

**23**　当时共和国武装部队总司令是谢·谢·加米涅夫。——27。

**24**　见注17。——30。

**25**　这张便条是因为从军队邮寄粮食包裹实施细则迟迟未获批准而写的。

国防委员会于1919年5月24日通过一项决定,准许在盛产粮食地区作战的前线红军给缺粮地区的家庭邮寄粮食。国防委员会责成中央整顿和安排部队给养委员会拟定从军队邮寄粮食包裹的实施细则草案并于6月1日前提交国防委员会。但是该草案拖至7月14日才提出,7月16日列入国防委员会议程。7月19日,列宁指示人民委员会秘书处调查此事并向人民委员会提出为铲除拖拉作风应采取的实际措施(见本版全集第37卷第107—108页)。7月22日,人民委员会听取了列·波·克拉辛对这个问题的说明,对中央整顿和安排部队给养委员会和陆军人民委员部未按期将实施细则提交国防委员会审批予以申斥,对粮食人民委员部和邮电人民委员部提出了警告。次日,7月23日,实施细则被国防委员会批准。——31。

**26**　米·瓦·伏龙芝和米·米·拉舍维奇在1919年7月28日的回电中说,布祖卢克以南和乌拉尔斯克地区的形势并不令人担心。最迟不超过7月31日乌拉尔河右岸即可从敌人手中全部解放。通往乌拉尔斯克的铁路沿线之敌已经肃清,铁路正在加紧修复。回电指出,阿斯特拉罕以北的形势严重。——32。

**27**　指共和国武装部队总司令谢·谢·加米涅夫制定的对邓尼金作战的计划。计划规定由南方方面军左翼通过顿河州进行主攻。助攻拟在哈尔科夫方向进行。最高司令部1919年7月23日的训令说明了这一计划(见《苏联国内战争史料选辑》1961年俄文版第2卷第499—500页)。列·达·托洛茨基于1919年7月27日给共和国革命军事委员会副主席埃·马·斯克良斯基去电说:"南方面军司令弗·尼·叶戈里耶夫认为,加米涅夫的作战计划对南线说来是不正确的,执行这一作战计划不可能指望取胜。"托洛茨基写道,持此种意见的还有方面军革命军事委员会委员格·雅·索柯里尼柯夫和方面军作战部部长佩列梅托夫。——34。

28　这是列宁给库恩·贝拉的复信。库恩·贝拉来信谈到了匈牙利苏维埃共和国因外国开始干涉而出现的严重局势,请求苏维埃俄国给以紧急援助。——36。

29　克·格·拉柯夫斯基的这封信看来是讲乌克兰局势严重,必须给军队补充指挥人员并供给武器弹药等。——43。

30　《开端报》(《Начало》)是孟什维克的报纸(日报),1919 年 7 月 15 日—8 月 5 日在基辅出版,共出了 19 号。

　　　克·格·拉柯夫斯基于 1919 年 8 月 5 日将封闭该报一事写信报告了列宁。——43。

31　在列宁发出这个指示以前,列·达·托洛茨基曾下令撤出阿斯特拉罕,以便"拉平"战线。当时领导阿斯特拉罕防御工作的谢·米·基洛夫反对托洛茨基的这个命令并向列宁请求支持。列宁通过这一指示撤销了托洛茨基的命令。——44。

32　这张便条是列宁 1919 年 8 月 3—4 日在哥尔克休息期间写的。1919 年 7 月末 8 月初,在西欧报刊上和俄国孟什维克、社会革命党中风传一种流言,似乎俄国苏维埃政府将被联合政府(有孟什维克和社会革命党人参加)所取代。看来便条谈的就是这件事。8 月 6 日的《真理报》和 8 月 8 日的《全俄中央执行委员会消息报》都刊登了嘲笑这种流言的文章,指出它反映了帝国主义分子的愿望:借助社会主义叛徒来推翻俄国的苏维埃政权,就像在匈牙利发生过的事情那样。——44。

33　指列·达·托洛茨基电告列宁的情况:1919 年 8 月 6 日托洛茨基、克·格·拉柯夫斯基、亚·伊·叶戈罗夫、谢·伊·阿拉洛夫、Н.Г.谢苗诺夫、弗·彼·扎东斯基在基辅举行会议,决定将苏维埃军队撤至新的战线,而把黑海沿岸包括敖德萨和尼古拉耶夫让给敌人。——45。

**34** 列宁指彼得格勒苏维埃出版的《苏维埃政权的成就和困难》这本小册子(见本版全集第36卷)。1919年4月17日,列宁为这本小册子写了一篇跋,请求把它印在小册子内,"哪怕是用最小的铅字也行"。但是这篇跋当时没有刊印出来。1921年在《〈新经济政策问题(两篇老文章和一篇更老的跋)〉一书序言》里,列宁全文照录了这篇跋,说以季诺维也夫为首的"彼得格勒同志们""糊弄了"他,没有履行作者的请求(见本版全集第42卷第282—284页)。但是这本书出版时书名被改为《新经济政策问题(两篇老文章)》,而且没有使用这篇序言。直到1922年,这篇跋才在《列宁全集》俄文第1版第16卷里首次发表。——47。

**35** 弗·伊·涅夫斯基的报告是阿·瓦·卢那察尔斯基转给列宁的。卢那察尔斯基在附信中请求列宁协助解决中央苏维埃工作和党务工作学校学员的粮食供应问题。——49。

**36** 1919年夏,在彼得格勒省侦破了几起反革命阴谋案件,其参加者企图在尼·尼·尤登尼奇将军进攻彼得格勒时给予援助。肃反机关在喀琅施塔得逮捕了一批猖狂活动的反革命分子,一些右翼党派活动家及其家属。被捕在押的反革命分子家属中有一部分人呈送列宁一份被捕人员名单,请求予以释放。列宁的便条就是为此而写的。被捕人员名单上有一条列宁的批注,看来是在8月12日以后写的:"全俄肃反委员会认为不能释放","存档"。

同年10月5日,全俄肃反委员会主席团决定释放名单中提到的一些公民,但要求他们必须到喀山并向当地肃反委员会登记。——52。

**37** 此件写在策·萨·博勃罗夫斯卡娅给列宁的信上。博勃罗夫斯卡娅是1898年入党的职业革命家,她在信中请列宁帮助给她安排一个工作。——53。

**38** 指伊·捷·斯米尔加给俄共(布)中央的信。斯米尔加在信中报告了南线的严重情况,他说:"我们失利的主要的和基本的原因是南方面军革命军事委员会不会指挥和管理军队……　现在的革命军事委员会班子没有工作能力。互不了解到如此厉害的程度,以致不能指望会'协调一致'。"他还认为列·达·托洛茨基和格·雅·索柯里尼柯夫起着极为有害的作用。——55。

39　这个批示写在土耳其斯坦中央执行委员会主席 A.A.卡扎科夫给全俄中央执行委员会和人民委员会的电报上。卡扎科夫在来电中请求颁布成立土耳其斯坦苏维埃社会主义共和国的法令并批准其宪法。全俄中央执行委员会主席团于 1921 年 4 月 11 日通过了《关于成立土耳其斯坦苏维埃社会主义共和国》的法令。——58。

40　指 1919 年 8 月 22 日全俄肃反委员会关于破获"民族中心"这一反革命中央组织和即将逮捕该组织成员的通报。——59。

41　《人民报》(«Народ»)是社会革命党的报纸,1919 年 8 月 17 日起每周在莫斯科出版。——59。

42　1919 年 12 月 27 日深夜,全俄肃反委员会对右派社会革命党人包括该党中央委员进行了大逮捕,给进行非法活动、妄图推翻苏维埃政权的右派社会革命党以决定性的打击。——59。

43　据《列宁全集》俄文第 5 版编者注,苏共中央马克思列宁主义研究院中央党务档案馆存有尼·亚·格尔德-司徒卢威给娜·康·克鲁普斯卡娅的一封信。她在信中说,库尔金诺夫斯基住在他亲戚的住所里,他对那里收藏古老武器一事毫无所知。武器好像是在搜查住宅时发现的。——61。

44　1919 年 8 月 26 日人民委员会会议研究了食品科学技术研究所的工作问题,决定:"指定卫生人民委员部和粮食人民委员部 3 个月后提出规定食品科学技术研究所具体任务的报告。指定食品科学技术研究所在同一期间内提出关于用锯末制糖的技术方法的报告。"列宁的这个便条看来是在这次会上写的。

就在这次会议上,列·波·克拉辛和列宁曾互递便条。克拉辛在便条中告诉列宁,用 1 普特锯末可提取 18 俄磅糖。列宁在答复中写道:"难于置信:1 普特锯末可出 18 俄磅!! 45%??? 含糖量?%?"(见《列宁文集》俄文版第 24 卷第 29 页)关于用锯末制糖的问题,列宁以后曾不止一次提过(见本卷第 143 号文献)。——62。

**45** 1919 年 8 月,安·伊·邓尼金派遣马蒙托夫骑兵军对南线苏维埃军队的后方进行袭扰。8 月 10 日,该军在新霍皮奥尔斯克区域突破了苏维埃军队的防线,进而袭击了苏维埃军队后方的许多居民点和城市,给苏维埃军队造成威胁。列宁认为组织力量粉碎马蒙托夫骑兵军是一项刻不容缓的任务(见本版全集第 37 卷第 166—167 页)。马蒙托夫骑兵军于 1919 年 10—11 月间被击溃。——63。

**46** 便条中谈的是将第 21 师由东线调往南线的问题。便条中说的"拉舍维奇的教子们"是指马蒙托夫骑兵军,"索柯里尼柯夫的教子"是指菲·库·米龙诺夫。米龙诺夫出身哥萨克,是苏维埃军队指挥员。1919 年 8 月,他任顿河哥萨克骑兵军军长期间,曾违抗共和国革命军事委员会的命令,率领尚未组建完毕的这个军由萨兰斯克开往前线,因而被逮捕。10 月,米龙诺夫被革命法庭判处枪决,但被全俄中央执行委员会赦免。同月,俄共(布)中央撤销了他的反革命罪名。——63。

**47** 指斯大林撤销了中央关于派尤·马尔赫列夫斯基同立陶宛的代表举行和谈的决定。斯大林在 1919 年 9 月 2 日给列宁的回电中说,他没有接到过中央委员会关于进行谈判的任何决定。他说,在马尔赫列夫斯基前来准备同立陶宛人谈判的那天,立陶宛人突然发起了进攻,说明立陶宛人显然是以谈判作掩护来麻痹我们的警惕性。斯大林报告说:"今天我们开始反攻了。我们已命令全线提高警惕,未经方面军同意和批准,不得放任何军使到前线去。"——67。

**48** 财政人民委员部制定了一个法令草案,对接受有关贷款银行的抵押品申报规定了一个限期。尼·尼·克列斯廷斯基把这份草案报送列宁审批。这个便条是列宁的答复。列宁之所以对这一问题持谨慎态度是怕损害小持有人的利益。——67。

**49** 这段批语写在日本《大阪每日新闻》和《东京日日新闻》记者布施胜治1919年9月2日从雷瓦尔发给格·瓦·契切林的电报上。布施胜治在电报中以编辑部的名义对失去访问苏维埃俄国的机会表示遗憾,并请求回答以下问题:苏维埃政府如何评价日本政府对苏维埃俄国的政策,它希望同日本建立怎样的关系。1920年布施胜治到了莫斯科,6月3日或4日受到了列宁的接见(见本版全集第39卷第124—126页)。——68。

**50** 这是对列·达·托洛茨基、列·彼·谢列布里亚科夫、米·米·拉舍维奇1919年9月5日来电的答复。他们在来电中实际上建议改变早已通过的对邓尼金的作战计划(参看注27)。——70。

**51** 指《执行苏维埃共和国的法律!》一书收载的全俄苏维埃第六次(非常)代表大会1918年11月8日通过的关于革命法制的决定。决定要求所有公民严格遵守苏维埃共和国的法律,只有在国内战争的条件下或出于同反革命作斗争的需要才允许有某些例外。——71。

**52** 当天列宁给季赫温县涅达申斯卡亚乡执行委员会主席发了一份内容类似的电报,给切列波韦茨省执行委员会主席发了下述电报(抄送:省林业委员会主席):"命令您下令对建筑材料公司及玛丽亚协作社采伐木柴一事不得加以任何阻挠,否则将唯您是问并立即予以逮捕。马上制止从瓦西里耶夫乡和涅达申斯卡亚乡驱逐上述两团体的代办员与工人的做法。即将从莫斯科派出一个调查此案的小组。"(见《列宁文集》俄文版第35卷第75—76页)——71。

**53** 这里说的是 C.И.萨宗诺夫教授被捕一事。萨宗诺夫在彼得格勒第一师范学院和学前教育学院讲授物理和化学,因从前是立宪民主党人而同其他几名科学家一道被捕。科学院研究人员瓦·阿·斯特罗耶夫、阿·彼·平克维奇和尼·米·克尼波维奇教授从彼得格勒打电报给教育人民委员部部务委员娜·康·克鲁普斯卡娅,请求由他们作保释放萨宗诺夫。1919年9月18日,根据彼得格勒省肃反委员会会务委员会的决定,萨宗诺夫获释。——72。

**54** 南方面军总监察员色·菲·马丁诺维奇关于南方面军司令部从科兹洛夫撤退的报告由副国家监察人民委员 A.K.派克斯 1919年9月12日报送列宁。列宁的批语写在派克斯报送材料的信上。——73。

**55** 这张便条是列宁接到斯莫尔尼职工委员会的报告后写的。斯莫尔尼职工委员会在报告中列举了大量营私舞弊,盗用公款,侵吞金钱、食品和为红军募集的物资的事实,要求指派侦查小组并查办罪犯。——74。

**56** 这张便条是列宁收到莫斯科第一所得税稽征所发的1918年个人收入报表后写的。——75。

**57** 列宁需要了解这些情况,是为了算出应交纳所得税的收入总额。——75。

**58** 信的背面是娜·康·克鲁普斯卡娅的附言:"弗拉基米尔·德米特里耶维奇:可否请您费心写信告诉我,1918年我从您手里领到过多少稿费。娜·乌里扬诺娃"。克鲁普斯卡娅了解这些情况的目的,看来和列宁一样。——75。

**59** 俄共(布)中央政治局于1919年9月11日讨论一些资产阶级知识分子被捕的问题。政治局建议费·埃·捷尔任斯基、尼·伊·布哈林和列·波·加米涅夫复查这些被捕者的案件。——76。

**60** 指红丘炮台阴谋事件。1919年6月12日夜间,反革命组织"民族中心"的成员策动位于芬兰湾东端南岸的红丘、灰马等炮台的守备部队举行叛乱。叛乱分子企图使喀琅施塔得防区陷于瘫痪,然后与白卫军进攻相配合,攻占加契纳,切断彼得格勒同莫斯科的联系,进而夺取彼得格勒。6月16日,叛乱被镇压下去。——76。

**61** 1919年9月18日俄共(布)中央政治局与组织局举行联席会议,撤销了派遣列·彼·谢列布里亚科夫到弗·伊·谢利瓦乔夫那里去的决定。——80。

**62** 列宁寄的俄共(布)中央政治局决议是对格·瓦·契切林在1919年9月26日给列宁的来信中所提问题的答复。这些问题是:(1)可否不经俄共(布)中央决定,便号召协约国各国的工人对本国政府施加压力,不让它们阻挠苏维埃国家同波罗的海沿岸各国举行媾和谈判?(2)是否应以苏维埃政府名义向协约国各国提出新的和平建议? 契切林写道,"这会被人说成是软弱的表现…… 但是,这对反对武装干涉的人,尤其是对工联,将是一种支持";(3)马·马·李维诺夫预定去中立国同英国代表谈判交换战俘问题,是否可利用此行让李维诺夫同时"大力宣传和平问题"?(4)如果李维诺夫出使失败,是否值得让准备发出和平呼吁的马·高尔基在其信中"重申我们争取和平的始终不渝的决心,同时向协约国各国政府指明<u>交战将变成毁灭</u>"?(着重线是列宁画的)契切林写道:"不过,我们更倾向于提出正式的和平建议……"——82。

**63** 指由阿·马·高尔基发出和平呼吁问题。参看注62。——83。

**64** 指 A.C.索洛维约夫1919年9月23日给列宁的报告《乌赫塔的石油》。索洛维约夫汇报了沃洛格达省乌斯季瑟姆索利斯克县和阿尔汉格尔斯克省梅津县交界处的油层情况,指出它的储量一定很大,所产石油可通过水路运出,随着油田的开发则必须铺设铁路或输油管。——84。

**65** 这段批语写在彼得格勒苏维埃主席格·叶·季诺维也夫1919年9月30日给列宁的电报上。这封电报汇报了该市贯彻执行俄共(布)中央1919年9月21日和26日全会决定,动员负责干部到南方战线的初步结果。电报说:"……今天出发的是第一批40人,其中有彼得格勒党委委员、苏维埃主席团委员和工会理事会理事等最负责的干部。第二批70人明天出发,其余的后天出发。有几个区委员会全部参加。赴前线人员的工作由新的工作人员接替。各个区都出现志愿报名上前线的热潮,不得不加以劝阻。今天举行的全市积极工作者会议一致表示决心,要立即派大批积极工作者去南方战线。各工会理事会的决议也是这样。"——84。

**66**　指对俄国著名教育家、莫斯科世界语者协会主席 H.B.科尔兹林斯基的
受保护证书。该证书是教育人民委员部颁发的,由副教育人民委员
米·尼·波克罗夫斯基 1919 年 3 月 27 日签署。遵照列宁的指示,该
证书副本连同列宁的证明信件一起发给了全俄肃反委员会和莫斯科肃
反委员会。1921 年 6 月 27 日,列宁又就该证书作出批示:"我 1919 年
10 月 9 日在第 a10016 号证件背面左下角写的批语到 1921 年仍然有
效。"(见《列宁文集》俄文版第 37 卷第 172 页)——88。

**67**　指 H.B.科尔兹林斯基的住所:莫斯科卡拉什内巷 12 号楼 3 室。
——88。

**68**　这里说的是彼得格勒省执行委员会工作人员之间的冲突问题。
——88。

**69**　这里说的是从 1919 年 9 月 28 日开始的尤登尼奇白卫军对彼得格勒的
第二次(秋季)进攻。10 月 10 日,白卫军对扬堡、沃洛索沃、加契纳实
施主要突击。10 月 11 日,苏维埃部队被迫放弃扬堡。——91。

**70**　大概是指 1919 年 9 月 21 日和 26 日举行的俄共(布)中央全会关于动
员共产党员并派遣党和工人阶级的优秀代表到南方战线去的决定、俄
共(布)中央为贯彻九月全会决议而发的要求一切国家机关服务于消灭
邓尼金军队的任务的通告信以及俄共(布)中央给莫斯科、卡卢加、图
拉、梁赞省党委和瑟切夫卡、格扎茨克、维亚济马、尤赫诺夫县党委的
信。——91。

**71**　这封信是应塞·鲁特格尔斯的请求用德文写的,鲁特格尔斯当时被共
产国际执行委员会派往荷兰去组织共产国际西欧书记处。他回忆说:
"1919 年 10 月 14 日即我动身的那天凌晨 3 时,我被召唤到列宁那里作
最后谈话…… 在谈话中,他对我作了各种指示,向我提供了国外许多
人的地址…… 后来他又谈到自己的荷兰朋友,他期待他们大力地、卓
有成效地宣传我们的思想…… 最后我还请列宁同志给荷兰同志们写
几句问候的话。这封问候信由我带到了荷兰。"(见 1935 年《马克思主

义的历史学家》杂志第 2—3 期合刊第 90—91 页）——91。

72　国防委员会于 1919 年 10 月 31 日批准了有关这个问题的决定。
　　——93。

73　1919 年 10 月 28 日,人民委员会会议通过了《红军伤病员救援委员会
　　条例》草案。10 月 29 日,全俄中央执行委员会批准了《关于红军伤病
　　员救援委员会》的决定,并在 1919 年 11 月 1 日《全俄中央执行委员会
　　消息报》第 245 号上公布了这一决定。——94。

74　这段批语写在格·康·奥尔忠尼启则 1919 年 10 月 15 日的来信上。
　　奥尔忠尼启则在信中报告了南方面军一些集团军中秩序混乱、纪律松
　　懈的情况,他写道:"令人难于置信,迹近叛卖。对事业采取何等轻率的
　　态度,根本不了解时局的严重性。各司令部毫无秩序,方面军司令部简
　　直就是乱喊乱叫的杂货摊……　托洛茨基同志的制度、纪律和正规军
　　到哪儿去了?! 他怎么将事情弄到如此混乱的地步。这简直不可思
　　议。"——95。

75　这份电报是在彼得格勒局势严重时发的。发电报的当天,即 1919 年
　　10 月 16 日,国防委员会会议通过了关于保卫彼得格勒的措施的决定。
　　10 月 17 日,列宁写了题为《告彼得格勒工人和红军战士》的号召书(见
　　本版全集第 37 卷)。——97。

76　指国防委员会 1919 年 10 月 16 日决定中提出的为保卫彼得格勒要寸
　　步不让,进行巷战,流尽最后一滴血。据《列宁全集》俄文第 5 版编者
　　注,列·达·托洛茨基提出的与尤登尼奇军队作战的计划中也谈到了
　　在彼得格勒准备巷战的必要性,但两者之间有所不同。国防委员会的
　　基本指示是无论如何必须坚守彼得格勒,直到援军到达,只有在敌人窜
　　入市区的情况下才允许采用巷战,而托洛茨基则断言让敌人窜入彼得
　　格勒"从纯军事观点看"是有利的,为此彼得格勒应当变成一口"引诱白
　　卫军进入的大陷阱"。——98。

77　第 5 集团军革命军事委员会委员伊·尼·斯米尔诺夫给列宁的这份电

报说(电文中的着重线是列宁画的):"西伯利亚的情绪是坚定的,拥护苏维埃的。把当地力量组织起来,<u>对付高尔察克是不成问题的</u>,<u>只是需要军服和弹药</u>。昨天已全线转入进攻,预计<u>三周之内</u>可到伊希姆河。"电报接着说,第5集团军共产党员希望把该集团军调往南线。斯米尔诺夫建议在渡过伊希姆河以后再把这个集团军的3个师调到南方去。他在电报中说:"如果给我们3万套军服,我们就在<u>车里雅宾斯克</u>和我们所到之处立即<u>动员</u>这么多人参军。<u>只要送军服来</u>,有生力量现在有,将来也有。"

文献上有列宁的批注:电报阅后退还给他。——99。

**78** 鉴于南线的形势极端紧急,俄共(布)中央和苏维埃政府要求最高司令部首先消灭那些能与邓尼金军队紧密配合的白卫军。弗·谢·托尔斯托夫将军指挥的乌拉尔哥萨克白卫军处于邓尼金战线的右翼,有可能与邓尼金协调行动。这股白卫军以古里耶夫为基地,在里海北岸地区活动,威胁着南乌拉尔和伏尔加河下游。因此列宁要求土耳其斯坦方面军把"彻底消灭乌拉尔的哥萨克"作为首要任务。——100。

**79** 指达吉斯坦、车臣、奥塞梯和北高加索其他地区少数民族反对邓尼金白卫军的起义。——101。

**80** 这份电报是对彼得格勒要求加强粮食支援的电报的答复,其中的具体材料是在收到来电后经向粮食人民委员部查询得到的。——102。

**81** 1919年10月15日,俄共(布)中央政治局讨论了前线形势问题。鉴于严重的军事危险,政治局决定要把苏维埃俄国真正变成一座军营,从一般苏维埃机关中(交通人民委员部、粮食人民委员部和肃反委员会除外)抽调尽可能多的共产党员和党的同情者,以加强军事工作。会议委托由列宁、列·达·托洛茨基、列·波·加米涅夫、尼·尼·克列斯廷斯基组成的委员会起草关于精简非军事机关的法令。经人民委员会10月21日、28日、11月4日、21日、25日和12月15日会议多次讨论,《关于精简苏维埃政权非军事机关的法令》获通过,1919年12月28日发表于《全俄中央执行委员会消息报》第293号。——105。

**82** 在列宁写这封信的当天，即 1919 年 10 月 20 日，苏维埃军队解放了奥廖尔。——106。

**83** 国家纸币印刷厂管理局是 1919 年由原国家有价证券印刷厂改组而成的，属财政人民委员部。——107。

**84** 后来，列宁还在一篇关于在季斯纳地区同波兰士兵和下级军官举行联欢的材料（1919 年 11 月 17 日侦察汇报摘录）上作了批示："这很重要！请抄送托洛茨基同志并转全体政治局委员。"——109。

**85** 格·瓦·契切林在 1919 年 10 月 22 日给列宁的信中反对列·达·托洛茨基关于同爱沙尼亚开战的建议。他写道：只有当尼·尼·尤登尼奇退入爱沙尼亚境内时，才能进入爱沙尼亚境内进行追击。契切林指出必须采取一切措施避免侵入爱沙尼亚，他写道："侵入会急剧改变我们正与之谈判或准备与之谈判的各小国的情绪，会破坏这些协议，因为这会使那种认为我们是'帝国主义'的看法到处复活起来。和平谈判起了巨大作用，它使爱沙尼亚的农民和小市民相信我们不想征服他们…… 如果我们给爱沙尼亚主战派一个口实，使他们能在农民和小市民中再度掀起爱国主义的战争狂热来反对我们的话，那么，这些主战派是会高兴的。我们不应陷入这一圈套。"——111。

**86** 这个批示写在总司令谢·谢·加米涅夫的报告上。加米涅夫在报告中提出下述请求：政府的作战指示草案要预先交最高司令部审议。——112。

**87** 1919 年秋，伊·沃尔内被召到莫斯科，受到了列宁的接见。据弗·德·邦契-布鲁耶维奇回忆，在长达两小时的谈话中，列宁对这位作家的创作计划很感兴趣，详细地询问他看到了些什么，亲自观察了些什么。——113。

**88** 这个批示写在共和国革命军事委员会野战司令部参谋长帕·巴·列别捷夫和政委卡·尤·克·达尼舍夫斯基关于第 8 集团军兵员补充和武器军服供应的报告上。格·雅·索柯里尼柯夫当时任第 8 集团军司令。——113。

**89**　指斯维尔德洛夫大学的学员。根据党中央委员会的决定，斯维尔德洛夫大学应届毕业的共产党员学员中有一半以上被派往前线。1919 年 10 月 24 日，列宁对开赴前线的该大学学员发表了讲话（见本版全集第 37 卷第 236—243 页）。——116。

**90**　这个批示写在米·斯·奥里明斯基 1919 年 10 月 25 日关于沙皇政府在帝国主义战争期间从华沙王宫运走的财物的报告上。——116。

**91**　这封信是为推荐伊万诺沃-沃兹涅先斯克应征开赴前线的共产党员而写的。1919 年 10 月 3 日，伊万诺沃-沃兹涅先斯克召开了全市党员大会。大会要求每个党员都为粉碎邓尼金军队贡献自己的力量，并责成党组织着手动员共产党员上前线。10 月 22 日，该市为应征上前线者举行了欢送会。10 月 24 日，第一批开往前线的伊万诺沃-沃兹涅先斯克的共产党员到达莫斯科。当天列宁在工会大厦向他们发表了讲话（见本版全集第 37 卷第 235 页）。有 50 名伊万诺沃-沃兹涅先斯克共产党员被派往东南方面军司令部和政治部，其余被派往第 9 集团军。——117。

**92**　列宁读了普加乔夫斯克县粮食会议主席 В.И.叶尔莫先科 1919 年 10 月 24 日电报的抄件后发了这份电报。叶尔莫先科的电报中说：余粮收集计划已完成 50％，有些乡已全部完成，预期整个计划于 1919 年 12 月 1 日前完成。——119。

**93**　这个批示写在人民委员会办公厅主任弗·德·邦契-布鲁耶维奇给列宁的报告书上。报告书指出，必须在莫斯科各车站急速建立设有消毒室的浴池，以抵御正在袭来的斑疹伤寒流行病。

　　文献上有尼·亚·谢马什柯的批注："季·彼·索洛维约夫：必须成立委员会……以**迅速**研究这一问题。委托列文松医生召集会议。"——121。

**94**　列宁在写这封信的同时给乌法省粮食委员米·瓦·科托姆金写了一封

内容类似的信(见本卷第150号文献)。1919年12月11日,列宁给在乌法的全俄中央执行委员会特派员尼·亚·列斯克拍了如下电报(抄送:福季耶娃和科托姆金):"1月1日前禁止福季耶娃离开。报告执行情况。"(见《列宁文集》俄文版第24卷第319页)——122。

95　据米·瓦·科托姆金回忆,他给列宁写了回信,答应照列宁嘱咐办理。他还收到亚·德·瞿鲁巴1919年10月30日写的一封信:"尊敬的米哈伊尔·瓦西里耶维奇:除弗拉基米尔·伊里奇的要求外,再加上我的请求。请关照福季耶娃同志,向她提供所需要的一切,不要因她的费用会超支而不提供。请优先发给她所需要的东西(各种脂肪和食糖要多些),并且要记账。哪怕从地底下也要给她弄到所需要的一切。因为像她这样的工作人员和党内同志是很难找出第二个人的。无论如何也要使她恢复健康,望您费心,米哈伊尔·瓦西里耶维奇。我知道您没有这件事就已够忙的了,但还是要麻烦您,因为像福季耶娃这样的对革命有贡献的同志是不多的。请接受我的衷心问候。握手。**亚·瞿鲁巴**"。——124。

96　埃·马·斯克良斯基在给伏尔加河—里海区舰队司令费·费·拉斯科尔尼科夫和东南方面军第11集团军革命军事委员会委员谢·米·基洛夫的电报中,请他们报告在支援高加索起义方面所采取的措施。这里说的高加索起义看来是指达吉斯坦、车臣、奥塞梯和北高加索其他地区少数民族反对邓尼金白卫军的起义。——126。

97　这个批示写在北德维纳省运输器材局局长维亚特金1919年10月30日从大乌斯秋格市拍给列宁(抄送:最高国民经济委员会运输器材局局长弗·古·格罗曼)的电报上。维亚特金报告说,由于缺少必要的器材和当地组织的援助,为北方方面军及其后方提供畜力运输服务的工作受到威胁。他请求命令乌斯秋格市各机关将现有器材拨给北德维纳省运输器材局使用。——127。

98　这份电报是对第12集团军革命军事委员会委员谢·伊·阿拉洛夫、尼·伊·穆拉洛夫和弗·彼·扎东斯基1919年10月31日给国防委员会的电报的答复。来电反映该部缺少制服和鞋,请求允许他们从设在戈梅利的中央战俘和难民事务委员会的仓库里领取所需要的东西。——130。

**99**　俄共(布)中央政治局于 1919 年 11 月 6 日作出决定,认为红军为了彻底粉碎尤登尼奇白卫军可以越界进入爱沙尼亚。但是 11 月 14 日的政治局会议撤销了这一决定。政治局指出,爱沙尼亚政府迫于劳动人民的压力同意恢复和谈,看来不会给尤登尼奇以支持了。

　　12 月 5 日,俄罗斯联邦和爱沙尼亚的和平会议在尤里耶夫(现称塔尔图)开幕。12 月 31 日,双方签订了两国军队间暂时停止军事行动的条约。1920 年 2 月 2 日,双方签订了和约。——132。

**100**　这个批示写在财政人民委员尼·尼·克列斯廷斯基的来信上。来信汇报了崩得中央委员会委员尤金(伊·李·艾森施塔特)提出的两点请求:(1)给崩得中央委员会兑换 20 万—30 万卢布的尼古拉纸币,作为其国外活动的经费(根据崩得中央委员会通过的决议,他们活动的目的是武装推翻白卫政权)。(2)兑付尤金作为前明斯克中央工人合作社主席而持有的 15 万卢布的汇票。克列斯廷斯基在信中征求列宁对批准兑换钱款的意见,并表示他同意兑付汇票。

　　1919 年 11 月 8 日,俄共(布)中央政治局决定:准许克列斯廷斯基为崩得中央委员会把 30 万卢布换成旧币。——132。

**101**　在 1919 年 11 月 8 日的俄共(布)中央政治局会议上,在解决接替巴什基尔共和国苏维埃代表大会筹备委员会的 H. B. 扎列茨基和季·伊·谢杰尔尼科夫的人选问题时,决定派列·谢·索斯诺夫斯基和叶·阿·普列奥布拉任斯基去该委员会工作并给他们发密码电报,"向他们说明因我们对东方穆斯林国家的政策改变而委派给他们的任务的主要内容。电报由列宁同志负责起草"(俄罗斯现代史文献保存和研究中心第 17 全宗,第 3 目录,第 37 卷宗,第 3 张)。

　　这份电报的日期就是根据这些资料确定的。——134。

**102**　列宁索要这些材料看来和即将召开全俄东部各民族共产党组织第二次

代表大会有关。这个代表大会于 1919 年 11 月 22 日—12 月 3 日在莫斯科举行,列宁在第一天的会议上作了关于当时形势的报告(见本版全集第 37 卷第 319—330 页)。——135。

103　指一位图书馆工作人员寄给列宁供参阅的关于在莫斯科成立党的中央图书馆的方案。——136。

104　根据泥炭总委员会主席伊·伊·拉德琴柯在这封信的背面作的批注,1919 年泥炭开采运动总结报告是 11 月 11 日下午 1 时送给列宁的,当天晚上 11 时就收到了列宁提的这些意见。——137。

105　《经济生活报》(《Экономическая Жизнь》)是苏维埃俄国的报纸(日报),1918 年 11 月—1937 年 11 月在莫斯科出版。该报最初是最高国民经济委员会和经济系统各人民委员部的机关报,1921 年 7 月 24 日起是劳动国防委员会机关报,后来是苏联财政人民委员部、国家银行及其他金融机关和银行工会中央委员会的机关报。1937 年 11 月 16 日,《经济生活报》改为《财政报》。——137。

106　据彼·费·奥赫里缅科回忆,1919 年深秋,他从白卫分子占领下的乌克兰卡缅卡来到了莫斯科。在那些日子里,他从英文译了一首爱德华·卡本特尔的革命诗作,被《真理报》刊出。他到《真理报》编辑部领稿费时,向编辑部秘书玛·伊·乌里扬诺娃反映了自己生活困苦的情况。乌里扬诺娃仔细听取了他的谈话,请他第二天再来。当他再次来到编辑部时,乌里扬诺娃把列宁写的这张便条交给了他。他很快得到了一切必需的物品。——138。

107　这个批示写在图拉省执行委员会主席格·瑙·卡敏斯基和省社会保障局局长戈然斯基 1919 年 11 月 17 日的来电上。来电说,根据省苏维埃第五次代表大会的决定,"省执行委员会请求人民委员会在图拉和全省实行免费供应儿童伙食"(着重线是列宁画的);省社会保障局现在供应 8 000 名儿童伙食,而在图拉共供应 45 000 名儿童。

　　粮食人民委员部部务委员阿·伊·斯维杰尔斯基回答了列宁的询

问。他回信说,"由粮食人民委员部供应",粮食人民委员部免费拨给儿童定量食品,免费供应儿童伙食已在图拉实行。列宁接到斯维杰尔斯基的回信后,就把批示划掉,在文件上注明:"存档",并在背面写了给粮食人民委员部的指示。

列宁提到的关于免费供应儿童伙食的法令是人民委员会1919年5月17日通过的,公布于5月20日《全俄中央执行委员会消息报》第107号(见《苏维埃政权法令汇编》1971年俄文版第5卷第197页)。——139。

**108**　同一天,列宁用英文给罗·基利写了如下一封信:

"1919年11月20日于莫斯科

亲爱的基利同志:

我的英语不好,应当请您原谅。我曾向您讲过,您什么时候想见我,就请直接向我提出,因为我们这里办事的秩序和精确性很差,如没有我的干预,在您这种特殊情况下,您所需要的一切极难迅速、顺利地得到。例如,我了解到:您的房间又差又冷,伙食也不好,等等。请您原谅,我马上就下令给您安排较好的房间和较好的伙食。我们目前的情况非常困难(在粮食和燃料方面),但是对我们的客人(我们的外国客人是太少了),我们可以找到所需要的**一切**。重说一遍:有事情请您立即**直接向我**提出。来信请写:列宁亲启,基利寄。"

基利11月26日回信,感谢列宁对他的关怀,说他已得到"一间极好的又暖和又舒适的房间"和一些食品(干酪、面包、奶油、果酱、巧克力等等)。

列宁的这封信是在基利的卷宗里发现的。1920年基利被指控进行间谍活动时,这封信以及其他文件译成俄文移交给了军事法庭侦查委员会。关于基利被审判一事,见注272。——140。

**109**　这份电报是根据国防委员会1919年11月20日决定的精神起草的。晚些时候,12月15日,列宁给这些受电单位发了一份电报,指出"关于乌拉尔工人粮食供应情况的答复,仅于12月15日收到过一次。此类汇报(运去多少普特)每月须送来两次"(见《列宁文集》俄文版第34卷

第 245 页）。1920 年 1 月 14 日,列宁和阿·伊·李可夫给东方面军革
命军事委员会、乌法省粮食委员、萨马拉—兹拉托乌斯特铁路政治委员
及第 5 集团军粮食特设委员会发去一份电报,也指出必须给南乌拉尔
各厂矿全体工人供应粮食(见《列宁文集》俄文版第 34 卷第 253 页)。
——140。

110　指国家出版社在 1919 年以小册子形式出版的米·费·弗拉基米尔斯
　　　基在中央苏维埃工作学校的讲稿《地方苏维埃政权的组织》。小册子拟
　　　分发给 1919 年 12 月 5 日开幕的苏维埃第七次代表大会的全体代表。
　　　——143。

111　指 Г.С.米哈伊洛夫。他是当时内务人民委员部科学处和《苏维埃政权》
　　　杂志编辑部的负责人。——143。

112　指波·索·魏斯布罗德 1919 年 11 月 20 日的来电。电报说,由于斑疹
　　　伤寒流行病的蔓延,奥伦堡的情况极为严重。防治流行病的工作由于
　　　木柴缺乏和医务人员不足而遇到困难。为了防治斑疹伤寒,奥伦堡各
　　　医院的病床必须增加到 5 000 张并另增两所医院。——144。

113　这张便条里谈的是波·索·魏斯布罗德 1919 年 11 月 5 日的一份报告
　　　书。魏斯布罗德在报告书中指出,莫斯科医疗机构中医生富余,必须动
　　　员他们上前线。列宁在报告书上作了批注。如报告书有一处讲到国
　　　立第二莫斯科大学校医院等医疗机构所保留的医生比帝国主义大战
　　　之前还要多,列宁在该处批上"注意","立即**准确**核实此事"。在另一
　　　页上讲到莫斯科有些医疗机构无必要,列宁批道:"这类机构有多少?"
　　　——144。

114　看来是指国家出版社出的《俄国共产党(布尔什维克)章程草案。附俄
　　　共中央委员会通告》一书。——147。

115　列宁的这一建议被采纳,К.托尔卡切夫作为基辅省代表被选入全俄中
　　　央执行委员会。——148。

**116**　这个批示写在谢·米·基洛夫和伊·彼·巴布金 1919 年 12 月 9 日的
来信上。这封信汇报了高加索的形势,同时谈到,没有确切消息表明卡
莫是否已到巴库。

　　卡莫是谢·阿·捷尔-彼得罗相的党内化名。1919 年秋,他率领
一个战斗组,携带武器、弹药和宣传品从莫斯科秘密前往高加索开展地
下工作。小组克服了一切困难,顺利到达巴库,投入了反对邓尼金分子
的斗争。——149。

**117**　这里是指米·瓦·伏龙芝提出的给土耳其斯坦增派政治工作人员的要
求。后来,伏龙芝在给土耳其斯坦委员会委员们的直达电报中说:"拒
绝增派负责的政治工作人员是因为南方面军和乌克兰大量需要……我
们通过自己的努力已招收了……一些政治工作人员和技术人员。"(见
《米·瓦·伏龙芝在内战前线。文件汇编》1941 年莫斯科俄文版第 259
页)——149。

**118**　便条所附的函件是最高国民经济委员会主席团委员费·费·瑟罗莫洛
托夫 1919 年 12 月 11 日给列宁的信。信中报告了在莫斯科煤气厂进
行的从辛比尔斯克和塞兹兰地区所产的页岩里提取燃料的试验情况,
建议作出安排以便把这种页岩定期运到莫斯科。

　　副交通人民委员谢·德·马尔柯夫当天复信说,关于将页岩运到
莫斯科的可能性问题"今天将在最高运输委员会上讨论",但是他认为
"从辛比尔斯克运出页岩是困难的,因为这条线路正在运粮,而担负运
粮任务我们已经够勉强的了"。列宁收到马尔柯夫回信后,在上面注
明:"存档(供查阅),关于**页岩问题**。"——151。

**119**　指《立宪会议选举和无产阶级专政》(见本版全集第 38 卷)。这篇文章
于 1919 年 12 月 16 日写成。——153。

**120**　《真理报》(《Правда》)是俄国布尔什维克的合法报纸(日报),根据俄国
社会民主工党第六次(布拉格)全国代表会议的决定创办,1912 年 4 月
22 日(5 月 5 日)起在彼得堡出版。《真理报》是群众性的工人报纸,依
靠工人自愿捐款出版,拥有大批工人通讯员和工人作者(它在两年多时

间内就刊载了 17 000 多篇工人通讯），同时也是布尔什维克党的实际上的机关报。《真理报》还担负着党的很大一部分组织工作,如约见基层组织的代表,汇集各工厂党的工作的情况,转发党的指示等。列宁在国外领导《真理报》,他筹建编辑部,确定办报方针,组织撰稿力量,并经常给编辑部以工作指示。1912—1914 年,《真理报》刊登了 300 多篇列宁的文章。《真理报》经常受到沙皇政府的迫害。1914 年 7 月 8 日(21日),即在第一次世界大战开始前夕,《真理报》被禁止出版。1917 年二月革命后,《真理报》于 3 月 5 日(18 日)复刊,成为俄国社会民主工党中央委员会和彼得堡委员会的机关报。1918 年 3 月 16 日起,《真理报》改在莫斯科出版。——156。

**121** 列宁写这张便条看来与国防委员会 1919 年 12 月 17 日会议讨论列·波·克拉辛的《关于制定能反映铁路工作状况的汇报格式》的报告有关。会议没有彻底解决这个问题,而委托交通人民委员部部务委员尤·弗·罗蒙诺索夫提出一种比较简明而又有数据的汇报格式,并向国防委员会会议报告。12 月 24 日,国防委员会会议批准了罗蒙诺索夫提出的措施纲要,并要求交通人民委员部把纲要编写成一系列决定,于次日交列宁签署。——156。

**122** 列宁在这张便条里对交通人民委员部机关的工作组织提出了批评。交通人民委员列·波·克拉辛在回条上写道:"**名字**明日即可交给您。这部机器不小,因此不论在我国还是在其他各国,都由**数百**人管理,这个事实毫不奇怪。组织结构本身就是这样,连精通此行的罗蒙诺索夫除增派这三名特派员外,**也想不出别的办法来**,而这个办法也只是为了搞试验。不过应协助这一机关从 1918 年狂飙的毁灭性影响中恢复过来。"——157。

**123** 1919 年 12 月 13 日,国营机械制造厂联合公司中央管理局打电话给国防委员会,除了请求给生产国防订货的库列巴基工厂和维克萨工厂供应役畜饲料外,还反映由于粮食人民委员部办事拖拉和地方省粮食委员会独断专行,国营机械制造厂联合公司虽已受权自行采购役畜饲料,但没有取得任何效果。为此,国防委员会 1919 年 12 月 17 日会议审议国营机械制造厂联合公司的请求时，还责成德·伊·库尔斯基起草一个关于坚决执行全俄苏维埃第六次（非常）代表大会关于革命法制的决议的补充通令。这两张便条是对库尔斯基拟的通令草案的修改意见。1919年12月23日，人民委员会审议了根据列宁意见修改过的通令草案，决定分发给各人民委员征求意见。通令于1919年12月30日签署。——157。

**124** 《贫苦农民报》（《Беднота》）是俄共（布）中央主办的供农民阅读的报纸（日报），1918年3月27日—1931年1月31日在莫斯科出版。该报的前身是在彼得格勒出版的《农村贫民报》、《士兵真理报》和在莫斯科出版的《农村真理报》。国内战争时期，《贫苦农民报》也是红军的报纸，在军内销售的份数占总印数的一半。先后担任该报编辑的有维·阿·卡尔宾斯基、列·谢·索斯诺夫斯基、雅·阿·雅柯夫列夫等。该报编辑部曾为列宁编写名为《贫苦农民晴雨表》的农民来信综述。从1931年2月1日起，《贫苦农民报》与《社会主义农业报》合并。——158。

**125** 指波波夫与兰德尔代表32名乌克兰工作人员签署的声明。该声明批评了乌共（布）中央常务局的组成及其工作方法，并反对从俄罗斯各省动员党和苏维埃的工作人员去乌克兰工作。

俄共（布）中央组织局1919年12月18日研究了乌克兰工作人员的这个声明，决定警告这些工作人员，"因为他们没有按照全乌克兰革命委员会和乌共（布）中央常务局的指示去积极工作，而是浪费时间与精力去搬弄是非和玩弄不负责任的破坏党的纪律的政客手腕"。组织局还要求他们今后严格服从党的领导机关的指示，完成交给他们每人的工作。——159。

**126** 潘·尼·勒柏辛斯基到土耳其斯坦后担任副教育人民委员。——161。

**127** 同一天列宁还签署了给图拉省党委和省执行委员会的一封信，信中要求在10天内给莫斯科劳动人民至少发运400车皮马铃薯。信中写道："拯救工人阶级，巩固革命成果，争取革命继续胜利和彻底胜利都取决于你们的成就、干劲和决心。"（见《列宁文集》俄文版第24卷第146页）

——161。

**128** 这张便条看来是就1919年12月18日小人民委员会开会讨论莫斯科省执行委员会请求撤销内务人民委员部关于利用教堂作校舍的通令一事而写的。小人民委员会决定拒绝莫斯科省执行委员会的这项请求，责成教育人民委员部、司法人民委员部和内务人民委员部制定有关的工作细则，于1919年12月29日前提交小人民委员会。——162。

**129** 1919年12月30日人民委员会通过决定："认为原则上必须于1920年5月1日前在雅·米·斯维尔德洛夫广场建成马克思纪念碑，责成人民委员会所属的专门委员会急速弄清问题的细节，提出纪念碑设计方案、有关措施草案及预算交人民委员会审批。"

　　雕塑家谢·德·梅尔库罗夫提出的马克思纪念碑设计不能令人满意。1920年2月23日，小人民委员会又把这一任务交给了雕塑家谢·谢·阿廖申。梅尔库罗夫在给人民委员会办公厅主任弗·德·邦契-布鲁耶维奇的信中对小人民委员会这一决定提出申诉。阿·瓦·卢那察尔斯基说："弗拉基米尔·伊里奇认真地对待他的申诉，专门打电话给我，要我重新组织一个评判委员会。还说，他要亲自来看看阿廖申的设计和雕塑家梅·的设计。他果然来了。他非常满意阿廖申的设计，最后还是否决了雕塑家梅·的设计。"（参看《列宁论文学与艺术》1960年人民文学出版社版第2册第920页）4月20日，小人民委员会听取了卢那察尔斯基关于建立马克思纪念碑的筹备工作进展情况的报告，并决定把建立纪念碑的工作委托阿廖申和同他合作的一个雕塑家小组来完成。1920年5月1日，马克思纪念碑没有制作出来，这一天举行了隆重的奠基典礼，列宁在典礼上发表了讲话（见本版全集第39卷第96页）。

　　马克思纪念碑直到1961年才在莫斯科雅·米·斯维尔德洛夫广场建成。这座纪念碑是雕塑家列·叶·克别尔设计的。——165。

**130** 这个批示写在1919年12月25日夜晚收到的铁路军事管制特别委员会主席雅·克·彼得斯从鲁扎耶夫卡发来的电报上，彼得斯来电建议把铁路修配厂和机务段的技工从部队抽回来，因为机车的检修工作几乎到处都在缩减,有些地方甚至到要造成灾难的程度。

国防委员会 12 月 31 日会议在讨论了列·波·克拉辛草拟的《关于从部队抽回熟练铁路技工的决定》以后作出决定,认为此问题已获解决。——165。

**131**　据《列宁全集》俄文第 5 版编者注,苏共中央马克思列宁主义研究院中央党务档案馆保存有这封信的打字副本,上面有列宁如下一段附言:"对这些问题的答复请于今日给我送来,或至少于今日通过电话转告我。"——166。

**132**　这份电报是给伊·尼·斯米尔诺夫的复电。斯米尔诺夫在来电中报告了从科利丘吉诺和库兹涅茨克煤田向中部地区运煤的工作进度。

列宁在电报中还指出红军部队要保护好高尔察克军队退却时遗弃在鄂木斯克和西伯利亚铁路沿线的各种器材。——166。

**133**　格·马·克尔日扎诺夫斯基按照列宁意见写的文章发表于 1920 年 1 月 10 日《真理报》第 5 号,标题是《泥炭与燃料危机》。——169。

**134**　这段批语写在格·瓦·契切林给列宁的信上,信中说,1919 年 12 月 22 日英国波罗的海舰队指挥部的全权代表拜访了同爱沙尼亚进行和平谈判的俄罗斯联邦代表团团长阿·阿·越飞,建议苏维埃俄国同英国就波罗的海问题进行和平谈判,并为此要求允许英方委员会乘坐自己的船只进入彼得格勒(见《苏联对外政策文件汇编》1958 年俄文版第 2 卷第 313—314、315 页)。

"白色"炸弹显然是指白卫分子对这个委员会可能采取的破坏活动。——170。

**135**　这句话是针对格·瓦·契切林称列宁为"俄共中央主席同志"说的。——170。

**136**　指俄共(布)中央政治局 1919 年 12 月 27 日会议通过的决定。这次会议讨论了格·瓦·契切林提出的以下问题:(1)契切林的请示:在未承认格鲁吉亚政府的情况下,他可否向它提出对邓尼金采取联合军事行

动的建议;(2)契切林报告的情况:如果给爱沙尼亚人在纳罗瓦河左岸
修建工事的权利,他们便同意提供所要求的军事保障;(3)契切林说明
罗斯塔社彼得格勒分社发表的一篇军事性质的报道有可能被协约国和
芬兰理解为苏维埃俄国有向芬兰发动进攻的意思。列宁对最后一个问
题的决定草案作了如下补充:"由契切林同斯切克洛夫和布哈林商量制
定对党的出版物进行检查的方式、方法和原则。一切从对协约国媾和
的观点看来**不妥的东西**或者删去,或者将负责的讲话和文章转述成非
负责的(例如,用化名讲话,用新的笔名发表文章等等)。星期天把《彼
得格勒真理报》的编辑 **从彼得格勒召来** 同契切林会商。列宁"。
——173。

**137**　这里说的是1917年4月在哥达成立的中派政党德国独立社会民主党。
1919年11月30日—12月6日,该党在莱比锡举行了非常代表大会,
通过了承认无产阶级专政和苏维埃制度的行动纲领,党的左翼在代表
大会上建议立即无条件地加入第三国际。1920年10月,德国独立社
会民主党在该党哈雷代表大会上发生了分裂。很大一部分党员于
1920年12月同德国共产党合并。右派分子单独成立了一个党,仍称
德国独立社会民主党,存在到1922年。——174。

**138**　电报发出时,格·瓦·契切林加了下述附言:"如果您返回俄国时行李
数量受限制,可采取剪报或拍照的方法。大量书籍可留下,以后分批运
回。"——174。

**139**　中央鼓动站领导小组是根据国防委员会1919年5月13日的决定成立
的,任务是在铁路枢纽站和部队驻地建立鼓动教育站。——174。

**140**　在写这封信的前一天,列宁在克里姆林宫办公室里接见了他在瑞士就
认识的党的女干部玛丽亚·莫夫绍维奇。她是因丈夫患伤寒病、女儿
无人照看而从前线回到莫斯科。列宁听她谈了红军中的鼓动工作和
前线的形势。在得知她的健康状况不好后,列宁派车送她回家。后来
列宁曾几次访问莫夫绍维奇家,并帮助她丈夫莫·伊·莫夫绍维奇领
到了疗养证。——174。

**141**　列宁在给中央统计局局长帕·伊·波波夫的这封信里,寄去了他设计
的一份苏维埃共和国居民在帝国主义战争以前和十月革命以后的食品
消费情况对照表,向中央统计局征求意见。中央统计局寄来的有关资
料,列宁曾在俄共(布)第九次代表大会上作的中央委员会报告中加以
使用(见本版全集第38卷第291页)。——175。

**142**　给人民委员会秘书索·波·布里奇金娜的这个批示写在奥格涅茨省奥
什塔村农民 B.尤申的申诉电报上。尤申控告当地政府硬性摊派,牵走
了他家3头母牛中的一头。尤申说,他家有9口人,一个儿子是红军战
士。——178。

**143**　1920年1月2日,国防委员会会议讨论了除东方面军和其他军区外军
队负担工人供应是否适宜的问题,责成粮食人民委员部提出意见。1
月16日国防委员会会议听取了粮食人民委员部部务委员阿·伊·斯
维杰尔斯基关于粮食人民委员部意见的汇报。——179。

**144**　这个批示写在粮食人民委员部部务委员瓦·尼·雅柯夫列娃打给列宁
的电话的记录上。这个电话是人民委员会秘书玛·伊·格利亚谢尔于
1920年1月1日16时25分接到的。雅柯夫列娃汇报了她在1919年
12月30日和31日收到的有关开往莫斯科的直达运粮列车的装车和
发车的进度情况。同时她报告说,喀山和辛比尔斯克方面的情况不明,
因为不论是12月30日,还是31日,直达电报都不通。她还说,在萨马
拉供运粮用的车皮比实际需要量要少得多。除了这个批示外,列宁还
指出,"12月30日**16时20分**前同喀山有联系"。
　　　1920年1月2日在国防委员会的会议上,列宁作了关于邮电人民
委员部和交通人民委员部实行军事化汇报制度的报告。——179。

**145**　最高国民经济委员会的一个工作人员要去国外出差,他打电话给人民
委员会,询问列宁需要在国外购买哪一类书刊。写在电话记录上的这
个批示就是对这位工作人员的答复。——181。

**146**　《自由报》(《Die Freiheit》)是德国独立社会民主党的机关报(日报),

1918 年 11 月 15 日——1922 年 9 月 30 日在柏林出版。——182。

**147** 演员列·谢·维维延因被控参加反革命组织在彼得格勒被捕,应被押往萨马拉。阿·瓦·卢那察尔斯基大概是因为不大了解维维延的案情,曾出面请求将他释放。在列宁接到有关的详细材料以后,维维延被送往萨马拉。——184。

**148** 这个批示写在莫斯科县巴拉希哈棉纺织厂工人给列宁的信上。信中写道:"我们工人每隔 5—14 天才能领到一次食品,全是粮食,没有任何其他东西。即使从供应中心拨来一些马铃薯,也得在铁路上耽搁个把月……　我们请求您,**列宁**同志,协助改善我们的状况,以便进一步增强我们为革命的俄罗斯的幸福和繁荣而工作的能力。"——186。

**149** 这张便条是就 1920 年 1 月 5 日亚·德·瞿鲁巴给俄共(布)中央的信写的。瞿鲁巴在信中对人民委员会 1920 年 1 月 3 日的决定提出意见,认为该决定准许最高国民经济委员会各机关在国家监察人民委员部确认粮食人民委员部机关无法向最高国民经济委员会各企业供应役畜饲料的情况下可自行按自由价格购买,是破坏了粮食人民委员部粮食政策的基础,也取消了饲料采购方面的垄断制度。他请俄共(布)中央讨论这个问题。——186。

**150** 这份电报是对第 3 集团军革命军事委员会 1920 年 1 月 10 日来电的答复。来电提议将该集团军的军队调去参加恢复国民经济的工作。人民委员会根据列宁的报告于 1 月 13 日作出决定,对第 3 集团军革命军事委员会的提议表示欢迎。为了拟定最合理地使用第 3 集团军的办法,还成立了由列宁、列·波·克拉辛、阿·伊·李可夫、米·巴·托姆斯基、列·达·托洛茨基和亚·德·瞿鲁巴组成的专门委员会。国防委员会于 1 月 15 日作出决定,把第 3 集团军改编为第 1 劳动军,由该集团军革命军事委员会委员和粮食人民委员部、农业人民委员部、交通人民委员部、劳动人民委员部以及最高国民经济委员会的代表组成第 1 劳动军革命委员会。1 月 17 日和 18 日,俄共(布)中央政治局讨论了在经济战线上使用部队的问题。政治局赞同国防委员会关于改编第 3

集团军为第 1 劳动军的决定，并通过了关于拟定建立另外一些劳动军的方案的决议。——188。

**151** 亚·德·瞿鲁巴于 1920 年 1 月 15 日向南方面军粮食特设委员会主席米·康·弗拉基米罗夫传达了列宁的批示并询问了顿河州粮食工作情况。——191。

**152** 伊万诺沃-沃兹涅先斯克省粮食委员米·扎·曼努伊尔斯基因为省内粮食情况濒临绝境来到莫斯科。他请求列宁立即援助伊万诺沃-沃兹涅先斯克，同时还向列宁汇报了省党委和省执行委员会制定的用自己的力量修理机车和车皮并编组自己的运粮直达列车的计划。曼努伊尔斯基回忆道："……弗拉基米尔·伊里奇给副交通人民委员马尔柯夫同志打电话说：'马尔柯夫同志，最近的粮食供应站有没有运粮直达列车？请查一下，并打电话告诉我。'"随后，列宁命令在 24 小时内从莫斯科铁路枢纽站往伊万诺沃-沃兹涅先斯克发运 19 车皮的粮食，并尽快再运去两列直达列车的粮食，他将亲自监督这两列列车的运行情况。接着他介绍曼努伊尔斯基到谢·德·马尔柯夫那里商谈有关修理铁路机车车辆的问题。——192。

**153** 这个批示写在前布良斯克铁路枢纽站装卸委员会委员、南方面军第 14 集团军铁路运输特派员 П.Н.索隆科的一份报告书上。报告书说，在布良斯克地区发现了煤、硫化铁和白沙等矿藏，"储煤面积约为 40 平方俄里。按目前的条件和劳动生产率，煤的年产量可达 350 万普特，如果生产组织得好……年产量有可能超过 1 000 万普特"。列宁在索隆科报告书的封皮上写道："П.Н.索隆科送来的关于马尔采夫地区煤的报告"。

1920 年 1 月 15 日，列宁收到煤炭总委员会寄来的布良斯克附近煤产地情况的资料。阿·洛莫夫写道："将这份资料寄给您。有一个优秀的煤炭地质专家同意前去。"——192。

**154** 这个批示写在全俄肃反委员会会务委员、铁路军事管制特别委员会委员亚·弗·埃杜克的便条上。埃杜克向列宁转呈了铁路运输工程师 M.A.波洛佐夫关于改组交通人民委员部及其中央和地方机构问题的报告书。在呈送报告书的便条里说,这位专家"在交通人民委员部工作,我们没有理由怀疑他对苏维埃政权的忠诚"。

不久,埃杜克根据列宁的询问提供了波洛佐夫的履历材料。列宁在材料上作了批注:"存档**备查**。"——193。

**155**　这个批示写在 M.A.波洛佐夫的报告书上。——193。

**156**　1920 年 1 月 17 日,人民委员会批准了关于收集白卫分子书刊的决定。该决定摘要发表于 1920 年 1 月 24 日《真理报》和《全俄中央执行委员会消息报》第 15 号。——194。

**157**　指发表于 1920 年 1 月 14 日《全俄中央执行委员会消息报》第 8 号的一篇简讯《石油产品宝库》。简讯说,在恩巴区栖息长滩周围的采油场上现有 2 000 万普特石油,30 万普特煤油,20 万普特汽油。此外还有 4 口油井喷油。——195。

**158**　指《关于消费公社的法令》。

《关于消费公社的法令》是苏俄人民委员会于 1919 年 3 月 16 日通过的,3 月 20 日公布于《全俄中央执行委员会消息报》第 60 号。列宁直接参加了这个法令的制定。法令规定:城乡一切合作社都必须合并为一个统一的分配机关——消费公社;当地所有居民都加入这个公社;每个公民都必须成为公社的社员并在它的一个分配站注册;各地方消费公社联合为省消费合作总社,各消费合作总社的统一中心是中央消费合作总社。——196。

**159**　1919 年底,列宁根据全俄工会中央理事会主席团委员格·纳·梅利尼昌斯基的提议,指示派 1 万名熟练的五金工人到铁路运输部门参加修理机车车辆的工作。但是全俄工会中央理事会和莫斯科市工会理事会的领导却迟迟没有制定出调五金工人到莫斯科铁路枢纽站工作的规章。为此列宁写了这封信给予批评。——196。

**160**　这个批示写在交通人民委员部部务委员尤·弗·罗蒙诺索夫和粮食人民委员亚·德·瞿鲁巴的一份申请书上,他们请求批准让拉脱维亚代表团成员、工程师卡·维·奥佐尔斯的妻子从乌法回到莫斯科与她丈夫团聚。副内务人民委员米·费·弗拉基米尔斯基在文件上作了批注：从内务人民委员部方面说，奥佐尔斯的妻子返回莫斯科并无障碍。——198。

**161**　这是列宁在列·达·托洛茨基给土耳其斯坦方面军司令米·瓦·伏龙芝和第4集团军司令加·卡·沃斯卡诺夫的电报上加的批语。电报就第4集团军的力量部署问题作了指示。该集团军作为劳动军被调去修筑亚历山德罗夫盖—恩巴铁路，并把红库特—亚历山德罗夫盖铁路线改成宽轨。

　　　恩巴石油区是1920年1月上半月解放的。当时它是苏维埃国家取得石油燃料的唯一来源。早在1919年12月24日国防委员会就已决定，把修筑亚历山德罗夫盖—恩巴铁路和把红库特—亚历山德罗夫盖铁路线改成宽轨的工程作为作战任务来完成。国防委员会把这项任务交给了土耳其斯坦方面军各部队，其中包括第4集团军。1月19日伏龙芝签发了关于使用第4集团军的力量修建恩巴铁路的命令。——199。

**162**　指1863—1866年出版的弗·伊·达里编的四卷本《现代大俄罗斯语言详解词典》。根据列宁的指示，教育人民委员部即着手编纂新词典，但该书的出版当时未能实现。1921年5月，列宁又提起了这个问题（见《列宁文集》俄文版第20卷第315—316页）。他建议副教育人民委员叶·亚·利特肯斯拟定工作计划并确定编辑委员会成员。为了编这部词典，成立了由伊·伊·格利温科、德·尼·乌沙科夫、尼·尼·杜尔诺沃、帕·尼·萨库林、阿·叶·格鲁津斯基、A.A.布斯拉耶夫等组成的委员会。8月5日，列宁收到了该委员会工作安排方案，他指示秘书问一下利特肯斯"事情做得（或**进展得**）如何？"利特肯斯报告说工作进展正常（参看《列宁文稿》人民出版社版第9卷第158号文献）。10月9日，列宁又请莉·亚·福季耶娃要一份该委员会的工作进度简报（同上书，第406号文献）。由乌沙科夫主编的四卷本《俄语详解词典》于1935—1940年陆续出版。词典第1卷序言说，编者们努力使这部词典符合列宁对现代标准俄语模范详解词典所提出的要求。——199。

**163**　卫生人民委员尼·亚·谢马什柯于1919年1月18日打电话给副交通人民委员谢·德·马尔柯夫,反映被派往南线和乌克兰去防治斑疹伤寒的波·索·魏斯布罗德的防疫委员会所乘坐的专用列车运行非常缓慢,"请求(1)立即下令让该列车通行无阻,(2)对该列车加以特殊关照,(3)调查阻碍列车运行的原因并把对此负有责任的人员送交革命法庭审判"。列宁看了电话记录的抄件后,写了这个批示。——200。

**164**　这份电报和下面的第250号文献都与处理1920年1月巴什基尔政变有关。

　　资产阶级民族主义分子艾哈迈德-扎基·瓦利多夫及其同伙于1919年2月在劳动人民的压力下转到苏维埃政权方面,但是并没有改变自己的观点,没有放弃其实现巴什基尔资产阶级自治的目的。瓦利多夫分子推行脱离俄罗斯联邦的政策,不肯承认俄共(布)中央的领导,力求建立独特的"巴什基尔共产党"。

　　1919年夏,瓦利多夫分子建立了以哈·尤·尤马古洛夫为首的"巴什基尔共产党临时中央局",尤马古洛夫同时还任瓦利多夫分子所组织的革命委员会的主席。这一"中央局"虽然未经俄共(布)中央批准,却企图领导巴什基尔的各级党组织。瓦利多夫分子企图把自己的路线强加于巴什基尔区域第一次党代表会议(1919年11月),但是,代表会议否决了脱离俄共(布)的方针,指出:"巴什基尔党组织是党的区域性组织。"1920年1月,根据瓦利多夫分子K.M.拉凯的建议,巴什基尔革命委员会建立了革命委员会对外联络局,从而在脱离俄罗斯联邦的道路上又迈了一步。当党的区域委员会1月13日谴责这一步骤并决定撤销拉凯职务时,革命委员会主席尤马古洛夫企图发动政变。1920年1月15日夜,他下令逮捕了除全俄中央执行委员会代表费·尼·萨莫伊洛夫以外的党的区域委员会的全体委员,并且发布了指责被捕者阴谋反对巴什基尔共和国的通告。只是在土耳其斯坦方面军领导人进行干涉之后,被捕者才获得释放。

　　列宁提到的全俄中央执行委员会1920年1月20日的电报说:"鉴

于巴什基尔革命委员会与乌法省革命委员会之间发生摩擦和你们指控埃利钦同志背离中央政权的路线，全俄中央执行委员会经与俄共中央商定，派阿尔乔姆(谢尔盖耶夫)、普列奥布拉任斯基和萨莫伊洛夫三位同志前往斯捷尔利塔马克，他们与乌法的地方利益没有关联，不会实行地方主义、沙文主义的政策。全俄中央执行委员会认为，说他们会进行反巴什基尔共和国的宣传是不足为信的和根本不可能的。因此，全俄中央执行委员会建议你们立即按阿尔乔姆同志的指示释放所有被捕的区域委员会委员和其他共产党员，撤销你们所作的关于阴谋活动的通告并向居民和部队宣布，逮捕是出于误会。尤马古洛夫应立即前来莫斯科对发生的事情作出解释。请立即电告执行情况并作出你们的解释。"(《巴什基尔苏维埃社会主义自治共和国的建立。文件材料汇编》1959年乌法版第444页)

不久，瓦利多夫、尤马古洛夫和拉凯被调离巴什基尔并被开除出党。——201。

**165**　这个批示写在阿·瓦·卢那察尔斯基的一封来信上。信中请求弄清隶属社会保障人民委员部的未成年人事务委员会成员被捕一案，立即启封委员会办公处。

费·埃·捷尔任斯基于次日对列宁的询问作了答复："查封该委员会办公处和逮捕其成员的，是最高法庭的侦查委员会。罪名：骇人听闻的盗窃，滥用职权和白卫作风。罪证确凿。"——202。

**166**　这一文献和下一文献都是列宁就尼基塔轻歌剧院被关闭一事同列·波·加米涅夫互递的便条。

1919年12月29日，小人民委员会讨论了关闭莫斯科市那些"对提高群众并非必需的"剧院的问题，决定将尼基塔轻歌剧院立即关闭。关闭的主要理由是该企业是纯资本主义性质的。列宁签署了这一决定。此后不久，列宁收到了该剧院演员和职工的一份报告书，他们请求重新考虑小人民委员会的这一决定，并建议中央剧院管理局成立特别委员会以调查该剧院的活动。

1920年1月21日，人民委员会会议讨论了这一问题。会议肯定了小人民委员会的决定，同时授权教育人民委员在清除该剧院的私人戏班子的特征和不健康趣味的情况下立即重新开放这个剧院。人民委员会并指示小人民委员会在处理同莫斯科有关的问题时要找莫斯科苏维埃的代表参加。

　　鉴于尼基塔轻歌剧院的被关闭使150名劳动者处于困境而无法作其他安排，教育人民委员阿·瓦·卢那察尔斯基于1月23日写信通知莫斯科苏维埃说，他下令把该剧院移交给莫斯科苏维埃在中央剧院管理局的代表Ю.К.巴尔特鲁沙伊季斯和全俄艺术工作者工会推荐的М.Ф.列宁这两位临时行政负责人，并由他们来整顿剧院财务，监督剧院演出。关于剧院今后的命运则由莫斯科苏维埃决定。他还写信给莫斯科苏维埃文艺科，指出决不能让该剧院原负责人 Б.Е.叶维利诺夫及其亲信参加剧院活动。1月27日，卢那察尔斯基在小人民委员会会议上提出开放尼基塔轻歌剧院的建议，为会议一致通过。

　　2月10日，卢那察尔斯基把尼基塔轻歌剧院前一天院务会议记录报给了列宁。记录中载有该剧院为实现小人民委员会和人民委员会关于彻底清除剧院中的"资本主义戏班子的特征"的指示所采取的措施。——203。

167　这个批示写在尼·尼·克列斯廷斯基给列宁的便条的背面。便条中谈到了尤·拉林为全俄国民经济委员会第三次代表大会(1920年1月23—29日)起草的财政方面的决议提纲，认为"这份提纲是无法实现的，而且在政治上也是有害的"。

　　鉴于拉林屡次违反党的政策，俄共(布)中央政治局于1月23日决定撤销他的最高国民经济委员会主席团委员的职务。——205。

168　国防委员会于1920年1月16日和23日讨论了弗·斯·叶尔马柯夫在电报中提出的问题。列宁电报中提到的国防委员会决定是1月23日通过的。——206。

169　这是列宁给在尤里耶夫同爱沙尼亚的代表进行和谈的俄罗斯联邦代表团团长阿·阿·越飞的指示电。电文中说的外交人民委员部的策略是指俄共(布)中央政治局1920年1月13日关于同爱沙尼亚和谈问题的决定,其中规定了可以签订和约的具体条件。——208。

**170**　安·马·列扎瓦对列宁提出的问题作了如下答复:在"采购的粮食是多少"这个问题中,他对"由合作社采购的"一项的回答是:"达40%",对"不经过合作社,由粮食人民委员部下属机构采购的"一项的回答是:"60%"。在"其他食品"这个问题中,他对三个项目的回答依次是20%、60%、20%。同一天,阿·伊·斯维杰尔斯基给列宁写了一个便条,其中指出从1919年8月至1920年1月1日采购了9 000万普特粮食,"合作社系统的粮食收集站采购了2 700万普特各种品种的粮食"(列宁在这段话下面写道:"这是属于9 000万普特*之中*的"),"粮食机构有868个粮食收集站。在整个合作社系统中有770个粮食收集站是为粮食委员部工作的"(列宁在868和770两个数字下面画了两条着重线)。此外,保存下来的还有一张列宁写的便条,要求说明有多少其他食品(包括马铃薯)是通过合作社和未通过合作社采购的,以及合作社在采购工作中的作用如何。——209。

**171**　这个批示写在彼得格勒劳动军(原第7集团军)条例草案上。根据列宁的指示,条例草案分送给了劳动人民委员部、最高国民经济委员会、农业人民委员部、交通人民委员部、粮食人民委员部、波罗的海舰队和彼得格勒区军事委员部。1920年2月7日国防委员会讨论了第7集团军改编为劳动军的问题,决定"责成斯克良斯基同志明天把决议草案分送给国防委员会全体委员,如果没有异议,星期一报请列宁同志签署"。2月10日列宁签署了国防委员会的决定。决定于次日发表在《真理报》和《全俄中央执行委员会消息报》第30号上。——210。

**172**　这个批示写在外交人民委员格·瓦·契切林的报告上。报告反映了一些违反俄共(布)中央关于对外政策问题的一切报道事先送审的决定的事例,包括1920年1月26日《消息晚报》第450号上登载的弗·彼·扎东斯基的访问记。当天,罗斯塔社负责人普·米·克尔任采夫答复列宁说:已采取了将对外关系方面的通讯报道送交外交人民委员部审阅的措施。列宁在信上注明:"存放在有关罗斯塔社的文件夹里"。后来,外交人民委员部来信说,有一个莫斯科新闻记者在电讯中不负责任地谈论苏维埃对外政策问题,列宁就这封信于 1920 年 2 月 21 日又一次问克尔任采夫:"为什么不送审? 这是谁的过错?"(见《列宁文集》俄文版第 34 卷第 267 页)。——210。

**173** 这个批示写在第 4 集团军革命军事委员会 1920 年 1 月 29 日给列宁的电报上。电报反对修筑亚历山德罗夫盖—恩巴铁路,而主张沿古里耶夫大道修筑乌拉尔斯克—恩巴铁路。

　　　第 4 集团军革命军事委员会提出的问题列入了人民委员会 1 月 31 日会议的补充议程,但直到下次会议(2 月 5 日)才进行了讨论。会议决定:批准国防委员会关于修筑亚历山德罗夫盖—恩巴铁路的原决议,责成交通人民委员部采取紧急措施,把已装车的货物迅速运到筑路工地,责成谢·德·马尔柯夫和康·阿·阿尔费罗夫在两周后向人民委员会送交一份关于工程进展情况的报告。——212。

**174** 指格·马·克尔日扎诺夫斯基《俄罗斯电气化的基本任务》一书。列宁将这本小册子的手稿直接交给了印刷厂,以便赶在第七届全俄中央执行委员会第 1 次会议前出版。——213。

**175** 亚·费·绍林是一位在下诺夫哥罗德无线电实验室工作的设计师和发明家,因误会被捕,很快获释。——216。

**176** 斯·捷·科维尔金当时是东南铁路局局长。米·米·阿尔然诺夫是共和国革命军事委员会中央军事交通部部长,为了加速向高加索战线运送部队而临时被派到沃罗涅日。——218。

**177** 叶·奥·布马日内当时是党中央乌拉尔局书记,康·戈·马克西莫夫是最高国民经济委员会乌拉尔工业局主席兼劳动国防委员会恢复乌拉尔工业的特派员。劳动军革命军事委员会和各部门代表之间的摩擦,主要涉及革命军事委员会的权限问题。列宁的电报看来是对如何解决革命军事委员会同各部门的争执这一问题的答复。——218。

**178** 文章建议利用城市近郊的土地来发展集体种菜业和集体养畜业并组织副业农场以改善工人的供应。——221。

**179**　1920年2月初,红军准备在高加索战线发动一次新的进攻。当时,高加索方面军各集团军之间关系不够协调。由谢·米·布琼尼指挥的骑兵集团军在前几次战斗中削弱了,部队疲惫不堪,物质供应严重不足。由于政治教育工作的削弱,部队出现了违反军纪的现象。

　　　　和第1骑兵集团军协同作战的混成骑兵军的情况更为严重。该军内部发生了粗暴破坏纪律的行为和无政府现象。2月2日夜军政治委员 B.H.米克拉泽被杀害。所有这些情况再加上非常复杂的军事形势引起了列宁的忧虑,因为这些情况使得红军为彻底粉碎敌人而在北高加索发动进攻的这一行动受到威胁。——225。

**180**　马·高尔基把反映坦波夫省粮食委员 Я.Г.戈尔金的不法行为的材料寄给了列宁。戈尔金曾发布下述命令:"告全体验收员和全体承办员。责成各粮食收集站主任始终注意粮食保管方法和粮食质量。一旦发生粮食坏掉的情况,主任将被枪决,验收员将被送交省肃反委员会处理。"

　　　　在列宁询问情况后,副粮食人民委员尼·巴·布留哈诺夫用直达电报向戈尔金发出如下指示:"立即汇报这项命令是否执行过,哪怕是一次。您颁布这项命令,超越了您的职权……　在监督粮食验收并防止发生交纳潮湿粮食方面,以及在监督粮食保管并保证粮食可以长期储存方面,您采取了哪些切实可行的实际措施?立即给我答复,并抄报国防委员会列宁。"(见《列宁文集》俄文版第34卷第261页)——226。

**181**　伊·埃·古科夫斯基是苏维埃俄国驻爱沙尼亚的全权代表,被授权代表俄罗斯联邦签订贸易合同。——227。

**182**　这个批示写在梁赞省乌霍洛沃乡执行委员会主席别利科夫和乡党委主席鲁萨诺夫的来电上。来电请求撤销里亚日斯克执行委员会关于把乌霍洛沃村电站收归国有并迁往里亚日斯克的决定。乡执行委员会和乡党委主张把这个电站划归地方。——229。

**183**　这里说的是建立缓冲国——远东共和国的问题。

　　　　远东共和国是1920年4月6日在东西伯利亚和远东地区成立的民主共和国,首都在上乌金斯克(现称乌兰乌德),后迁到赤塔。政府领导人是布尔什维克亚·米·克拉斯诺晓科夫、彼·米·尼基福罗夫等。苏维埃俄国政府于1920年5月14日正式承认远东共和国,并提供财政、外交、经济和军事援助。远东共和国是适应当时极为复杂的政治形势而成立的,目的是防止苏维埃俄国同日本发生军事冲突,并为在远东地区消除外国武装干涉和白卫叛乱创造条件。为了领导远东地区党的工作,成立了俄共(布)远东局(后改为俄共(布)中央远东局)。这个特别党组织的任务之一就是保证俄共(布)中央和俄罗斯联邦人民委员会对远东共和国的对内对外政策起决定性作用。在远东大部分地区肃清了武装干涉者和白卫军后,远东共和国国民议会于1922年11月14日作出加入俄罗斯联邦的决定。1922年11月15日,全俄中央执行委员会宣布远东共和国为俄罗斯联邦的一部分。——231。

**184** 1920年2月18日,斯大林在给列宁的电报中表示不同意总司令谢·谢·加米涅夫关于从乌克兰劳动军抽调部队增援前线的命令,并请求召他回莫斯科弄清事实。列宁拟的给斯大林的回电由他本人签署,于2月19日发出。——232。

**185** 指白卫"志愿"军在顿河畔罗斯托夫地区对正在进攻的苏维埃部队实行反突击一事。白卫军于1920年2月20日拂晓发动了突然进攻,并于2月21日突入顿河畔罗斯托夫城。但第8集团军在2月23日就重新控制了顿河畔罗斯托夫,把敌人赶到了顿河左岸。——234。

**186** 这份电报是给斯大林的复电。斯大林给列宁的电报中写道:"我不明白为什么首先该由我来关心高加索战线…… 巩固高加索战线完全应由共和国革命军事委员会来关心,它的成员,据我所知,身体都很健康,而不应由斯大林来关心,他的工作担子本来就过重了。"——235。

**187** 国家监察人民委员部是根据全俄中央执行委员会1918年5月2日的决定和人民委员会1918年5月11日的决定成立的。根据全俄中央执行委员会1920年2月7日的法令,国家监察人民委员部改组为工农检查人民委员部(工农检查院)。——237。

**188**　这张便条是就孟什维克费·伊·唐恩和尔·马尔托夫当选莫斯科苏维埃代表而写的。

在1920年2月下半月—3月初举行的莫斯科苏维埃选举中,共选出代表1 566人,其中共产党员1 316人(占84％),党的同情者52人(占4％),孟什维克46人(占3％)。——237。

**189**　贫委会即贫苦农民委员会,是根据全俄中央执行委员会1918年6月11日《关于组织贫苦农民和对贫苦农民的供应的法令》建立的,由一个乡或村的贫苦农民以及中农选举产生。根据上述法令,贫苦农民委员会的任务是:分配粮食、生活必需品和农具;协助当地粮食机构没收富农的余粮。到1918年11月,在欧俄33省和白俄罗斯,共建立了122 000个贫苦农民委员会。在许多地方,贫苦农民委员会改选了受富农影响的苏维埃,或把权力掌握在自己手里。贫苦农民委员会的活动超出了6月11日法令规定的范围,它们为红军动员和征集志愿兵员,从事文教工作,参加农民土地(包括份地)的分配,夺取富农的超过当地平均份额的土地(从富农8 000万俄亩土地中割去了5 000万俄亩),重新分配地主土地和农具,积极参加组织农村集体经济。贫苦农民委员会实际上是无产阶级专政在农村中的支柱。到1918年底,贫苦农民委员会已完成了自己的任务。根据1918年11月全俄苏维埃第六次(非常)代表大会的决定,由贫苦农民委员会主持改选乡、村苏维埃,改选后贫苦农民委员会停止活动。——238。

**190**　指共产国际执行委员会关于斗争派问题的决议(参看本版全集第38卷第179页)。——239。

**191**　这个批示写在第6集团军革命委员会委员尼·尼·库兹明从阿尔汉格尔斯克发来的电报上。来电说,一批装有白卫"北方政府"所购物资和粮食的轮船抵达阿尔汉格尔斯克,"有必要派<u>外交人民委员部</u>、<u>财政人民委员部</u>和<u>内务人民委员部</u>的代表到这里来……　<u>国民经济委员会</u>的代表特别重要,因为物资很多。最好派经过考验的彼得堡无产者来,至少20名。"(着重线是列宁画的)——240。

**192** 在列宁这封信的背面有粮食人民委员部部务委员阿·伊·斯维杰尔斯基提供的柳别尔齐工厂工人粮食供应情况的资料。列宁在资料上方批道:"明天用电话核实后存入**档案**。"——243。

**193** 这封信是在接见彼尔姆省乌索利耶县彼洛沃多夫乡的三位农民代表时写的。接见中,列宁同他们交谈了农村情况。叶·米·雅罗斯拉夫斯基后来写道:"彼尔姆省党委收到列宁的信以后,派了一位同志去乌索利耶了解当地的情况,此后成立了一个委员会,对领导机关的人员进行了审查,并在一次专门召开的党代表会议上作了人事调整。"(见1929年11月24日《真理报》第274号)——244。

**194** 这个批示写在伊希姆县第一次党代表会议主席谢申科夫和书记古斯科夫于1920年2月25日以代表会议的名义发的致敬电上,该电报是作为"特急件"从伊希姆拍发给俄共(布)中央、列宁、格·叶·季诺维也夫、列·达·托洛茨基的。——245。

**195** 1920年3月18日,B.波尔特飞离斯摩棱斯克,机上载有苏维埃商务代表弗·普拉滕和他的妻子以及一批邮件。波尔特1956年在波恩出版的回忆录《天空属于我们》一书谈到了这件事。——246。

**196** 列·达·托洛茨基在1920年2月26日的电报中说,保留已改为劳动军的第3集团军的整个机构是不适宜的。归集团军管辖的只有一个步兵师和一个骑兵师。野战司令部同意解散集团军的一些机关,特征询国防委员会的意见。列宁在电报上批道:"送**国防委员会**。"——246。

**197** 指《给韦谢贡斯克县第二次教育与社会主义文化工作者代表大会代表维诺格拉多夫同志的委托书》,其中谈到学校工作人员的艰难的物质生活状况。1920年2月27日列宁接见了亚·亚·维诺格拉多夫,在接见时写了这封信。关于改善韦谢贡斯克县教师物质生活状况的问题得到了妥善解决。——248。

**198** 康·阿·阿尔费罗夫1920年2月27日的便条是对列宁给他的下面一个便条的答复:"您答应给我一份关于输油管的情况的汇报,结果没有给！"

1920 年 3 月 5 日,国防委员会讨论了修建恩巴输油管的问题,决定责成最高国民经济委员会主席团审核恩巴输油管的修建工程设计方案,将最后方案提交人民委员会,并查清是否已向国外发出询问订购输油管所需钢管的信件。——249。

**199** 自由经济学会(帝国自由经济学会)是俄国第一个经济学会,1765 年在彼得堡成立,其宗旨是"在国内传播对工农业有益的知识"。学会有三个部:(1)农业部;(2)技术性农业生产和耕作机械部;(3)农业统计和政治经济学部。自由经济学会团结自由派贵族和资产阶级的学者,对国民经济各部门和国内各地区进行调查研究和考察。《帝国自由经济学会学报》是该学会的定期刊物,登载学会的研究成果以及各部门的报告和讨论的速记记录。自由经济学会图书馆藏书 20 万册,十月革命后并入国立列宁格勒米·叶·萨尔蒂科夫-谢德林公共图书馆。——249。

**200** 这段批语是列宁在审阅彼·阿·克拉西科夫寄来的一篇关于苏维埃国家对宗教的态度的文章时写的。

1920 年 2 月 21 日,列宁接见了英国《每日先驱报》社长乔治·兰斯伯里,同他进行了详尽的谈话,也谈到了布尔什维克对待宗教的态度问题。兰斯伯里回国时给列宁写了一封信,信中说:"非常感谢您和您的同事在我试图理解你们的革命的时候给了我帮助。"——252。

**201** 到 1920 年 4 月初,有两个流行病医疗队、两个淋浴队、15 名医生、100 名医士和护士到达亚历山德罗夫盖—恩巴工地。一切防疫措施由第 4 集团军卫生处处长负责。——255。

**202** 指人民委员会办公厅主任弗·德·邦契-布鲁耶维奇的一封控告书。邦契-布鲁耶维奇控告小人民委员会主席美·尤·科兹洛夫斯基不同他打招呼就从人民委员会办公厅拿走他所签署的文件。——257。

**203** 第 6 集团军革命军事委员会委员尼·尼·库兹明向列宁请示,对已经放下武器并表示愿意在苏维埃俄国工作的白卫军官如何处理。——258。

**204**　这里说的是人民委员会成立的以格·伊·奥波科夫(阿·洛莫夫)为首
的工作组。该组的任务是采取措施恢复从白卫军和武装干涉者手中解
放出来的苏维埃俄国北方地区的经济和政治生活,以及清点和分配在
那里缴获的物资。——258。

**205**　指收归国有的古董、奢侈品和艺术品。1919年2月,马·高尔基在彼
得格勒成立了一个专家委员会,对这些物品进行挑选和鉴定。专家委
员会有80个工作人员,到1920年10月1日挑选出了"12万件各种各
样的物品,如具有艺术价值的古老家具,各个时代、各个国家和各个学
派的绘画,俄罗斯、塞夫勒、萨克森等地的瓷器,青铜器,玻璃艺术品,陶
器,古代武器和东方艺术品等等。按1915年的价格,这些物品的价值
超过10亿卢布。此外,在委员会的库房里还有从无主住宅里没收来的
地毯,价值达几亿卢布(也是按1915年的价格)"。但是这项工作的进
展极为缓慢。列宁在高尔基的信上写了批语:"33个库房仅清理了8
个"(见《弗·伊·列宁和阿·马·高尔基。书信,回忆,文件》1961年
俄文版第164页)。——258。

**206**　1920年3月11日喀山省肃反委员会主席Г.伊万诺夫向列宁报告:
尼·弗·佩尔武申是因涉嫌参加一个白卫组织而被拘留。后查明他
同该组织无关,已于3月3日将其释放。——259。

**207**　这份电报是对列·达·托洛茨基1920年3月5日发自叶卡捷琳堡的
电报的答复。托洛茨基在电报中报告乌拉尔和西伯利亚两地区大大加
强了粮食采购工作,抱怨中央各部门对西伯利亚和乌拉尔各组织提出
的问题甚至不作答复,并坚决主张只有在各地区建立具有广泛权力的
行政中心才有可能把工作搞好。列宁在这份电报上就伊希姆县问题的
决定,关于把布鲁诺夫斯基留下来做粮食工作的请求问题以及西伯利
亚储备肉的问题作了批注:"(1)留在秋明省内。
　　(2)没有人反对把布鲁诺夫斯基留下(给粮食人民委员部)。
　　(3)粮食委员部已下令成立腌制站。"——260。

**208**　由于列·波·克拉辛要出国,1920年3月8日俄共(布)中央政治局会议

讨论了交通人民委员问题。会议决定:"建议列宁同志同托洛茨基同志联系。"3月20日政治局决定,任命列·达·托洛茨基为代理交通人民委员一事通过全俄中央执行委员会主席团和人民委员会办理。——261。

**209** 这是给西伯利亚革命委员会主席伊·尼·斯米尔诺夫的复电。斯米尔诺夫来电说,孟什维克和社会革命党人提出,他们参加缓冲国政府(见注183)的条件是拒绝在远东的领土问题上作任何让步。斯米尔诺夫写道:"请把您的决定直接通知扬松(用卡拉汉密码)并通知我(西伯利亚革命委员会)。"列宁给斯米尔诺夫的复电稿就写在这份电报上,旁有批注:"同意。**尼·克列斯廷斯基、列·加米涅夫**"。列宁同时给在伊尔库茨克的扬松发了一份电报:"孟什维克和社会革命党人参加缓冲国政府不应当附带任何条件,如果他们不是无条件地服从我们,就加以逮捕。"——262。

**210** 1920年3月10日,列宁接见了伊万诺沃-沃兹涅先斯克省的代表 B.C.斯米尔诺夫(马尔柯夫)和米·扎·曼努伊尔斯基以及全俄中央执行委员会委员阿·谢·基谢廖夫(从前是伊万诺沃-沃兹涅先斯克党组织的领导成员之一)。他们根据省党委3月6日的决议,请求列宁增加对伊万诺沃-沃兹涅先斯克省的粮食供应,撤销弗拉基米尔省尤里耶夫波利斯基县的巡查队,并把该县划到伊万诺沃-沃兹涅先斯克省,开航后把轮船和驳船拨给伊万诺沃-沃兹涅先斯克省运送粮食、种子等等。接见后,列宁起草了这一指示。——263。

**211** 前全乌克兰出版社务委员 И.A.基谢廖夫是因被控在基辅被占领期间未得到党的许可留在那里并同占领当局合作而被判处枪决的。列宁读了全俄中央执行委员会工作人员 Г.Б.贝尔格曼请求给基谢廖夫减刑的信以后,给俄共(布)中央书记尼·尼·克列斯廷斯基写了这封信。克列斯廷斯基给列宁回信说:列·波·加米涅夫主张暂缓执行判决并主张调卷;他本人不认识基谢廖夫,所以对任何决定不表示意见;如作出暂缓执行判决的决定,应立即通过费·埃·捷尔任斯基给基辅发电报。接到克列斯廷斯基的答复后,列宁又写了一个便条:"我没有读到贝尔格曼的报告,所以无法表示意见。让捷尔任斯基同志打电话与克列斯廷斯基商量后决定吧。"捷尔任斯基在这一便条的页边上写道:"我反对介入。**费·捷尔任斯基**。"——264。

212 这个批示写在扬·安·别尔津1920年3月11日给列宁的信上。信中说,外交人民委员部邮检机构放过了孟什维克拉·阿布拉莫维奇寄给德国社会民主党的机会主义首领鲁·希法亭的一封信。别尔津建议清除外交人民委员部里的敌对分子。——264。

213 法·可汗霍伊斯基是阿塞拜疆木沙瓦特党政府部长会议主席,后为外交部长。——265。

214 指俄罗斯国家电气化委员会1920年3月13日会议通过的该委员会工作规划及说明书。

据格·马·克尔日扎诺夫斯基回忆,列宁在与他谈话时也曾提出要"实行一种能使电气化思想本身得到适当宣传的工作方针"。——268。

215 据格·马·克尔日扎诺夫斯基说,他为慎重起见,习惯于说自己报告的数字是:"大致"得出的。列宁用他这句"口头禅"同他开玩笑。——269。

216 由雅·亚·斯拉绍夫将军指挥的邓尼金军队残部当时龟缩于克里木。攻占克里木的任务交给了西南方面军第13集团军。但1920年1月同斯拉绍夫部队作战的仅有该集团军的第46师,其兵力不足于攻入克里木。1920年2月和3月上半月,为攻占克里木采取了新的行动,同样未获成功。——271。

217 指与"卡普叛乱"相关联的事件。1920年3月13日,受到德国国防军大多数将领同情的叛乱分子的军队占领了柏林,企图在德国恢复君主制,建立军事恐怖专政。德国工人阶级举行了席卷全国的总罢工来回击反革命政变。叛乱分子被击溃。——271。

218 斗争派是乌克兰社会革命党的左派于1918年5月建立的小资产阶级

民族主义政党,因该党中央机关报《斗争报》而得名。1919 年 3 月,该党采用了乌克兰社会革命共产党(斗争派)这一名称,8 月改称为乌克兰共产党(斗争派)。斗争派依靠民族主义知识分子,并寻求中农的支持。该党领导人有格·费·格林科、瓦·米·布拉基特内、亚·雅·舒姆斯基等。

列宁和共产党对斗争派采取灵活的策略,力求把追随斗争派的一部分劳动农民和斗争派中的优秀分子争取过来,为取消斗争派这一政党创造条件。

斗争派曾申请加入共产国际,并要求承认他们是乌克兰主要的共产党。1920 年 2 月 26 日,共产国际执行委员会通过一项专门决定,建议斗争派解散自己的党,加入乌克兰共产党(布)。经过斗争派中央内部的激烈斗争,1920 年 3 月 20 日全乌克兰斗争派代表会议通过了斗争派自行解散并与乌克兰共产党(布)合并的决议。斗争派成员以个别履行手续的方式被吸收进乌克兰共产党(布)。——272。

**219**　人民委员会 1920 年 3 月 16 日会议讨论了列·波·克拉辛拟的一个有关从国外订购机车和修理铁路运输工具所需备件的决定草案。列宁的这张便条看来是在这次会议上写的。——272。

**220**　这个批示写在列·波·克拉辛给列宁的信上。克拉辛在这封信里说:美国只有 3 家托拉斯能够卖给苏维埃俄国机车,他原打算从斯堪的纳维亚或伦敦用无线电同他们立即建立通讯联系,但他担心,如果这样一公开,那么在他和这些作为基本供货者的托拉斯之间就会出现“一大群”经纪人,这些人不仅会抬高价格,而且会延长交货期限。——273。

**221**　山雀在这里譬喻现实可得的东西,出自俄国民间谚语:“天上的仙鹤,不如手中的山雀。”——273。

**222**　这是列宁同对外贸易人民委员列·波·克拉辛在人民委员会的一次会议上互递的便条。克拉辛便条上的着重线是列宁画的。——273。

**223**　由于铁路运输处于危急状态,列宁当时着重抓了机车修理问题。人民委员会和国防委员会不止一次地讨论过这一问题。1920 年 2 月 5 日，人民委员会听取了列·波·克拉辛关于对修理机车和生产运输器材备件的工人实行优待的报告。2 月 27 日，国防委员会讨论了粮食人民委员部没有按决定奖励加班修好直达货运列车的工人的问题。3 月 16 日，人民委员会根据莫斯科省工会理事会主席格·纳·梅利尼昌斯基的报告，通过了关于在最好的修配厂里组织机车修理工作并实行昼夜三班作业制的决定。就在这一次会议上，人民委员会还讨论解决了一系列其他问题，以改善铁路运输状况。会后，列宁写了这一文献。——274。

**224** 据《列宁全集》俄文第 5 版编者注，在苏共中央马克思列宁主义研究院中央党务档案馆保存的这份电报的抄件上，有格·康·奥尔忠尼启则写的下述批注："这份电报属于进攻巴库的准备时期。战役准备就绪之后，在列万多夫斯基的率领下，军队于 4 月 25—26 日越过阿塞拜疆边界，28 日已到达巴库。"——275。

**225** 阿·马·高尔基在 1920 年 3 月 5 日的信中请求列宁给彼得格勒学者保留 1 800 份口粮，尽快把著名的化学家阿·瓦·萨波日尼科夫释放出狱，并为伊·伊·马努欣医生研究抗斑疹伤寒血清提供条件（见《弗·伊·列宁和阿·马·高尔基。书信，回忆，文件》1961 年俄文版第 146—147 页）。——276。

**226** 1920 年 3 月 23 日，共和国革命军事委员会副主席埃·马·斯克良斯基向第 6 集团军革命军事委员会下达了关于准许第 1 步兵师第 159 步兵团通信队副队长帕·谢·阿利卢耶夫休假并送其赴莫斯科的命令。——279。

**227** 这张便条里说的是清洗顿涅茨铁路人员时编制的名册。便条上有费·埃·捷尔任斯基给全俄肃反委员会会务委员、交通总管理局委员瓦·瓦·佛敏的指示："**佛敏同志**：请提出意见。也许，编制这些名册的确不够严谨和考虑欠周？……请连同意见一并退我。"——280。

**228**　指俄共（布）中央政治局 1920 年 3 月 20 日的下列决议："根据医生诊断，马尔柯夫同志必须长期疗养，特批准他休假两个月。"——280。

**229**　教育人民委员阿·瓦·卢那察尔斯基于 1920 年 3 月 23 日写信给列宁，反映卡·李卜克内西的妻子雷丝的健康状况很坏。列宁就在这封信上，给共产国际执行委员会书记卡·伯·拉狄克写了这一批语。——281。

**230**　这里说的是 1920 年 3 月 17—23 日在哈尔科夫举行的乌克兰共产党（布）第四次全乌克兰代表会议。参加这次代表会议的有 278 名代表，他们代表着大约 25 000 名党员。代表会议研究并讨论了下列问题：乌克兰共产党（布）中央政治和组织报告、乌克兰苏维埃共和国与俄罗斯联邦之间的相互关系、农村工作、粮食问题、经济建设的当前任务、对其他政党的态度、选举乌共（布）中央委员会和出席俄共（布）第九次代表大会的代表。

　　大会是在列宁派同以季·弗·萨普龙诺夫、米·索·博古斯拉夫斯基、雅·瑙·德罗布尼斯、Р.Б.法尔布曼（拉法伊尔）等为首的民主集中派反对派集团的激烈斗争中进行的。在选举乌共（布）中央委员会时，民主集中派玩弄阴谋诡计，把他们那一派中的多数人弄进了中央委员会，并派作出席俄共（布）第九次代表大会的代表。

　　坚持列宁路线的 105 名会议代表拒绝参加乌共（布）中央委员会的选举，并宣布这次选举是非法的。鉴于这次代表会议选出的中央委员会不能体现乌克兰大多数共产党员的意志，俄共（布）中央作出决议将其解散，成立乌共（布）临时中央局。俄共（布）中央于 1920 年 4 月 16 日发表了致乌克兰党的各级组织的公开信，解释了为制止民主集中派在乌克兰的派别活动而采取的措施。这封公开信受到了共和国各级党组织的拥护。为了加强乌克兰的各级党组织，党中央调给乌共（布）中央一大批有经验的党的工作者。仅在 1920 年 5 月派往乌克兰的就有 674 名共产党员。根据俄共（布）中央 1920 年 4 月 5 日的决议，对乌克兰的共产党员进行了重新登记。——282。

**231**　1920 年 3 月 23 日人民委员会会议听取了弗·巴·米柳亭关于列为Ⅰ

类的企业名单的汇报。人民委员会于1920年3月24日将有关委员会拟定的名单提交全俄中央执行委员会审批。——284。

**232** 列宁写这张便条是因为土耳其斯坦委员会一贯不遵守俄共(布)中央关于由外交人民委员部领导同布哈拉、希瓦、波斯和阿富汗的交往的决定。俄共(布)中央组织局1919年9月29日决定由土耳其斯坦委员会在外交人民委员部的指示和监督下领导对外联络工作。但是,土耳其斯坦委员会不执行外交人民委员部的指示。外交人民委员部要求撤销格·伊·布罗伊多在对外联络局的领导职务,成立一个由亚·瑙·哥卢比、亚·亚·马希茨基、达·尤·霍普纳尔和一名经外交人民委员部批准的土耳其斯坦中央执行委员会的代表组成的对外联络局,但土耳其斯坦委员会却加以拒绝,而任命赫列尔为对外联络局局长。俄共(布)中央政治局1920年3月17日决定取消土耳其斯坦委员会执行对外政策的职权,把对外联络局置于外交人民委员部直接领导之下。土耳其斯坦委员会对此表示反对。他们撤销了哥卢比、马希茨基和霍普纳尔的职务,并且禁止他们与外交人民委员部联系。外交人民委员部的询问被搁置不理。

　　手稿中的最后一句话被勾掉,所以在发出的电报中没有这句话。——284。

**233** 列宁阅读了页岩总委员会主席伊·米·古布金的一份报告书之后,给秘书写了这个指示。列宁在报告书中用数码标明了指示所针对的问题,并加了一些着重标记。报告书的主要内容如下:

（1）　　"最高国民经济委员会主席团所属的对最高国民经济委员会各总管理局领导下的企业进行分类的委员会,把彼得格勒区韦马恩车站附近的采岩场列为Ⅱ类企业。这样一来,这些采岩场不再归页岩总委员会直接管理和领导,而是交给彼得格勒省国民经济委员会领导了……最高国民经济委员会主席团把整个页岩业交给一个机关,即页岩总委员会集中管理,这种观点是完全正确的。因此,违反这个基本的组织原则,取消页岩总委员会对一部分页岩业的<u>直接</u>管理,对整个页岩业,包括正在韦马恩进行的工作是<u>有害的</u>……　我恳求您……　为了国家总的利益，把彼得格勒页岩区留给页岩总委员会管理和直接领导。

(2)　　　　我对您的第二个请求是<u>帮助我们从水运总管理局</u>那里领取两台<u>挖泥机</u>供特维尔省奥斯塔什科夫区<u>机械采掘腐泥煤之用</u>。目前那里是手工作业。<u>这件事情从去年夏天起一直拖着</u>。水运总管理局秋天答应过把挖泥机给我们，<u>后来又说春天再给</u>……　页岩总委员会找了国防委员会军需特派员阿·伊·李可夫，我们的申请<u>得到了他的支持</u>。但是，<u>尽管如此</u>，<u>水运总管理局仍然不把挖泥机给我们</u>，<u>并且说</u>，<u>他们需要得到您的命令</u>。我们只想要两台挖泥机，而且是上游深水区的，那里没有挖泥机也行……"——286。

234　所谓的"拯救儿童联合会"理事会于1920年3月24日写信给人民委员会，请求准许他们派一个代表团出国了解购买儿童用品以及运回俄国的条件。费·埃·捷尔任斯基对列宁的询问作了如下答复："我认为，准许库斯柯娃、萨尔蒂科夫（前政府副部长）和其他人到国外去办这种事，是有害的"，这个代表团的成员中"没有一个人真心诚意地承认苏维埃政权。就问题的实质而言，我还认为，也不能依靠外国来养活我们的儿童"。（见《列宁文集》俄文版第35卷第113页）——286。

235　这段批语是针对全乌克兰工会理事会主席维·维·柯秀尔的一项建议写的。柯秀尔在来信中报告了顿巴斯和南方各大工业中心（哈尔科夫、叶卡捷琳诺斯拉夫、塔甘罗格和其他地方）因人才不足而在工作中出现的各种困难。为了加强工作，柯秀尔建议从部队和苏维埃机关抽调一部分彼得格勒和莫斯科的先进工人到顿巴斯去，以便恢复矿井、矿场、冶金工厂和加工工厂。柯秀尔写道，有大约300名俄国无产者，就足以形成一支把群众带动起来的骨干力量。——287。

236　格罗兹尼市于1920年3月25日和迈科普市同时被红军部队解放。——287。

237　指乌共（布）第四次全乌克兰代表会议选出的中央委员会（参看注230）。——289。

**238**　这张便条很可能是在俄共(布)第九次代表大会讨论经济建设问题时写的。1920 年 3 月 31 日,列宁在代表大会第 4 次会议上发言时谈到:"……当有人维护萨普龙诺夫同志所沉湎的半蛊惑性的集体管理制的时候,顿涅茨和尼古拉耶夫斯克的工人曾给予他们以直接的反击。"(见本版全集第 38 卷第 311 页)大概是在这次会议之后,列宁收到了季·费·萨普龙诺夫的下述便条:"列宁同志,您听谁说顿涅茨工人就经济问题反击过我?恰恰相反,以丘巴尔为首的顿涅茨工人都赞成我的提纲。"——289。

**239**　这个批示写在尼·尼·克列斯廷斯基给列宁的便条上。便条的内容如下:"您叫叶列娜·德米特里耶夫娜转告我,要我就沃洛季切娃的事情和您联系,如果愿意的话,会后我同您谈两分钟。"玛·阿·沃洛季切娃是人民委员会打字员,人民委员会和国防委员会秘书助理。——291。

**240**　据阿·马·尼古拉耶夫回忆,随着苏维埃俄国无线电通讯网走上正轨,各个部门对无线电通讯的兴趣提高了,提出的要求超出了邮电人民委员部的解决能力。列宁开始收到一些抱怨邮电人民委员部无线电局的工作不能令人满意的信件。列宁把其中的一封,即罗斯塔社领导人普·米·克尔任采夫的信,转给了尼古拉耶夫,请他说明情况。在收到尼古拉耶夫的答复后,列宁写了一个便条,指示他每个月都上交一份无线电台工作情况的报表。这些综合报表列宁的确都审阅过(参看阿·马·尼古拉耶夫《列宁和无线电事业》1958 年俄文版第 23 页)。——292。

**241**　斯·伊·博京当时正在研究用电磁波远距离引爆问题。列宁认为这个问题在国内战争条件下具有重大的意义,所以十分重视并非常关心这位发明家。据《列宁全集》俄文第 5 版编者注,在苏共中央马克思列宁主义研究院中央党务档案馆存有列宁给列·波·克拉辛的有关博京的便条。列宁在便条中写道:"博京?您听说过这个人吗?据说他发明了远距离引爆?"克拉辛答复说:"没听说过,大概是胡扯"。列宁写道:"**他在这里**,请您告诉最高国民经济委员会让他到那里去"。列宁有关这个问题的便条和信件,有一部分收在本卷(见第 407、441、442、481、

499、570、637、651、692 号文献）。博京的研究没有成功。——295。

**242**　"谢尼亚"（C.拉甫罗夫）在写给乌克兰左派社会革命党（积极派）中央委员会的信中声明退党。他认为该党已变成了彻头彻尾的反革命组织。这封信以《坦率的自白》为题登载在 1920 年 4 月 17 日《全俄中央执行委员会消息报》第 81 号上。——299。

**243**　格鲁吉亚孟什维克政府的代表格·伊·乌拉塔泽当时来到顿河畔罗斯托夫，打算由此赴莫斯科同苏维埃政府进行外交谈判。按高加索方面军革命军事委员会的命令他被阻留。格·康·奥尔忠尼启则把这一情况告诉了列宁。——301。

**244**　亚·德·瞿鲁巴在他给萨拉托夫省执行委员会和省肃反委员会主席的电报中说，据萨拉托夫省粮食委员报告，卡梅申县执行委员会要求县粮食委员会把县内收到的粮食全部留在当地，不调拨给中央和军队。瞿鲁巴根据 1918 年 5 月 13 日的法令授予他的权力，要求撤销卡梅申县执行委员会的这一决定。

　　　　萨拉托夫省执行委员会主席基·伊·普拉克辛于 1920 年 4 月 28 日复电说：省粮食委员的报告是不正确的，因为卡梅申县执行委员会没有得到工农政权有关部门许可从不擅自行动。——301。

**245**　指全俄肃反委员会对彼得格勒的假合作社案件进行调查一事。某出版社和印刷厂的业主们为了逃避国有化于 1918 年成立了一个假合作社。这个假合作社欺骗国家，接受各个机关订货。根据列宁的指示全俄肃反委员会调查了这一案件。假合作社被取缔。印刷厂转交给彼得格勒国民经济委员会，出版社则转交给国家出版社彼得格勒分社。——302。

**246**　斯·卡·吉尔是列宁的司机，当时违反了劳动纪律。——303。

**247**　奥地利战俘鲁·恩斯特是一名电气工程师。他曾通过格·马·克尔日扎诺夫斯基请求让他从事本专业的工作。——304。

**248**　彼得格勒公共图书馆（现国立米·叶·萨尔蒂科夫–谢德林图书馆）政

治委员弗·马·安德森写信给教育人民委员阿·瓦·卢那察尔斯基，向他提出下列请求：(1)以教育人民委员部的名义给他寄一份不准把图书馆收藏的份数很少的十月革命前的革命文献借回家去的"正式禁令"；(2)公共图书馆申请改名为俄国国立图书馆一事给予办理。——304。

**249** 见注129。——306。

**250** 这张便条是针对1920年4月12—19日举行的崩得第十二次代表会议的一些决议而写的。据《列宁全集》俄文第5版编者注，苏共中央马克思列宁主义研究院中央党务档案馆里有这次会议的各项决议，上面有列宁作的批注。在《关于目前形势和我党的任务》的决议上列宁划出了如下一段："14.崩得第十二次代表会议总结最近一年的经验时确认：(1)从第十一次代表会议起，崩得原则上就站在共产主义立场上了；(2)共产党的纲领，同时也是苏维埃政权的纲领，符合'崩得'的原则性立场；(3)苏维埃政权原则上的敌人把无产阶级同无产阶级政权对立起来，同他们结成社会主义统一战线是不可能的；(4)'崩得'可以放弃其正式反对党的立场并对苏维埃政权的政治承担责任的时刻已经到来。"

　　同时，在关于组织问题的决议中指出："'崩得'按照过去参加俄国社会民主工党的那些原则加入俄国共产党，是'崩得'所持政治立场的合乎逻辑的结果。"(着重线是列宁画的)代表会议建议崩得中央委员会保证崩得在俄国共产党中保持"犹太无产阶级的自治组织"(引号是列宁加的)的地位，以此作为必不可少的条件。

　　1920年5月6日，俄共(布)中央政治局讨论了"关于接受崩得加入俄国共产党的条件"问题，决定："委托加米涅夫、斯大林和普列奥布拉任斯基接见崩得的代表并听取他们的建议"。

　　1921年举行的崩得第十三次代表会议通过了关于崩得自行解散的决定。一部分崩得分子按照一般原则加入了俄共(布)。——307。

**251** 这两份电报都是在1920年4月20日人民委员会会议讨论了关于停止变动乌拉尔地区省界问题以后签发的。——308。

**252** 这段批语写在С.П.科斯特切夫教授给阿·马·高尔基的信上。科斯特切夫在信中谈了彼得格勒大学植物生理学实验室所进行的具有很大科学价值和实用价值的工作,开列了一张最迫切需要的物品和材料的清单,指出由于缺少这些东西,实验室的工作已受到了严重的阻碍。1920年4月22日,高尔基把这封信交给了列宁,并请求供给科斯特切夫教授进行实验工作所必需的材料。——309。

253　这两张便条是在1920年4月23日人民委员会会议讨论德国工人移居苏维埃俄国的问题时写的(参看《列宁文集》俄文版第23卷第62页)。

关于德国工人移居苏维埃俄国的问题,参看注266、267。——312。

254　指列宁1920年3月31日在俄共(布)第九次代表大会上关于经济建设问题的发言(见本版全集第38卷第305页)。——313。

255　指克·阿·季米里亚捷夫的《科学和民主。1904——1919年论文集》(1920年莫斯科版)。该书第9页上有作者的赠书题词:"最尊敬的弗拉基米尔·伊里奇·列宁惠存。我为自己能是您的同时代人和您的光荣业绩的见证人而感到幸福。克·季米里亚捷夫敬赠"。季米里亚捷夫的这本书现陈列于"列宁在克里姆林宫内的办公室和住所"博物馆。——313。

256　指《共产主义运动中的"左派"幼稚病》一书(见本版全集第39卷)。——314。

257　阿·伊·李可夫在给列宁的回条中写道,明天他将命令《经济生活报》停止刊载有关燃料装运情况的报道,只刊载一些有关采办情况的报道。——317。

258　1920年4月24日,塔甘罗格专区党代表会议致电列宁,请求制止围绕顿涅茨克省与顿河州边界问题发生的纷争,因为这种纷争已在瓦解塔甘罗格专区军事委员部和乡革命委员会的工作。为此列宁写了这一便条。——317。

259　指格·康·奥尔忠尼启则请求推迟同格鲁吉亚孟什维克政府代表格·

伊·乌拉塔泽进行谈判。——319。

**260** 电报手稿中"细节"一词被改成了"吸收温尼琴科参加政府活动的方式",是何人字迹不详。

1920年春天,侨居维也纳的弗·基·温尼琴科声明他断绝同乌克兰孟什维克的联系,拥护乌克兰共产党。温尼琴科请求俄罗斯联邦政府允许他回到乌克兰,使他有机会积极参加同波兰白军和弗兰格尔的斗争,参加苏维埃乌克兰的建设。

在俄共(布)中央和乌共(布)中央对此问题作了几次讨论后,9月6日乌共(布)中央政治局通过决议,吸收温尼琴科加入乌克兰共产党,任命他为乌克兰社会主义苏维埃共和国人民委员会副主席和外交人民委员。同一天俄共(布)中央政治局就温尼琴科问题通过了下述决议:"政治局认为,温尼琴科同志的情绪反复无常,因此,政治局虽不反对立即吸收他入党,但建议不要委以任何职位,先在具体工作中考验他。"

1920年10月,温尼琴科又去国外侨居。——320。

**261** 1920年5月3日列宁收到的格·康·奥尔忠尼启则从巴库发来的电报说,他希望不晚于5月15日进入梯弗利斯。5月4日列宁收到的奥尔忠尼启则的第二份电报说,有可能不晚于5月12日占领梯弗利斯。就在同一天,俄共(布)中央政治局召开会议讨论了奥尔忠尼启则的电报,决定立即给他拍发电报,不允许"自行解决格鲁吉亚问题,要同格鲁吉亚政府继续谈判"。——320。

**262** 1920年5月7日列宁收到格·康·奥尔忠尼启则和谢·米·基洛夫的回电,他们写道:"你们的命令将得到准确无误的执行……

发生起义的地区有:南奥塞梯、杜舍特县、拉戈德区、阿布哈兹和库塔伊西省的绝大部分。在我们向边境推进的情况下,上述地区的起义是不可避免的。请指示如何对待,是否支持。"——321。

**263** 这段批语写在格·瓦·契切林1920年5月4日给列宁的信上。契切林在信中汇报了英国外交大臣乔·纳·寇松的照会。这一照会建议对战败的白卫分子实行大赦,采取和解态度,在克里木和高加索暂停军事行动。契切林认为,在英国军官的参加下同彼·尼·弗兰格尔直接进行谈判的建议将使任何一个真正的白卫分子感到难堪,同时这也是英国事实上承认我国的一个步骤。他建议"对弗兰格尔实行赦免并暂停在高加索境内的继续推进,那里有价值的地方已经被我们占领,可以立即答复表示同意"。——321。

264　这份电报是为答复尤·弗·罗蒙诺索夫请求辞职并准许他立即由出差地返回莫斯科而发的。他出差的目的是去领导机车车辆修理工作并成立南方各地方铁路管理局。罗蒙诺索夫的理由是:他所做的工作在他生病期间有一半被取消了。

　　　列宁要求交通人民委员部作出说明。交通人民委员部写的简短报告上说:罗蒙诺索夫曾向他们书面提出过一些并不适宜的变动。至于成立地方管理局,罗蒙诺索夫"根据当地的座谈会的意见和一些设想,不同中央机关联系就重新划分了路段"。这一点已经向他指出过。在这一报告的下面列宁写道:"你们的答复方案。"——322。

265　这段批语写在俄共(布)中央书记叶·阿·普列奥布拉任斯基给列宁的信上。普列奥布拉任斯基在信中向列宁汇报了宣传工作中的一些问题(如卡·伯·拉狄克就苏维埃俄国与地主波兰的战争发表的政治上错误的和有害的讲话,Л.Е.贝尔格曼的沙文主义的文章),请求准许对各报编辑部特别是省报编辑部发出一些相应的指示。对普列奥布拉任斯基的请求,列宁批示:"完全**同意**",同时写了给俄共(布)中央书记处的这一指示。——324。

266　这是列宁在以最高国民经济委员会副主席弗·巴·米柳亭的名义用无线电报发出的1920年5月6日苏维埃政府声明稿上加的一段附言。声明是由于大批外国工人申请到苏维埃俄国工作而发的。声明说:"由于长期战争造成了困难的经济条件,有必要事先对这些条件加以详细了解,因为移居苏维埃俄国的工人将会得到俄国工人所得到的一切东西,但不会更多。代表团前来必须预先打无线电报通知。"

　　　在这个声明稿上莉·亚·福季耶娃给米柳亭写了如下通知:"米柳

亭同志！弗拉基米尔·伊里奇请您把您根据他的附言发布的指示的抄件寄给他。"——324。

**267** 这个声明是由于德国一些工人和工程技术人员申请移居苏维埃俄国参加工作而发的。声明指出，他们必须预先派遣专门的代表团前来苏维埃俄国实地了解移民的劳动和生活条件。——324。

**268** 俄共（布）中央政治局1920年6月15日会议决定："任命加涅茨基为对外贸易人民委员部部务委员，并给他一个月的病假。"6月22日，人民委员会决定批准上述任命。——325。

**269** 看来，这是对1920年5月7日收到的格·康·奥尔忠尼启则和谢·米·基洛夫来电的答复。他们在电报中说，格鲁吉亚采取了一系列针对苏维埃阿塞拜疆的侵略性措施，又说，在条约条款中务必提出："在格鲁吉亚宣布建立苏维埃政权"的要求。——328。

**270** 这个答复写在伊万诺沃-沃兹涅先斯克省粮食委员会运粮直达列车警卫长叶若夫的电报的背面。叶若夫向列宁控告萨马拉省粮食委员会不执行国防委员会关于向伊万诺沃-沃兹涅先斯克省粮食委员会立即发送运粮直达列车（40车皮粮食）的命令，却将该直达列车发往别处。查清所有情况后，列宁给萨马拉省粮食委员发了一份电报（见下一号文献）。——330。

**271** 指国防委员会主席列宁签署的发给萨马拉、坦波夫、波克罗夫斯克、萨拉托夫、奥伦堡、沃罗涅日、辛比尔斯克等省粮食委员以及铁路局长的电报。这份电报是对粮食人民委员部1920年4月24日电报的补充，要求给莫斯科和粮食人民委员部在计划外各发运70车皮粮食。——330。

**272** 格·瓦·契切林在给列宁的信中报告了关于美国机械工程师罗·基利的离境问题。基利于1919年来到莫斯科，在最高国民经济委员会工作。1920年5月12日他因间谍嫌疑被第7集团军特别部在边境扣留并被解往全俄肃反委员会特别部。

6月25日,列宁向全俄肃反委员会特别部部长维·鲁·明仁斯基询问是依据什么逮捕基利的。明仁斯基证实了基利所进行的间谍活动。

1920年7月7日,基利的案件交全俄中央执行委员会最高法庭审理。最高法庭认定基利以非法手段把恶毒诬蔑苏维埃俄国和共产党的材料转送到美国,于1921年4月24日判处他剥夺自由2年。1921年8月4日,全俄中央执行委员会主席团批准将他提前释放。——332。

273　格·瓦·契切林来信的第二部分报告了格·康·奥尔忠尼启则关于格鲁吉亚事务的来电内容。——332。

274　这个批示写在 П.П.诺根关于必须把苏维埃俄国会计工作集中起来的报告书上。报告书所附法令草案建议为此目的成立国家会计人民委员部,该部应承担的任务是:统一、组织和调整各机关的会计工作;制定统一的经济活动核算计划;领导和监督国有财产的登记工作;为共和国全部财产、物资和财政的周转编制全国性的全面的年度报告和平衡表,等等。

1920年5月25日,斯大林给列宁寄去工农检查人民委员部财政局局长 И.М.阿奇卡索夫的意见时写道,他认为诺根的方案是"一伙谋求新的高薪闲差的官吏们的官欲"的产物,建议拒绝接受这个方案(见《列宁文集》俄文版第35卷第124页)。——333。

275　根据列宁的指示,邮电人民委员部部务委员、无线电委员会主席阿·马·尼古拉耶夫作为"专家"和可参与"发明家全部秘密"的人被临时派到斯·伊·博京处工作。关于博京的发明,参看注241。

下一个文献也是说的这件事。——334。

276　1920年5月18日,人民委员会根据副内务人民委员米·费·弗拉基米尔斯基《关于英国代表团向人民委员部索取材料的提供办法》的报告,通过了如下决议:"书面材料应由人民委员签字提供,对代表团书面提出的问题的答复应尽可能译成英文,送交内务人民委员部弗拉基米尔斯基同志。委托弗拉基米尔斯基同志同拉狄克同志的委员会接洽,研究是否有必要用英文出版叙述苏维埃政权成立和其他政党与苏维埃政权关系的历史的小册子"。(见《列宁文集》俄文版第35卷第125页)这里说的英国代表团是指1920年5月访问苏维埃俄国的以本·特纳为团长的英国工人代表团。——335。

**277** 列·波·加米涅夫建议成立一个联邦委员会来统一领导巴什基尔、土耳其斯坦、北高加索等民族共和国的工作,列宁就此写了这一批语。——336。

**278** 这是列宁对列·波·加米涅夫便条上的一些话的批语。"在哪儿?谁?"这几个字批在加米涅夫所写的"应该派'人'在那里"这句话中的"人"字上。"**是的**"两字批在加米涅夫所写的"此事提交下一次政治局会议讨论"这句话上。——336。

**279** 这是列宁为亚·绥·绥拉菲莫维奇的儿子在国内战争前线阵亡而写给这位作家的慰问信。——337。

**280** 指1920年6月由彼得格勒国家出版社出版的列宁《共产主义运动中的"左派"幼稚病》一书(见本版全集第39卷)。——338。

**281** 1920年5月4日俄共(布)中央政治局研究了中央书记处值班的问题,认为实行不间断值班是必要的。这张便条谈的是在人民委员会和劳动国防委员会秘书处实行类似的值班制度的问题。——339。

**282** 由于在各大城市和宣布戒严的地区内火灾频繁发生,1920年5月25日俄共(布)中央政治局会议通过决定,责成工农检查人民委员部会同军事主管部门、全俄肃反委员会地方机关加强对军事设施、武器库和火药库的保卫工作,并对这一类设施组织突然检查。——341。

**283** 1920年6月12日,全俄中央执行委员会鼓动指导列车处把列宁这封信的抄件送到了俄共(布)中央,请求他们赶快派出最有经验、最负责的指导员,到"苏维埃高加索"号列车和"红星"号轮船工作。——341。

**284** 副工农检查人民委员瓦·亚·阿瓦涅索夫为此于1920年5月28日发

出指示,说明由于完好的汽车已经被征用而不能提供,但可以调拨正在修理的汽车,因此要求汽车场尽快交出修好的汽车。——343。

**285**　指1920年5月27日人民委员会通过的关于粮食资源问题的决定。该决定指示莫斯科和彼得格勒苏维埃要"重视今年必须从两个首都郊区增加蔬菜收购量的问题,并将拟采取的可行措施于两星期后上报人民委员会"。——343。

**286**　高加索方面军革命军事委员会的这份电报是共和国革命军事委员会于1920年5月27日收到的。电报建议释放战俘营里的哥萨克战俘——库班白军的士兵和军士,并遣送他们回家,被俘的哥萨克军官则送交方面军司令部管理。——344。

**287**　А.Ф.巴尔卡希娜当时领导着教育人民委员部的实验学校。列宁想了解一下对该校进行调查的委员会的工作总结和结论。

　　　巴尔卡希娜给列宁写了一封信,报告说委员会对实验学校工作的总印象是满意的,但她对结论不理解,请求列宁答复:她应否继续在该校工作。列宁在巴尔卡希娜的来信上作了批注:"**存档**　1920年5月29日收(巴尔卡希娜寄)"。——344。

**288**　1920年6月1日,列宁在人民委员会的会议上签署了人民委员会关于往西伯利亚派遣征粮队的决定并在决定草案上写道:"人民委员会于1920年6月1日通过"。——346。

**289**　格·瓦·契切林在给列宁的复信中说,他经过一夜工作,把列宁给英国工人的信译成英文。他认为,这封信尽管有些缺点,但它一定会"产生爆炸性的影响"。——346。

**290**　1920年6月11日,外交人民委员格·瓦·契切林向英国外交大臣乔·纳·寇松发出照会,列举了英国政府帮助白卫将军彼·尼·弗兰格尔的事实。照会中谈到,弗兰格尔本人5月6日在给部队的命令里"直言不讳地谈到了大不列颠对他有利的外交干涉,把这种干涉看做是保证克里木归他所有以及准备对苏维埃俄国进行新的打击的手段"。

这个照会发表于 1920 年 6 月 13 日《全俄中央执行委员会消息报》第
127 号。关于这个问题,可参看 1920 年 6 月 11 日列宁给契切林的信
(本卷第 452 号文献)。——347。

**291**　列宁在 1920 年 5 月 31 日收到的阿·伊·李可夫的来电上写了以下批
语:(1)给秘书的指示:"请把以**国防委员会**名义批准的电报交给我签
字";(2)给国防委员会和人民委员会全体委员的通知:"请国防委员会
和人民委员会全体委员在下面签名,同意或不同意。**列宁**"。

　　电报上接着是委员们的签字:"同意。瓦·阿瓦涅索夫、阿·斯维
杰尔斯基、弗·米柳亭、米·弗拉基米尔斯基、瓦·施米特、米·波克罗
夫斯基、柳博维奇、维诺库罗夫、瓦·库拉耶夫、尼·布留哈诺夫和德·
库尔斯基"。——348。

**292**　指人民委员会 1920 年 6 月 1 日批准的小人民委员会章程。列宁的这
一补充意见涉及该章程的前四条。这四条里谈道:"小人民委员会的任
务是:周密地准备人民委员会应当处理和需要事先研究的问题。除了
预算问题(这类问题一定要通过小人民委员会)和根据人民委员会的决
议由小人民委员会处理的事务之外,上报给人民委员会的公事由小人
民委员会确定交给哪个部门去办。"——349。

**293**　这个批示写在石油总委员会主席季·尼·多谢尔和阿塞拜疆石油委员
会主席亚·巴·谢列布罗夫斯基 1920 年 6 月 1 日给列宁的电报上。
电报指出巴库石油工人的缺粮状况十分严重,这种状况是方面军粮食
特设委员会阿·雅·别连基造成的,他没有履行从北高加索往巴库运
送粮食的义务,同时又禁止石油部门人员在北高加索自行采购粮食。
——350。

**294**　指俄共(布)中央政治局 1920 年 5 月 4 日作出的关于在克里木和高加
索暂时停止军事行动的决定。参看本卷第 388 号文献。——351。

**295**　这段批语写在斯大林 1920 年 6 月 3 日给列宁的电报上。斯大林在电
报里建议:要么与彼·尼·弗兰格尔达成停战协议,从而有可能从克里

木战线抽出一两个师,要么放弃同弗兰格尔的一切谈判,打击他,并在粉碎弗兰格尔之后为波兰战线腾出兵力。斯大林请求俄共(布)中央政治局"采取一切措施,以确保停战并能够从克里木战线调出部队,或者,如果情况不允许这样做的话,批准我们进攻,用军事手段解决克里木问题"。——354。

**296**　这两段批语写在斯大林1920年6月4日从克列缅丘格发来的电报上。看来,列宁是在劳动国防委员会开会时收到这份电报的。斯大林在电报中报告说,弗兰格尔企图以一部分军队进攻阿廖什基—赫尔松地区,而用另一部分军队在敖德萨地区登陆,以便从两面包围敖德萨。

列·达·托洛茨基回答说:斯大林直接向列宁报告这一做法破坏了既定制度(因为这类消息应由西南方面军部队司令亚·伊·叶戈罗夫向总司令提供)。列宁接到托洛茨基的这一答复后,写了第二段批语。——356。

**297**　列宁是在1920年6月4日劳动国防委员会开会时同国家建筑工程委员会负责干部康·阿·阿尔费罗夫互递便条的。Г.С.塔赫塔梅舍夫是该委员会工作人员,也出席了这次会议。——357。

**298**　指斯·伊·博京搞的用电磁波远距离引爆的试验。关于这个问题,参看注241。——358。

**299**　指阿·马·尼古拉耶夫。参看注275。——359。

**300**　这是列宁在列·达·托洛茨基1920年6月4日给外交人民委员格·瓦·契切林(抄送列宁)的电报上写的批语。托洛茨基在电报中谈了东方各国的局势以及苏维埃俄国同英国的关系。——360。

**301**　这里说的是就副内务人民委员米·费·弗拉基米尔斯基向列宁提出的下述建议征询意见:必须吸收内务人民委员部的代表参加戒严实施委员会,因为在地方实施戒严由内务人民委员部负责。——364。

**302**　指著名的"弗雷的皮箱"(弗雷是列宁的化名)。1923年党史委员会从巴黎得到了这个皮箱。箱内有列宁的大量文献,其中有留存下来的他的第一篇著作《农民生活中新的经济变动》(1893 年)的手稿,有关制定俄国社会民主工党纲领草案的材料,列宁与《火星报》编辑部成员的往来信件,列宁所记的第二次代表大会会议日志,在党的第二次和第三次代表大会之间这一时期内列宁给党的主要工作人员、著名的布尔什维克的信件,以及《进一步,退两步》一书的手稿等。——365。

**303** 这段批语写在俄国驻伦敦贸易代表团团长列·波·克拉辛给格·瓦·契切林的电报上。克拉辛的电报说,1920 年 6 月 10 日爱·弗·怀斯访问了他,并以劳合-乔治的名义正式声明,彼·尼·弗兰格尔发动的这次进攻是违背英国政府的意愿的,所以英国政府今后对弗兰格尔不承担任何责任。

　　　　按照列宁指示精神写成并于 6 月 11 日用无线电报发出的俄罗斯联邦政府给英国政府的复照说:"诚然,现在是弗兰格尔和他的白卫军,而不是英国将军重新向俄国进攻,但是,弗兰格尔所用的武器、装备是由英国政府和其他盟国政府向他提供的;他的战略调动是在英国和其他盟国军舰的保护下进行的;他从英国得到了必要的煤,而在他的登陆行动中盟国舰队部分地援助他,部分地则直接参加。因此,俄国政府不能赞同英国政府对这次重新进攻苏维埃俄国不承担责任的观点。"(见《苏联对外政策文件汇编》1958 年俄文版第 2 卷第 567 页)——367。

**304** 看来是指斯·伊·博京的试验。——368。

**305** 参看注 303。——370。

**306** 这个决定是在听取了一个研究运输燃料措施的专门委员会的报告后作出的。决定"责成莫斯科燃料局和交通人民委员部必须在三周内运走莫斯科周围 30 俄里范围内各铁路车站上的所有木柴,数量约为 8 000 立方俄丈"(见《列宁文集》俄文版第 34 卷第 321 页)。——370。

**307** 这段批语写在一个工程师小组提出的输油管线建设方案上。这条输油管线由格罗兹尼经阿尔马维尔到季霍列茨卡亚,并有支线通往察里津和图阿普谢。方案制定人认为,格罗兹尼石油区有巨大的潜力,但是铁路交通的混乱使这些潜力难以利用。出路在于把输油管敷设到能不费力而迅速地将格罗兹尼石油运往消费地的那些地点。人民委员会办公厅主任弗·德·邦契-布鲁耶维奇把列宁的批语送最高国民经济委员会主席团的阿·伊·李可夫或弗·巴·米柳亭时在附信中写道:"兹寄上一份关于输油管的批语……　请研究后把意见寄给我,以便向人民委员会主席报告。"——371。

**308**　这张便条是在共产国际第二次代表大会筹备期间写的。A.M.赫列尔是俄共(布)中央任命的派驻参加共产国际第二次代表大会的意大利代表团的代表之一。俄共(布)中央政治局指示他从意大利书刊中搜集可用以批判菲·屠拉梯和其他改良主义者的材料。——372。

**309**　《前进报》(«Avanti!»)是意大利社会党中央机关报(日报),1896年12月在罗马创刊。第一次世界大战期间,该报采取不彻底的国际主义立场。1926年该报被贝·墨索里尼的法西斯政府查封,此后在国外不定期地继续出版。1943年起重新在意大利出版。——373。

**310**　《共产主义》杂志(«Comunismo»)是意大利社会党的刊物(双周刊),1919—1922年在米兰出版,扎·梅·塞拉蒂任主编。——373。

**311**　《苏维埃报》(«Il Soviet»)是意大利社会党的报纸。1918—1922年在那波利(那不勒斯)出版。1920年起成为意大利社会党抵制派(弃权派)的机关报,阿·博尔迪加任主编。——373。

**312**　指1919年10月召开的意大利社会党的博洛尼亚代表大会。大会作出了意大利社会党加入共产国际的决议。——373。

**313**　这个批示写在外贸人民委员部北高加索外贸局1920年6月18日的来电上。来电叙述了外贸局同美国公司代表签订的合同草案中的条款。电报上有列宁加的批语和着重线。——374。

**314**　指为建立古物出口储备于1919年2月成立的专家委员会,由阿·马·

高尔基担任主席(见注 205)。——375。

**315** 这段批语写在普尔科沃天文台台长亚·亚·伊万诺夫给列宁的信上。伊万诺夫在信中请求创造必要的条件以保证天文台开展正常的科学工作。列宁将信中要求发给普尔科沃天文台职员优待口粮的第 7 条勾掉并写上:"按学者之家的标准领取。"——376。

**316** 这封信是为准备共产国际第二次代表大会关于民族和殖民地问题的提纲草案而写的。

拉费斯的材料看来是指莫·格·拉费斯于 1920 年 6 月 21 日给列宁的信:《保护民族杂居地区少数民族的权利(总结乌克兰人和犹太人、波兰人和犹太人相处的经验)》。——376。

**317** 最后的莫希干人一语出自美国作家詹·费·库珀的小说《最后一个莫希干人》。小说描写北美印第安土著中的莫希干人在欧洲殖民主义者奴役和欺骗下最终灭绝的故事。后来人们常用"最后的莫希干人"来比喻某一社会集团或某一组织、派别的最后的代表人物。——377。

**318** 在列宁的信上有农业人民委员写的批注:"相应的提议我已发往省农业局。**谢·谢列达**"。——378。

**319** 见注 268。——378。

**320** 1920 年 6 月 14 日列宁决定给予擅自砍伐疗养院花园里一棵十分茁壮的云杉的"哥尔克"疗养院院长厄·雅·韦威尔以拘禁一个月的处分。处分由波多利斯克县执行委员会执行(见本版全集第 39 卷第 148—149 页)。——379。

**321** 1920 年 6 月 15 日,政治局会议审议了关于彼得格勒有 200 个重要机关未受彼得格勒苏维埃管辖而直接受中央各主管部门管辖的问题。

政治局决定:委托全俄中央执行委员会主席团就此问题指派一个委员会,并要使主要在中央机关工作的同志和彼得格勒的同志参加该委员会的代表人数相等。但是委员会的组成违反了政治局的决定,中

央机关的代表少了。尼·尼·克列斯廷斯基建议就此事向政治局提出
异议。列宁在克列斯廷斯基的建议书上写了这一批语。

1920年6月29日,政治局会议对负责确定中央各主管部门同彼
得格勒各机关相互关系的委员会的人选作了调整。——379。

**322**　这段批语写在约·斯·温什利赫特从斯摩棱斯克发来的电报上。电报
说:据英国报纸报道,一种通话距离达350英里的电话机已发明出来。
电报请求指示俄国驻伦敦代表弄几台这样的电话机,因为这个发明很
有意义。——380。

**323**　这段批语写在格·瓦·契切林1920年6月23日的信上。契切林在信
中对中央政治局关于外交人民委员部问题的决议未能得到执行一事提
出控告。他写道,尽管党中央一再作出决定,但是关于口粮问题,关于
向人民委员部移交新房舍问题以及关于为外国代表团以及人民委员部
其他用途提供汽车的问题全都没有落实。——381。

**324**　这个批示写在列·波·克拉辛发来的电报上。克拉辛请外交人民委员
格·瓦·契切林转告列宁:现有机会将党和列宁个人的档案材料从巴
黎运往伦敦,请示如何处理。这里说的档案材料可能就是1923年由巴
黎运回的那批材料。关于此事,参看注302。——382。

**325**　1921年1月25日,人民委员会通过了列宁起草的关于保证伊·彼·
巴甫洛夫院士及其助手从事科学工作的条件的决定(见本版全集第40
卷第264—265页)。——383。

**326**　1920年6月25日,劳动国防委员会听取了康·阿·阿尔费罗夫关于
亚—恩巴工程实际进度的报告后决定:"为执行劳动国防委员会关于提
前建成亚历山德罗夫盖—恩巴铁路和输油管的决议,由列宁同志签署
发电报给外伏尔加地区的第2劳动军委员会,建议采取果断措施尽快
完成这项工程。电报抄件送交通人民委员部以便它对梁赞—乌拉尔铁
路作出相应指示。

建议李可夫同志预先向最高运输委员会提出给亚—恩巴输油管工

程紧急运送钢管的问题"。——384。

**327** 这段批语写在美国工人运动活动家、世界产业工人联合会救援委员会书记兼司库威·海伍德给荷兰共产党人、工程师塞·尤·鲁特格尔斯的信上。信中吁请苏维埃政府给该委员会以道义上和物质上的援助。——385。

**328** 这个批示写在彼得格勒执行委员会秘书达·阿·特里利谢尔给人民委员会的电话的记录上。电话请求延期呈交关于发展近郊农场问题以及关于登记和征收菜农多余蔬菜的报告材料(参看注285)。根据列宁的建议,人民委员会在1920年6月29日的决定中对彼得格勒苏维埃"在这个问题上所表现的不能容许的拖拉作风"给予警告。——385。

**329** 指斯·伊·博京。关于他所做的试验,见注241。——387。

**330** 约·梅·凯恩斯《凡尔赛和约的经济后果》一书的俄译本于1922年出版。在此以前,1921年,国家出版社出版了H.柳比莫夫的《世界大战及其对西方国家经济的影响。凯恩斯〈和约的经济后果〉评述》一书。——388。

**331** 列宁提到的小册子摘录中说:"在煤炭和石油缺乏、木柴储备不足的情况下,保温器应当发挥重要作用。考虑到保温器的意义,莫斯科苏维埃粮食局宣布有奖征求大型和小型的保温器设计。奖金分三等:半维德罗(1维德罗=12.3公升。——编者注)的容器,奖10 000卢布、5 000卢布或3 000卢布,5维德罗的容器的设计图纸,奖5 000卢布或3 000卢布。交容器和图纸的截止日期为1918年10月20日。"

　　在1920年7月16日呈交给列宁的答复中,莫斯科消费合作社管理委员会报告说,有奖征求保温器一事于1918年10月1日结束,结果由有奖征求委员会于1919年5月报给了莫斯科消费合作社膳食部。在有奖征求委员会进行工作的同时,膳食部开始使用全木制的(用胶合板和木屑制的)保温器。这种结构的保温器的特点是轻便,容量3维德罗的容器仅重32俄磅,能将食品保温18—20小时。——389。

**332** 指 1920 年 6 月 29 日俄共(布)中央政治局关于在巴库召开东方各民族代表大会的决定。决定说："委托奥尔忠尼启则同志和斯塔索娃同志同由他们遴选的同志一起组成执行局,筹备在巴库召开东方各民族代表大会。委托季诺维也夫同志今天就用直达电报将此事通知奥尔忠尼启则。"——389。

**333** 指俄共(布)中央政治局 1920 年 6 月 18 日关于北高加索问题的决议。决议中写道:"委托组织局同中央委员会高加索局协商确定,从中央委员会高加索局成员中挑选一些人组成一个小型的经常工作的委员会……其活动区域包括整个高加索。如果奥尔忠尼启则同志没有参加这个小型的委员会,那么在解决一切涉及格鲁吉亚、阿塞拜疆、亚美尼亚、土耳其等的问题时都必须有他参加。"——389。

**334** 这几个便条说的是《帝国主义是资本主义的最高阶段》(见本版全集第 27 卷)一书出外文版的问题。在列宁生前,该书于 1921 年出了德文版,1923 年出了法文版和英文版(非全文)。

　　对第一个便条中委托谁来翻译这本书的问题,格·叶·季诺维也夫答复说,这本书已经在彼得格勒译成德文和法文,现在处于校审阶段。

　　第二个便条里说的新序言于 1920 年 7 月 6 日写成,1921 年 10 月在《共产国际》杂志第 18 期以《帝国主义和资本主义》为题第一次发表。

　　第三个便条是对季诺维也夫便条中下面这句话的答复:"引文(德、英文书刊的)有些困难。"——390。

**335** 这个批示写在索契地区军事委员 В.Ф.诺沃特内给国防委员会主席列宁并抄送全俄肃反委员会主席费·埃·捷尔任斯基的报告书上。报告书谈到了该地区的形势,要求把这一地区作为重要战略基地给予特别重视。报告书说,现已获悉,英国人正在策划阴谋。当地居民处于右翼社会革命党人的影响之下。军区只有很少兵力来守卫战略要地,局势非常严重。报告书建议把军事、政治、民政等全部权力暂时归一人掌握,否则这个地区很快就有失掉的危险,因为英国人希望在这里建立牵制共和国兵力的新基地。——393。

**336** 指1920年在维也纳出版的奥·鲍威尔的《布尔什维主义还是社会民主主义?》一书。列宁在共产国际第二次代表大会上所作的关于国际形势和共产国际的基本任务的报告批判了鲍威尔的这本小册子(见本版全集第39卷第220—221页)。——394。

**337** 1920年7月7日,列宁同法国社会党的代表——《人道报》社长马·加香和党的书记吕·弗罗萨尔进行了谈话。同一天,列宁同出席共产国际第二次代表大会的英国"车间代表委员会"的代表约·托·墨菲进行了谈话,向他询问了英国的革命运动和南威尔士矿业工人的斗争情况。——394。

**338** 《共产国际》杂志(《Коммунистический Интернациона》)是共产国际执行委员会的机关刊物,1919年5月1日创刊,曾用俄、德、法、英、中、西班牙等各种文字出版,编辑部由参加共产国际的各国共产党代表组成。该杂志刊登理论文章和共产国际文件,曾发表列宁的许多篇文章。随着1943年5月15日共产国际解散,该杂志于1943年6月停刊。——394。

**339** 列·波·克拉辛在给列宁的答复中汇报了为尽快发运向国外销售的货物而采取的措施,以及关于这些货物的售出和用所得外汇购买苏维埃俄国必需的货物等问题。——396。

**340** 这段批语写在格·瓦·契切林给列宁的便条上。契切林在便条里批评了英国工人社会主义联盟以及该联盟极左派首领西尔维娅·潘克赫斯特的立场。

　　建立英国共产党一事曾由于英国左派社会党内部在未来的共产党加入工党、参加资产阶级议会以及在工会里工作等问题上的严重分歧而受到阻碍。1919年和1920年曾几度就建立共产党问题进行谈判,都没有得到任何结果。1920年6月19日,工人社会主义联盟中断了谈判并且宣布自己为英国共产党(第三国际不列颠支部),重申它坚持拒绝利用议会的立场,并拒绝参加8月1日的统一代表会议。契切林在便条里表示希望共产国际代表大会对于这种极左的分离主义的行为不要漠然置之。

列宁对这个问题的看法,参看 1920 年 7 月 8 日给英国共产党临时联合筹备委员会的回信(见本版全集第 39 卷第 154 页)。——396。

**341** 这张便条是对莉·亚·福季耶娃便条中的询问的答复。列宁要这些外国报纸,看来是为筹备共产国际第二次代表大会使用的。

《人道报》(《L'Humanité》)是法国日报,由让·饶勒斯于 1904 年创办。该报起初是法国社会党的机关报,在第一次世界大战期间为法国社会党极右翼所掌握,采取了社会沙文主义立场。在法国社会党分裂和法国共产党成立后,从 1920 年 12 月起,该报成为法国共产党中央机关报。

《红旗报》(《Die Rote Fahne》)是德国共产党的中央机关报,起初是斯巴达克联盟的中央机关报。1918 年 11 月 9 日起在柏林出版。

《红旗报》(《Die Rote Fahne》)是奥地利共产党的中央机关报,1918 年 11 月起在维也纳出版。最初称《呐喊报》,1919 年 1 月 15 日起改称《社会革命报》,1919 年 7 月 26 日起始称《红旗报》。

《每日先驱报》(《The Daily Herald》)是英国社会党的机关报,1912 年 4 月起在伦敦出版。1922 年起为工党的机关报。

《前进报》(《Avanti!》)是意大利社会党中央机关报(日报)。关于该报,见本卷注 309。——397。

**342** 指《关于共产国际第二次代表大会的基本任务的提纲》(见本版全集第 39 卷第 182—198 页)。——397。

**343** 指 1920 年 7 月 19 日—8 月 7 日举行的共产国际第二次代表大会。有关这次代表大会的列宁文献,见本版全集第 39 卷第 160 — 254 页。——398。

**344** 这段批语写在德·伊·库尔斯基给列宁的便条上。库尔斯基在便条中报告说,共和国革命军事委员会收到了米·尼·图哈切夫斯基发来的西方面军最近一号战报,战报称:"第 15 集团军的进攻进展顺利,波兰人开始退却(缴获炮 5 门,干草 2 万普特,汽车配件若干车皮及其他战利品）。在起义的明斯克省，游击队颠覆了5列火车。"

　　西方面军各集团军（包括第15集团军）于1920年7月4日发起进攻，最初几天就取得了辉煌的胜利。至7月中，西方面军部队已解放了白俄罗斯的大部分地区。在解放了的地区内，苏维埃政权机关迅即恢复。——399。

**345**　此电稿于1920年7月7日由劳动国防委员会批准。——400。

**346**　列宁所说的戴·怀恩科普的声明，是指怀恩科普1920年6月30日就《共产主义运动中的"左派"幼稚病》一书写的一封信。怀恩科普的信和列宁的回信于1920年首次发表于莫斯科出版的《共产主义运动中的"左派"幼稚病》一书的英文版，1930年首次用俄文发表于《列宁全集》俄文第2版（见本版全集第39卷第95页）。——402。

**347**　这封信是收到教育人民委员部电影局来信后写的。电影局来信说，列宁提出的摄制影片《对高尔察克部长们的审判》的任务由于没有胶片而陷于停顿。

　　除给卫生人民委员部外，列宁还向中央消费合作总社、莫斯科肃反委员会、陆军人民委员部和全俄肃反委员会发了类似的信件。7月9日，全俄肃反委员会给人民委员会秘书莉·亚·福季耶娃回信说："尊敬的福季耶娃同志：请转告弗·伊里奇，全俄肃反委员会现在没有，而且从来也没有拍摄电影用的胶片，而只有摄制成的反革命内容的影片，这种片子是不能用的。显然，有人不了解实际情况，使弗拉基米尔·伊里奇搞错了"。——403。

**348**　指列·波·克拉辛率领的俄国贸易代表团同英国政府代表在伦敦进行的谈判。——404。

**349**　指1920年7月9日列·波·加米涅夫关于英俄谈判性质的信，他在信中写道，应该进行"具有最广泛的宣传性"的政治谈判，应该"把高尔察克、邓尼金、波兰、弗兰格尔、立陶宛、爱沙尼亚等等都包括在内的武装干涉的全部历史广泛公布于众，还要涉及并提出有关从土耳其到中国的东方政策的所有问题"。格·瓦·契切林在该信上写了一段表示支持加米涅夫的附言后,加米涅夫又提出一项建议:"不破裂谈判而委婉地把英国在世界范围内进行掠夺的历史奉告劳合-乔治。"列宁阅信后批道:"原则上不同意。7月10日。**列宁**"。

列宁的这封信就是对这些建议的答复。——404。

**350**　1920年7月11日,俄共(布)中央书记尼·尼·克列斯廷斯基向列宁报告,格·瓦·契切林坚持要让列·波·加米涅夫担任赴英的苏维埃代表团的领导人,而不同意由列·波·克拉辛担任。列宁在克列斯廷斯基的信上批道:"同意加米涅夫任团长,克拉辛任副团长。"——405。

**351**　这个批示写在尤·马尔赫列夫斯基打来的电话的记录下面。电话请求解决同立陶宛签订条约的问题。马尔赫列夫斯基认为该条约不能接受,何况俄共(布)中央也未审查过。——405。

**352**　指1920年7月11日斯大林的来信。他在信中给列宁开了一张总司令谢·谢·加米涅夫答应用哪些部队和军事装备来加强克里木战线的单子。

7月15日埃·马·斯克良斯基给列宁寄去了有关材料。——407。

**353**　从电话的开头"收到寇松的一份照会"到"限我们一周答复",是一个不知名者以格·瓦·契切林的名义写的。从"此外,寇松的照会中还说"到电话末尾,是列宁写的。"打电话给在**哈尔科夫的斯大林**"也是列宁写的。列宁还对电文作了些修改。波兰东部边界线原稿写的是:"格罗德诺—布列斯特-里托夫斯克",列宁根据乔·纳·寇松的正式照会补充了其他一些地名。——407。

**354**　指英国外交大臣乔·纳·寇松1920年7月11日从斯帕(比利时)发给苏维埃政府的照会。当时,协约国同德国代表正在斯帕举行会议。在斯帕会议通过的决议中,寇松附加了一条要苏维埃政府同彼·尼·弗兰格尔将军签订停战协定的建议。——407。

**355**　这里说的是第一次世界大战结束后召开的巴黎和会。巴黎和会也讨论了波兰东部边界问题。和会设立了领土委员会。它制定的波兰东部边界线在凡尔赛和约签订以后为协约国各国通过。1919 年 12 月 8 日，协约国最高会议就波兰东部临时边界问题发表了宣言。波兰东部边界线也为 1920 年 7 月 5—16 日举行的协约国斯帕（比利时）会议所重申。——407。

**356** 这份由格·瓦·契切林起草、经列宁修改过的对乔·纳·寇松 1920 年 7 月 11 日照会的复照，在俄共（布）中央 1920 年 7 月 16 日的全会上讨论过，7 月 17 日用无线电报发出，7 月 18 日发表于《全俄中央执行委员会消息报》第 157 号（见《苏联对外政策文件汇编》1959 年俄文版第 3 卷第 47—53 页）。——410。

**357** 这里说的"反'左'的小册子"和第 514 号文献说的"关于'幼稚病'的小册子"都是指《共产主义运动中的"左派"幼稚病》一书（见本版全集第 39 卷）。——411。

**358** 这段批语写在 1920 年 6 月 22 日小人民委员会通过的关于统一管理共和国图书馆事业的法令草案上。草案规定，为消除工作中的平行重复现象，合理使用并平均分配现有的全部图书，"所有社会团体和机关单位的图书馆都要纳入国民教育局图书馆总网"。各社会团体新开设的一切图书馆一定要纳入"公用图书馆总网"。

　　法令草案上还有娜·康·克鲁普斯卡娅写给教育人民委员部的一段话："你们若能把我那篇关于统一管理图书馆事业的文章寄来并退还此草案，我将试拟新草案并写出工作细则。也许工作细则已经写好了吧？那就把它也寄来。"——412。

**359** 指列宁就答复 1920 年 7 月 11 日的寇松照会而提出的建议，这些建议于 1920 年 7 月 16 日被俄共（布）中央全会所采纳。中央全会决定拒绝英国在苏维埃共和国同波兰的谈判中充当调停人，指示要继续在波兰战线进攻并提出了加强攻势的措施。——412。

**360** 列宁的答复写在远东共和国外交部长、俄共（布）中央委员会远东局委员亚·米·克拉斯诺晓科夫1920年7月17日的来电上。来电说,7月15日同日本签订了停战协定。在也是由远东共和国代表和日本代表签字的特别议定书中说,确立远东和平的最好办法是根据民主原则建立一个有统一政府的"缓冲"国,这个统一政府应在有边疆各州代表参加的会议上组成。为此,克拉斯诺晓科夫请求列宁迅速答复电报中提出的问题。——415。

**361** 四原则选举制是包括有四项要求的民主选举制的简称,这四项要求是:普遍的、平等的、直接的和无记名投票的选举权。——415。

**362** 这里大概是指在民主的国家机构中要保证共产党人拥有多数。——415。

**363** 这个批示写在俄国社会活动家、学者弗·伊·塔涅耶夫(1840—1921)的儿子、泥炭总委员会会务委员 Π.弗·塔涅耶夫的来信上。塔涅耶夫在给列宁的信中报告了他父亲的困难处境,请求给克林县土地局发出指示,使他父亲的住宅不被占用,并使住宅周围的古老花园——那是人民的财产——得以保全,为他父亲提供一切过冬用的必需品,并请求允许在克里姆林宫药房为他父亲买药。——416。

**364** 指英国外交大臣乔·纳·寇松1920年7月20日的电报。该电报是对苏维埃政府7月17日就停止波兰与苏维埃俄国之间的军事行动给英国政府的照会的答复。寇松的电报说,英国政府在7月11日给苏维埃政府的照会中建议苏维埃政府派出代表与波兰代表在伦敦会晤,"因为英国政府认为,这样做会使俄国同和平会议参加国建立起联系,并为俄国同外部世界能更好地了解而铺平道路"。寇松断言,盟国催促波兰政府马上开始举行停战及媾和谈判,但苏维埃军队不顾波兰政府关于停战的请求,继续进攻。(实际上波兰外交部长萨佩加在7月22日才致电苏维埃政府,建议立即停战。)寇松接着声称,根据上述情况,英国政府"应当明确指出,如果苏维埃俄国侵入波兰,俄国同不列颠帝国关于恢复贸易的谈判再继续进行下去已毫无益处"(见《苏联对外政策文件汇编》1959年俄文版第3卷第62—63页)。——417。

365　给英国政府的复照,是由格·瓦·契切林根据列宁的指示起草的,经俄共(布)中央政治局 1920 年 7 月 23 日会议批准,于同一天用无线电报发出(见《苏联对外政策文件汇编》1959 年俄文版第 3 卷第 61—62 页)。——417。

366　列宁是在共产国际第二次代表大会的民族和殖民地问题委员会讨论列宁起草的民族和殖民地问题提纲草案时同保·莱维互递便条的。——421。

367　列宁对保·莱维所提建议的评价,见本版全集第 39 卷第 503 页。——422。

368　指伊·费·阿尔曼德在俄共(布)中央妇女部的工作以及她同亚·米·柯伦泰之间的意见分歧。——422。

369　大概是指阿尔曼德家在莫斯科近郊叶利季吉纳的庄园。——422。

370　伊·费·阿尔曼德后来同儿子一起到高加索疗养去了(见本卷第 552 号文献)。——423。

371　指俄共(布)中央政治局 1920 年 8 月 2 日针对日益增长的来自弗兰格尔的危险和库班的暴乱而作出的关于将西南战线克里木段划分出来成立独立的南方面军的决定。——425。

372　指 1920 年 7 月底建立的波兰临时革命委员会。参加该委员会的有费·埃·捷尔任斯基、费·雅·柯恩、尤·约·马尔赫列夫斯基、爱·普鲁赫尼亚克、约·斯·温什利赫特。7 月 30 日波兰临时革命委员会发表了《告波兰城乡劳动人民书》,指出苏维埃军队进入波兰不是为了征服波兰领土,而是为了保卫自己的国家和帮助波兰人民从地主和资本家的压迫下解放出来。《告人民书》说:"工厂和矿山应从资本家和投机商人手里夺过来,转归人民所有,由工厂委员会管理。庄园和森林同样转归人民所有,由人民管理。地主应予驱逐,庄园由雇农委员会管理。劳动农民的土地不受侵犯。城市的管理由工人代表负责,而在农村则建立农村苏维埃。"（见《苏联国内战争史》1960 年俄文版第 5 卷第 145 页）——425。

373　这是对斯大林 1920 年 8 月 2 日发自洛佐瓦亚电报的答复，斯大林的电报说："残酷的战斗愈来愈激烈，大概今天要丢掉亚历山德罗夫斯克。收到了您的关于划分战线的短信，政治局本来不该讨论这些琐事。我最多还能在前线工作两个星期，需要休息一下，请物色一个代替我的人。总司令的诺言我一点也不相信，他的这些诺言只能让人上当。至于谈到中央内部的倾向同波兰媾和的情绪，不能不指出，我们的外交有时非常成功地破坏了我们军事上的胜利成果。"——426。

374　斯大林在 1920 年 8 月 4 日和 5 日的电报中向列宁报告了第 1 骑兵集团军暂时受挫的原因。在布罗德地区，波兰白军投入了立陶宛、卢茨克和加利西亚等几个军队集群来对付第 1 骑兵集团军，以阻止红军向利沃夫进军。第 1 骑兵集团军暂时由进攻转入防御。——428。

375　指波兰东部边界线（参看本卷第 507 号文献和注 353、355）。这条边界线是 1914—1918 年帝国主义战争结束后，由协约国最高会议于 1919 年 12 月 8 日专断地确定的。这一边界线在英国外交大臣乔·纳·寇松 1920 年 7 月 11 日致苏维埃俄国政府的照会中提出过，所以后来常被称为"寇松线"。

　　苏维埃政府向波兰提出和谈建议时，准备承认一条比"寇松线"偏东一些的波苏边界线。

　　这张便条是列宁给赴伦敦同英国政府举行政治谈判的苏维埃代表团团长的指示。——428。

376　同此便条一起，列宁还给尼·尼·克列斯廷斯基寄去了党中央全会 1920 年 8 月 5 日通过的关于弗兰格尔前线和库班局势的决定："承认库班-弗兰格尔战线应该排在西部战线前面，因此组织局和陆军人民委员部应采取最有力的措施，往这个战线调派军事力量和共产党员。"——428。

377 这个批示写在一份电话记录上,记录中有 1920 年 8 月 7 日莫斯科苏维埃主席团关于莫斯科粮食危急情况的决议摘录。根据列宁的建议,这个问题于 8 月 10 日提交给人民委员会讨论。人民委员会决定成立一个委员会每天检查"指定给莫斯科的以及运往莫斯科的一切货物的情况,以便在莫斯科供应中断的时候,由该委员会召集人民委员会或劳动国防委员会的紧急会议,采取必要的具体措施"。在粮食供给中断的情况下,责成粮食人民委员部"设法采取紧急措施,用其他食品代替粮食以供应居民"。所有运给非法收货单位或以馈赠为借口运送的粮食类货物,应由粮食人民委员部予以"扣留,以便在莫斯科供应中断时进行统一分配"。——430。

378 这个批示写在瓦·瓦·奥博连斯基(恩·奥新斯基)给列宁的信上,信中报告了图拉严重的缺粮情况。根据列宁的建议,这个问题于 1920 年 8 月 10 日提交给人民委员会讨论。

　　"12 天行驶 250 俄里"是指奥博连斯基报告的下述情况:1920 年 7 月 24 日由科切托夫卡粮食基地发往图拉的 7 车皮黑麦 12 天才行驶 250 俄里。在奥博连斯基的信中"从科切托夫卡到图拉 12 天行驶 250 俄里"这句话下面列宁画了六七条着重线并在句旁写上"注意"。

　　奥博连斯基信中第 3 点谈到,伊·斯·洛巴切夫 8 月 2 日从科切托夫卡发出的由 20 车皮黑麦组成的直达列车没有到达。——433。

379 列宁曾不止一次地谈到出版教学地图册的问题。关于这个问题,列宁写了这样一段笔记:

　　"俄国欧洲部分＋高加索　　20—24 幅
　　西伯利亚和中亚细亚　　　　4— 6 幅
　　全国各个战线的变迁　　　　4— 6 幅

　　⎧1918 年(布列斯特和约)
　　⎪1918 年底
　　⎨1919 年初
　　⎪1920 年初
　　⎩1920 年底

工会分布图　1 幅

电气化图　　1 幅

<u>经济地图</u>　　1 幅

共 39 幅"(见《列宁文集》俄文版第 36 卷第 120—121 页)。

关于这个问题,还见本卷第 566 号文献和本版全集第 50 卷第 327、442、538 号文献,第 51 卷第 140、305 号文献,第 52 卷第 239 号文献。——433。

**380** 这是对斯大林 1920 年 8 月 10 日来电的复电。斯大林的电报请求党中央同意吸收加利西亚革命委员会(见注 391)的代表参加同波兰的停战谈判,并通知说,革命委员会选派米·卢·巴兰为代表。

　　在答复关于巴兰参加谈判是否合适的问题时,格·瓦·契切林写道:"如果明斯克会谈只局限于我们宣读草案以及波兰人声明退出,那么,加利西亚代表的参加就是多余的、没有必要的,还可能造成麻烦,波兰方面会在手续上挑毛病……" 信中接着谈到,如果会谈进入实质问题,那么"他参加也许是必要的……" 列宁把前一句话勾出来,并写道:"因为这种可能性更大,此事可以**暂缓**",即加利西亚革命委员会的代表巴兰暂缓参加和谈。——434。

**381** 高加索劳动军委员会副主席亚·格·别洛博罗多夫在 1920 年 8 月 13 日给列宁的回电中写道:"您的第 402 号电报是 13 日 20 时才收到的。北高加索,除库班以外,在是否会发生暴动方面,暂时还不令人担忧……"——435。

**382** 这张便条是列宁在接见旅俄华工联合会会长刘泽荣时写的。列宁在 1920 年 8 月 11 日同刘泽荣进行了谈话。列宁的这张便条背面有尼·尼·克列斯廷斯基的答复:"明天 3 点半"。——438。

**383** 电报是针对俄国中部地区频繁发生森林火灾和沼泽泥炭火灾而写的。——439。

**384** 这个批示写在全俄扫除文盲特设委员会的领导人 И.П.布里赫尼切夫 1920 年 8 月 11 日给人民委员会主席列宁的信上。布里赫尼切夫在信中请求配备必要的干部以加强该委员会，提供办公用房，供给运输工具和苏维埃工作人员口粮。信中"b"项指出："需要大约 15 个专业人员和非专业人员。从地方上抽调，在莫斯科动员。"——440。

**385** 指 1919 年现行法令汇编。德·伊·库尔斯基在回信中说：出版的这本汇编是科兹洛夫斯基编辑的，是《工农政府法令汇编》(1919 年)的翻版。现正准备另外出版一本俄罗斯联邦三年来(1917—1920 年)主要法令的汇编。列宁在库尔斯基的信封上加了一个批注："归档(1920 年 8 月) 关于法令出版问题 "。——440。

**386** 这张便条是就外交人民委员部东方司原司长 A.H.沃兹涅先斯基的信而写的。沃兹涅先斯基在信中认为把他解职是错误的。1920 年 8 月 19 日俄共(布)中央政治局讨论了这个问题，并责成格·瓦·契切林将沃兹涅先斯基作为东方问题专家和通晓东方语言及英语的人才在外交人民委员部的某一个小组委员会里加以使用。——441。

**387** 指以俄罗斯联邦和乌克兰为一方、以波兰为另一方的关于停止战争、建立和平友好关系的和平会议。会议于 1920 年 8 月 17 日开始在明斯克举行，并在这里进行到 9 月 3 日。苏维埃政府同意了波兰政府关于把会议地点由靠近前线地带的明斯克迁往里加的建议。9 月 21 日和平会议在里加复会。

苏维埃政府不愿使人民再遭受新的苦难，而战争如果再继续下去，艰难困苦的冬季战局就不可避免，因此它准备对波兰作出重大让步。俄国代表团团长卡·克·达尼舍夫斯基在和平会议第一次全体会议上就声明："1.俄罗斯社会主义联邦苏维埃共和国和乌克兰社会主义苏维埃共和国无条件地承认波兰共和国的独立，并庄严确认波兰人民有按照自己的意愿安排自己的生活和确定国家政权体制的绝对权利。2.俄罗斯社会主义联邦苏维埃共和国和乌克兰社会主义苏维埃共和国放弃一切赔款要求。3.波兰共和国的最后国界与寇松勋爵在 7 月 11 日照会中拟定的国界线基本吻合，而且在比亚韦斯托克和霍尔姆地区这条线要偏东一些，使之有利于波兰共和国。"(见《苏联对外政策文件汇编》1959 年俄文版第 3 卷第 137 页)和平谈判于 1920 年 10 月 12 日在里加结束,签订了以苏维埃俄罗斯和苏维埃乌克兰为一方、以波兰为另一方的《关于停战及和平初步条件的条约》(同上书,第 245 — 258 页)。——443。

**388** 见注 375。——443。

**389** 这里说的是马·高尔基在给人民委员会的信中反映的一个情况。彼得格勒苏维埃建立了一个审查彼得格勒享受学者口粮的人员名单的委员会。这个委员会不只是审查上述名单,而且作出了取消助教、教师、实验员享受学者口粮权利的决定。彼得格勒学者生活改善委员会对这一决定提出异议,请求人民委员会保留发给彼得格勒学者的 2 000 份科学院人员口粮。——449。

**390** 指俄共(布)中央政治局 1920 年 8 月 19 日根据列·达·托洛茨基和斯大林关于波兰战线和弗兰格尔战线军事形势的报告而作的决定。决定中写道:"(1)承认弗兰格尔战线为主要战线…… (2)明天召集组织局会议决定关于再次动员党员的问题。(3)采取更有力的措施加快对白俄罗斯人的总动员。(4)抽调第 1 骑兵集团军第 6 师去弗兰格尔战线…… (5)把应征的党员 55% 派到弗兰格尔战线,其余的派到西部战线。"——449。

**391** 1920 年夏天红军开始解放西乌克兰。加利西亚东部的 16 个县消灭了资产阶级和地主的政权,建立了苏维埃政权。在捷尔诺波尔,建立了加利西亚东部苏维埃政权的临时边疆区机关——以弗·彼·扎东斯基为首的加利西亚革命委员会。列宁热烈祝贺加利西亚东部苏维埃政权的建立,并在党和苏维埃的建设方面给予加利西亚的共产党人以帮助。加利西亚革命委员会主席弗·彼·扎东斯基后来在回忆录中写道,列宁建议加利西亚革命委员会尽一切努力使广大的工人群众和贫苦农民群众立即明显地感到,苏维埃政权给他们带来了生机。扎东斯基写道:"列宁要求我每周写信向他汇报情况。"(见 1929 年 7 月 14 日《共产党人》杂志(哈尔科夫)第 159 期)——451。

392　无产阶级文化协会是十月革命前夕在彼得格勒成立的独立的无产阶级
　　　文学艺术活动组织。十月革命后在国内各地成立分会。各地协会最多
　　　时达1 381个,会员40多万。1918年春,亚·亚·波格丹诺夫及其拥
　　　护者逐渐从思想上和组织上控制了协会,他们仍继续坚持协会对共产
　　　党和苏维埃国家的"独立性",否认以往的文化遗产的意义,力图摆脱群
　　　众性文教工作的任务,企图通过脱离实际生活的"实验室的道路"来创
　　　造"纯粹无产阶级的"文化。波格丹诺夫口头上承认马克思主义,实际
　　　上鼓吹马赫主义这种主观唯心主义哲学。列宁在《关于无产阶级文化》
　　　(见本版全集第39卷)等著作中批判了无产阶级文化派的错误。无产
　　　阶级文化协会于20年代初趋于衰落,1932年停止活动。——451。

393　这段批语写在立陶宛白俄罗斯共产党中央委员维·谢·米茨凯维奇-
　　　卡普苏卡斯1920年8月19日从维尔诺发给列宁的电报的抄件的下
　　　方。米茨凯维奇-卡普苏卡斯的电报说,立陶宛的革命情绪在高涨,"到
　　　我们撤离维尔诺之日,可能爆发反对立陶宛白卫分子的群众性武装行
　　　动。"因此他请示:"您是否认为我们可以准备一场决战。"
　　　　　在同一份电报抄件上还有列宁写给列·达·托洛茨基的短信:"托
　　　洛茨基同志:如果您同意,请发出或退给我译成密码。列宁。"文件上还
　　　有列宁的批语"斯大林同意"和托洛茨基表示同意的批注。——452。

394　指彼·尼·弗兰格尔在协约国的同意和支持下所组织的白卫陆战队。
　　　该陆战队于1920年8月中旬在库班登陆,企图切断苏维埃共和国同国
　　　内这一最大的产粮区的联系。
　　　　　反革命势力曾指望库班的哥萨克举行暴动。但是,后来的事态表
　　　明,在陆战队遭到头几次失败后,甚至连居民中同情他们的那些阶层也
　　　由于不相信白卫军会胜利而逃避动员。居民们藏到芦苇丛中,把自己
　　　的大车沉到湖底。经过顽强的、残酷的战斗,红军粉碎了白卫部队。9
　　　月初,陆战队的残部被赶到了克里木。——453。

395　俄罗斯联邦人民委员会驻国外全权代表马·马·李维诺夫于1920年
　　　7月30日给格·瓦·契切林的电报中报告,美国实业界人士华·万德
　　　利普到了哥本哈根,他想得到在滨海州和堪察加半岛开采石油、煤炭和

捕鱼的承租权。李维诺夫认为这一建议提供了非常吸引人的机会,建议让万德利普去莫斯科进行具体的谈判。8月21日,列宁在契切林的信上批示同意万德利普来莫斯科。

9月17日万德利普抵达莫斯科。当天契切林给列宁写信,建议立即开始同万德利普谈判,并说明了他对这个问题的一些考虑。列宁在这封来信上写道:"契切林同志:我完全**赞成**谈判。要加快进行。请仔细考虑一下,为了给克拉斯诺晓科夫下达指示还要做些什么。"

为了进行这一谈判,苏维埃政府成立了由最高国民经济委员会、外交人民委员部和对外贸易人民委员部的代表组成的专门委员会。苏维埃政府同意给万德利普辛迪加承租权,这不仅是为了同美国实业界建立互利的合作关系,而且是为了使苏维埃俄国同美利坚合众国之间的关系正常化。契切林在1920年11月1日给万德利普辛迪加的信中指出:"不论租让合同签订与否,俄罗斯联邦政府认为,只有在俄罗斯政府与合众国政府之间事实上恢复正常关系之后,而且是在1921年7月1日之前确立这种关系的条件下,合同才能生效。"但是这个条件没有实现,因此同万德利普签订的租让合同没有最后完成正式手续,也就没有生效。——457。

**396** 这里说的是叶·阿·普列奥布拉任斯基起草的俄共(布)中央关于克服党内腐败现象的通告信草稿。尼·尼·克列斯廷斯基对这个草稿提了以下意见:"我认为,在论述关于消灭生活条件不平等现象的第5点的结尾所加的附带条件,即'只要它们不是由于事业的需要而产生的',应当展开,写成单独的一条,或者,甚至可以写成通告信的独立的一部分。

问题在于各省党和苏维埃工作人员的生活条件是非常艰苦的,特别是现在,由于我们进行了大规模的人员调动,多数同志离开了同自己有种种家庭联系以及农村联系的那些地方。

同志们正在挨饿,而且还拼命工作,所以很快就弄得精疲力尽,结果不得不长期地甚至永远离队。一定要使广大党员认识到,必须给少数革命骨干创造稍好一些的、较少挨饿的生活条件。

如果上述想法在通告信中能得到充分的强调和发挥,那么,草稿的最后两行,即小心翼翼而又含含糊糊地谴责利用不平等现象搞蛊惑宣传的那两行，就可以不要了。

　　在委员会讨论的时候，普列奥布拉任斯基同志并不否认对一些不可避免的、暂时的不平等现象有必要在通告信中加以阐明，但这一点，不知何故他没有表达出来。"

　　俄共(布)中央委员会《告全体党组织和全体党员》的信稿经组织局修改后，曾寄给列宁征求意见。列宁对信稿表示同意并建议在信中加进"党纲中关于平等暂时还做不到的那段引文"(指党纲经济部分第8条，见本版全集第36卷第416—417页)。

　　俄共(布)中央的这封通告信发表于1920年9月4日《俄共(布)中央通报》第21期。——458。

**397**　这个批示写在外交人民委员部部务委员马·马·李维诺夫给格·瓦·契切林的电报的电文下面。李维诺夫报告说："……意大利人表示愿意出售<u>10万双</u>军用皮鞋，每双40里拉。他们还表示愿意出售绒布衬衣，每件19里拉；工作服，每套16里拉；裤子，每条14里拉；<u>军大衣，每件65里拉</u>。其次在意大利可用较为低廉的价格购到<u>几百架飞机</u>，近<u>400部卡车</u>(5部曾用过，但完好无损)……" 着重线是列宁画的。——459。

**398**　1920年8月27日格·康·奥尔忠尼启则收到了列宁的这封信，随信附有亚·绥·绥拉菲莫维奇来信的摘录。绥拉菲莫维奇1920年夏天在高加索待过，他在信中列举了一些对高加索方面军革命军事委员会委员奥尔忠尼启则的工作有所责难的事情。奥尔忠尼启则在把这些摘录还给列宁的时候，驳回了对他的指责，指出这些都不符合事实。

　　列宁收到这一答复后写道："我想，谢尔戈(＝奥尔忠尼启则)是不会说假话的。"——460。

**399**　指美国革命社会党人丹尼尔·德莱昂的著作《罗马史片断》(1920年纽约版)。德莱昂的这本书的俄译本没有出版。——461。

**400**　这是对俄共(布)中央书记尼·尼·克列斯廷斯基1920年8月27日来信的答复。克列斯廷斯基在信中谈了安·柯列加耶夫在《汽笛报》第

77 号上发表了一篇题为《猎取颅骨的人》的文章,攻击粮食人民委员部征用交通人民委员部的一个部门运到莫斯科的粮食的问题。克列斯廷斯基建议警告文章作者和《汽笛报》编辑部。9 月 1 日俄共(布)中央政治局决定对柯列加耶夫和《汽笛报》编辑部提出警告,并要求编辑部"在任何情况下,都不准在该报登载攻击最高国民经济委员会、粮食人民委员部和其他人民委员部的、带有部门间争吵性质的文章"。——463。

**401** 指高加索劳动军委员会副主席亚·格·别洛博罗多夫的来电。关于库班暴动的危险性问题,参看注 394。——463。

**402** 这个批示写在副交通人民委员韦·米·斯维尔德洛夫 1920 年 8 月 27 日从萨拉托夫发来的电报抄件上。电报请求给 345 家遭受火灾的铁路员工拨发布匹、鞋靴和家用物品,使他们能够上工,以免铁路工作中断。——464。

**403** 据弗·德·邦契-布鲁耶维奇后来回忆,他接到列宁写的便条后,当即打电话与鲁勉采夫博物院院长联系。这位院长表示:"一定竭尽全力找到这些书的复本,做到在不影响图书馆其他读者的情况下把所有需要的书出借给弗拉基米尔·伊里奇。"(见 1929 年《星火》杂志第 3 期第 3 页)

便条上有邦契-布鲁耶维奇的批注"1920 年 9 月 1 日。弗拉基米尔·伊里奇询问鲁勉采夫博物院。**弗·邦·-布·**"。对于第 2 条末尾"俄文的,借一部新的"这句话,邦契-布鲁耶维奇根据列宁的请求添写了"拉德洛夫等编的"。——465。

**404** 见注 398。——466。

**405** 这里说的是国家纸币印刷厂管理局 1920 年在莫斯科出版《关于修建国家专用造纸厂问题》这本小册子一事。这本不必要的小册子是用高级直纹纸印刷的,在仅有 36 页正文的小册子里就有 11 张铜版纸插页。——467。

**406** 玛·费·安德列耶娃是马·高尔基的妻子,自 1919 年起在对外贸易人民委员部工作:从 1919 年 7 月 31 日起是对外贸易人民委员部彼得格勒分部专家委员会政治委员,1919 年 9 月 10 日—1920 年 2 月 15 日是彼得格勒分部的政治委员。专家委员会的任务是从收归国有的艺术品、珍贵古物、奢侈品中挑选出具有艺术价值的物品。1920 年 10 月 26 日人民委员会根据列宁的倡议通过了一项决议,委托对外贸易人民委员部把彼得格勒专家委员会挑出来供出口用的储备商品在国外出售(见注 465)。1921 年 4 月安德列耶娃作为专家委员会政治委员被派往国外去执行政府的这项决定。在国外她还参加了组织救济伏尔加河流域和乌克兰饥民的工作,为此先后到过丹麦、瑞典和德国。——467。

**407** 这个批示写在建筑工程师 П.Л.帕斯捷尔纳克 1920 年 6 月 20 日从苏黎世寄给列宁的信上。帕斯捷尔纳克在信中表示愿意作为钢筋混凝土结构建筑工程师效力,并说他曾在沃罗涅日、萨马拉和莫斯科工作过。——468。

**408** 据列宁的司机斯·卡·吉尔回忆,这份呈文是 1920 年 9 月 5 日列宁去打猎的途中,在博格丹诺沃村停留时农民们递交给他的。他们控告当地的村苏维埃假借收集余粮夺去了贫苦农民的全部食粮和种子,严重违反了党和政府的政策。

根据这份呈文,列宁在第二天就采取了措施,进行了调查,并严厉惩办了责任者。——469。

**409** 这个批示写在海军机械工程师 A.A.达米给列宁的关于新法采金的信上。——470。

**410** 指西南方面军革命军事委员会委员谢·伊·古谢夫于 1920 年 9 月 8 日发来的密电。古谢夫汇报了"化名者"——投诚过来的原弗兰格尔军队的中尉雅柯夫列夫——提出的建议,建议内容如下:"在弗兰格尔军队中成立了一个旨在从内部搞掉弗兰格尔并将其全部军队交给苏维埃政权的秘密的军官组织。参加这个组织的有将近 30 名在弗兰格尔的各主要司令部任职的参谋本部军官。这个组织打算推翻弗兰格尔,并宣布他的军队为克里木红军,由布鲁西洛夫指挥。他们要求俄国政府保证对全军毫无例外地实行赦免,并要求有总司令的相应表态。为了证明其建议是真诚的,雅柯夫列夫准备供出在苏维埃俄国活动的、目的在于……策划武装暴动的弗兰格尔组织的头目。在布鲁西洛夫来到之前,暂时委托由参谋本部的策划反弗兰格尔的首领索柯洛夫斯基指挥克里木红军。"——471。

**411**　根据 1920 年 9 月 20—21 日召开的俄共(布)中央全会的决定,米·瓦·伏龙芝被任命为南方面军司令。——471。

**412**　由全俄中央执行委员会主席米·伊·加里宁、人民委员会主席列宁、陆海军人民委员列·达·托洛茨基、共和国武装部队总司令谢·谢·加米涅夫、总司令所辖特别会议主席阿·阿·布鲁西洛夫签署的《告弗兰格尔男爵军队军官书》,于 1920 年 9 月 12 日发表在《真理报》第 202 号上。告军官书号召弗兰格尔军队的军官们拒绝充当为波兰地主和法国高利贷者效劳的可耻角色。对于真诚自愿向苏维埃政权投诚的人保证给予赦免。——472。

**413**　1920 年 9 月 28 日列宁签署了由对外贸易人民委员安·马·列扎瓦和司法人民委员德·伊·库尔斯基合拟的人民委员会关于储备出口原料的决定。——475。

**414**　这个批示写在罗斯塔社副社长 1920 年 9 月 11 日给人民委员会主席列宁的报告上。报告中说,1920 年 9 月 9 日收到乌克兰通讯社发自哈尔科夫的一条未经核实的消息:弗·基·温尼琴科被任命为乌克兰人民委员会副主席。这条消息已公布,但是任命未成事实。——477。

**415**　1920 年 9 月 11 日,列宁阅读了法国工会代表的一封请求加快解决发给著名的无政府主义者彼·阿·克鲁泡特金的女儿 C.彼·克鲁泡特金娜出国护照问题的信,和全俄肃反委员会主席团委员维·鲁·明仁斯基拟的复信稿。复信稿中谈到可在一周后,最多不超过 10 天,发给克鲁泡特金娜护照,同时也谈到她对苏维埃俄国持敌对态度。列宁当时写了个便条,征求格·瓦·契切林的意见。当天,契切林给列宁写了回信,并寄来他拟的复信稿,其中指出,尽管克鲁泡特金娜对苏维埃政权持敌对态度,她已被准许出国。这是列宁收到契切林回信后写的一封短信。——477。

**416** 劳动国防委员会的决定和共和国野战司令部的命令,指示高加索方面军革命军事委员会在北高加索和库班紧急动员马匹和大车,以保证把顿巴斯的煤炭运往各装运站。——480。

**417** 这是列宁在远东共和国部长会议主席亚·米·克拉斯诺晓科夫1920年9月9日从上乌金斯克发来的电报上作的批示。该电报汇报了远东共和国的局势,请求派一位熟悉当地情况,善于同游击习气、分离主义作斗争的干部到那里去。——481。

**418** 列宁看了副邮电人民委员阿·莫·柳博维奇关于必须利用安装在彼得格勒一些工厂里的无线电接收台的便条后,写了这一指示。——481。

**419** 列宁于1920年8月初收到切列姆霍沃煤矿工人的贺信后,给秘书写了一个便条:"给切列姆霍沃采煤工人写信(当**伊林**下次来电话时,请提醒我)。"(见《列宁文集》俄文版第35卷第148页)。——482。

**420** 1920年9月1日,俄共(布)中央政治局会议听取了米·尼·波克罗夫斯基关于成立十月革命研究委员会的建议。政治局指示要保证委员会某些委员及其家属的粮食和住房供应。弗·维·阿多拉茨基和谢·安·皮翁特科夫斯基都被批准为该委员会的成员。——483。

**421** 阿·阿·越飞1920年9月1日被任命为参加在里加召开的和平会议的新的俄罗斯和乌克兰代表团团长。——483。

**422** 这段批语写在远东共和国特命全权副代表 Я.М.德沃尔金1920年9月15日的来信上。德沃尔金向列宁报告说,意大利人和法国人建议出售总额大约为105 000美元的各种牌号的卡车和小轿车。——485。

**423** 这段批语写在远东共和国特命全权副代表 Я.М.德沃尔金的公函上。公函附的一封电报汇报了远东共和国货币贬值的情况,并提出了在远东共和国使用苏维埃货币的办法。——486。

**424** 这个批示写在美国人华·万德利普1920年9月18日给人民委员会的关于签订开发滨海地区和堪察加半岛合同的来信上(参看注395)。万德利普在信中提出三条建议。万德利普来信的内容,见列宁在1920年12月6日俄共(布)莫斯科组织积极分子大会上和在全俄苏维埃第八次代表大会俄共(布)党团会议上所作的关于租让的报告(见本版全集第40卷第64—68、99—100页)。——487。

**425** 这份电报是对1920年9月21日劳动军委员会从顿河畔罗斯托夫发来的电报的答复。来电说:"劳动军委员会认为有责任预先报告,匪徒有可能在基兹利亚尔地区抢劫根据您的命令发给基兹利亚尔—旧捷列克铁路工程主任的运载贵重物资的列车。请允许在普罗赫拉德纳亚车站截住列车并派警卫保证列车安全。火速回电。劳动军委员会再次一致决定向您报告,这条铁路在战略上和经济上都是不需要的。"(见《列宁文集》俄文版第34卷第358页)——488。

**426** 这个批示写在总司令谢·谢·加米涅夫关于苏维埃俄国同波兰之间新边界的战略意义的报告上。当时两国代表正在里加和会上进行关于确定新边界的谈判。

　　参看注375、387。——490。

**427** 这个批示写在格·瓦·契切林的报告书上。报告书中列举了彼得格勒各报编辑部刊登涉及国际形势和对外政策的材料时违反制度的具体事件。——491。

**428** 指1920年9月25—28日在布拉格举行的捷克斯洛伐克社会民主工党第十三次代表大会。在这次代表大会前,党内的马克思主义左派同右派改良主义领导进行了斗争。出席大会的321人都是左派的拥护者。左派在大会上成立了名为捷克斯洛伐克社会民主工党(左派)的独立政党。原社会民主党大部分成员都加入了这个党。代表大会谴责了右派的分裂政策,表示同意加入共产国际的条件,并委托新的执行委员会就加入共产国际的问题进行谈判。改良主义首领于 1920 年 11 月举行了他们自己的代表大会。——493。

**429** 指装有送给多子女的尼·亚·叶梅利亚诺夫家的礼物的箱子。1917 年 7 月,列宁为躲避资产阶级临时政府的追捕,曾在叶梅利亚诺夫家住过。——495。

**430** 1920 年 9 月 17 日,列宁同西伯利亚革命委员会成员 С.И.波罗斯昆进行了谈话,并记录了他提出的帮助西伯利亚农民的措施(见《列宁文集》俄文版第 35 卷第 151 页)。列宁在这封信里提出的意见就是依据这次谈话拟定的。——495。

**431** 这个批示写在《俄罗斯国家电气化委员会公报》1920 年第 5 期第 21 页上。
　　在同一期《公报》的第 45 页上,列宁在"铁路上用蒸汽牵引所需燃料要比电力牵引多一倍半到两倍"这句话下面画了着重线,并在旁边批了"注意"两字。——496。

**432** 白俄罗斯的平斯克于 1920 年 9 月 26 日被红军放弃。——498。

**433** 劳动国防委员会于 1920 年 10 月 1 日讨论了列宁关于向伊万诺沃-沃兹涅先斯克省列为纺织系统重点企业的正在恢复的各工厂供应燃料和粮食的报告,决定:"(1)批准伊万诺沃-沃兹涅先斯克省粮食委员会与粮食人民委员部今年 9 月 28 日达成的协议;(2)把粮食人民委员部关于从下诺夫哥罗德发运 40 车皮粮食的通知备案存查。"(见《列宁文集》俄文版第 35 卷第 155 页)——498。

**434** 这段批语写在人民委员会办公厅主任弗·德·邦契-布鲁耶维奇请求小人民委员会发给瓦·瓦·沃罗夫斯基补助金的报告上。——500。

**435** 这里说的是格·瓦·契切林就《彼得格勒真理报》未经外交人民委员部批准就公布了列·波·加米涅夫关于苏维埃代表团伦敦之行结果的报告一事而提出的意见。契切林写道:"必须采取坚决措施。我们的书报检查制度应当是绝对必须遵守的,这一点已经作过规定,但是,违反这一规定却可以不受惩罚。"——500。

**436**　这是对尼·伊·布哈林就弗·伊·涅夫斯基的《辩证唯物主义和僵死反动派的哲学》一文(见本版全集第18卷《附录》)所写便条的答复。布哈林的便条说,亚·亚·波格丹诺夫过去持承认哲学的观点,而现在却废除哲学,代之以"组织形态学"或"普遍地组织起来的科学"。布哈林写道:"对问题的这种提法不属于经验一元论,而属于**另一个**方面,对它可以争论,但是至少需要把它弄明白。而涅夫斯基却连这个最低要求都没做到。"——501。

**437**　这段批语写在革命军事委员会副主席埃·马·斯克良斯基和副内务人民委员米·费·弗拉基米尔斯基1920年10月2日发往明斯克给西方面军革命军事委员会的电报抄件上。电报说:"只有执行委员会提供的房舍已被利用之后,才可以占用斯摩棱斯克大学。"关于此事,另见本卷第695、696号文献。——504。

**438**　这封信是列宁读了副粮食人民委员尼·巴·布留哈诺夫转给他的捷列克州粮食委员会的报告书以后写的。报告书谈到弗兰格尔陆战队在库班登陆给该州工作造成困难,粮食征购工作的进度不能令人满意,居民情绪不稳定等情况。——505。

**439**　这份电报是在收到南方面军司令米·瓦·伏龙芝请求速调第1骑兵集团军到南方战线的来电后发出的。1920年9月28日伏龙芝写道:"何时转入总攻取决于第1骑兵集团军抵达的时间"。10月3日,伏龙芝再次电告列宁:"我认为布琼尼骑兵的来迟是最糟糕的事情,对此我经常提请总司令加以关注……"(见《米·瓦·伏龙芝在内战前线。文件汇编》1941年莫斯科俄文版第346、353页)——506。

**440**　在给列宁的回信中,邮电人民委员部部务委员阿·马·尼古拉耶夫报告了他推荐为委员会委员的三个无线电专家的具体情况:鲁勉采夫——莫斯科霍登卡无线电台台长;诺沃布拉诺夫——红军通讯副主任以及布佳京——电工技校教师。

尼古拉耶夫对第 2 点答复说:"已经明确而坚决地交代博京同志要重做梯弗利斯试验。我极其严格地要求他不要分心去做其他事情和其他试验。为此,特地紧急撤下和梯弗利斯那种型号相同的军用战地电台。博京答应用他现有的材料,在几天内重做一次梯弗利斯试验。"

尼古拉耶夫就第 3 点写道:"博京说过,**他不能在理论上表述自己的发明**。这一点,在同他谈论有关电工学和无线电问题时也可以看出来……"——508。

**441** 这张便条是在收到格·瓦·契切林 1920 年 10 月 5 日的来信后写的。契切林在信中报告了阿·伊·李可夫就远东的租让问题同华·万德利普进行谈判的情况。李可夫坚持主张租让期要缩短并有权提前赎回,对此万德利普表示不同意。

参看注 395。——508。

**442** 指彼得格勒党委要求修改俄共(布)中央组织局关于动员 30 名共产党员去南线的决定。——509。

**443** 指根据劳动国防委员会 1920 年 3 月 24 日的决定成立的专门委员会的工作报告。委员会的任务是评估帝国主义战争和协约国组织的武装干涉及封锁对苏维埃国家的国民经济和社会生活各个方面的影响。弗·古·格罗曼是委员会的主席。

由于该委员会未能完成交给它的任务,人民委员会于 1920 年 9 月 7 日决定:"委员会应于 10 月 5 日前撤销,全部工作移交对外贸易人民委员部。"10 月 5 日人民委员会将安·马·列扎瓦关于撤销委员会的报告备案存查。——510。

**444** 这个批示写在格·瓦·契切林的信上。他在信中支持列·波·克拉辛反对人民委员会再详细研究弗·古·格罗曼委员会的工作。——510。

**445** 有关该委员会的情况,参看注 443。——512。

**446** 俄共(布)中央政治局1920年10月11日会议讨论了无产阶级文化协
会的问题,决定建议尼·伊·布哈林在全俄无产阶级文化协会第一次
代表大会(1920年10月5日至12日在莫斯科举行)共产党党团会议上
发言。布哈林当时给列宁写了一张便条,拒绝在大会上发言,理由是他
同列宁在有关无产阶级文化的某些问题上可能有分歧,例如在有关列
宁《关于无产阶级文化》的决议草案第4项这一问题上(见本版全集第
39卷第373—375页)。这是列宁对布哈林的便条的答复。——514。

**447** 指意大利社会党右翼领导人克·特雷维斯在1920年10月11日召开
的艾米利亚雷焦改良主义者代表大会上的发言。列宁在1920年11月
4日写的《论意大利社会党党内的斗争》一文中,谈到了特雷维斯的这
次发言(见本版全集第39卷第455页)。——514。

**448** 这段批语写在总司令谢·谢·加米涅夫同坦波夫省部队司令巴甫洛夫
来往直达电报的摘录上。他们谈到由于坦波夫省的党组织和省执行委
员会之间发生纠纷造成的严重局势,已影响到清剿富农匪帮斗争的
开展。

　　文献上有埃·马·斯克良斯基的批注,说他已经就此问题同俄共
(布)中央书记尼·尼·克列斯廷斯基商谈过,为了改善坦波夫省的总
的局势,已派弗·亚·安东诺夫-奥弗申柯前往该省工作。——515。

**449** 指阿·马·高尔基于1919年2月在彼得格勒成立的专家委员会所选
出的珍品(见注205)。——516。

**450** 这个批示写在农业人民委员部部务委员瓦·尼·哈尔洛夫关于土地政
策和农业措施的报告上。这份报告是为乌拉尔州行将成立而写的。在
乌拉尔地区有大量哥萨克居民。——516。

**451** 指斯·伊·博京。参看注241。——517。

**452** 这段批语写在总司令谢·谢·加米涅夫给共和国革命军事委员会主席
的报告上。报告建议利用同波兰的停战尽快粉碎弗兰格尔白卫部队。
报告的第2条具体建议,提出使用西方面军一部分兵力和物资以便在

南俄采取军事行动。在该条末尾,在"不动用西南方面军的兵力和物资"这句话前,列宁标了增补符号"⟡",并在该页的下面注明"在⟡处加上:在实际实现停战之前"。

　　在列宁的意见下面,有尼·尼·克列斯廷斯基的批注"同意。**尼·克·**"以及斯大林和尼·伊·布哈林的签字。——519。

**453**　这段批语写在 1920 年 10 月 14 日召开的各部门联席会议的记录上。会议认为必须把最高国民经济委员会改组为工业人民委员部,并在劳动国防委员会下设立一个跨部门的机关,来协调生产、运输、供应、燃料、外贸、劳动力和货币分配等方面的经济计划。作为记录的附言,会议主席尤·拉林给列宁写信说:"这是符合党的四月代表大会决议精神的……　希望能得到您的支持,否则我们就摆脱不了混乱的局面。"

　　列宁的批语后面附有俄共(布)第九次代表大会《关于建立经济系统各人民委员部之间的联系的决议》(参看《苏联共产党代表大会、代表会议和中央全会决议汇编》1964 年人民出版社版第 2 分册第 17 页)。——521。

**454**　这段批语写在坦波夫省执行委员会主席兼省军事委员会主席亚·格·施利希特尔的来电上。来电请求增援在坦波夫省清剿土匪的红军部队。另见本卷第 669 号文献。——522。

**455**　这封信是列宁将沃·武约维奇 1920 年 9 月 21 日关于法国社会主义运动的状况的来信转给尼·伊·布哈林时写的。来信说,在法国共产党成立以前的时期,第三国际执行委员会某些领导人(波·苏瓦林、斐·洛里欧)对整个法国社会党及其党员采取了宗派主义立场。

　　列宁在信封上写着:"**布哈林**同志收(列宁寄)"。——523。

**456**　这份电报是在收到南方面军革命军事委员会委员谢·伊·古谢夫和司令米·瓦·伏龙芝关于红军部队推进的来电后写的。——527。

**457**　列宁于 1920 年 10 月 20 日写了《关于专政问题的历史》(见本版全集第 39 卷)一文,以代替原来答应写的 20 行的前言。文章发表于 1920 年

《共产国际》杂志第14期，大部分是《立宪民主党人的胜利和工人政党的任务》(见本版全集第12卷)这本小册子的节录。——528。

**458**　即社会主义社会科学院，是1918年在列宁的直接参加下成立的(见本版全集第34卷第349—350页)，其任务是：对社会主义和共产主义问题进行深入的科学研究；对社会科学、哲学以及同社会科学有关的自然科学进行科学研究；培养社会知识各个领域的专门人才；向群众介绍科学社会主义和共产主义学说。根据1919年4月15日全俄中央执行委员会批准的条例，社会主义社会科学院定名为社会主义科学院。从1924年4月17日起改称共产主义科学院。1936年2月，根据联共(布)中央委员会和苏联人民委员会的决定，共产主义科学院撤销，所属各研究所和主要工作人员并入苏联科学院。——529。

**459**　1920年10月23日在阿·阿·越飞参加下制定了关于俄罗斯联邦驻爱沙尼亚全权代表机构的工作的协议。协议指出："根据人民委员会的决定……全权代表伊·埃·古科夫斯基为俄罗斯联邦驻爱沙尼亚的唯一代表，同爱沙尼亚政府及有关当局的一切联系只能通过他或者在他的同意下按规定程序进行。"协议分八条，详细规定了使团负责工作人员之间的关系，目的在于建立使团人员之间正常的相互关系。11月，俄共(布)中央全会听取了格·瓦·契切林关于越飞去后雷瓦尔情况的报告，通过了如下决议：从雷瓦尔召回古科夫斯基和索洛蒙同志。——530。

**460**　指列宁当天从共产国际执行委员会书记米·韦·科别茨基那里收到的关于约翰·里德患病和死亡的医生报告(诊断书)。该报告用英文发表于1920年11月3日《号召报》第9号。

列宁所说的简讯指的是关于约翰·里德逝世的讣告："共产国际执行委员会委员、美国统一共产党代表约翰·里德同志因患肠伤寒于10月16日夜逝世"(载于1920年10月19日《真理报》)。——531。

**461**　副民族事务人民委员阿·扎·卡缅斯基对列宁的批示作了如下答复：卡拉恰伊代表的报告已送尼·尼·克列斯廷斯基，抄件已为斯大林准备好。对报告中提出的要满足卡拉恰伊人对土地、布匹、货币的需要的问题,卡缅斯基认为,对布匹和货币的要求应立即由州执行委员会予以满足,其他要求待今后设法加以满足。——532。

**462** 指对《关于机械劳动力(拖拉机)在农事生产(耕地与收割)上的应用》这个报告书的意见。报告书是国家农业博物馆馆长、全俄农业院理事会理事、管理委员会主席В.Д.巴秋什科夫和全俄农业院理事Г.弗罗洛夫提交人民委员会的。——532。

**463** 1920年10月23日列宁收到了瓦·斯·科尔涅夫关于为平定叛乱而采取的措施的报告。——533。

**464** 俄共(布)图拉省委员会主席团的一些成员写信给列宁,请他就下列问题作出指示:"在苏维埃俄国目前所处的时期,下面两种观点哪种正确:是把和平建设放在首位,还是首先必须集中一切力量来解决我们的军事任务。"写信人表示担忧,如果像图拉省党组织的某些成员力求做到的那样,把经济和教育任务放在首位,势必会使图拉省那些兵工厂的纪律松弛,干劲松懈。——535。

**465** 1920年10月23日,副教育人民委员米·尼·波克罗夫斯基在给列宁的正式答复中写道:"关于高尔基同志提议向国外出售俄罗斯联邦现有的艺术珍品一事,教育人民委员部并没有听到反对意见,但认为最好是让教育人民委员部博物馆司的代表参加鉴别工作。大部分仓库都经他们检查过,所以他们参加不会造成耽搁。

将指示他们迅速行动,不要在任何一件对俄罗斯艺术发展史没有价值的东西上耽误时间,而对俄罗斯艺术发展史有价值的东西,要保护的首先是独一无二的珍品。"

1920年10月26日人民委员会讨论了关于向国外出售珍贵古物的决定草案,并批准了下列决定:"(1)要求对外贸易人民委员部把彼得格勒专家委员会挑选出来的古董文物集中起来,并规定在国外最迅速、最获利地销售古董文物的奖金。(2)关于专家委员会口粮份数和标准问题,交工人供应委员会批准。如果跟列扎瓦同志不能取得一致意见,就提交人民委员会。(3)指示对外贸易人民委员部紧急研究在莫斯科建立类似委员会的问题,如果认为合适就成立起来。"

为了同西方最大古董商行建立联系,为了弄清古董的准确价格并安排去欧洲古董市场——巴黎、伦敦、佛罗伦萨和罗马进行拍卖,专家委员会推荐了著名古董鉴定家 M.M.萨沃斯京和委员会成员艺术家 И.H.拉基茨基负责这一工作。——536。

**466** 当时任彼得格勒学者生活改善委员会主席的阿·马·高尔基写信给全俄学者生活改善委员会,举出了错误压缩科学工作者住房的某些事实。列宁为此写了这封信。——537。

**467** 这段批语写在阿·马·高尔基关于彼得格勒学者口粮问题的来信上。由于彼得格勒公社打算征用省粮食委员会经粮食人民委员部批准拨给彼得格勒学者生活改善委员会的食品,该委员会主席高尔基请人民委员会作出决定:"省粮食委员会经粮食人民委员部批准拨给彼得格勒学者生活改善委员会的一切食品,彼得格勒公社不得征用,也不得算在人民委员会批准的给彼得格勒学者的口粮标准之内"。——539。

**468** 这段批语写在阿·马·高尔基的来信上。高尔基在信中报告说,国家出版社嘱托(1)列梅佐夫在瑞士订购两本书——法布尔的《昆虫生活》;克莱因的《地球的奇迹》。各两万册。(2)布罗茨基在斯德哥尔摩订购音乐家和艺术家传记和带剪裁线的识字课本。合同金额:120 万金卢布。——539。

**469** 指《关于专政问题的历史》一文的手稿和《十二年来》文集第 1 卷、小册子《立宪民主党人的胜利和工人政党的任务》。参看注 457。——540。

**470** 这张便条是针对列·达·托洛茨基 1920 年 10 月 23 日来电写的。托洛茨基在电报中抗议最高运输委员会撤销了他给燃料总委员会的要求每天发出 5 列直达列车的木柴供应南部前线地区各铁路的命令。电报中说,最高运输委员会对交通人民委员部"甚至以征用的方式转让木柴"也不准许;托洛茨基接着通知,他已下令立即给南部各铁路运送 10

列直达列车的木柴。列宁认为托洛茨基的行为超越了职权和违反了法定程序。因此劳动国防委员会于10月25日召开紧急会议只讨论一个问题:"关于南部各铁路的燃料供应问题(根据托洛茨基的电报)"。劳动国防委员会在决议中指出,如果没有燃料总委员会的命令或劳动国防委员会的特别决定,征用燃料是不能容许的,而且一切有关运输的命令(包括军事运输与疏散物资)都必须有最高运输委员会的决议和批准才能执行。

在劳动国防委员会的这次会议上,也制定了对南部各铁路的燃料供应的具体措施。——542。

**471** 这张便条是列宁读了俄罗斯联邦驻拉脱维亚全权代表雅·斯·加涅茨基1920年10月22日给外交人民委员格·瓦·契切林的电报后写的。加涅茨基报告说,当地报纸刊登了拉脱维亚政府支持波·维·萨文柯夫的白卫组织和弗兰格尔白卫军的招兵机构在拉脱维亚公开活动的消息。这些招兵机构把招募来的兵士冒充波兰难民送往波兰。——542。

**472** 对外贸易人民委员部答复列宁说,金矿总委员会在1920年10月28日和29日同乌拉尔和西伯利亚的代表举行了会议,讨论了发展黄金和白金工业的实际措施。——545。

**473** 1920年10月27日,列宁接见了弗拉基米尔省亚历山德罗夫县党代表会议派来的代表团。代表团成员 И.Я.拉特尼科夫、伊·雅·雷巴科夫、帕·亚·罗曼诺夫和尼·雅·格拉祖诺夫向列宁报告了特罗伊茨基军工厂的营私舞弊行为,以及党员很难向中央上告和求得迅速调查等情况。这封信是列宁同他们谈话后写的。——546。

**474** 1920年10月30日,人民委员会根据列宁和弗·巴·米柳亭的报告,通过了《关于泥炭水力开采法》的决定。会议责成最高国民经济委员会主席团组织附属于泥炭总委员会的泥炭水力开采管理局,罗·爱·克拉松被任命为该局负责人。会议还批准了发展泥炭水力开采工作的具体措施。——550。

**475** 这是对米·瓦·伏龙芝 1920 年 10 月 26 日自阿波斯托洛沃车站发给列宁的第 001/nш 号电报的答复。来电说："刚刚下达了总攻的最后命令。10 月 30 日、31 日和 11 月 1 日将是具有决定性意义的几天。对于粉碎敌人主力部队这一点，我没有怀疑。敌人在我们发动攻击时将来不及撤出地峡。关于立即拿下地峡一事，我认为至多有百分之一的希望。

　　25 日夜，我在阿波斯托洛沃召开了第 6、第 2 和第 1 集团军指挥员和革命军事委员会会议。会上取得了完全一致的意见并达到了相互了解。其中，对于第 1 集团军革命军事委员会和整个第 1 骑兵集团军我是毫不怀疑它能彻底完成自己的职责的。分手时大家的情绪都非常好。关于马赫诺已发了相应的指示。今日 20 时我将前往哈尔科夫。南方面军司令**伏龙芝**"（见《米·瓦·伏龙芝在内战前线。文件汇编》1941 年俄文版第 415 页）。——551。

**476** 这个批示写在瓦·瓦·沃罗夫斯基的妻子的来信上。她在信里请求给她正在恢复健康的丈夫以物质上的帮助。

　　1920 年 11 月 2 日，人民委员会办公厅主任将列宁的批示和沃罗夫斯基的妻子的信一起转给了小人民委员会，并附信如下："请小人民委员会准予发给沃罗夫斯基同志 100 000 卢布，以解决重病初愈的沃罗夫斯基同志目前十分需要的食品、医疗人员等开销。此款可以从人民委员会办公厅掌握的在类似情况下用以补助负责工作人员的基金中拨出。"——551。

**477** 这是对俄共（布）中央书记叶·阿·普列奥布拉任斯基的便条的答复。便条中说："在彼列科普问题上催逼伏龙芝是**欠谨慎的**。这样做，就是**从上面**促使他们试图对设防严密的战线发动徒劳的流血进攻。"——552。

**478** 这份电报是对斯大林 1920 年 10 月 26 日发自弗拉基高加索的电报的答复。斯大林在来电中说，他估计格鲁吉亚的孟什维克政府可能会把巴统让给协约国。——553。

**479** 这张便条是为答复中央统计局局长帕·伊·波波夫的下述请示而写
的:"关于1920年莫斯科市苏维埃职员的统计资料可在4周内整理完。
此项整理工作应该回答您的哪些问题,盼示。"——553。

**480** 指副工农检查人民委员瓦·亚·阿瓦涅索夫准备在全俄苏维埃第八次
代表大会上作的关于工农检查院工作经验的报告的提纲。代表大会预
定于1920年12月20日开幕。——556。

**481** 指全俄中央执行委员会1920年2月7日批准的《工农检查院条例》。
条例规定:"在吸收工农参加原国家监察机关的基础上把中央和地方的
国家监察机关改组为统一的社会主义监察机关,把该机关命名为'工农
检查院'。"工农检查院享有人民委员部的一切权力和职责。工农检查
院的任务是:监督各国家机关和经济管理机关的活动,监督各社会团
体,同官僚主义和拖拉作风作斗争,检查苏维埃政府法令和决议的执行
情况等。——556。

**482** 指人民委员会于1920年10月30日通过的《关于泥炭水力开采法》的
决定。决定肯定泥炭水力开采的工作"特别紧急,对国家具有非常重要
的意义"。——560。

**483** 克·格·拉柯夫斯基在电报上批注:"已答复列宁:为运出食糖早已采
取措施,现在这些措施的实施因缺少空车和木柴而受阻。"——565。

**484** 国防委员会1919年8月1日会议决定:委托埃·马·斯克良斯基起草
一份祝贺第5集团军建立一周年的电报,交列宁签署。
　　第5集团军是根据东方面军指挥部1918年8月16日的命令由
在喀山地区与白卫军和捷克斯洛伐克军作战的各部队组成的。
——569。

**485** 这份电报是根据俄共(布)中央政治局和组织局1919年8月13日的决
定发出的。——570。

**486** 国防委员会1919年10月10日会议决定:委托列·波·克拉辛以国防

委员会的名义拟一份给提前修复别拉亚河大桥的工人们的感谢电,并将此电交列宁签署。

列宁和克拉辛还签署了一份给乌法铁路局局长兼政治委员斯洛瓦茨基的电报,其中说:"请向乌法车站和别拉亚河大桥工地的全体职工转达我们的祝贺,祝贺他们胜利地完成了一项困难的、对苏维埃共和国十分重要的工作。"(见1940年《无产阶级革命》杂志第1期第153页)——572。

**487** 这份电报上有俄罗斯联邦粮食人民委员亚·德·瞿鲁巴的签字,看来是粮食人民委员部起草的。——573。

**488** 1919年11月27日,在以穆罕默德·瓦利汗为首的阿富汗特别使团启程回国之前,列宁把这封信交给了该使团。

俄罗斯现代史文献保存和研究中心除存有这封信的副本外,还保存着阿富汗国王来信的译本,译本上列宁写有批注:"秘密存档"(俄罗斯现代史文献保存和研究中心第2全宗,第1目录,第11873卷宗,第7张)。——574。

**489** 指西伯利亚革命委员会和第5集团军革命军事委员会同"政治中心"的代表团在1920年1月19日举行的谈判中所持的立场。所谓"政治中心"是1919年11月12日在伊尔库茨克召开的全西伯利亚各地方自治机关和城市会议上成立的,其成员是社会革命党、孟什维克、地方自治人士和合作社工作者的代表。在伊尔库茨克转到起义的工人、士兵和农民手里以后,"政治中心"于1920年1月5日宣称它夺取了该市政权。但是伊尔库茨克的实际政权掌握在俄共(布)伊尔库茨克委员会领导下进行活动的工农战斗队司令部和军事革命委员会的手里。当时没有马上提出取缔"政治中心"的问题,因为这个组织还得到部分居民的一定信任,并得到盘踞在伊尔库茨克省和外贝加尔的武装干涉者的支持。"政治中心"的目的是在东西伯利亚成立一个"民主的"资产阶级国家。它的代表团在同西伯利亚革命委员会谈判时,提议第5集团军停止东进,而在东西伯利亚建立一个缓冲国。但是西伯利亚革命委员会坚持自己的条件:红军推进到贝加尔,而缓冲国建立在外贝加尔。谈判结束时,伊·尼·斯米尔诺夫声明说:"我们要把我们的意见报告给莫斯科。"

　　但就在这个时候,伊尔库茨克的形势发生了变化。在这份电报拍发的当天,1920年1月21日,"政治中心"无力抗击向伊尔库茨克推进的高尔察克白卫军残部,把全部政权交给了伊尔库茨克军事革命委员会。——577。

**490**　1920年1月,由捷克斯洛伐克军方面提议,红军与捷克斯洛伐克军在克拉斯诺亚尔斯克开始进行停战谈判。1月11日,西伯利亚革命委员会和第5集团军革命军事委员会提出在捷克斯洛伐克军放下武器、将亚·瓦·高尔察克及其掠夺的黄金交给苏维埃政权的情况下,将保证捷克斯洛伐克军不受侵犯,并协助它返回祖国。这些条件被捷克斯洛伐克军指挥部所拒绝。1月21日,苏维埃方面撤销了要捷克斯洛伐克军缴械的要求,再次建议签订停战协议。但捷克斯洛伐克军看到高尔察克残部向伊尔库茨克顺利推进,便中断了谈判。直到1月28——29日,红军第5集团军在下乌金斯克给了捷克斯洛伐克军后卫部队严重打击以后,该军指挥部才派出代表团恢复谈判。双方于1920年2月7日在奎通车站签订了协定。协定规定在红军第5集团军前卫部队与捷克斯洛伐克军后卫部队之间建立中立地带,红军指挥部协助捷克斯洛伐克军完成撤退,捷克斯洛伐克军指挥部则不得干预高尔察克及其亲信的命运,不得支持白卫分子,不得用自己的列车把这些人及前高尔察克军的军用器材运出,并必须将共和国黄金储备、所有桥梁、车站、车库等铁路设施以及该军所使用的车厢、机车(在到达终点站后)移交苏维埃政权。——577。

**491**　指让斯大林前往高加索战线一事。——578。

**492**　指人民委员会1920年4月22日通过的《关于对居民进行职业和农业的普查以及对工业企业进行调查的法令》。通过这一法令是为了查明俄罗斯联邦的人口数、劳动力情况以及国家现有的经济力量。这次普查要登记每个人的"婚姻状况、性别、年龄、文化程度、兵役状况、劳动能力、主业和副业、专长及社会地位。农业普查的任务是,既要弄清楚每个个体户,也要弄清楚各集体农业单位的下述情况:(1)同农业有关的劳动成员和消费成员;(2)可耕地和菜园总面积,以及播种了粮食、牧草、蔬菜和其他经济作物的土地面积;(3)不同种类和不同年龄的牲畜头数,家禽和蜜蜂数量;(4)农具数量。每个工业企业或作坊则登记:企业类别,主要产品名称,企业和作坊通常开工期,现有的房舍,发动机的数量、种类和功率,男女工人人数"(见《苏维埃政权法令汇编》1976年俄文版第8卷第88—89页)。

　　列宁很重视这次普查,对中央统计局的工作经常给予帮助(见本卷第390号文献和《附录》第25、34号文献)。1920年5月11日人民委员会根据列宁的提议从全俄普查纲要中删去了关于宗教信仰的问题。5月21日列宁签署了《关于俄罗斯联邦统计人员义务登记的法令》(见《苏维埃政权法令汇编》1976年俄文版第8卷第230—234页)。——584。

**493**　这里说的是萨波日科夫叛乱。

　　萨波日科夫叛乱发生于1920年7—9月。亚·萨波日科夫是旧军官,左派社会革命党人,在红军中担任过重要职务。他在新乌津斯克、普加乔夫斯克、布祖卢克、萨马拉等县组建土耳其斯坦第21师时,把逃兵、反动哥萨克吸收进该师,并任命倾向无政府主义和社会革命党人的人为指挥员。在他的部队里,有人几乎是明目张胆地进行反苏维埃的煽动。伏尔加河左岸军区司令康·阿·阿夫克森齐耶夫斯基察觉该师情况不好,于1920年7月下令撤销萨波日科夫的师长职务。7月14日,萨波日科夫在波格罗姆诺耶村(离布祖卢克25公里)召开会议,煽动师内指挥人员不要服从军区的指挥,声称要将已建立的部队(近2 500人)改名为"真理红军"。叛乱分子的主要口号是"打倒余粮收集制!""自由贸易万岁!"叛乱分子曾一度占领布祖卢克及其周围地区,并向新乌津斯克和乌拉尔斯克发动进攻。遵照列宁的指示,萨拉托夫省党委和省执行委员会为平定叛乱采取了紧急措施。在新乌津斯克成立了革命委员会,派去了以党委主席团一名成员为首的20名党和苏维埃机关的负责干部。9月6日,叛乱分子在巴克—包尔湖岸被击溃,萨波日科夫被击毙。逃匿到新乌津斯克草原的残部于1922年被彻底消灭。

　　　　——593。

**494**　1920 年 8 月 19 日,俄共(布)中央政治局讨论了波兰战线和弗兰格尔战线的军事形势问题。会议通过的决议"责成托洛茨基同克列斯廷斯基协商,拍发若干份电报以执行政治局拟定的关于军事形势问题的有关指示"。当天,由中央政治局全体委员签署,给乌克兰共产党中央拍发了这份电报,此外还给中央委员会高加索局和中央委员会西伯利亚局拍发了电报(见本卷《附录》第 29、30 号文献)。

　　　　遵照列宁和俄共(布)中央政治局这一文件的指示,乌克兰共产党派 2 000 多名党员到弗兰格尔战线,乌克兰共青团也派出了同样数量的团员。在乌共(布)中央境外部(成立于 1920 年 5 月)的领导下,敌后的地下党组织也开展了活动。

　　　　乌克兰的贫苦农民委员会在补充南方面军部队方面起了重要作用,它们将数以千计的志愿人员、大量的粮食、衣服和武器输送到反弗兰格尔前线。——594。

**495**　这份电报是为执行劳动国防委员会 1920 年 8 月 25 日的决定而写的。该决定说:"有必要向那些进行主要修船作业的地区的最主要的执行委员会发出由列宁同志签署的电报,令其采取一切措施协助水运总管理局的工作。"——598。

**496**　1920 年 7 月 28 日,由劳动国防委员会主席列宁和副粮食人民委员尼·巴·布留哈诺夫签署,给劳动国防委员会驻阿斯特拉罕省特命全权代表伊·彼·巴布金拍发了一份电报,要求采取措施制止倒卖鱼类和食盐的活动并且必须登记各渔场、盐场和渔户的这类产品的产量(见《弗·伊·列宁和阿斯特拉罕边疆区。文件和材料汇编》1970 年俄文第 2 版(增订本)第 142—143 页)。——599。

**497**　列宁另外还给乌克兰、阿塞拜疆粮食人民委员部和北高加索的一些组织发了关于为迎接十月革命节收集和发运粮食的指示。——603。

**498**　1920 年 10 月 13 日劳动国防委员会听取了韦·米·斯维尔德洛夫关

于加速卸空前线军用物资占用的车皮的报告并决定："要求共和国革命军事委员会:(1)采取有力措施,把前线铁路上的军用物资卸完。发出由列宁同志签署的有关电报。(2)采取措施使各方面军辖区内的军事运输全部照章进行。如果因为军事情况需要增加运输量,应就此问题同铁路部门达成协议。"——604。

**499** 这份电报是为执行劳动国防委员会 1920 年 10 月 13 日的决议而写的(见注 498)。——605。

# 人 名 索 引

## A

阿·马·——见高尔基,马克西姆。

阿布拉莫维奇,亚历山大·叶梅利亚诺维奇(Абрамович, Александр Емелья-нович 生于 1888 年)——1908 年加入俄国社会民主工党。1911—1917 年作为政治流亡者住在瑞士,积极参加瑞士工人运动。1917 年二月革命后同列宁一起回国;是彼得格勒奥赫塔区的责任组织员,在罗马尼亚战线担任鼓动员。十月革命后在红军中任职,后在共产国际工作。——182。

阿多拉茨基,弗拉基米尔·维克多罗维奇(Адоратский, Владимир Викторович 1878—1945)——苏联马克思主义宣传家,历史学家,哲学家。1904 年加入俄国社会民主工党。1918 年在教育人民委员部工作,后在喀山大学任教。1920—1929 年任中央档案局副局长。参加《马克思恩格斯全集》和《列宁全集》的编辑出版工作,写有许多研究马克思列宁主义的参考书和马克思主义史方面的著作。——296、297—298、483。

阿尔费罗夫,康斯坦丁·阿列克谢耶维奇(Алферов, Константин Алексеевич 生于 1883 年)——1918 年加入俄共(布);筑路工程师。1919—1921 年在国家建筑工程委员会工作。——248—249、309、357。

阿尔曼德,伊涅萨·费多罗夫娜(Арманд, Инесса Федоровна 1874—1920)——1904 年加入俄国社会民主工党,长期从事国际共产主义运动和妇女运动。积极参加 1905—1907 年革命。多次被捕和流放。1909 年流亡国外。曾当选为俄国社会民主工党国外组织委员会书记。1911 年参加了布尔什维克隆瑞莫党校的工作。1912 年秘密回国,作为党中央代表在彼得堡为筹备第四届国家杜马选举做了大量工作。第一次世界大战期间出席了国际妇女社会党人代表会议、国际青年代表会议以及齐美尔瓦尔德代表会议和

昆塔尔代表会议。十月革命后任党的莫斯科省委委员、莫斯科省执行委员
会委员和省国民经济委员会主席。1918 年起任俄共（布）中央妇女部部
长。——223—225、422—423、445、447、453、466。

阿尔乔姆（**谢尔盖耶夫，费多尔·安德列耶维奇**）（Артем（Сергеев，Федор
Андреевич）1883—1921）——1901 年加入俄国社会民主工党。十月革命
后任哈尔科夫苏维埃主席、顿涅茨-克里沃罗格苏维埃共和国人民委员会
主席、乌克兰共产党（布）中央委员。1919 年 1 月起任乌克兰临时工农政
府副主席。1920 年任顿涅茨克省执行委员会主席。1920—1921 年任俄
共（布）莫斯科委员会书记，1921 年 2 月起任全俄矿工工会中央委员会主
席。在党的第七、第九和第十次代表大会上当选为中央委员，第八次代表
大会上当选为候补中央委员。在莫斯科—库尔斯克铁路试验螺旋桨式机
车时殉职。——201—202、208。

阿尔然诺夫，米哈伊尔·米哈伊洛维奇（Аржанов，Михаил Михайлович 1873—
1941）——俄国铁路工人，工程师，无党派人士。1919—1922 年任共和国
革命军事委员会中央军事交通部部长。——217、218、578。

阿夫克森齐耶夫斯基，康斯坦丁·阿列克谢耶维奇（Авксентьевский，
Константин Алексеевич 1890—1941）——1917 年加入俄国社会民主工党
（布）。十月革命和国内战争的参加者。1919 年任第 4 集团军司令、第 1
集团军革命军事委员会委员。1920 年任土耳其斯坦方面军副司令，指挥
南方面军第 6 集团军，代理南方面军司令助理职务。1921 年任乌克兰和
克里木武装部队副司令。——242—243、592—593。

阿夫罗夫，德米特里·尼古拉耶维奇（Авров，Дмитрий Николаевич 1890—
1922）——1918 年加入俄共（布）。国内战争的参加者。1919 年 8 月起先
后任彼得格勒司令、彼得格勒内城防御司令和特别旅旅长。1920 年 11
月—1921 年 4 月任彼得格勒军区司令。——123。

阿克雪里罗得，柳博芙·伊萨科夫娜（正统派）（Аксельрод，Любовь Исааковна
（Ортодокс）1868—1946）——俄国哲学家和文艺学家，社会民主主义运动
参加者。1887—1906 年先后侨居法国和瑞士；曾加入国外俄国社会民主
党人联合会。1903 年俄国社会民主工党第二次代表大会后，起初加入布
尔什维克，后转向孟什维克。在著作中批判了经济主义、新康德主义和经

验批判主义,但同时又赞同普列汉诺夫的孟什维主义观点,重复他在哲学上的错误,反对列宁的哲学观点。第一次世界大战期间持社会沙文主义立场。1918年起不再积极参加政治活动,在一些高等院校从事教学工作。——388、494。

阿克雪里罗季哈(柳博芙·阿克雪里罗得)——见阿克雪里罗得,柳博芙·伊萨科夫娜。

阿利卢耶夫,帕维尔·谢尔盖耶维奇(Аллилуев, Павел Сергеевич 1894—1938)——1917年加入俄国社会民主工党(布)。国内战争的参加者。工农红军装甲车管理局政治委员,师工程兵主任。1920年任一些通讯部队的指挥员。——279。

阿利卢耶夫,谢尔盖·雅柯夫列维奇(Аллилуев, Сергей Яковлевич 1866—1945)——1896年参加俄国社会民主主义运动。1912—1917年其住宅曾是布尔什维克的秘密接头点。1917年7月曾掩护列宁躲避资产阶级临时政府的追捕。国内战争时期在乌克兰和克里木做党的地下工作。1921年任雅尔塔革命委员会委员,后在莫斯科、列宁格勒和乌克兰担任经济领导工作。——214。

阿利卢耶娃,娜捷施达·谢尔盖耶夫娜(Аллилуева, Надежда Сергеевна 1901—1932)——谢·雅·阿利卢耶夫的女儿,斯大林的妻子。1918年加入俄共(布)。1919年起在人民委员会秘书处工作。国内战争时期在察里津战线工作。后在《革命和文化》杂志编辑部工作。——389。

阿廖申,谢尔盖·谢苗诺维奇(Алешин, Сергей Семенович 1886—1963)——苏联雕塑家。曾参加设计马克思纪念碑的工作。——306。

阿曼努拉汗(Amanullah Khan 1892—1960)——阿富汗艾米尔(1919—1926)和阿富汗国王(1926—1929)。执政期间,阿富汗宣布完全独立,并于1919年与苏维埃俄国建立了外交关系。1921年同俄罗斯联邦签订友好条约。——574—575。

阿尼克斯特,阿布拉姆·莫伊谢耶维奇(Аникст, Абрам Моисеевич 1887—1941)——1919年加入俄共(布)。1918—1922年任劳动人民委员部部务委员和副人民委员。——444。

阿瓦涅索夫,瓦尔拉姆·亚历山德罗维奇(Аванесов, Варлаам Александрович

1884—1930)——1903 年加入俄国社会民主工党。1917—1919 年任全俄中央执行委员会秘书和主席团委员、全俄铁路运输修建委员会委员。1919—1920 年初任国家监察人民委员部部务委员,1920—1924 年任副工农检查人民委员、全俄肃反委员会会务委员,1924—1925 年任副对外贸易人民委员。1922—1927 年任苏联中央执行委员会委员。—— 92 — 93、342 — 343、393、481、556 — 557、562 — 564。

阿维洛夫,尼古拉·巴甫洛维奇(格列博夫,尼·)(Авилов, Николай Павлович (Глебов, Н.) 1887—1942)——1904 年加入俄国社会民主工党。1918 年 5 月任黑海舰队政委。后任全俄工会中央理事会主席团委员和书记、乌克兰劳动人民委员。—— 34。

阿赞切夫斯卡娅,安娜·瓦西里耶夫娜(Азанчевская, Анна Васильевна 生于 1885 年)——俄国钢琴家。伊·尼·阿赞切夫斯卡娅的女儿。—— 474。

阿赞切夫斯卡娅,伊丽莎白·尼古拉耶夫娜(Азанчевская, Елизавета Николаевна 生于 1850 年)——俄国文学工作者。—— 474。

埃杜克,亚历山大·弗拉基米罗维奇(Эйдук, Александр Владимирович 1886—1938)——1903 年加入俄国社会民主工党。1919—1922 年为全俄肃反委员会会务委员、铁路军事管制特别委员会委员、劳动国防委员会负责各燃料总管理机构的特派员、苏维埃政府驻美国救济署代表。—— 193。

埃利钦,波里斯·米哈伊洛维奇(Эльцин, Борис Михайлович 生于 1875 年)——1897 年参加俄国社会民主主义运动。1919—1920 年任乌法省革命委员会主席。—— 201—202。

埃利亚瓦,沙尔瓦·祖拉博维奇(Элиава, Шалва Зурабович 1883—1937)——1904 年加入俄国社会民主工党。1917 年 12 月起任沃洛格达省工兵代表苏维埃主席团主席,1918 年 4 月起任沃洛格达省执行委员会副主席。1918 年 11 月—1919 年 2 月在莫斯科任工商业人民委员部部务委员。1919 年 6—8 月任第 1 集团军革命军事委员会委员兼东方面军南方军队集群革命军事委员会委员。1919—1920 年任土耳其斯坦方面军革命军事委员会委员、全俄中央执行委员会和俄罗斯联邦人民委员会土耳其斯坦事务委员会主席。1920 年 9 月起任第 11 集团军和高加索独立师革命军事委员会委员。——150、160—161、284、339—340。

埃斯蒙特,尼古拉·博列斯拉沃维奇(Эйсмонт,Николай Болеславович 1891—1935)——1917 年加入俄国社会民主工党(布)。1919 年起任国防委员会红军和红海军供给副特派员,1920 年起任最高国民经济委员会主席团委员。——561。

艾森施塔特,伊赛·李沃维奇(尤金)(Айзенштадт,Исай Львович(Юдин)1867—1937)——崩得领袖之一。1902 年起为崩得中央委员。曾代表崩得中央委员会出席俄国社会民主工党第二次代表大会,会上是反火星派分子,会后成为孟什维克骨干分子。敌视十月革命。1922 年侨居德国,领导诽谤苏联的崩得集团,为孟什维克的《社会主义通报》杂志撰稿。——132、133。

艾斯勒,鲁道夫(Eisler,Rudolf 1873—1926)——德国哲学家,伊·康德和威·冯特的追随者。因编著《哲学名词词典》(1899)、《哲学家词典》(1912)和《简明哲学词典》(1913)而出名。——465。

安德列耶娃,玛丽亚·费多罗夫娜(Андреева,Мария Федоровна 1868—1953)——俄国女演员,社会活动家,高尔基的妻子和助手。1904 年加入俄国社会民主工党。参加过 1905 年革命,是布尔什维克《新生活报》的出版人。多次完成列宁委托的党的各种任务。十月革命后曾任彼得格勒剧院等娱乐场所的政治委员,在对外贸易人民委员部系统工作,参加苏维埃影片生产的开创工作。1931—1948 年任莫斯科科学工作者之家主任。——81—82、311、467。

安德森,弗拉基米尔·马克西米利安诺维奇(Андесон,Владимир Максимилианович 生于 1880 年)——1918 年加入俄共(布)。1918—1923 年先后任彼得格勒公共图书馆(现国立萨尔蒂科夫-谢德林公共图书馆)政治委员和副馆长。——304。

奥布赫,弗拉基米尔·亚历山德罗维奇(Обух,Владимир Александрович 1870—1934)——1894 年参加俄国社会民主主义运动;职业是医生。苏联卫生事业的组织者之一。十月革命的积极参加者。1919—1929 年任莫斯科卫生局局长、莫斯科苏维埃主席团委员。给列宁治过病。——361。

奥尔德罗格,弗拉基米尔·亚历山德罗维奇(Ольдерогге,Владимир Алексан-

дрович 1873— 1931)——沙俄将军，1918 年参加红军。1919 年 8 月—
1920 年 1 月任东方面军司令，曾先后任西西伯利亚军区和基辅军区军事
部主任。1920 年任南方面军司令的特别事务协理军官。——79、81。

奥尔洛夫，基里尔 · 尼基托维奇（**叶戈罗夫，伊万 · 尼基托维奇**）（Орлов，
Кирилл Никитович（Егоров，Иван Никитович）1879—1943）——1904 年加
入俄国社会民主工党。1917—1918 年任全俄红军装备委员会主席。1918
年 8 月—1919 年 12 月是图拉兵器厂和弹药厂以及炮库的政治委员。
——567—568。

奥尔舍夫斯基，С.И.（Ольшевский，С.И.）——苏联铁路建筑工程师。曾任交
通人民委员部技术委员会桥梁组成员和铁路修复问题技术管理局顾问。
——572。

奥尔忠尼启则，格里戈里 · 康斯坦丁诺维奇（谢尔戈）（Орджоникидзе，
Григорий Константинович（Серго）1886—1937）——1903 年加入俄国社会
民主工党，布尔什维克。1912 年在党的第六次（布拉格）全国代表会议上
当选为中央委员和中央委员会俄国局成员。十月革命后任乌克兰地区临
时特派员和南俄临时特派员。国内战争时期任第 16、第 14 集团军和高加
索方面军革命军事委员会委员。1920 年起是俄共（布）中央委员会高加索
局成员。1921 年在党的第十次代表大会上当选为中央委员。1922—1926
年任党的外高加索边疆区委第一书记和北高加索边疆区委第一书记。
——21、95、225—226、254、267、275、294—295、300—301、319、320—321、
328、353、389、418、422、423、447、453、460、466、473。

奥赫里缅科，彼得 · 费多罗维奇（Охрименко，Петр Федорович 生于 1888
年）——翻译家，苏联作家协会会员。——138。

奥西金，德米特里 · 普罗科皮耶维奇（Оськин，Дмитрий Прокопьевич 1892—
1934）——1918 年加入俄共（布），原为左派社会革命党人。国内战争时期
任图拉省军事委员，曾指挥伏尔加河沿岸和伏尔加左岸军区的部队，担任
过工农红军供给部长。复员后从事经济工作。——105—106、567—568。

奥新斯基，恩 ·（**奥博连斯基，瓦列里安 · 瓦列里安诺维奇**）（Осинский，Н.
（Оболенский，Валериан Валерианович）1887—1938）——1907 年加入俄国
社会民主工党。曾在莫斯科、特维尔、哈尔科夫等地做党的工作，屡遭沙皇

政府迫害。斯托雷平反动时期是召回派分子,新的革命高涨年代参加布尔
什维克的《明星报》、《真理报》和《启蒙》杂志的工作。十月革命后任俄罗斯
联邦国家银行总委员、最高国民经济委员会主席。1918 年初曾参加顿涅
茨煤矿国有化的工作。1919—1920 年初先后任全俄中央执行委员会驻奔
萨省、图拉省和维亚特卡省的特派员。1920 年任图拉省执行委员会主席。
1921—1923 年任副农业人民委员、最高国民经济委员会副主席。在党的
第十次代表大会上当选为候补中央委员。——60—61、567—568。

## B

巴布金,伊万·彼得罗维奇(Бабкин, Иван Петрович 1885 — 1940)—— 1902
年加入俄国社会民主工党。1918—1921 年先后任俄罗斯联邦粮食人民委
员部劳动局局长、劳动国防委员会驻伏尔加河—里海地区特派全权代表。
1921 年 9 月起任中央消费合作总社主席团委员、全俄渔民生产合作总社
理事会主席等职。——270、589、599—600。

巴达耶夫,阿列克谢·叶戈罗维奇( Бадаев, Алексей Егорович　1883 —
1951)——1904 年加入俄国社会民主工党。第四届国家杜马彼得堡省工
人代表,参加布尔什维克杜马党团,同时在杜马外做了大量的革命工作,是
中央委员会俄国局成员,为布尔什维克的《真理报》撰稿。因进行反对帝国
主义战争的革命活动,1914 年 11 月被捕,1915 年流放图鲁汉斯克边疆区。
十月革命后任彼得格勒粮食委员会主席、彼得格勒劳动公社粮食委员。
1920 年夏起任莫斯科消费合作社和莫斯科消费公社主席。1921—1929
年先后任彼得格勒统一消费合作社主席和列宁格勒消费合作总社主席。
——102、276、336—337、365、383、386—387。

巴尔卡希娜,А.Ф.(Балкашина, А.Ф.)——当时主管俄罗斯联邦教育人民委
员部实验学校。——344、345。

巴甫洛夫,伊万·彼得罗维奇(Павлов, Иван Петрович 1849—1936)——俄
国生理学家,科学院院士。1890—1925 年任军医学院教授,同时兼任实验
医学研究所生理学实验室主任。所创立的高级神经活动学说对医学、心理
学乃至哲学等领域都产生过影响。——383。

巴兰,米哈伊尔·卢基奇(Баран, Михаил Лукич 1880 — 1937)——1917 年

加入俄国社会民主工党(布)。1919 年参与创建东加利西亚共产党。1920
年任加利西亚革命委员会副主席,参加了波苏和平谈判。曾任加利西亚共
产党中央政治局委员。——434。

巴辛,C.(Басин,C.)——苏俄土耳其斯坦方面军红色公社战士第 30 骑兵团
政治委员。——327。

邦达连科(Бондаренко)——俄罗斯联邦最高国民经济委员会汽车处负责人。
——343。

邦契-布鲁耶维奇,弗拉基米尔·德米特里耶维奇(Бонч-Бруевич,Владимир
Дмитриевич 1873—1955)——19 世纪 80 年代末参加俄国革命运动,1896
年侨居瑞士。在国外参加劳动解放社的活动,为《火星报》撰稿。俄国社会
民主工党第二次代表大会后是布尔什维克。1903—1905 年在日内瓦领导
俄国社会民主工党中央委员会发行部,组织出版布尔什维克的书刊(邦契-
布鲁耶维奇和列宁出版社)。以后几年从事布尔什维克报刊和党的出版社
的组织工作。积极参加彼得格勒十月武装起义,是斯莫尔尼—塔夫利达宫
区的警卫长。十月革命后任人民委员会办公厅主任(至 1920 年 10 月,其
间曾兼任反破坏、抢劫和反革命行动委员会主席)、生活和知识出版社总编
辑,后任莫斯科卫生局所属林中旷地国营农场场长,同时从事科学研究和
著述活动。—— 75、183 — 184、213、303、334、395、470 — 471、511、
512、517。

邦契-布鲁耶维奇,米哈伊尔·德米特里耶维奇(Бонч-Бруевич,Михаил
Дмитриевич 1870—1956)——弗·德·邦契-布鲁耶维奇的哥哥。十月革
命后转到苏维埃政权方面的首批俄军将领之一。1917 年 11 月—1919 年
7 月先后任最高总司令大本营参谋长、最高军事委员会军事指导员、共和
国革命军事委员会野战司令部参谋长。1919—1923 年任最高国民经济委
员会最高大地测量局局长。——271。

邦契-布鲁耶维奇,米哈伊尔·亚历山德罗维奇(Бонч-Бруевич,Михаил
Александрович 1888—1940)——苏联无线电工程师,无线电技术的奠基
人之一。1916—1919 年从事电子管的研究。1918 年起主持下诺夫哥罗
德无线电实验室。遵照列宁的指示,实验室设计了莫斯科广播电台的建设
方案;电台于 1922 年建成,命名为"共产国际广播电台"。1922 年起先后

任莫斯科高等技术学校和列宁格勒通讯工程学院教授。——216—217。

鲍德温,詹姆斯·马克(Baldwin,James Mark 1861—1934)——美国心理学家和哲学家,多种学术杂志的编辑。曾编辑出版大型百科辞典《哲学和心理学辞典》。——465。

鲍威尔,奥托(Bauer,Otto 1882—1938)——奥地利社会民主党和第二国际领袖之一,"奥地利马克思主义"理论家。1918年11月—1919年7月任奥地利共和国外交部长。敌视俄国十月革命。1920年在维也纳出版反布尔什维主义的《布尔什维主义还是社会民主主义?》一书。——394。

贝奈什,弗兰蒂舍克(Beneš,František 生于1882年)——捷克斯洛伐克排字工人。1916年8月起住在俄国。1917年5月加入俄国社会民主工党(布),后为俄共(布)中央委员会捷克斯洛伐克支部领导成员。1918年起在俄罗斯联邦民族事务人民委员部捷克斯洛伐克局工作。1920年2月返回捷克斯洛伐克,追随捷克斯洛伐克社会民主党右翼。——493。

彼得罗夫(Петров)——538。

彼得罗夫斯基,格里戈里·伊万诺维奇( Петровский,Григорий Иванович 1878—1958)——1897年参加俄国社会民主主义运动。第四届国家杜马叶卡捷琳诺斯拉夫省工人代表,布尔什维克杜马党团主席。1912年被增补为党中央委员。因进行反对帝国主义战争的革命活动,1914年11月被捕,1915年流放图鲁汉斯克边疆区,在流放地继续进行革命工作。积极参加十月革命。1917—1919年任俄罗斯联邦内务人民委员,1919—1938年任全乌克兰中央执行委员会主席。1921年在党的第十次代表大会上当选为中央委员。——214。

彼得斯,雅柯夫·克里斯托福罗维奇(Петерс,Яков Христофорович 1886—1938)——1904年加入俄国社会民主工党。1917年当选为拉脱维亚边疆区社会民主党中央委员。十月革命期间任彼得格勒军事革命委员会委员。1917年12月起任革命法庭庭长、全俄肃反委员会会务委员和副主席;是镇压莫斯科左派社会革命党人叛乱的领导人之一。1918年7月—1919年3月任全俄肃反委员会临时代理主席和副主席。1919—1920年先后任驻彼得格勒特派员、彼得格勒和基辅两地筑垒地域司令以及图拉筑垒地域军事委员会委员。1920—1922年为俄共(布)中央委员会土耳其斯坦局成员、全俄肃反委员会驻土耳其斯坦全权代表。1922 年起任国家政治保卫局—国家政治保卫总局局务委员会委员。——105、123、254。

彼得松，卡尔·安德列耶维奇（Петерсон, Карл Андреевич 1877 — 1926）——1898 年加入俄国社会民主工党。十月革命期间任彼得格勒军事革命委员会委员，后任全俄中央执行委员会主席团委员、全俄中央执行委员会革命法庭成员、拉脱维亚步兵师政委。1918 年 12 月起任拉脱维亚苏维埃政府陆军人民委员，1920 年 1 月起任叶尼塞斯克省军事委员。——25、118。

别尔津，莱茵霍尔德·约瑟福维奇（Берзин, Рейнгольд Иосифович 1888 — 1939）——1905 年加入俄国社会民主工党。1918 年 6 月起任北乌拉尔—西伯利亚方面军司令，7 — 11 月任第 3 集团军司令。1919 — 1920 年任西方面军、南方面军和西南方面军革命军事委员会委员。——97。

别尔卡洛夫，叶夫根尼·亚历山德罗维奇（Беркалов, Евгений Александрович 1878—1952）——苏联教授，工科博士，炮兵科学院院士，工程技术兵中将。红军建军初期即投身部队建设，曾积极参加炮兵技术的改进工作。——5。

别连基，阿布拉姆·雅柯夫列维奇（Беленький, Абрам Яковлевич 1883 — 1942）——1902 年加入俄国社会民主工党。十月革命后在全俄肃反委员会—国家政治保卫总局机关工作；1919 — 1924 年任列宁的警卫队队长。——151、341、350、358、362、367、518。

别洛博罗多夫，亚历山大·格奥尔吉耶维奇（Белобородов, Александр Георгиевич 1891—1938）——1907 年加入俄国社会民主工党。1918 年起任乌拉尔州苏维埃执行委员会主席。1919 年 4 月起先后任工农国防委员会驻南方面军镇压顿河流域反革命叛乱的特派员、共和国革命军事委员会政治部副主任和第 9 集团军革命军事委员会委员。1920 年 8 月起任高加索劳动军委员会副主席、东南劳动军委员会主席、俄共（布）中央委员会东南局书记。1921 年 3 月起任东南边疆区（区域）经济委员会主席、内务人民委员部部务委员、内务人民委员部第二副人民委员。在党的第八次代表大会上当选为中央委员。曾任俄共（布）中央委员会高加索局成员。——435、463、479。

波波夫，帕维尔·伊里奇（Попов, Павел Ильич 1872 — 1950）——苏联统计

学家,1924 年加入俄共(布)。1918 年起任中央统计局局长、苏联国家计划委员会主席团委员。——30—31、175—177、322—323、354、363—364、553—554。

波波娃(**卡斯帕罗娃**),叶夫根尼娅·米纳索夫娜(Попова（Каспарова），Евгения Минасовна 1888—1963)——1903 年参加俄国革命运动,1919 年加入俄共(布)。1918—1922 年任全俄中央执行委员会房管局局长,后任外高加索联邦驻苏联人民委员会代表处办公室主任助理和责任秘书、苏联国家计划委员会主席团责任秘书等职。——139—140。

波德沃伊斯基,尼古拉·伊里奇(Подвойский，Николай Ильич 1880—1948)——1901 年加入俄国社会民主工党。十月革命期间任彼得格勒军事革命委员会主席,是攻打冬宫的领导人之一。克伦斯基—克拉斯诺夫叛乱期间任彼得格勒军区司令,积极参与平定叛乱。1917 年 11 月—1918 年 3 月任陆军人民委员。1918 年 1 月起任全俄红军建军委员会主席。1918 年 9 月—1919 年 7 月任共和国革命军事委员会委员,1919 年 1—9 月兼任乌克兰陆海军人民委员。——17—18。

波尔特,维利(Польт，Виллы)——当时是德国航空公司飞行员。——245—246。

波格丹诺夫(**马林诺夫斯基**),亚历山大·亚历山德罗维奇(Богданов（Малиновский），Александр Александрович 1873—1928)——俄国社会民主党人,哲学家,社会学家,经济学家;职业是医生。19 世纪 90 年代参加社会民主主义小组。1903 年成为布尔什维克。作为多数派委员会常务局成员参加了俄国社会民主工党第三次代表大会的筹备工作,在代表大会上当选为中央委员。曾参加布尔什维克机关报《前进报》和《无产者报》编辑部,是布尔什维克《新生活报》的编辑。斯托雷平反动时期和新的革命高涨年代领导召回派,是"前进"集团的领袖。在哲学上宣扬经验一元论。1909 年 6 月因进行派别活动被开除出党。十月革命后是无产阶级文化派的思想家。1926 年起任由他创建的输血研究所所长。——501。

波嘉耶夫,А.И.(Потяев，А.И.1888—1939)——1917 年加入俄国社会民主工党(布)。1919 年任西方面军革命军事委员会委员,1920—1921 年任粮食人民委员部部务委员、渔业总管理局局长。——109、589。

波克罗夫斯基,米哈伊尔·尼古拉耶维奇(Покровский, Михаил Николаевич 1868—1932)——1905 年加入俄国社会民主工党,历史学家。曾积极参加 1905—1907 年革命。1907 年在党的第五次(伦敦)代表大会上当选为候补中央委员。1908—1917 年侨居国外。斯托雷平反动时期参加召回派和最后通牒派,后加入"前进"集团,1911 年与之决裂。第一次世界大战期间持国际主义立场,从事布尔什维克书刊的出版工作,曾编辑出版列宁的《帝国主义是资本主义的最高阶段》一书。1917 年 8 月回国,参加了莫斯科武装起义。十月革命后任莫斯科苏维埃主席,俄罗斯联邦副教育人民委员以及共产主义科学院、红色教授学院和中央国家档案馆等单位的领导人。——72、136、194、249、277、323、344—345、376、451—452、536。

波泽尔恩,波里斯·巴甫洛维奇(Позерн, Борис Павлович 1882—1939)——1902 年加入俄国社会民主工党。1918—1919 年任彼得格勒军区军事委员,1919 年 6 月—1920 年 12 月先后任西方面军、东方面军和第 5 集团军革命军事委员会委员。——79、108、368。

勃朗斯基,美契斯拉夫·亨利霍维奇(Бронский, Мечислав Генрихович 1882—1941)——波兰社会民主党人,后为布尔什维克。1902 年加入波兰王国和立陶宛社会民主党,曾在波兰和瑞士做党的工作。第一次世界大战期间是国际主义者。曾代表波兰王国和立陶宛社会民主党出席昆塔尔代表会议,属齐美尔瓦尔德左派,参加了瑞士社会民主党的活动。1917 年 6 月起任俄国社会民主工党(布)彼得堡委员会的鼓动员和宣传员。十月革命后历任副工商业人民委员。1920 年起任苏俄驻奥地利全权代表和商务代表。1924 年起任财政人民委员部部务委员和对外贸易人民委员部部务委员。——182。

博格达齐扬,M.C.(Богдатьян, M.C.)——1919 年任乌克兰红军供给非常委员会主席、乌克兰工农国防委员会委员和中央军事统计分配委员会主席。——42—43。

博基,格列勃·伊万诺维奇(Бокий, Глеб Иванович 1879—1937)——1900 年加入俄国社会民主工党。1919—1920 年任土耳其斯坦方面军特别部部长、全俄中央执行委员会和俄罗斯联邦人民委员会土耳其斯坦事务委员会委员。1921 年起先后任全俄肃反委员会会务委员、国家政治保卫总局局务委员和内务人民委员部部务委员。——184。

博京，斯捷潘·伊万诺维奇（Ботин，Степан Иванович）——苏联电气工程师。曾研究用电磁波远距离引爆问题，但实验没有成功。——295—296、334、335、358、359—360、387、459、507、517、520、554—555。

布达西，亚历山大·弗拉基米罗维奇（Будасси，Александр Владимирович 死于1941年）——苏联交通总工程师。1920年1月被任命为修筑亚历山德罗夫盖—恩巴线和将红库特—亚历山德罗夫盖线改为宽轨铁路的总工程师。——236、242—243、256、309。

布哈尔采夫，彼得·瓦西里耶维奇（Бухарцев，Петр Васильевич 生于1886年）——1904—1917年是俄国社会革命党人，1918年加入俄共（布）。1920年4月起是对外贸易人民委员部驻北高加索的全权代表。——374—375。

布哈林，尼古拉·伊万诺维奇（Бухарин，Николай Иванович 1888—1938）——1906年加入俄国社会民主工党，1908年起任党的莫斯科委员会委员。1909—1910年几度被捕，1911年从流放地逃往欧洲。在国外开始著述活动，参加欧洲工人运动，1915年为《共产党人》杂志撰稿。1917年二月革命后回国。十月革命后任《真理报》主编。1918年初反对签订布列斯特和约，是"左派共产主义者"集团的领袖。1919年起先后当选为党中央政治局候补委员和政治局委员，共产国际执行委员会委员和主席团委员。1920—1921年工会问题争论期间领导"缓冲"派。——8、76、201、347、388、431—432、461、501、514、523、556。

布拉基特内（**叶兰斯基**），瓦西里·米哈伊洛维奇（Блакитный（Елланский），Василий Михайлович 1894—1925）——乌克兰作家和社会活动家。乌克兰左派社会革命党（斗争派）领袖之一，该党中央机关报《斗争报》编辑。1920年初加入乌克兰共产党（布），1920—1925年是该党中央委员。历届全俄中央执行委员会委员，苏联中央执行委员会委员。——272。

布拉斯，奥托（Braß，Otto 1875—1950）——德国社会民主党人，德国独立社会民主党创建人和左翼代表人物之一。1920年12月德国独立社会民主党与德国共产党合并后，为德国统一共产党中央委员。1921年2月退出中央委员会。——381。

1920年为土耳其斯坦委员会驻希瓦特派员。1921—1923年任副民族事务人民委员。——285。

布马日内,叶菲姆·奥西波维奇(Бумажный, Ефим Осипович 1894—1968)——1917年加入俄国社会民主工党(布)。十月革命后任劳动人民委员部部务委员、俄共(布)中央委员会乌拉尔区域劳动局成员和第1劳动军革命军事委员会主席。——218。

布琼尼,谢苗·米哈伊洛维奇(Буденный, Семен Михайлович 1883—1973)——1919年加入俄共(布)。1919—1921年先后任骑兵第4师师长、骑兵军军长和骑兵第1集团军司令,该集团军对于歼灭邓尼金、波兰地主和弗兰格尔白卫军起了突出的作用。——86、225、427—428、441、502。

## C

策勒,爱德华(Zeller, Edward 1814—1908)——德国哲学家,古希腊哲学史和德国哲学史专家。——465。

## D

达里,弗拉基米尔·伊万诺维奇(Даль, Владимир Иванович 1801—1872)——俄国方言学家,民族志学家,词典编纂者,作家。1838年起为彼得堡科学院通讯院士,1863年起为名誉院士。《现代大俄罗斯语言详解词典》的编纂者。——183、199、323。

达尼舍夫斯基,卡尔·尤利·克里斯蒂安诺维奇(Данишевский, Карл Юлий Христианович 1884—1938)——1900年加入俄国社会民主工党。十月革命后任东方面军革命军事委员会委员、共和国革命军事委员会委员和共和国革命军事法庭庭长。1919年7月起先后被任命为共和国革命军事委员会野战司令部副政治委员和政治委员。1920年是出席在明斯克举行的以俄罗斯联邦和乌克兰为一方,以波兰为另一方的关于停止战争、建立和平友好关系的和平会议的苏俄代表团团长。在党的第八次代表大会上当选为候补中央委员。1921年起任党中央委员会西伯利亚局书记、林业总委员会主席、苏联对外贸易银行和全苏木材出口联合公司管理委员会主席等职。——437、443、445、446。

达申斯基，伊格纳齐（Daszynski, Ignacy 1866—1936）——波兰政治活动家。1892—1919 年领导加利西亚社会民主党，后为统一的波兰社会党（右派）的领袖之一。1919 年起三次当选为波兰议会议员，任波兰社会党议会党团主席。1920 年参加波兰地主资产阶级政府，任副总理。——443。

德莱昂，丹尼尔（De Leon, Daniel 1852—1914）——美国工人运动活动家，政论家。19 世纪 90 年代起是社会主义工人党的领袖和思想家。——461。

德米特里·伊里奇——见乌里扬诺夫，德米特里·伊里奇。

邓尼金，安东·伊万诺维奇（Деникин, Антон Иванович 1872—1947）——沙俄将军。国内战争时期任白卫军"南俄武装力量"总司令。1919 年夏秋进犯莫斯科，被击溃后于 1920 年 4 月逃亡国外。——35、51、77、79、88、101、110、162、231、232、238、254、267、271。

多伊米——见多伊米希，恩斯特。

多伊米希，恩斯特（Däumig, Ernst 1866—1922）——德国独立社会民主党创建人之一，1919 年 8 月起任该党主席。1920 年 12 月与该党左翼一起加入德国共产党，但于 1922 年又回到社会民主党。共产国际第二次代表大会代表。——381。

## E

恩斯特，鲁道夫（Ernst, Rudolf）——当时是奥地利战俘，中尉工程师。——304。

## F

法因贝格，约瑟夫·伊萨科维奇（Fineberg, Joseph Issakowitsch 1886—1957）——英国共产党创建人之一。1918 年到苏维埃俄国，在武装干涉军和战俘中做宣传工作；同年加入俄共（布）。曾参加共产国际第一次代表大会的工作。1935 年以前在共产国际工作，之后至 1953 年在外文出版社从事编辑和翻译工作。——314。

佛敏，瓦西里·瓦西里耶维奇（Фомин, Василий Васильевич 1884—1938）——1910 年加入俄国社会民主工党。1918—1920 年任全俄肃反委员会会务委员、交通总管理局委员和交通人民委员部部务委员。1921 年 1

月起任最高运输委员会主席、副交通人民委员。——481。

弗拉基米尔斯基，米哈伊尔·费多罗维奇（Владимирский，Михаил Федорович 1874—1951）——1895 年参加俄国社会民主主义运动，布尔什维克。1905 年积极参加莫斯科十二月武装起义。1906 年侨居国外，在布尔什维克巴黎小组工作。十月革命后在莫斯科苏维埃主席团工作。1919—1921 年任全俄中央执行委员会主席团委员、俄罗斯联邦副内务人民委员。1922—1925 年任乌克兰苏维埃社会主义共和国人民委员会副主席，乌克兰共产党（布）中央委员会书记、中央监察委员会主席，乌克兰工农检查人民委员。在党的第七次代表大会上当选为中央委员，第八次代表大会上当选为候补中央委员。——74、143、198、229、307、317、364、429。

弗拉基米罗夫（**舍印芬克尔**），米龙·康斯坦丁诺维奇（Владимиров（Шейнфинкель），Мирон Константинович 1879—1925）——1903 年加入俄国社会民主工党，布尔什维克。曾在彼得堡、戈梅利、敖德萨、卢甘斯克和叶卡捷琳诺斯拉夫做党的工作。参加 1905—1907 年革命，后被捕和终身流放西伯利亚，1908 年从流放地逃往国外。1911 年脱离布尔什维克，后加入出版《护党报》的普列汉诺夫派巴黎小组。第一次世界大战期间参加托洛茨基的《我们的言论报》的工作。1917 年二月革命后回国，参加区联派，在俄国社会民主工党（布）第六次代表大会上随区联派集体加入布尔什维克党。十月革命后在彼得格勒市粮食局和粮食人民委员部工作。1919 年任南方面军铁路军事特派员和粮食特设委员会主席。1921 年先后任乌克兰粮食人民委员和农业人民委员。1922—1924 年任俄罗斯联邦财政人民委员和苏联副财政人民委员。——55、168、571。

弗兰格尔，彼得·尼古拉耶维奇（Врангель，Петр Николаевич 1878—1928）——沙俄将军，君主派分子。1920 年 4 月接替邓尼金任"南俄武装力量"总司令，11 月起任克里木"俄军"总司令；在克里木和南乌克兰建立了军事专政。1920 年 11 月中旬被红军击溃后逃亡国外。——321、347、360、408、417、425、426、428、429、436、471、513、535、541、544。

弗兰克，阿道夫（Franck，Adolphe 1809—1893）——法国唯心主义哲学家。和其他哲学家合编了一部哲学辞典。——465。

弗兰克福特，谢尔盖·米龙诺维奇（Франкфурт，Сергей Миронович 生于 1888

## G

最高执政"和陆海军最高统帅。叛乱被平定后,1919 年 11 月率残部逃往伊尔库茨克,后被俘。1920 年 2 月 7 日根据伊尔库茨克军事革命委员会的决定被枪决。——77、162、190、354—355、369。

高尔基,马克西姆(**彼什科夫,阿列克谢·马克西莫维奇;阿·马·**)(Горький,Максим(Пешков,Алексей Максимович,А. М.)1868—1936)——苏联作家和社会活动家,社会主义现实主义文学的奠基人,苏联文学的创始人。——9、10、14、15、25—26、36—40、76—78、81、83、199、226、276—277、309、323、375、376、536、555。

戈尔德贝格,波里斯·伊萨耶维奇(Гольдберг,Борис Исаевич 1884—1946)——1902 年加入俄国社会民主工党。1917—1925 年在红军中任职。1919—1921 年任共和国后备集团军司令和伏尔加河沿岸军区司令。1921 年任国家建筑工程总委员会副主席,后任共和国革命军事委员会驻对外贸易人民委员部特派员。——103、129—130、220、278。

戈尔德施泰因,索洛蒙(Гольдштейн,Соломон)——保加利亚工人,保加利亚社会民主党(紧密派)党员。因受军事当局迫害流亡巴黎,后转到瑞士;在苏黎世会见了列宁。1915 年加入俄国布尔什维克党。1923 年到苏联,加入苏联国籍。——381。

戈尔金(Гольдин)——1920 年任苏俄坦波夫省粮食委员。——226。

戈洛索夫,格·——见尼古拉耶夫斯基,波里斯·伊万诺维奇。

哥尔布诺夫,尼古拉·彼得罗维奇(Горбунов,Николай Петрович 1892—1937)——1917 年加入俄国社会民主工党(布)。十月革命后任人民委员会秘书和列宁的秘书。1918 年 8 月起任最高国民经济委员会科学技术局局长。1919—1920 年任第 13 和第 14 集团军革命军事委员会委员。1920 年起任俄罗斯联邦(后为苏联)人民委员会和劳动国防委员会办公厅主任、苏联国家计划委员会委员。——19—20。

哥尔茨曼,阿布拉姆·季诺维耶维奇(Гольцман,Абрам Зиновьевич 1894—1933)——1917 年 4 月加入俄国社会民主工党(布)。1917—1920 年任五金工会中央委员会委员。1920—1921 年任全俄工会中央理事会主席团委员、劳动国防委员会俄罗斯联邦资源利用委员会委员。——561。

哥卢比,亚历山大·瑙莫维奇(Голубь,Александр Наумович 生于 1885

年)——1905 年加入俄国社会民主工党。十月革命后先后在劳动人民委员部和外交人民委员部工作。1919 年为赴希瓦进行和谈的特别使团成员；曾任土耳其斯坦共和国外交委员部部务委员。1920—1930 年担任外交方面的负责工作。——285。

哥伊赫巴尔格，亚历山大·格里戈里耶维奇（Гойхбарг, Александр Григорьевич 1883—1962）——1904—1917 年为孟什维克，1919—1924 年为俄共（布）党员。1919 年在东方战线参加国内战争。1920 年任西伯利亚革命委员会委员，在审判鄂木斯克高尔察克的部长们时曾作为公诉人出庭。1920 年 10 月—1924 年任司法人民委员部部务委员、小人民委员会委员，后任小人民委员会副主席和主席。——369。

格拉夫季奥，亨利希·奥西波维奇（Графтио, Генрих Осипович 1869—1949）——苏联动力学家和工程师，苏联水力发电工程的奠基人之一，科学院院士。曾参加俄罗斯国家电气化委员会的工作。1918—1920 年任沃尔霍夫水电站建设工程副总工程师。1921—1927 年先后任沃尔霍夫水电站总工程师和下斯维里河水电站总工程师。——442。

格拉祖诺夫，尼古拉·雅柯夫列维奇（Глазунов, Николай Яковлевич 生于 1882 年）——1904 年加入俄国社会民主工党。1919—1920 年是北方铁路局斯特鲁尼诺车站委员。——546、547。

格利亚谢尔，玛丽亚·伊格纳季耶夫娜（Гляссер, Мария Игнатьевна 1890—1951）——1917 年加入俄国社会民主工党（布）。1918—1924 年在人民委员会秘书处工作。——340。

格列勃·马克西米利安内奇——见克尔日扎诺夫斯基，格列勃·马克西米利安诺维奇。

格列博夫，尼·——见阿维洛夫，尼古拉·巴甫洛维奇。

格鲁津贝格（鲍罗廷），米哈伊尔·马尔科维奇（Грузенберг (Бородин), Михаил Маркович 1884—1951）——1903 年加入俄国社会民主工党。1918—1922 年在俄罗斯联邦外交人民委员部和共产国际工作。——402、414。

格律恩贝格，卡尔（Grünberg, Karl 1861—1940）——奥地利社会民主党人，法学家、经济学家和历史学家。1910—1930 年在莱比锡出版了十五卷本的《社会主义和工人运动历史文汇》。写有一些关于经济（主要是土地）关系史以及社会主义、共产主义和工人运动史方面的著作。第一次世界大战期间持和平主义立场。同情俄国十月革命，是苏联之友协会的积极会员。——399。

格罗曼，弗拉基米尔·古斯塔沃维奇（Громан，Владимир Густавович 1874—1940）——俄国社会民主党人，孟什维克。斯托雷平反动时期是取消派分子。1917年二月革命起在彼得格勒工兵代表苏维埃工作，任粮食委员会主席。1918年任北方粮食管理局主席。1920年任帝国主义战争和国内战争对俄国国民经济造成的损失考察委员会主席。1921年起任国家计划委员会委员。——510、511、512。

格罗曼，С.В.（Громан，С.В.1898—1938）——1918年任俄罗斯联邦人民委员会疏散事务特派全权代表助理。1919年任国防委员会全俄疏散委员会委员、国防委员会直接领导彼得格勒财产疏散工作的特派员。1920—1921年任最高国民经济委员会运输器材司司长、人民委员会最高运输委员会委员。——123。

龚佩茨，泰奥多尔（Gomperz，Theodor 1832—1912）——德国实证论哲学家和语文学家，古希腊哲学史学家。在古希腊哲学史方面的主要著作是《希腊思想家》。——465。

古比雪夫，瓦列里安·弗拉基米罗维奇（Куйбышев，Валериан Владимирович 1888—1935）——1904年加入俄国社会民主工党。积极参加十月革命，是萨马拉武装起义的组织者。1918年起任萨马拉省执行委员会主席。1919年10月起任全俄中央执行委员会和俄罗斯联邦人民委员会土耳其斯坦事务委员会副主席。1921年5月起任最高国民经济委员会主席团委员和电机工业总管理局局长。1921—1922年为候补中央委员，1922—1923年为中央委员。1922年4月起任党中央委员会书记。——150。

古布金，伊万·米哈伊洛维奇（Губкин，Иван Михайлович 1871—1939）——苏联地质学家。1921年加入俄共（布）。1919—1924年任页岩总委员会主席、页岩工业总管理局局长。1920—1925年兼任库尔斯克地磁异常研究特设委员会主席。——286。

古科夫斯基，伊西多尔·埃马努伊洛维奇（Гуковский，Исидор Эммануилович

1871—1921）——1898 年加入俄国社会民主工党。十月革命后任副财政人民委员和财政人民委员。1919—1920 年任俄罗斯联邦驻爱沙尼亚全权代表。——227、326、417、516、529—530。

古谢夫，谢尔盖·伊万诺维奇（**德拉布金，雅柯夫·达维多维奇**）（Гусев，Сергей Иванович（Драбкин，Яков Давидович）1874—1933）——1896 年在彼得堡开始革命活动。是 1902 年罗斯托夫罢工和 1903 年三月示威游行的领导人之一。1903 年在俄国社会民主工党第二次代表大会上是顿河区委员会的代表，属火星派多数派。1904 年 8 月参加了在日内瓦举行的 22 个布尔什维克的会议。1904 年 12 月—1905 年 5 月任多数派委员会常务局书记和党的彼得堡委员会书记，后为敖德萨布尔什维克组织的领导人之一。1906 年起任党的莫斯科委员会委员。斯托雷平反动时期反对取消派和召回派。十月革命期间领导彼得格勒军事革命委员会秘书处。十月革命后历任一些集团军和方面军革命军事委员会委员、共和国革命军事委员会野战司令部政委、工农红军政治部主任、共和国革命军事委员会委员等职。——21、78—80、471、472、527。

## H

哈尔拉莫夫，谢尔盖·德米特里耶维奇（Харламов，Сергей Дмитриевич 1881—1965）——沙俄军官。1918 年参加红军。1919 年任第 15 集团军参谋长、第 7 集团军司令和科尔皮诺突击军队集群司令。1920 年任乌克兰劳动军参谋长以及乌克兰和克里木武装力量参谋长助理。——106。

哈拉托夫，阿尔塔舍斯（阿尔捷米）·巴格拉托维奇（Халатов，Арташес（Артемий）Багратович 1896—1938）——1917 年加入俄国社会民主工党（布）。1918—1923 年历任莫斯科苏维埃粮食局领导成员、莫斯科区域粮食委员会委员、俄罗斯联邦粮食人民委员部部务委员、人民委员会工人供给委员会主席。——160。

哈列普斯基，英诺森·安德列耶维奇（Халепский，Иннокентий Андреевич 1893—1938）——1918 年 4 月加入俄共（布）。国内战争的积极参加者。曾任第 3 集团军通信主任、前线通信特派员。1919 年 3 月起任乌克兰邮电人民委员。1919 年 10 月—1920 年 6 月任南方面军、西南方面军和高加索方面军通信主任。1920 年 7 月起先后任工农红军通信部部长助理、副部长，9 月起任部长。——522—523。

韩德逊，阿瑟（Henderson，Arthur 1863—1935）——英国工党和工会运动领袖之一。1911—1934 年任工党书记。第一次世界大战期间是社会沙文主义者。1919 年参与组织伯尔尼国际。1923 年起任社会主义工人国际执行委员会主席。多次参加英国资产阶级政府。——455。

赫尔佐格，威廉（Herzog，Wilhelm）——德国左派独立社会民主党人。——380、381。

赫列尔（**基阿里尼**），A.M.（Геллер（Киарини），А.М. 1891—1935）——出生于俄国，1916 年起侨居意大利。在意大利参加社会主义运动。1920 年回到苏维埃俄国。同年起在共产国际组织系统工作。——285、372—373、514—515。

怀恩科普，戴维（Wijnkoop，David 1877—1941）——荷兰左派社会民主党人，后为共产党人。1907 年是荷兰社会民主工党左翼刊物《论坛报》创办人之一，后任该报主编。1909 年参与创建荷兰社会民主党，并任该党主席。第一次世界大战期间是国际主义者，曾为齐美尔瓦尔德左派理论刊物《先驱》杂志撰稿。1918—1925 年为议员。1918 年参与创建荷兰共产党，并任该党主席。在共产国际第二次代表大会上当选为共产国际执行委员会委员。——402。

怀斯，爱德华·弗兰克（Wise，Edward Frank 1885—1933）——英国政治活动家。1919—1920 年是协约国最高经济委员会英国代表团团员，曾参加关于建立英苏贸易关系的谈判。——367、369。

霍多罗夫斯基，约瑟夫·伊萨耶维奇（Ходоровский，Иосиф Исаевич 1885—1940）——1903 年加入俄国社会民主工党。1918—1919 年任南方面军政治部主任和革命军事委员会委员。1919—1920 年任喀山省和图拉省执行委员会主席。1921—1922 年任俄共（布）中央委员会西伯利亚局书记。1922—1928 年任教育人民委员部部务委员和副教育人民委员。——296—297。

霍格伦，卡尔·塞特·康斯坦丁（Höglund，Carl Zeth Konstantin 1884—1956）——瑞典社会民主党人，瑞典社会民主主义运动和青年社会主义运动的左翼领袖。1908—1918 年任《警钟报》编辑。第一次世界大战期间是国际主义者，参加齐美尔瓦尔德左派。1917 年参与创建瑞典共产党，1917年和 1919—1924 年任该党主席。后因犯机会主义错误和公开反对共产国际第五次代表大会的决议，被开除出瑞典共产党。——183。

霍普纳尔，达维德·尤利耶维奇（Гопнер，Давид Юльевич 1884—1925）——1900 年加入俄国社会民主工党。1913 年起侨居国外，1917 年回国。十月革命期间参加了在叶卡捷琳诺斯拉夫建立苏维埃政权的斗争。1921 年加入俄共（布）。1920 年起在土库曼共和国担任负责职务，历任土耳其斯坦局成员、外交人民委员部工作人员、副司法人民委员。——285。

# J

基尔布姆，卡尔（Kilbom，Karl 1885—1961）——瑞典社会民主党人，新闻工作者。1917 年加入瑞典共产党，是该党驻共产国际执行委员会的代表。——183。

基利，罗亚尔（Keeley，Royal 生于 1875 年）——美国机械工程师。1919 年 9月到苏维埃俄国，参观了莫斯科省的一些工厂后，向列宁提交了一份报告，谈了他对如何恢复工业的一些设想。曾在苏俄最高国民经济委员会担任生产组织方面的工作。——139、140、142。

基洛夫（**科斯特里科夫**），谢尔盖·米龙诺维奇（**Киров（Костриков）**，Сергей Миронович 1886—1934）——1904 年加入俄国社会民主工党。1919—1920 年任阿斯特拉罕边疆区临时军事革命委员会主席、第 11 集团军革命军事委员会委员，率领第 11 集团军参加了粉碎邓尼金的战斗，是阿斯特拉罕防御战的组织者和领导人之一。1921—1925 年任阿塞拜疆共产党（布）中央委员会书记。在俄共（布）第十次和第十一次代表大会上当选为候补中央委员，1923 年起为中央委员。——44、126、247、270。

基谢廖夫，阿列克谢·谢苗诺维奇（Киселев，Алексей Семенович 1879—1937）——1898 年加入俄国社会民主工党。1917 年二月革命后任伊万诺沃-沃兹涅先斯克市苏维埃主席和党的市委委员。在全俄苏维埃第一次代表大会上当选为全俄中央执行委员会委员。1919 年曾任国防委员会派赴粮食人民委员部的调查委员会主席。1920 年 4 月起任矿工工会主席。

1921—1923 年任小人民委员会主席。在党的第十次和第十一次代表大会上当选为候补中央委员。——167、263。

基谢廖夫，И. А.（Киселев，И. А.）——曾任全乌克兰出版社社务委员。——264。

基扎斯，安娜·彼得罗夫娜（Кизас，Анна Петровна 1899—1959 年）——1919 年加入俄共（布）。1917 年 11 月—1922 年在人民委员会秘书处工作。——340。

吉尔，斯捷潘·卡济米罗维奇（Гиль，Степан Казимирович 1888—1966）——1930 年加入联共（布）。1917—1924 年是列宁的司机。——303、398。

吉季斯，弗拉基米尔·米哈伊洛维奇（Гиттис，Владимир Михайлович 1881—1938）——沙俄军官，十月革命后转向苏维埃政权。1918 年 2 月起在红军中任职。1918 年 9 月—1921 年 5 月先后任北方面军第 6 集团军司令、南方面军第 8 集团军司令、南方面军司令、西方面军司令、高加索方面军司令。1925 年加入联共（布）。——21、109。

吉列尔松，索洛蒙·伊西多罗维奇（Гиллерсон，Соломон Исидорович 生于 1869 年）——1917 年加入俄国社会民主工党（布）。1920—1921 年是苏俄红十字会驻布拉格代表团领导人，该代表团负责把前俄国战俘从捷克斯洛伐克遣返苏维埃俄国。——493。

季米里亚捷夫，克利缅特·阿尔卡季耶维奇（Тимирязев，Климент Аркадьевич 1843—1920）——俄国达尔文主义自然科学家，植物生理学家，彼得堡科学院通讯院士。拥护十月革命。——313—314。

季诺维也夫（拉多梅斯尔斯基），格里戈里·叶夫谢耶维奇（Зиновьев（Радомысльский），Григорий Евсеевич 1883—1936）——1901 年加入俄国社会民主工党，党的第二次代表大会后是布尔什维克。1908—1917 年侨居国外，参加布尔什维克《无产者报》编辑部和党的中央机关报《社会民主党人报》编辑部。斯托雷平反动时期对取消派、召回派和托洛茨基分子采取调和主义态度。1912 年后和列宁一起领导中央委员会俄国局。第一次世界大战期间持国际主义立场。1917 年 4 月回国，进入《真理报》编辑部。十月革命后任彼得格勒苏维埃主席。1919 年共产国际成立后任共产国际执行委员会主席。1919 年当选为党中央政治局候补委员，1921 年当选为中央政治局委员。——46、47、60、83、86、97、98、102、104、106—107、110、115—116、118—119、123、128、135、142、153、163—164、190—191、210、249—250、277—278、326、371—372、380—381、383、389、390、393—394、396、397—398、399—400、418、442、456、458、503、509、555。

加尔金，A.B.（Галкин，А.B.）——当时任俄罗斯联邦小人民委员会会务委员。——257。

加里宁，米哈伊尔·伊万诺维奇（Калинин，Михаил Иванович 1875—1946）——1898 年加入俄国社会民主工党。十月革命后任彼得格勒市长，后任市政委员。1919 年 3 月起任全俄中央执行委员会主席，1922 年起任苏联中央执行委员会主席。从党的第八次代表大会起为中央委员。1919 年起为中央政治局候补委员。——37、84、244、472、484。

加米涅夫（**罗森费尔德**），列夫·波里索维奇（Каменев（Розенфельд），Лев Борисович 1883—1936）——1901 年加入俄国社会民主工党，党的第二次代表大会后是布尔什维克。曾在梯弗利斯、莫斯科、彼得堡从事宣传工作。1908 年底出国，任布尔什维克的《无产者报》编委。斯托雷平反动时期对取消派、召回派和托洛茨基分子采取调和主义态度。1914 年初回国，在《真理报》编辑部工作，曾领导第四届国家杜马布尔什维克党团。1914 年 11 月被捕，在沙皇法庭上宣布放弃使沙皇政府在帝国主义战争中失败的布尔什维克口号。1917 年二月革命后反对列宁的《四月提纲》。十月革命后历任全俄中央执行委员会主席、莫斯科苏维埃主席、国防委员会驻南方面军特派员、人民委员会副主席、劳动国防委员会主席等重要职务。1919—1925 年为党中央政治局委员。—— 10、20、21、58、76、92、94、138、165、203—204、232、237、264、336、349、404—405、413—414、417、428、429、436、443、444、455—456、457、500、503、541。

加米涅夫，谢尔盖·谢尔盖耶维奇（Каменев，Сергей Сергеевич 1881—1936）——沙俄军官，十月革命后转向苏维埃政权。1918 年春起任屏障军西线防区涅韦尔地域军事指导员，同年 9 月起任东方面军司令。1919 年 7 月—1924 年 4 月任共和国武装力量总司令。1930 年加入联共（布）。——27、34、45、51、79、80、81、99、112、115、128、232、275、332、333、350、356、424、425、426、444、471、472、490、502、519、561。

加涅茨基（**菲尔斯滕贝格**），雅柯夫·斯坦尼斯拉沃维奇（Ганецкий
（Фюрстенберг），Яков Станиславович 1879—1937）——波兰和俄国革命运
动活动家。1896 年加入社会民主党。1903—1909 年为波兰王国和立陶
宛社会民主党总执行委员会委员。1907 年在俄国社会民主工党第五次
（伦敦）代表大会上缺席当选为中央委员。1912 年波兰王国和立陶宛社会
民主党分裂后，是最接近布尔什维克的所谓分裂派的领导人之一。第一次
世界大战期间参加齐美尔瓦尔德左派。1917 年是俄国社会民主工党（布）
中央委员会国外局成员。十月革命后历任俄罗斯联邦财政人民委员部部
务委员、人民银行委员和行长。1920 年 5 月起兼任中央消费合作总社理
事会理事，6 月起任对外贸易人民委员部部务委员。1920—1921 年任俄
罗斯联邦驻拉脱维亚全权代表和商务代表。1921—1923 年任外交人民委
员部部务委员。——22、325、378。

捷尔任斯基，费利克斯·埃德蒙多维奇（Дзержинский，Феликс Эдмундович
1877—1926）——波兰和俄国革命运动活动家，1895 年加入社会民主党。
是波兰王国和立陶宛社会民主党的组织者和领导人之一。1907 年在俄国
社会民主工党第五次（伦敦）代表大会上被缺席选入中央委员会。十月革
命后任全俄肃反委员会主席。1919—1923 年兼任内务人民委员。1921—
1924 年兼任交通人民委员。1924 年起兼任最高国民经济委员会主席。
1920 年起先后任党中央组织局候补委员、委员，中央政治局候补委员。
——59、72、73、104、141—142、202、216、217、264—265、280、286—287、
302、311、425、432、450、454、463—464、533、534、547。

捷利克曼，М.Я.（Зеликман，М.Я.1882—1937）——1914 年加入俄国布尔什
维克党。1918—1920 年任俄共（布）图拉省委书记和省执行委员会副主席
以及省革命委员会委员。后从事教学工作。——105。

捷廖欣，И.В.（Терехин，И.В.）——1919—1920 年在苏俄莫斯科省波多利斯
克县农业学校任总务主任。因破坏社会主义法制被查办。——180。

## K

卡采波夫，А.Ф.（Кацепов，А.Ф.生于 1880 年）——当时任俄罗斯联邦粮食人
民委员部伏尔加运输委员会特派员。——133。

卡尔梅柯娃,亚历山德拉·米哈伊洛夫娜(Калмыкова, Александра Михайловна 1850—1926)——俄国社会活动家。参加过民意党人运动,与劳动解放社和彼得堡工人阶级解放斗争协会有密切联系。曾参加合法马克思主义者的《新言论》杂志和《开端》杂志编辑部工作。1889—1902 年在彼得堡开办一家通俗读物书店,该书店成了社会民主党人的秘密接头点。为出版《火星报》和《曙光》杂志提供过物质帮助,并资助过布尔什维克。十月革命后在列宁格勒国民教育局和乌申斯基师范学院工作。——302。

卡拉汉(**卡拉汉尼扬**),列夫·米哈伊洛维奇(Карахан(Караханян),Лев Михайлович 1889—1937)——1904 年参加俄国革命运动,1913 年在彼得堡加入俄国社会民主工党区联组织。1917 年在俄国社会民主工党(布)第六次代表大会上随区联派集体加入布尔什维克党。1917 年 11 月—1918 年初任苏俄布列斯特和谈代表团秘书。1918—1920 年任外交人民委员部部务委员、副外交人民委员。1921—1922 年任驻波兰全权代表。——75、311、364—365、381、382。

卡拉捷耶夫(Каратеев)——61。

卡梅尼尔,М.(Camenir, M.)——美国工人运动活动家。——329。

卡缅斯基,阿布拉姆·扎哈罗维奇(Каменский, Абрам Захарович 1885—1938)——1917 年加入俄国社会民主工党(布)。1920—1921 年任俄罗斯联邦副民族事务人民委员。——532。

卡敏斯基,格里戈里·瑙莫维奇(Каминский, Григорий Наумович 1895—1938)——1913 年加入俄国布尔什维克党。1917 年是俄国社会民主工党(布)图拉委员会书记、莫斯科区域局成员。1918—1920 年任党的图拉省委主席和省执行委员会主席、第 2 集团军革命军事委员会委员。1920 年起任阿塞拜疆共产党(布)中央委员会书记和巴库苏维埃主席。——96、105—106。

卡普伦,Б.Г.(Каплун, Б.Г.生于 1894 年)——1917 年加入俄国社会民主工党(布)。1918—1921 年是彼得格勒苏维埃管理局局务委员,后在彼得格勒国民经济委员会工作。1921 年 11 月因追逐名利和滥用职权被开除出党。——375。

卡扎科夫(Казаков)——351。

凯恩斯,约翰·梅纳德(Keynes,John Maynard 1883—1946)——英国资产阶级经济学家。——388、413。

柯恩,费利克斯·雅柯夫列维奇(Кон,Феликс Яковлевич 1864—1941)——1882年参加波兰革命运动。1884年被捕,服苦役八年。1891—1904年住在东西伯利亚,从事著述和社会工作。1904年加入波兰社会党,1906年起是波兰社会党"左派"领导人之一。1907年流亡国外。1917年5月来到彼得格勒,1918年加入俄共(布)。曾在乌克兰和莫斯科担任党的负责工作。1919—1922年任乌克兰共产党(布)中央委员会书记。——320。

柯伦泰,亚历山德拉·米哈伊洛夫娜(Коллонтай,Александра Михайловна 1872—1952)——19世纪90年代参加俄国社会民主主义运动。1906—1915年是孟什维克,1915年加入布尔什维克党。曾参加1905—1907年革命。1908—1917年侨居国外。第一次世界大战一开始即持革命的国际主义立场;受列宁委托,在斯堪的纳维亚国家和美国进行团结社会民主党国际主义左派的工作。1917年二月革命后回国。十月革命后任国家救济人民委员、党中央妇女部部长、共产国际国际妇女书记处书记等职。——141。

柯罗连科,弗拉基米尔·加拉克季昂诺维奇(Короленко,Владимир Галакти-онович 1853—1921)——俄国作家和政论家。——76—77。

柯普,维克多·列昂季耶维奇(Копп,Виктор Леотьевич 1880—1930)——1898年参加俄国社会民主主义运动。1903—1905年曾组织运送秘密书刊通过德国边境。1904年对孟什维克采取调和主义态度,后加入孟什维克。第一次世界大战期间被征入伍,1915—1918年在德国当俘虏。1917年加入俄国社会民主工党(布)。1919—1930年在苏联外交人民委员部系统工作,1919—1921年是外交人民委员部和对外贸易人民委员部驻德国全权代表,1921年5月起是俄罗斯联邦驻德国负责战俘事务的代表。——182、416。

柯秀尔,斯坦尼斯拉夫·维肯季耶维奇(Косиор,Станислав Викентьевич 1889—1939)——1907年加入俄国社会民主工党。1917年二月革命后进入纳尔瓦—彼得戈夫区军事革命委员会。1918—1920年先后任乌克兰共产党(布)第聂伯河右岸地区地下委员会书记和中央委员会书记。——

310—311、570。

科别茨基，米哈伊尔·韦尼阿米诺维奇（Кобецкий，Михаил Вениаминович
1881—1937）——1903 年加入俄国社会民主工党，布尔什维克。曾积极参
加彼得堡、巴库、库尔斯克和叶卡捷琳诺斯拉夫党组织的工作。多次被捕
入狱。1908 年移居丹麦，担任向俄国运送布尔什维克《无产者报》和俄国
社会民主工党中央机关报《社会民主党人报》以及向列宁转送国内信件的
工作。1917 年回国。十月革命后担任党、苏维埃和外交部门的负责工作。
1919—1923 年在共产国际工作，1920—1921 年任共产国际执行委员会书
记，1921—1923 年任共产国际执行委员会部长。——398、531。

科尔涅夫，瓦西里·斯捷潘诺维奇（Корнев，Василий Степанович 1889—
1939）——1917 年加入俄国社会民主工党（布）。1918—1919 年任梁赞省
执行委员会主席、党的省委主席。1920 年任主管国内警卫部队的副内务
人民委员和国内警卫部队司令、全俄肃反委员会会务委员。——533、534。

科尔兹林斯基，Н.В.（Корзлинский，Н.В.）——俄国教育家，莫斯科世界语研
究者协会主席。——88。

科冈诺维奇（**卡冈诺维奇**），П.К.（Коганович（Каганович），П.К. 1887—
1938）——1905 年加入俄国社会民主工党。1919 年任粮食人民委员部驻
西伯利亚特派员兼辛比尔斯克省执行委员会主席。1920—1921 年任粮食
人民委员部特派员和西伯利亚粮食委员会主席、西伯利亚革命委员会委
员。——133、601—602、603。

科洛索夫（Колосов）——俄国社会革命党人（立宪会议派），白卫分子。
——191。

科特利亚科夫，И.Е.（Котляков，И.Е. 1886—1929）——1902 年加入俄国社
会民主工党。1920 年任北方区域国民经济委员会主席。——276、
277—278。

科托姆金，米哈伊尔·瓦西里耶维奇（Котомкин，Михаил Васильевич）——
苏俄乌法省粮食委员。——124。

科维尔金，斯捷潘·捷连季耶维奇（Ковылкин，Степан Терентьевич 1887—
1943）——1905 年加入俄国社会民主工党。1919 年起在运输部门工作，历
任交通人民委员部部务委员、全俄肃反委员会运输局局长、东南铁路局局

长等职。——107、217—218。

科兹洛夫斯基，美契斯拉夫·尤利耶维奇（Козловский，Мечислав Юльевич 1876—1927）——波兰和俄国革命运动活动家，法学家。1900 年加入社会民主党。曾任波兰王国和立陶宛社会民主党总执行委员会委员。1917 年二月革命后任彼得格勒苏维埃执行委员会委员、第一届中央执行委员会委员和维堡区杜马主席。十月革命后任彼得格勒特别调查委员会主席、司法人民委员部部务委员和小人民委员会主席等职。——257。

克尔任采夫（**列别捷夫**），普拉东·米哈伊洛维奇（Керженцев（Лебедев），Платон Михайлович 1881—1940）——1904 年加入俄国社会民主工党。1918 年起任《全俄中央执行委员会消息报》副编辑，1919—1920 年是罗斯塔社的领导人。1921—1923 年任俄罗斯联邦驻瑞典全权代表。——512。

克尔日扎诺夫斯基，格列勃·马克西米利安诺维奇（Кржижановский，Глеб Максимилианович 1872—1959）——1893 年参加俄国革命运动，协助列宁组织彼得堡工人阶级解放斗争协会。1895 年 12 月被捕，1897 年流放西伯利亚，为期三年。1901 年流放期满后住在萨马拉，领导当地的火星派中心。1902 年秋参加了筹备召开俄国社会民主工党第二次代表大会的组织委员会；在 1903 年代表大会上缺席当选为中央委员。积极参加 1905—1907 年革命。十月革命后致力于恢复和发展莫斯科的动力事业，历任最高国民经济委员会电机工业总管理局局长、俄罗斯国家电气化委员会主席、国家计划委员会主席等职。写有许多动力学方面的著作。——169—170、213、268—269、442、496—497、517—518、520、548—550。

克拉斯诺晓科夫，亚历山大·米哈伊洛维奇（Краснощеков，Александр Михайлович 1880—1937）——1917 年加入俄国社会民主工党（布）。1920—1921 年为党中央委员会远东局成员、远东共和国政府主席兼外交部长。1921—1922 年任俄罗斯联邦副财政人民委员，1922 年起任苏联工商银行管理委员会主席和最高国民经济委员会主席团委员。——415、481。

克拉松，罗伯特·爱德华多维奇（Классон，Роберт Эдуардович 1868—1926）——俄国动力工程专家。19 世纪 90 年代为俄国合法马克思主义者，参加过彼得堡马克思主义小组。后脱离政治活动，投身动力学研究。

根据他的设计并在他的领导下，在俄国建成了许多发电站，其中包括世界上第一座泥炭发电站。泥炭水力开采法的发明者之一；十月革命后，这一方法在列宁的积极支持下得到了实际应用。积极参与制定俄罗斯国家电气化计划，曾任莫斯科第一发电站站长。——548—550、560—561。

克拉西科夫，彼得·阿纳尼耶维奇（Красиков, Петр Ананьевич 1870—1939）——1892年在俄国彼得堡开始革命活动。1893年被捕，次年流放西伯利亚，在流放地结识了列宁。1900年到普斯科夫，成为《火星报》代办员。1902年被选入筹备召开俄国社会民主工党第二次代表大会的组织委员会。在代表大会上是基辅委员会的代表，属火星派多数派；和列宁、普列汉诺夫一起进入大会常务委员会。会后积极参加同孟什维克的斗争。1904年8月参加了在日内瓦举行的22个布尔什维克的会议。代表国外组织出席了俄国社会民主工党第三次代表大会。1905—1907年革命期间任彼得堡工人代表苏维埃执行委员会委员。屡遭沙皇政府迫害。1917年二月革命后任彼得格勒工兵代表苏维埃执行委员会委员。十月革命后任彼得格勒军事革命委员会所属肃反侦查委员会主席、司法人民委员部部务委员、副司法人民委员、小人民委员会委员、苏联最高法院检察长等职。——252。

克拉辛，列昂尼德·波里索维奇（Красин, Леонид Борисович 1870—1926）——1890年参加俄国社会民主主义运动。1900—1904年在巴库当工程师，与弗·扎·克茨霍韦利一起建立《火星报》秘密印刷所。俄国社会民主工党第二次代表大会后加入布尔什维克党，被增补进中央委员会。参加了党的第三次代表大会，在会上当选为中央委员。俄国第一次革命的积极参加者。1905年是布尔什维克第一份合法报纸《新生活报》的创办人之一。1905—1907年革命期间作为中央代表参加彼得堡工人代表苏维埃，领导党中央战斗技术组。在党的第四次（统一）代表大会上当选为中央委员，第五次（伦敦）代表大会上当选为候补中央委员。曾主管党的财务和技术工作。1908年侨居国外。一度参加反布尔什维克的"前进"集团，后脱离政治活动。1918年参加了同德国缔结经济协定的谈判，后任红军供给非常委员会主席、最高国民经济委员会主席团委员、工商业人民委员、交通人民委员。1919年起从事外交工作。1920年起任对外贸易人民委员，先后兼任驻伦敦的苏俄贸易代表团团长、驻英国全权代表和商务代表。——98、156、157、165、179、212、251——252、261、272——274、281、317、331、360、364、367、369、396、404、405、457、467、487、492——493、511、585——586。

克莱因,赫尔曼(Klein,Hermann 1844—1914)——德国天文学家。著有天文学方面的科普书籍。其《地球的奇迹》一书曾多次再版,并被译成俄文。——539。

克雷连柯,尼古拉·瓦西里耶维奇(Крыленко,Николай Васильевич 1885—1938)——1904年加入俄国社会民主工党。1907年脱党。1911年又回到布尔什维克组织中工作,先后为《明星报》和《真理报》撰稿;曾被中央委员会派到社会民主党杜马党团中工作。1913年12月被捕。1914—1915年侨居国外,后在军队服役。积极参加十月革命。十月革命后参加第一届人民委员会,任陆海军事务委员会委员,1917年11月被任命为最高总司令。1918年3月起在司法部门工作。1922—1931年任全俄中央执行委员会最高革命法庭庭长、俄罗斯联邦副司法人民委员、检察长。——11、16—17、33。

克列斯廷斯基,尼古拉·尼古拉耶维奇(Крестинский,Николай Николаевич 1883—1938)——1903年加入俄国社会民主工党。1918—1921年任俄罗斯联邦财政人民委员。1921—1930年任苏联驻德国全权代表。在党的第六至第九次代表大会上当选为中央委员。1919—1921年任党中央政治局委员和中央书记处书记。——7—8、20、67—68、92、132—133、173、205、232、260、264、290、291、325、354—355、364、379、393、405、417、418、428—429、437—438、441—442、458、463、464、466—467、476—477、486、499、509、515、518、532、562、568—569。

克林格尔,Г.К.(Клингер,Г.К.生于1876年)——1917年8月加入俄国社会民主工党(布)。1918年3月—1919年3月在萨拉托夫工作,任伏尔加河流域日耳曼人事务委员部部务委员。共产国际第一至第三次代表大会的参加者;1919年起任共产国际办公厅主任。1920—1924年在民族事务人民委员部工作。——183、328。

克鲁格,卡尔·阿道福维奇(Круг,Карл Адольфович 1873—1952)——苏联电工学家,苏联科学院通讯院士。1920年曾参与制定俄罗斯国家电气化计划。1921—1930 年任全苏电工学研究所所长。——268。

克鲁普斯卡娅,娜捷施达·康斯坦丁诺夫娜(**乌里扬诺娃,娜捷施达·康斯坦丁诺夫娜**)(Крупская,Надежда Константиновна (Ульянова,Надежда Константиновна)1869—1939)——列宁的妻子和战友。1890 年在彼得堡大学生马克思主义小组中开始革命活动。1895 年参与组织彼得堡工人阶级解放斗争协会。1896 年 8 月被捕,后被判处流放三年,先和列宁一起在舒申斯克服刑,后来一人在乌法服刑。1901 年起侨居国外,任《火星报》编辑部秘书。曾参加俄国社会民主工党第二次代表大会的筹备工作,作为有发言权的代表出席了大会。1904 年起先后任布尔什维克的《前进报》和《无产者报》编辑部秘书。曾参加党的第三次代表大会的筹备工作。1905—1907 年革命期间在国内担任党中央委员会秘书。斯托雷平反动时期和新的革命高涨年代积极参加反对取消派和召回派的斗争。1911 年在隆瑞莫党校工作。1912 年党的布拉格代表会议后协助列宁同国内党组织保持联系。第一次世界大战期间参加国际妇女运动和布尔什维克国外支部的活动。1917 年二月革命后和列宁一起回国,在党中央书记处工作,参加了十月武装起义。十月革命后任教育人民委员部部务委员,领导政治教育总委员会。——361、410、473、474。

克桑德罗夫,弗拉基米尔·尼古拉耶维奇(Ксандров,Владимир Николаевич 1877—1942)——1904 年加入俄国社会民主工党。十月革命后任燃料总委员会主席、交通人民委员部部务委员、国防委员会特派员、乌克兰最高国民经济委员会主席团委员等职。—— 42 — 43、104、254、400 — 401、479—480。

寇松,乔治·纳撒尼尔(Curzon,George Nathaniel 1859—1925)——英国国务活动家和外交家,保守党领袖之一,侯爵。1919 —1924 年任外交大臣,是武装干涉苏维埃俄国的策划者之一。波苏战争期间,1920 年 7 月曾照会苏俄政府,要求红军不得越过 1919 年 12 月协约国最高会议规定的波兰东部边界线(所谓"寇松线")。1923 年 5 月又向苏联政府发出最后通牒,以新的武装干涉相威胁。——367、407、408、409—410、411、417、443。

库恩·贝拉(Kun Béla 1886—1939)——匈牙利共产党创建人和领导人之一。1919 年是匈牙利苏维埃政权的实际领导人,任外交人民委员和陆军人民委员。苏维埃政权被颠覆后流亡奥地利,1920年到苏俄,先后任南方面军革命军事委员会委员、克里木革命委员会主席。1921年起在乌拉尔担任党的领导工作,曾任全俄中央执行委员会主席团委员、俄共(布)中央驻俄国共产主义青年团中央委员会全权代表、共产国际执行委员会主席团委员。——36、493。

库尔金诺夫斯基(Курдиновский)——61。

库尔斯基,德米特里·伊万诺维奇(Курский,Дмитрий Иванович 1874—1932)——1904年加入俄国社会民主工党。1918—1928年任俄罗斯联邦司法人民委员、苏联第一任总检察长。1919—1920年兼任工农红军总参谋部政委和野战司令部政委、共和国革命军事委员会委员。1921年起任全俄中央执行委员会主席团委员——13、157—158、386—387、399、440—441。

库古舍夫,维亚切斯拉夫·亚历山德罗维奇(Кугушев,Вячеслав Александрович 1863—1944)——俄国社会活动家。十月革命后从事苏维埃工作。1919年任乌法省采购局局长。——122。

库拉耶夫,瓦西里·弗拉基米罗维奇(Кураев,Василий Владимирович 1892—1938)——1914年加入俄国布尔什维克党。十月革命后任奔萨省苏维埃执行委员会主席、党的省委书记、省人民委员会主席。国内战争时期曾担任几个集团军的革命军事委员会委员。1920年起任农业人民委员部部务委员、最高国民经济委员会主席团委员。后在苏联国家计划委员会担任领导工作。——6、11。

库兹明,尼古拉·尼古拉耶维奇(Кузьмин,Николай Николаевич 1883—1939)——1903年加入俄国社会民主工党。1917—1918年任西南方面军司令部政治委员。1918年8月起在北方苏维埃军队中供职,任第6和第3集团军革命军事委员会委员、波罗的海舰队政委、第12集团军司令、波罗的海舰队副司令等职。——257—258。

# L

拉德琴柯,伊万·伊万诺维奇(Радченко,Иван Иванович 1874—1942)——1898年加入俄国社会民主工党,彼得堡工人阶级解放斗争协会会员。

1923 年派驻英国和法国从事外交工作。在党的第八至第十四次代表大会上当选为中央委员。——8、17—18、22—23、36、42—43、50、239—240、272、282、283、289、320、565、570、590—591、594、600—601。

拉林，尤·（**卢里叶，米哈伊尔·亚历山德罗维奇**）（Ларин，Ю.（Лурье，Михаил Александрович）1882—1932）——1900 年参加俄国社会民主主义运动。1904 年起为孟什维克。斯托雷平反动时期和新的革命高涨年代是取消派领袖之一，参加了"八月联盟"。第一次世界大战期间是中派分子。1917 年二月革命后领导出版《国际》杂志的孟什维克国际主义派。1917 年 8 月加入布尔什维克党。十月革命后在最高国民经济委员会、国家计划委员会任职。——205。

拉齐斯，马尔丁·伊万诺维奇（**苏德拉布斯，扬·弗里德里霍维奇**）（Лацис，Мартын Иванович（Судрабс，Ян Фридрихович）1888—1938）——1905 年加入俄国社会民主工党。十月革命后任内务人民委员部部务委员、全俄肃反委员会会务委员、全乌克兰肃反委员会主席、盐业总管理局局务委员和局长。——299—300。

拉舍维奇，米哈伊尔·米哈伊洛维奇（Лашевич，Михаил Михайлович 1884—1928）——1901 年加入俄国社会民主工党。1918 年 11 月—1919 年 3 月任第 3 集团军司令，后任东方面军和南方面军革命军事委员会委员。在党的第七次代表大会上当选为中央委员。——1、24、35、52—53、63、70、80—81。

拉斯科尔尼科夫，费多尔·费多罗维奇（Раскольников，Федор Федорович 1892—1939）——1910 年加入俄国社会民主工党。十月革命后任副海军人民委员、共和国革命军事委员会委员、东方面军革命军事委员会委员、伏尔加河—里海区舰队和波罗的海舰队司令。——126、247、270。

拉特尼科夫，И.Я.（Ратников，И.Я.生于 1893 年）——1917—1920 年任俄共（布）弗拉基米尔省亚历山德罗夫县卡拉巴诺沃区委书记。——546、547。

莱维（**哈特施坦**），保尔（Levi（Hartstein），Paul 1883—1930）——德国社会民主党人；职业是律师。1915 年齐美尔瓦尔德代表会议的参加者，瑞士齐美尔瓦尔德左派成员；曾参加斯巴达克联盟。在德国共产党成立大会上被选入中央委员会。共产国际第二次代表大会代表。1920 年代表德国共产党

1919 年在俄罗斯联邦外交人民委员部工作。1919 年秋—1925 年 4 月主持在柏林的共产国际出版社。——182。

**李伯尔(戈尔德曼),米哈伊尔·伊萨科维奇**(Либер(Гольдман), Михаил Исаакович 1880—1937)——崩得和孟什维克领袖之一。斯托雷平反动时期是取消派分子,1912 年是"八月联盟"的骨干分子,第一次世界大战期间是社会沙文主义者。1917 年二月革命后任彼得格勒工兵代表苏维埃执行委员会委员和第一届中央执行委员会主席团委员。敌视十月革命。后脱离政治活动,从事经济工作。——132。

**李卜克内西,卡尔**(Liebknecht, Karl 1871—1919)——德国和国际工人运动活动家,德国社会民主党左翼领袖之一。第一次世界大战期间持革命的国际主义立场,是国际派(后改称斯巴达克派和斯巴达克联盟)的组织者和领导人之一。1916 年因领导五一节反战游行示威被捕入狱。1918 年 10 月出狱,领导了 1918 年十一月革命,与卢森堡一起创办《红旗报》,同年底领导建立德国共产党。1919 年 1 月柏林工人斗争被镇压后,于 15 日被捕,当天惨遭杀害。——281。

**李可夫,阿列克谢·伊万诺维奇**(Рыков, Алексей Иванович 1881—1938)——1899 年加入俄国社会民主工党。曾在萨拉托夫、莫斯科、彼得堡等地做党的工作。斯托雷平反动时期对取消派、召回派和托洛茨基分子采取调和主义态度。十月革命后任内务人民委员、最高国民经济委员会主席(曾兼任国防委员会军需特派员)、人民委员会和劳动国防委员会副主席、人民委员会主席等职。1923—1930 年为党中央政治局委员。——98、110、205、286、287—288、317、348、371、457、459、468、475、481、508、540、548—550。

**李维诺夫,马克西姆·马克西莫维奇**(Литвинов, Максим Максимович 1876—1951)——1898 年加入俄国社会民主工党。1900 年任党的基辅委员会委员。1901 年被捕,在狱中参加火星派,1902 年 8 月越狱逃往国外。作为《火星报》代办员,曾担任向国内运送《火星报》的工作。是俄国革命社会民主党人国外同盟的领导成员,出席了同盟第二次代表大会。1903 年俄国社会民主工党第二次代表大会后是布尔什维克。1905 年参加了布尔什维克第一份合法报纸《新生活报》的出版工作。1908 年起任布尔什维克

伦敦小组书记。1914 年 6 月起为俄国社会民主工党中央委员会驻社会党
国际局的代表。十月革命后在外交部门担任负责工作。——83、173——
174、181、182、266、326、364、585——586。

里德,约翰(Reed, John 1887——1920)——美国工人运动活动家,作家和新闻
记者。1917 年到俄国。热烈欢迎俄国十月革命,并为此写了《震撼世界的
十天》一书,列宁为该书写了序言。1918 年回到美国后,加入美国社会党
左翼,成为左翼领导人之一。1919 年 9 月和其他左翼成员一起组建美国
共产主义工人党,同年 10 月被派往莫斯科出席共产国际第二次代表大会,
当选为共产国际执行委员会委员。在莫斯科逝世,骨灰安放在红场克里姆
林宫宫墙内。——461。

利安诺佐夫,斯捷潘·格奥尔吉耶维奇(Лианозов, Степан Георгиевич 1872——
1951)——俄国石油大企业家,十月革命后逃往国外。1919 年在波罗的海
沿岸的白俄流亡分子中起过重要作用,是 1919 年 8 月在爱沙尼亚成立的
反革命的“西北政府”首脑。——77。

列先科,德米特里·伊里奇(Лещенко, Дмитрий Ильич 1876——1937)——
1900 年加入俄国社会民主工党。积极参加 1905——1907 年革命,1905 年在
制造和储备炸药和炮弹的战斗组织中工作。曾遭沙皇政府迫害。1910——
1911 年在《明星报》编辑部工作。1911 年夏到巴黎会见了列宁。1918 年
起任教育人民委员部秘书、全俄电影委员会主席,并从事教学工作。
——369。

列扎瓦,安德列·马特维耶维奇(Лежава, Андрей Матвеевич 1870——
1937)——1904 年加入俄国社会民主工党。1919——1920 年任中央消费合
作总社主席,1920——1922 年任副对外贸易人民委员。——209、374、475、
485——486、487、488、489——490、493、536、545、548——550。

刘绍周(**刘泽荣**)(1892——1970)——中国广东省人。早年在俄国读书,1914
年毕业于彼得堡大学。1917 年和其他旅俄华侨共同创办中华旅俄联合会
(俄国十月革命后改组为旅俄华工联合会),担任会长。曾代表中国工人出
席共产国际第一次和第二次代表大会,三次受到列宁的接见。1920 年底
回国。1956 年加入中国共产党。——438。

柳巴尔斯基,尼古拉·马尔科维奇(Любарский, Николай Маркович 1887——

1938）——1906 年加入俄国社会民主工党。1918—1923 年从事外交工作，是外交人民委员部苏维埃宣传司工作人员。——182。

柳博维奇，阿尔捷米·莫伊谢耶维奇（Любович, Артемий Моисеевич 1880—1938）——1907 年加入俄国社会民主工党。1918—1919 年任邮电工会中央委员会主席，1919—1935 年任副邮电人民委员。后任白俄罗斯苏维埃社会主义共和国国家计划委员会主席和人民委员会副主席。——362—363。

卢那察尔斯基，阿纳托利·瓦西里耶维奇（Луначарский, Анатолий Васильевич 1875—1933）——19 世纪 90 年代初参加俄国社会民主主义运动。俄国社会民主工党第二次代表大会后是布尔什维克。曾先后参加布尔什维克的《前进报》、《无产者报》和《新生活报》编辑部。斯托雷平反动时期脱离布尔什维克，参加"前进"集团；在哲学上宣扬造神说和马赫主义。第一次世界大战期间持国际主义立场。1917 年二月革命后参加区联派，在俄国社会民主工党（布）第六次代表大会上随区联派集体加入布尔什维克党。十月革命后任教育人民委员、苏联中央执行委员会学术委员会主席等职。——8、81、164—165、199—200、204、295、304、305、306、323、383。

鲁达科夫，伊万·格里戈里耶维奇（Рудаков, Иван Григорьевич 1883—1937）——1905 年加入俄国社会民主工党。十月革命后担任经济领导工作；1919 年任北方地区国民经济委员会委员，1920 年任彼得格勒公社燃料局局长。——476。

鲁德，Ю.В.（Рудый, Ю.В.）——1919 年任苏俄叶卡捷琳堡铁路政治委员。1920 年起任交通人民委员部部务委员，在交通人民委员部系统担任负责工作。——107。

鲁特格尔斯，塞巴尔德·尤斯图斯（Rutgers, Sebald Justus 1879—1961）——荷兰工程师，共产党员。1918—1938 年（有间断）在苏联工作；1921—1926 年是负责恢复库兹巴斯煤炭和化学工业的自治工业（国际）侨民区的领导人。——182。

鲁祖塔克，扬·埃内斯托维奇（Рудзутак, Ян Эрнестович 1887—1938）——1905 年加入俄国社会民主工党。十月革命后担任工会领导工作，后任最高国民经济委员会主席团委员、水运总管理局局长、中央纺织工业委员会主席、运输工会中央委员会主席、全俄工会中央理事会总书记、全俄中央执行委员会和俄罗斯联邦人民委员会土耳其斯坦事务委员会主席、俄共(布)中央委员会土耳其斯坦局主席。1922—1924年任俄共(布)中央委员会中亚局主席。1920年起为俄共(布)中央委员。——150、284、372。

伦茨曼(**伦茨曼尼斯**),扬·达维多维奇(Ленцман (Ленцманис), Ян Давыдович 1881—1939)——1899年加入俄国社会民主工党。1919年1月起任拉脱维亚苏维埃政府副主席兼内务委员,1919年4月—1920年2月任苏维埃拉脱维亚集团军(1919年6月起改称第15集团军)革命军事委员会委员。——25。

罗戈夫(**伊万诺夫**),米哈伊尔·伊万诺维奇(Рогов (Иванов), Михаил Иванович 1880—1942)——1907年加入俄国社会民主工党。1917—1928年任莫斯科苏维埃主席团委员和副主席。——92—93。

罗将柯,米哈伊尔·弗拉基米罗维奇(Родзянко, Михаил Владимирович 1859—1924)——俄国大地主,十月党领袖之一,君主派分子。1911—1917年先后任第三届和第四届国家杜马主席,支持沙皇政府的反动政策。1917年二月革命期间力图保持君主制度,组织并领导了国家杜马临时委员会,后参与策划科尔尼洛夫叛乱。十月革命后投靠科尔尼洛夫和邓尼金,妄图联合一切反革命势力颠覆苏维埃政权。1920年起为白俄流亡分子。——77—78。

罗曼诺夫,帕维尔·亚历山德罗维奇(Романов, Павел Александрович 生于1884年)——1919年加入俄共(布)。1920年任弗拉基米尔省亚历山德罗夫县执行委员会秘书。——546、547。

罗蒙诺索夫,尤里·弗拉基米罗维奇(Ломоносов, Юрий Владимирович 生于1876年)——俄国铁路运输方面的专家,教授。1919年任最高国民经济委员会主席团委员、交通人民委员部部务委员;是人民委员会负责向国外订购铁路器材的全权代表。1920—1922年曾率领铁路代表团赴瑞典和德国订购机车、铁路设备及其他技术设备。没有回国。——165、248、261、322、548—550。

罗森霍尔茨,阿尔卡季·巴甫洛维奇(Розенгольц, Аркадий Павлович 1889—1938)——1905年加入俄国社会民主工党。国内战争时期担任一些集团军和方面军的革命军事委员会委员。1920—1921 年工会问题争论期间支持托洛茨基的纲领。1921—1922 年任财政人民委员部部务委员。——41—42、274。

罗特施坦，费多尔·阿罗诺维奇（Ротштейн，Федор Аронович 1871—1953）——1901 年加入俄国社会民主工党。1890 年侨居英国，积极参加英国工人运动，加入英国社会民主联盟。1911 年英国社会党成立后，是该党左翼领袖之一。英国社会党机关报《号召报》（1916—1920）的创办人和撰稿人之一。1920 年参与创建英国共产党，同年回到俄国，是苏维埃俄国同英国进行和平谈判的代表团成员。1921—1922 年为俄罗斯联邦驻伊朗全权代表。——120—121、183、410—411、414。

罗维奥，古斯塔夫·谢苗诺维奇（Ровио（Rovio），Густав Семенович 1887—1938）——1905 年加入俄国社会民主工党；职业是旋工。1910 年底起在芬兰居住和工作，加入芬兰社会民主党；1913—1915 年任芬兰社会民主青年联盟中央委员会书记。1917 年 8—9 月列宁从彼得格勒转移到芬兰后，曾住在他的家里。参加芬兰 1918 年革命；后来担任联共（布）中央委员会西北局芬兰支部书记、西部少数民族共产主义大学列宁格勒分校副校长。——151。

洛巴切夫，伊万·斯捷潘诺维奇（Лобачев，Иван Степанович 1879—1933）——1917 年加入俄国社会民主工党（布）。1920 年起任俄罗斯联邦粮食人民委员部部务委员，1922 年 2 月起任乌克兰粮食人民委员。——433。

洛博娃，В.Н.（Лобова，В.Н. 1888—1924）——1905 年加入俄国社会民主工党。1906—1908 年任党的乌拉尔区域委员会委员，1911 年任莫斯科委员会委员。1913 年初任俄国社会民主工党中央委员会俄国局书记和第四届国家杜马布尔什维克党团秘书。1918 年底—1919 年 2 月在基辅做党的秘密工作。苏维埃政权建立后任基辅省执行委员会委员、乌克兰中央执行委员会委员等职。1920—1921 年在莫斯科、彼尔姆、萨马拉等地工作。——244—245。

洛哈茨科夫（**洛卡茨科夫**），Ф.И.（Лохацков（Локацков），Ф.И. 1881—1937）——1904 年加入俄国社会民主工党。1919—1920 年任东方面军第

3 和第 5 集团军革命军事委员会委员。——107。

洛莫夫，阿·（奥波科夫，格奥尔吉·伊波利托维奇）(Ломов, А.(Оппоков, Георгий Ипполитович)1888—1938)——1903 年加入俄国社会民主工党。1918—1921 年任最高国民经济委员会主席团委员和副主席，林业总委员会主席。——84、212、258、262。

# M

马丁，爱德华(Martin, Edward)——美国共产主义工人党出席共产国际第二次代表大会的代表。——461—462。

马丁诺维奇，色诺芬·菲力波维奇(Мартинович, Ксенофонт Филиппович 1894—1944)——1918 年加入俄共（布）。1919 年任南方面军总监察员。——73。

马尔赫列夫斯基，尤利安·约瑟福维奇(Marchlewski, Julian(Мархлевский, Юлиан Юзефович)1866—1925)——波兰和国际工人运动活动家。波兰王国和立陶宛社会民主党的组织者和领导人之一。曾帮助列宁组织出版《火星报》。在华沙积极参加俄国 1905—1907 年革命。1907 年在俄国社会民主工党第五次（伦敦）代表大会上当选为候补中央委员。1909 年起主要在德国社会民主党内工作。第一次世界大战期间参与创建斯巴达克联盟。1918 年来到苏俄，担任全俄中央执行委员会委员直到逝世。执行过许多重要的外交使命。1919 年当选为德国共产党中央委员。参与创建共产国际。1920 年为俄共（布）中央委员会波兰局成员、波兰临时革命委员会主席。——67、391、400、432。

马尔柯夫，谢尔盖·德米特里耶维奇(Марков, Сергей Дмитриевич 1880—1922)——1901 年加入俄国社会民主工党。1918 年底起任交通人民委员部部务委员，1919 年起任副交通人民委员。1920 年起任弗拉基高加索铁路局局长、高加索方面军革命军事委员会委员。——47、63、104、123、151、192、200、280—281。

马尔科夫，帕维尔·德米特里耶维奇(Мальков, Павел Дмитриевич 1887—1965)——1904 年加入俄国社会民主工党。1917 年二月革命后任党的赫尔辛福斯委员会委员和波罗的海舰队中央委员会委员。曾指挥攻打冬宫的水兵部队。1917年10月29日(11月11日)起任斯莫尔尼宫警卫长，1918年3月—1920年任莫斯科克里姆林宫警卫长。1920年应征上前线，在第15集团军工作。——82、233。

马尔托夫，尔·(策杰尔包姆，尤利·奥西波维奇)(Мартов, Л. (Цедербаум, Юлий Осипович)1873—1923)——俄国孟什维克领袖之一。1895年参与组织彼得堡工人阶级解放斗争协会。1900年参与创办《火星报》，为该报编辑部成员。在俄国社会民主工党第二次代表大会上领导机会主义少数派，反对列宁的建党原则；会后成为孟什维克领袖之一。斯托雷平反动时期和新的革命高涨年代是取消派分子，编辑《社会民主党人呼声报》。参与组织"八月联盟"。第一次世界大战期间是中派分子。1917年二月革命后领导孟什维克国际主义派。十月革命后反对镇压反革命和解散立宪会议。1919年当选为全俄中央执行委员会委员，1919—1920年为莫斯科苏维埃代表。1920年9月侨居德国，在柏林创办和编辑孟什维克杂志《社会主义通报》。——237。

马克西莫夫，康斯坦丁·戈尔杰耶维奇(Максимов, Константин Гордеевич 1894—1939)——1914年加入俄国布尔什维克党。1919—1920年任国防委员会负责东方面军供给工作的特派员和东方面军革命军事委员会委员。1920—1921年任最高国民经济委员会乌拉尔工业局局长、劳动国防委员会负责恢复乌拉尔工业的全权代表。——218。

马雷舍夫，谢尔盖·瓦西里耶维奇(Малышев, Сергей Васильевич 1877—1938)——1902年加入俄国社会民主工党。十月革命后在劳动人民委员部和粮食人民委员部工作。1918年曾以北方区域公社联盟特派员的身份领导伏尔加河流域以商品交换粮食的流动驳船商队。1920—1921年为土耳其斯坦方面军革命军事委员会特派员。——16。

马蒙托夫，康斯坦丁·康斯坦丁诺维奇(Мамонтов, Константин Константинович 1869—1920)——沙俄军队上校，白卫哥萨克军中将(1919)。十月革命后，在克拉斯诺夫部队中指挥军队集群，在邓尼金部队中任顿河骑兵第4军军长。1919年8—9月率领白卫骑兵军袭击南线苏维埃军队后方，到处烧杀掠夺，无恶不作，10—11月被击溃，12月被邓尼金解职。——63、65、79。

会委员、乌克兰苏维埃社会主义共和国农业人民委员、乌克兰共产党（布）中央委员会书记等职。——238、518。

曼努伊尔斯基，米哈伊尔·扎哈罗维奇（Мануильский，Михаил Захарович 1892—1955）——1917年7月加入俄国社会民主工党（布）。曾在粮食人民委员部工作。1918年9月—1919年3月任中央纺织工业委员会会务委员。1919年3月—1922年5月任伊万诺沃-沃兹涅先斯克省粮食委员（至1921年1月）、省执行委员会副主席兼土地局局长。1921年是全俄中央执行委员会委员。——192。

梅德维捷夫，谢尔盖·巴甫洛维奇（Медведев，Сергей Павлович 1885—1937）——1900年加入俄国社会民主工党。1918年7月起在东方面军任职。1918年9月—1919年1月任第1集团军革命军事委员会委员。——21。

梅尔库罗夫，谢尔盖·德米特里耶维奇（Меркуров，Сергей Дмитриевич 1881—1952）——苏联雕塑家，苏联人民艺术家（1943），苏联艺术研究院院士。1945年加入联共（布）。——306。

梅利尼昌斯基，格里戈里·纳坦诺维奇（Мельничанский，Григорий Натанович 1886—1937）——1902年加入俄国社会民主工党。十月革命期间任莫斯科军事革命委员会委员。十月革命后任莫斯科省工会理事会主席和全俄工会中央理事会主席团委员，1918—1920年代表全俄工会中央理事会任工农国防委员会委员。——18、197。

梅列任，阿布拉姆·瑙莫维奇（Мережин，Абрам Наумович 生于1880年）——1905—1916年是俄国孟什维克，后为崩得分子。1919年加入俄共（布）。曾为俄共（布）中央委员会各犹太人支部中央局成员，参加民族事务人民委员部的工作。——376—377。

梅日劳克，瓦列里·伊万诺维奇（Межлаук，Валерий Иванович 1893—1938）——1907年参加俄国革命运动。1917年3—6月为孟什维克国际主义者，同年7月加入俄国社会民主工党（布）。在哈尔科夫积极参加十月革命。1918—1920年任乌克兰副财政人民委员，顿涅茨-克里沃罗格共和国财政人民委员，喀山省军事委员，第5、第10、第14和第2集团军革命军事委员会委员，南方面军革命军事委员会委员，乌克兰陆军人民委员，图拉筑垒地域革命军事委员会委员。1920 年起担任行政和经济领导工作。
——105——106。

美舍利亚科夫,弗拉基米尔·尼古拉耶维奇(Мещеряков, Владимир Николаевич 1885——1946)——1905 年加入俄国社会民主工党。曾在彼得堡和国外做党的工作。1917 年回国,积极参加十月革命。1918 年任俄罗斯联邦农业人民委员部部务委员,后任乌克兰农业人民委员。——17——18。

米哈列夫,格里戈里·伊万诺维奇(Михалев, Григорий Иванович 1886——1937)——俄国职员,在林场工作,后在彼尔姆州当会计。——244。

米哈伊洛夫(Михаилов)——196。

米柳亭,弗拉基米尔·巴甫洛维奇(Милютин, Владимир Павлович 1884——1937)——1903 年参加俄国社会民主主义运动,起初是孟什维克,1910 年起为布尔什维克。曾在俄国一些城市做党的工作,屡遭沙皇政府迫害。十月革命后任农业人民委员。1918——1921 年任最高国民经济委员会副主席。1920——1922 年为候补中央委员。—— 30——31、84、92——93、145——146、229、312、324——325、343、345——346、355、371、548——550。

米雅诺夫斯基,Н.Л.(Мяновский, Н.Л. 生于 1876 年)——沙俄上校,1918 年参加红军。1919 年 6 月起任图拉筑垒地域司令。1920 年起在军事院校从事教学工作。——567——568。

米雅斯科夫,康斯坦丁·加甫里洛维奇(Мясков, Константин Гаврилович 1881——1958)——1912 年加入俄国布尔什维克党。十月革命后任萨马拉省粮食委员,后任俄国农业银行行长、全苏列宁农业科学院主席团委员、苏联国家计划委员会主席团委员等职。曾在苏共中央机关工作。——195——196。

敏金,亚历山大·叶列梅耶维奇(Минкин, Александр Еремеевич 1887——1955)——1903 年加入俄国社会民主工党。十月革命后任党的奔萨省委书记和奔萨省执行委员会主席、国家有价证券印刷厂奔萨分厂政治委员、国家纸币印刷厂管理局所属彼尔姆厂政治委员、彼尔姆省委书记和省执行委员会主席等职。——107、244——245。

莫夫绍维奇,玛丽亚·C.(Мовшович, Мария С. 1874——1953)——1895 年投

身革命,1904年加入俄国社会民主工党。曾在敖德萨做党的工作。1911
年移居瑞士,1917年回国,参加了国内战争。1919年起做党的工作。后在
国际支援革命战士协会工作。——174。

莫罗佐夫,米哈伊尔·弗拉基米罗维奇(Морозов,Михаил Владимирович
　　1868—1938)——19世纪80年代末参加俄国革命运动,1901年加入俄国
　　社会民主工党,布尔什维克。1903—1904年在巴库做地下工作,后为土耳
　　其斯坦革命运动的领导人之一。1910年起侨居巴黎,加入列宁领导的布
　　尔什维克支部。1917年回到彼得格勒,积极参加十月革命。十月革命后
　　在燃料总委员会和泥炭总委员会做经济工作。——548。

莫斯卡列夫,普拉东·巴甫洛维奇(Москалев,Платон Павлович 1881—
　　1952)——俄国农民,后为铁匠。——244。

墨菲,约翰·托马斯(Murphy,John Thomas 生于1888年)——英国工人运
　　动活动家。1917年参加苏格兰社会党。1920年被选为车间代表委员会出
　　席共产国际第二次代表大会的代表。曾参与创建英国共产党。——
　　394、402。

姆格拉泽,伊拉里昂·维萨里昂诺维奇(Мгеладзе,Илларион Виссарионович
　　1890—1943)——1907年加入俄国社会民主工党。十月革命后历任党的
　　萨拉托夫省委委员、骑兵第1集团军政治部主任、党中央报刊部部长。
　　——7—8。

穆罕默德·瓦利汗(Mohammed Wali Khan)——1919年阿富汗驻苏维埃俄
　　国的特命大使。1921年2月28日俄罗斯联邦和阿富汗签订友好条约的
　　阿富汗政府代表。——574、575。

穆拉诺夫,马特维·康斯坦丁诺维奇(Муранов,Матвей Константинович
　　1873—1959)——1904年加入俄国社会民主工党,布尔什维克;职业是钳
　　工。曾在哈尔科夫做党的工作。第四届国家杜马哈尔科夫省工人代表,参
　　加布尔什维克杜马党团。曾为布尔什维克的《真理报》撰稿。因进行反对
　　帝国主义战争的革命活动,1914年11月被捕,1915年流放图鲁汉斯克边
　　疆区。十月革命后从事党和苏维埃的工作,任俄共(布)中央指导员、中央
　　监察委员。在党的第六、第八和第九次代表大会上当选为中央委员。
　　——547。

穆斯,Э.Р.（Мусс,Э.Р.）——1917 年加入俄国社会民主工党（布）。1919 年任萨马拉省粮食委员会主席。——195—196。

## N

纳格洛夫斯基,亚历山大·德米特里耶维奇（Нагловский, Александр Дмитриевич）——1919 年任俄罗斯联邦交通人民委员部部务委员、国防委员会北线铁路军事管制特派员、彼得格勒资财疏散委员会主席。——104。

纳里曼诺夫,纳里曼·克尔巴拉伊·纳贾夫（Нариманов, Нариман Кербалай Наджаф-оглы 1870—1925）——1905 年加入俄国社会民主工党。1917 年是建立阿塞拜疆苏维埃政权斗争的领导人之一。1919 年起任俄罗斯联邦外交人民委员部近东司司长、副民族事务人民委员。1920 年起任阿塞拜疆革命委员会主席、阿塞拜疆苏维埃社会主义共和国人民委员会主席。1922 年起任外高加索联邦联盟院主席。——300。

纳扎罗夫,斯捷潘·伊万诺维奇（Назаров, Степан Иванович 1879—1944）——1903 年加入俄国社会民主工党。曾在伊万诺沃-沃兹涅先斯克党组织工作。1913 年移居法国,是俄国布尔什维克党巴黎支部委员会委员。1917 年在彼得格勒阿伊瓦兹工厂任工厂委员会书记。十月革命后任棉花总委员会主席、伊万诺沃-沃兹涅先斯克省委委员和省执行委员会委员、第 9 集团军革命军事委员会特派员和集团军司令部政治委员。1921 年起担任党和苏维埃的领导工作。——117。

尼古拉耶夫,阿基姆·马克西莫维奇（Николаев, Аким Максимович 1887—1938）——1904 年加入俄国社会民主工党。1918—1924 年任邮电人民委员部部务委员和无线电委员会主席。——216、229—230、245、292、334、335、359、367、387、401、507—508、517、520。

尼古拉耶夫斯基,波里斯·伊万诺维奇（戈洛索夫,格·）（Николаевский, Борис Иванович（Голосов,Г.）1887—1967）——俄国孟什维克。曾为孟什维克报刊撰稿。十月革命后在流亡国外的孟什维克办的报刊上撰文反对苏维埃政权。后居住在美国。——7。

尼科尔斯基,格里戈里·伊万诺维奇（Никольский, Григорий Иванович）——

莫斯科苏维埃机枪训练班首批学员之一。1920年4月在训练班毕业,获得工农红军红色指挥员称号,并被派往西方面军司令部工作。——125。

尼库林娜,娜捷施达·阿列克谢耶夫娜(Никулина, Надежда Алексеевна 1845—1923)——俄国著名喜剧女演员,1863—1914年在国立小剧院工作。——468—469。

涅夫斯基,弗拉基米尔·伊万诺维奇(**克里沃博科夫,费奥多西·伊万诺维奇**)(Невский, Владимир Иванович (Кривобоков, Феодосий Иванович)1876—1937)——1897年参加俄国社会民主主义运动,布尔什维克。曾在顿河畔罗斯托夫、莫斯科、彼得堡、沃罗涅日和哈尔科夫等城市做党的工作。积极参加1905—1907年革命,屡遭沙皇政府迫害。1913年被增补为候补中央委员。参加了第四届国家杜马的竞选运动。十月革命后担任苏维埃和党的负责工作以及科研教学工作,历任副交通人民委员、交通人民委员、全俄中央执行委员会主席团委员和副主席、斯维尔德洛夫共产主义大学校长等职。——49—50、395。

诺维科夫(Новиков)——俄国工程师。——392—393。

## P

派克斯,A.K.(Пайкес, А.К.1873—1958)——1917年以前是孟什维克,1918年加入俄共(布)。1918—1920年任粮食人民委员部驻萨拉托夫省特派员、国家监察人民委员部部务委员和工农检查院院务委员、西伯利亚革命委员会委员。1921—1922年先后任俄罗斯联邦驻中国和立陶宛全权代表。——152、211、345、362。

佩尔武申,尼古拉·弗谢沃洛多维奇(Первушин, Николай Всеволодович 生于1889年)——1919—1922年是苏俄喀山大学社会科学系教师。——259。

佩尔武申娜-扎列斯卡娅(**佩尔武申娜-扎列日斯卡娅**),A.A.(Первушина-Залесская (Первушина-Залежская), А.А.)——尼·弗·佩尔武申的母亲。——259。

佩拉耶夫,Г.Н.(Пылаев, Г.Н.)——俄罗斯联邦最高国民经济委员会石油总委员会委员和格罗兹尼石油管理委员会主席。1920年5月被派往骑兵集团军政治部工作。——310—311。

皮达可夫,格奥尔吉·列昂尼多维奇(Пятаков,Георгий Леонидович 1890—1937)——1910 年加入俄国社会民主工党。1914—1917 年先后侨居瑞士和瑞典;曾参加伯尔尼代表会议,为《共产党人》杂志撰稿。1917 年二月革命后任党的基辅委员会主席和基辅工人代表苏维埃执行委员会委员。十月革命后任国家银行总委员。1918 年 12 月任乌克兰临时工农政府主席。1919 年任第 13 集团军革命军事委员会委员,1920 年曾在乌拉尔任第 1 劳动军革命军事委员会委员。1920 年起历任顿巴斯中央煤炭工业管理局局长、国家计划委员会和最高国民经济委员会副主席、驻法国商务代表、苏联国家银行管理委员会主席、副重工业人民委员、租让总委员会主席等职。1920—1921 年工会问题争论期间支持托洛茨基的纲领。——307—308。

皮翁特科夫斯基,谢尔盖·安德列耶维奇(Пионтковский,Сергей Андреевич 1891—1937)——苏联历史学家。1919 年加入俄共(布)。1921 年起任斯维尔德洛夫共产主义大学教授兼《无产阶级革命》杂志副编辑。——483。

普京策夫,伊里亚·丹尼洛维奇(Путинцев,Илья Данилович)——俄国布尔什维克,塞米巴拉金斯克省巴甫洛达尔县乌尔柳秋布镇的哥萨克。——384。

普拉东诺夫,А.П.(Платонов,А.П.生于 1894 年)——俄国黑海舰队水兵。1919 年 12 月起是全俄中央执行委员会终审上诉部成员。1920 年 3 月—1921 年 7 月任克里姆林宫和苏维埃房屋管理处主任。——483、485。

普拉克辛,基里尔·伊万诺维奇(Плаксин,Кирилл Иванович 1881—1933)——1904 年加入俄国社会民主工党。十月革命后在萨拉托夫从事党的工作以及苏维埃和经济工作,任萨拉托夫省党委主席、省国民经济委员会主席。——6、11、16—17。

普拉滕,弗里德里希(Platten,Friedrich 1883—1942)——瑞士左派社会民主党人,后为共产党人;瑞士共产党的组织者之一。1912—1918 年任瑞士社会民主党书记。第一次世界大战期间是国际主义者,曾出席齐美尔瓦尔德代表会议和昆塔尔代表会议,参加齐美尔瓦尔德左派。1917 年 4 月是护送列宁从瑞士返回俄国的主要组织者。1919 年参加共产国际第一次代表大会,为大会主席团成员,曾为《共产国际》杂志撰稿。1921—1923 年任瑞士共产党书记。1923年移居苏联。——246、488。

普列奥布拉任斯基，阿列克谢·安德列耶维奇（Преображенский，Алексей Андреевич 1863—1938）——俄国民粹派分子，后参加社会民主主义运动。1889—1893年列宁与家人在阿拉卡耶夫卡度夏时经常同列宁见面，并就农民问题进行过争论。1902年起在萨马拉—兹拉托乌斯特铁路工作。1904年加入俄国社会民主工党。1905年在萨马拉工作。十月革命后任萨马拉—兹拉托乌斯特铁路局办公室主任、总务主任和行政处处长等职。1922年根据列宁的提议被任命为哥尔克国营农场场长。——500、501、503。

普列奥布拉任斯基，叶夫根尼·阿列克谢耶维奇（Преображенский，Евгений Алексеевич 1886—1937）——1903年加入俄国社会民主工党。国内战争期间任第3集团军政治部主任。1920年初任俄共（布）乌法省委主席。同年，在党的第九次代表大会上当选为中央委员、中央委员会书记。1921年3月起先后任财政人民委员部部务委员和教育人民委员部职业教育总局局长、《真理报》编辑等职。1920—1921年工会问题争论期间支持托洛茨基的纲领。——134—135、201、202、221、325、388、395、431—432、458、547、552。

普罗明斯基，伊万·卢基奇（Проминский，Иван Лукич 1859—1923）——19世纪80年代起参加波兰社会民主主义运动。1894年被捕，1897年流放东西伯利亚米努辛斯克专区舒申斯克村，为期三年，在那里结识了列宁和克鲁普斯卡娅。流放期满后在西伯利亚铁路工作。国内战争的参加者。——366、423。

普希金，亚历山大·谢尔盖耶维奇（Пушкин，Александр Сергеевич 1799—1837）——俄国诗人。——199、323。

# Q

齐默尔曼（Zimmerman）——瑞士共产党员。——488。

契切林，格奥尔吉·瓦西里耶维奇（Чичерин，Георгий Васильевич 1872—1936）——1904年参加俄国革命运动，1905年在柏林加入俄国社会民主工党。长期在国外从事革命活动。斯托雷平反动时期是孟什维主义的拥护

者,第一次世界大战期间是国际主义者,1917 年底转向布尔什维主义立
场,1918 年加入俄共(布)。1918 年初回国,先后任副外交人民委员、外交
人民委员,是出席热那亚国际会议和洛桑国际会议的苏俄代表团团长。
——36、44、68、74 — 75、82 — 83、89 — 90、111、132、170、173、181 — 183、
198、258、265、312、314、321、332、346、347、360、367、369 — 370、381 — 382、
396、404 — 405、409 — 410、416 — 417、434、437、443 — 444、455 — 456、457、
477、486 — 487、490、491 — 492、500、510 — 511、512、542 — 543。

丘巴尔,弗拉斯·雅柯夫列维奇(Чубарь, Влас Яковлевич 1891 — 1939)——
1907 年加入俄国社会民主工党。1918 — 1923 年任国营机械制造厂联合
公司管理委员会主席、俄罗斯联邦最高国民经济委员会主席团委员、恢复
乌克兰工业组织局主席、乌克兰最高国民经济委员会主席团主席、顿巴斯
中央煤炭工业管理局局长。在党的第十次代表大会上当选为候补中央委
员,第十一次代表大会上当选为中央委员。1920 — 1934 年为乌克兰共产
党(布)中央政治局委员。——479 — 480。

丘茨卡耶夫,谢尔盖·叶戈罗维奇(Чуцкаев, Сергей Егорович 1876 —
1946)——1903 年加入俄国社会民主工党。1918 — 1921 年任财政人民委
员部部务委员、副财政人民委员、小人民委员会委员、取消货币税工作委员
会主席。1921 — 1922 年先后任西伯利亚革命委员会副主席和主席,俄共
(布)中央委员会西伯利亚局成员。——258 — 259、515 — 516。

丘吉尔,温斯顿(Churchill, Winston 1874 — 1965)——英国国务活动家,保守
党领袖。1919 — 1921 年任陆军大臣和空军大臣,是武装干涉苏维埃俄国
的策划者之一。——455。

瞿鲁巴,亚历山大·德米特里耶维奇(Цюрупа, Александр Дмитриевич
1870 — 1928)——1898 年加入俄国社会民主工党。十月革命后任副粮食
人民委员,1918 年 2 月起任粮食人民委员。国内战争时期主管红军的供
给工作,领导征粮队的活动。1921 年底起任人民委员会和劳动国防委员
会副主席。—— 7、122、178、191、221 — 222、240、291、301、345 — 346、
377 — 378、406、544、565。

# R

茹克,尤斯京·彼得罗维奇(Жук, Иустин Петрович 1887 — 1919)—— 1905

年后参加俄国革命运动。1909 年被捕并被判处死刑,后改判为终身苦役,在斯摩棱斯克监狱和施吕瑟尔堡要塞服刑。1917 年二月革命后是施吕瑟尔堡赤卫队组织者之一。1919 年尤登尼奇进犯彼得格勒时任卡累利阿防御地境委员会委员、彼得格勒防卫委员会特派员。在战斗中牺牲。——119。

## S

萨波日科夫,А.П.(Сапожков,А.П.死于 1920 年)——沙俄军官,左派社会革命党人,十月革命后参加红军。1920 年 7 月以前任土耳其斯坦骑兵第 2 师师长。1920 年 7 月在萨马拉省布祖卢克县发动反苏维埃叛乱,叛乱还波及到萨马拉县。9 月 6 日在红军平定叛乱时被击毙。——592、593。

萨波日尼科夫,阿列克谢(Сапожников,Алексей 1894—1920)——141。

萨波日尼科夫,阿列克谢·瓦西里耶维奇(Сапожников,Алексей Васильевич 1868—1935)——苏联化学家。——277。

萨莫伊洛夫,费多尔·尼基季奇(Самойлов,Федор Никитич 1882—1952)——1903 年加入俄国社会民主工党,布尔什维克;职业是纺织工人。曾积极参加俄国第一次革命,在伊万诺沃-沃兹涅先斯克做党的工作。第四届国家杜马弗拉基米尔省工人代表,参加布尔什维克杜马党团。因进行反对帝国主义战争的革命活动,1914 年 11 月被捕。1915 年流放图鲁汉斯克边疆区。十月革命后在乌克兰和莫斯科工作。1919—1920 年任全俄中央执行委员会驻巴什基尔革命委员会特派员、俄共(布)巴什基尔区域委员会委员。——201、202。

萨普龙诺夫,季莫费·弗拉基米罗维奇(Сапронов,Тимофей Владимирович 1887—1939)——1912 年加入俄国布尔什维克党。1918—1919 年任莫斯科省执行委员会主席,1919—1920 年任哈尔科夫省革命委员会主席。1920—1921 年任建筑工会中央委员会主席、国家建筑工程总委员会主席、最高国民经济委员会副主席。工会问题争论期间领导民主集中派。——168、238、289。

塞拉蒂,扎钦托·梅诺蒂(Serrati,Giacinto Menotti 1872 或 1876—1926)——意大利工人运动活动家,意大利社会党领导人之一。1914—

1922 年任社会党中央机关报《前进报》社长。第一次世界大战期间是国际主义者。共产国际成立后,坚决主张意大利社会党参加共产国际。1920年率领意大利社会党代表团出席共产国际第二次代表大会;在讨论加入共产国际的条件时,反对同改良主义者无条件决裂。他的错误立场受到列宁的批评,不久即改正了错误。1924 年带领社会党内的第三国际派加入意大利共产党。——373、421。

桑尼科夫,费多尔·萨姆索诺维奇(Санников, Федор Самсонович 1883 — 1955)——俄国农民。晚年在彼尔姆州索利卡姆斯克区波洛沃多沃村当邮递员。——244。

瑟尔佐夫,谢尔盖·伊万诺维奇(Сырцов, Сергей Иванович 1893—1937)——1913 年加入俄国布尔什维克党。1918—1920 年任俄共(布)顿河区域局成员和顿河区委员会委员、顿河苏维埃共和国人民委员会副主席和顿河区执行委员会副主席。1920—1921 年任党的敖德萨省委书记。工会问题争论期间支持托洛茨基的纲领。1921 — 1926 年在党中央机关工作。——191。

瑟罗莫洛托夫,费多尔·费多罗维奇(Сыромолотов, Федор Федорович 1877 — 1949)——1897 年参加俄国社会民主主义运动。十月革命后任最高国民经济委员会主席团委员、小人民委员会委员、国家计划委员会主席团委员等职。——92—93、545。

沙波瓦洛夫,亚历山大·西多罗维奇(Шаповалов, Александр Сидорович 1871—1942)——俄国革命运动最早的参加者之一。1894 年为民意党人。1895 年加入工人阶级解放斗争协会。1906 年侨居国外,参加了布尔什维克国外组织的工作。1917 年回国。十月革命后从事苏维埃和党的工作。——235、437、438。

沙米古洛夫,加利·卡马列特季诺维奇(Шамигулов, Гали Камалетдинович 1890—1959)——1910 年加入俄国社会民主工党。1919—1920 年任俄共(布)巴什基尔区域委员会委员、巴什基尔中央执行委员会和人民委员会主席。——201。

沙特兰,米哈伊尔·安德列耶维奇(Шателен, Михаил Андреевич 1866 — 1957)——苏联电工学家,苏联科学院通讯院士(1931 年起)。曾参与制定俄罗斯国家电气化计划,是俄罗斯国家电气化委员会彼得格勒小组的负责人。1921年4月起任国家计划委员会委员。——336。

沙图诺夫斯基,雅柯夫·莫伊谢耶维奇(Шатуновский,Яков Моисеевич 1876—1932)——1918年加入俄共(布)。十月革命后从事教学工作和军事政治工作。1920年8月起从事经济工作,任劳动国防委员会运输总委员会委员、国家计划委员会工业处成员。——548—550。

绍林,瓦西里·伊万诺维奇(Шорин,Василий Иванович 1871—1938)——沙俄军官,十月革命后转向苏维埃政权。1918年参加红军。1918—1919年任东方面军第2集团军司令、东方面军北方集群司令、南方面军特别集群司令。1919年10月起任东南方面军司令。1920—1921年任共和国武装力量总司令派驻西伯利亚地区的助理。——86。

绍林,亚历山大·费多罗维奇(Шорин,Александр Федорович 1890—1941)——苏联无线电、电报和录音方面的发明家。1919—1922年在下诺夫哥罗德无线电实验室工作,曾因误会被捕,但很快获释。——216。

绍特曼,亚历山大·瓦西里耶维奇(Шотман,Александр Васильевич 1880—1937)——1899年加入俄国社会民主工党。1917年7月起是党中央委员会和列宁之间的联络员,同年8月受党中央委托,安排列宁从拉兹利夫转移到芬兰。积极参加十月革命。1918—1920年任最高国民经济委员会主席团委员、西伯利亚国民经济委员会主席等职。1922年任卡累利阿苏维埃社会主义自治共和国经济会议主席。——373—374。

舍印曼,亚伦·李沃维奇(Шейнман,Арон Львович 1886—1944)——1903年加入俄国社会民主工党。1920年任副对外贸易和国内商业人民委员。1921年10月初被任命为财政人民委员部部务委员和国家银行管理委员会委员。——292—293、322—323、374。

施利希特尔,亚历山大·格里戈里耶维奇(Шлихтер,Александр Григорьевич 1868—1940)——1891年参加俄国社会民主主义运动。1917年二月革命后任克拉斯诺亚尔斯克工兵代表苏维埃执行委员会委员和俄国社会民主工党中西伯利亚区域局成员。十月革命后任俄罗斯联邦农业人民委员、粮食人民委员、驻西伯利亚粮食特派员。1919年任乌克兰粮食人民委员,1920年任坦波夫省执行委员会主席。1921年任国家珍品保管工作调查委员会委员;同年起从事外交工作。——8、42—43、473—474、533、565。

施米特,奥托·尤利耶维奇(Шмидт,Отто Юльевич 1891—1956)——苏联学者,1918 年加入俄共(布)。1918—1920 年任粮食人民委员部部务委员,1920 年任中央消费合作总社理事会理事,1920—1921 年任教育人民委员部部务委员。——209。

施米特,瓦西里·弗拉基米罗维奇(Шмидт,Василий Владимирович 1886—1940)——1905 年加入俄国社会民主工党。1918—1928 年先后任全俄工会中央理事会书记和劳动人民委员。在党的第八次和第十次代表大会上当选为候补中央委员。——345—346、406。

施特恩贝格,帕维尔·卡尔洛维奇(Штернберг,Павел Карлович 1865—1920)——1905 年加入俄国社会民主工党。1918 年 9 月—1919 年 6 月任东方面军第 2 集团军革命军事委员会委员,1919 年 10 月—1920 年 1 月任东方面军革命军事委员会委员。——108。

施特克——见施特克尔,瓦尔特。

施特克尔,瓦尔特(施特克)(Stoecker,Walter(Stock))——德国独立社会民主党左翼领导人。1920 年起是德国共产党党员,多次被选入德国共产党中央委员会。共产国际第二次代表大会代表。——381。

施瓦尔茨,伊萨克·伊兹拉伊列维奇("谢苗")(Шварц,Исаак Израилевич("Семен")1879—1951)——1899 年加入俄国社会民主工党,曾在叶卡捷琳诺斯拉夫和乌拉尔从事革命工作。1911 年是列宁创办的隆瑞莫党校的学员。曾任国外组织委员会委员,从事重建布尔什维克组织的工作,积极参加负责筹备召开俄国社会民主工党第六次(布拉格)全国代表会议的俄国组织委员会的组建工作。七次被捕和流放,六次从流放地逃跑。1917 年二月革命后在乌克兰担任党和苏维埃的负责工作。1918 年起是乌克兰党的地下工作和游击运动的领导人之一。在乌克兰共产党(布)第一次和第二次代表大会上当选为中央委员。1918—1919 年任全乌克兰肃反委员会主席、乌克兰苏维埃社会主义共和国国防委员会驻敖德萨和尼古拉耶夫特派员。1920 年任俄共(布)中央驻顿巴斯特派员。1921 年起任全俄矿工工会中央委员会主席。1930 年起从事经济工作。曾任俄共(布)中央监察委员和联共(布)中央委员。——289—290。

施韦奇科夫,康斯坦丁·马特维耶维奇(Шведчиков, Константин Матвеевич 1884—1952)——1904年加入俄国社会民主工党。1918年起在造纸工业部门担任负责工作,任人民委员会负责造纸和印刷工业的特派员、造纸工业总管理局局长和中央制浆造纸工业托拉斯经理。——322—323。

舒姆斯基,亚历山大·雅柯夫列维奇(Шумский, Александр Яковлевич 1890—1946)——1909—1917年是乌克兰社会革命党党员。1918年起为斗争派领袖之一。1920年加入俄共(布)。同年参加了缔结对波和约的谈判。历任第14集团军革命军事委员会委员、驻波兰大使、乌克兰教育人民委员(1924—1927)等职。曾当选为乌克兰共产党(布)中央委员和苏联中央执行委员会委员。——282、283。

斯大林(**朱加施维里**),约瑟夫·维萨里昂诺维奇(Сталин(Джугашвили), Иосиф Виссарионович 1879—1953)——1898年加入俄国社会民主工党,党的第二次代表大会后是布尔什维克。曾在梯弗利斯、巴统、巴库和彼得堡做党的工作。多次被捕和流放。1912年1月在党的第六次(布拉格)全国代表会议选出的中央委员会会议上,被缺席增补为中央委员并被选入中央委员会俄国局;积极参加布尔什维克《真理报》的编辑工作。在十月革命的准备和进行期间参加领导武装起义的彼得格勒军事革命委员会和党总部。在全俄苏维埃第二次代表大会上当选为全俄中央执行委员会委员;参加第一届人民委员会,任民族事务人民委员。1919年3月起兼任国家监察人民委员,1920年起为工农检查人民委员。国内战争时期任全俄中央执行委员会驻国防委员会代表、人民委员会驻南俄粮食特派员、共和国革命军事委员会委员和一些方面军的革命军事委员会委员。1919年起为党中央政治局委员。1922年4月起任党中央总书记。——21、25、26—27、41、67、74、93、95、97、219、222—223、228、232、234—235、238、239、250、261、267、282、295、332、333、347、350—351、352、354、407—408、412、420、425、426、427—428、429—430、434、436、457、507、517、532、553、578。

斯捷潘诺夫——见斯克沃尔佐夫-斯捷潘诺夫,伊万·伊万诺维奇。

斯克良斯基,埃夫拉伊姆·马尔科维奇(Склянский, Эфраим Маркович 1892—1925)——1913年加入俄国布尔什维克党。1918年1月起任副陆军人民委员,1918年10月—1924年3月任共和国革命军事委员会副主

个集团军的革命军事委员会委员。十月革命后任最高国民经济委员会主
席团委员,1921年3月起是劳动国防委员会俄罗斯联邦资源利用委员会
委员。1921—1922年任国家计划委员会主席团委员。——148。

斯米尔诺夫,伊万·尼基季奇(Смирнов,Иван Никитич 1881—1936)——
1899年加入俄国社会民主工党。十月革命后任东方面军第5集团军革命
军事委员会委员。1919—1921年任西伯利亚革命委员会主席。1921—
1922年在最高国民经济委员会工作,主管军事工业。1922年任彼得格勒
委员会和俄共(布)中央委员会西北局书记。在党的第八次和第十次代表
大会上当选为候补中央委员,第九次代表大会上当选为中央委员。——
69、90、99、108、129、154、166、178—179、189、211—212、231、260、262、
361—362、366、395—396、406、424、495、603。

斯米尔诺娃,瓦连廷娜·彼得罗夫娜(Смирнова,Валентина Петровна)——
弗·米·斯米尔诺夫的妻子。——147—148。

斯塔索娃,叶列娜·德米特里耶夫娜(Стасова,Елена Дмитриевна 1873—
1966)——1898年加入俄国社会民主工党,1901年起为《火星报》代办员。
曾在彼得堡、莫斯科做党的工作,1904—1906年任党中央委员会北方局、
彼得堡委员会和中央委员会俄国局书记。1907—1912年为党中央驻梯弗
利斯的代表。1912年在党的第六次(布拉格)全国代表会议上当选为候补
中央委员。1917年2月—1920年3月任党中央书记。1920—1921年先
后在彼得格勒和巴库担任党的负责工作。1921—1926年在共产国际工
作。——53、74—75、138、149。

斯特勒姆,弗雷德里克(Ström,Fredrik 1880—1948)——瑞典左派社会民主
党人,作家和政论家。1911—1916年任瑞典社会民主党书记。第一次世
界大战期间是国际主义者。1918—1920年任《人民政治日报》主编。
1921—1924年任瑞典共产党书记。1924年参加霍格伦机会主义集团,退
出共产党。——182。

斯维尔德洛夫,韦尼阿明·米哈伊洛维奇(Свердлов,Вениамин Михайлович
1886—1940)——1902—1909年是俄国社会民主工党党员,后脱离政治活
动。1919—1920年任交通人民委员部部务委员、副交通人民委员、最高国
民经济委员会主席团委员和最高运输委员会主席。后任最高国民经济委

员会会务委员,在最高国民经济委员会矿业局和科学技术局工作,曾任筑路科学研究所所长。——185、211—212、253、503、542。

斯维杰尔斯基,阿列克谢·伊万诺维奇(Свидерский, Алексей Иванович 1878—1933)——1899 年加入俄国社会民主工党。1918 年起任粮食人民委员部部务委员,1922 年起任工农检查人民委员部部务委员。——20、34、49、186、285—286。

苏汉诺夫,尼·(吉姆美尔,尼古拉·尼古拉耶维奇)(Суханов, Н. (Гиммер, Николай Николаевич)1882—1940)——俄国经济学家和政论家。早年是民粹派分子,1903 年起是社会革命党人,1917 年起是孟什维克。曾为《俄国财富》《同时代人》等杂志撰稿;企图把民粹主义和马克思主义结合起来。第一次世界大战期间自称是国际主义者,为《年鉴》杂志撰稿。1917 年二月革命后任彼得格勒苏维埃执行委员会委员、《新生活报》编辑之一;支持资产阶级临时政府。十月革命后在苏维埃经济机关工作。——8。

苏日尔卡,斯特凡(Сужилка, Стефан)——1920 年是驻伦敦的苏俄贸易代表团的常任技术顾问。——487。

绥拉菲莫维奇(波波夫),亚历山大·绥拉菲莫维奇(Х)(Серафимович (Попов), Александр Серафимович(Х)1863—1949)——苏联作家。1918 年加入俄共(布)。国内战争时期任《真理报》随军记者。——337、466。

孙杜科夫,И.Ф.(Сундуков, И.Ф. 1886—1938)——1919 年任苏俄土耳其斯坦方面军第 4 集团军政治部主任助理和革命军事委员会委员。——131。

索柯里尼柯夫(布里利安特),格里戈里·雅柯夫列维奇(Сокольников (Бриллиант), Григорий Яковлевич 1888—1939)——1905 年加入俄国社会民主工党。1909—1917 年住在国外。第一次世界大战期间为托洛茨基的《我们的言论报》撰稿。十月革命后从事苏维埃、军事和外交工作。是缔结布列斯特和约的苏俄代表团成员,后来又参加了同德国进行的经济问题谈判。1918 年 12 月—1919 年 10 月任南方方面军革命军事委员会委员,1920 年 8 月—1921 年 3 月任土耳其斯坦方面军革命军事委员会委员和方面军司令、全俄中央执行委员会和俄罗斯联邦人民委员会土耳其斯坦事务委员会主席。1921 年 11 月起先后任财政人民委员部部务委员、副财政人民委员、财政人民委员。在党的第六、第七和第十一次代表大会上当选为中央委员。——51、52—53、113、219。

索洛古布,尼古拉·弗拉基米罗维奇(Соллогуб, Николай Владимирович 1883—1937)——沙俄军官,1918 年参加红军。曾任东方面军参谋长、最高军事检查院成员、西方面军司令部作战部部长。1919 年 8 月—1920 年 9 月任第 16 集团军司令。1920 年 10—12 月任西方面军参谋长。1920 年底—1922 年任乌克兰和克里木武装部队参谋长。1923 年起在军事院校担任负责职务。——21。

索洛蒙,格奥尔吉·亚历山德罗维奇(Соломон, Георгий Александрович 生于 1868 年)——1898 年参加俄国社会民主主义运动,从事宣传鼓动工作。曾遭沙皇政府迫害。1907—1917 年侨居国外。十月革命后被派到德国做外交工作,后在对外贸易人民委员部机关工作,1920 年任对外贸易人民委员部驻爱沙尼亚特派员。——529—530。

索洛维约夫,季诺维·彼得罗维奇(Соловьев, Зиновий Петрович 1876—1928)——1898 年加入俄国社会民主工党。苏联卫生保健事业最著名的组织者和理论家之一,1918 年起领导各种卫生机关,参加医生同业公会理事会。1918 年 7 月起任俄罗斯联邦副卫生人民委员,1919 年起兼任俄国红十字会执行委员会主席,1920 年起兼任红军军事卫生总局局长。——127—128、318。

索斯诺夫斯基,列夫·谢苗诺维奇(Сосновский, Лев Семенович 1886—1937)——1904 年加入俄国社会民主工党,新闻工作者。1918—1924 年(有间断)任《贫苦农民报》编辑。1921 年任党中央委员会鼓动宣传部长。——7、134—135、548—550。

## T

塔赫塔梅舍夫(Тахтамышев)——1919 年参加俄罗斯联邦最高国民经济委员会运输燃料的新铁路支线修建委员会。——357。

泰奥多罗维奇,伊万·阿道福维奇(Теодорович, Иван Адольфович 1875—1937)——1895 年加入莫斯科工人阶级解放斗争协会,1903 年俄国社会民主工党第二次代表大会后是布尔什维克。1905 年在日内瓦任《无产者报》编辑部秘书。1905—1907 年为党的彼得堡委员会委员。国内战争时期参

加游击队同高尔察克作战。1920 年起任农业人民委员部部务委员,1922
年起任副农业人民委员。——368、517。

唐恩(**古尔维奇**),费多尔·伊里奇(Дан (Гурвич),Федор Ильич 1871 —
1947)——俄国孟什维克领袖之一;职业是医生。1894 年参加俄国社会民
主主义运动,加入彼得堡工人阶级解放斗争协会。1896 年 8 月被捕,1898
年流放维亚特卡省。1901 年夏逃往国外,加入《火星报》柏林协助小组。
1902 年作为《火星报》代办员参加了在比亚韦斯托克举行的筹备召开俄国
社会民主工党第二次代表大会的代表会议,会后再次被捕,流放东西伯利
亚。1903 年 9 月逃往国外,成为孟什维克。斯托雷平反动时期和新的革
命高潮年代在国外领导取消派,编辑取消派的《社会民主党人呼声报》。第
一次世界大战期间是社会沙文主义者。1917 年二月革命后任彼得格勒苏
维埃执行委员会委员和第一届中央执行委员会主席团委员,支持资产阶级
临时政府。十月革命后在卫生人民委员部系统当医生。因反对苏维埃政
权,1922 年被驱逐出境,在柏林领导孟什维克进行反革命活动。——237。

特雷维斯,克劳狄奥(Treves,Claudio 1868—1933)——意大利社会党改良派
领袖之一。——514。

特里利谢尔,达维德·阿布拉莫维奇(Трилиссер,Давид Абрамович 1884 —
1934)——1902 年加入俄国社会民主工党。1920 年起任彼得格勒省执行
委员会秘书,后为彼得格勒沃洛达尔斯基区苏维埃主席。——386。

梯尔柯夫,阿尔卡季·弗拉基米罗维奇(Тырков,Аркадий Владимирович
1859—1924)——1879 年加入俄国民意党。1881 年因参与刺杀沙皇亚历
山大二世被捕,关进彼得保罗要塞。1883 年流放东西伯利亚。1904 年由
无期流放改为二十年流放。——377。

通科夫,弗拉基米尔·尼古拉耶维奇(Тонков,Владимир Николаевич 1872—
1954)——苏联解剖学家。1932 年加入联共(布)。1917—1925 年任军医
学院院长。为研讨改善学者生活问题,列宁曾多次接见他。——76。

图哈切夫斯基,米哈伊尔·尼古拉耶维奇(Тухачевский,Михаил Николаевич
1893—1937)——1918 年加入俄共(布)。1918—1919 年先后任第 1、第 8
和第 5 集团军司令。1920 年 2—4 月任高加索方面军司令,1920 年 4 月—
1921 年 3 月任西方面军司令。1921 年 5 月任肃清安东诺夫匪帮的坦波夫

军区司令。——219、350、427。

屠拉梯，菲力浦(Turati，Filippo 1857—1932)——意大利工人运动活动家，意大利社会党创建人之一，该党右翼改良派领袖。1896—1926 年为议员，领导意大利社会党议会党团。第一次世界大战期间持中派立场。敌视俄国十月革命。1922 年意大利社会党分裂后，参与组织并领导改良主义的统一社会党。法西斯分子上台后，于 1926 年流亡法国，进行反法西斯的活动。——373。

托洛茨基(**勃朗施坦**)，列夫·达维多维奇(Троцкий (Бронштейн)，Лев Давидович 1879—1940)——1897 年参加俄国社会民主主义运动。在俄国社会民主工党第二次代表大会上是西伯利亚联合会的代表，属火星派少数派。1905 年同亚·帕尔乌斯一起提出和鼓吹"不断革命论"。斯托雷平反动时期和新的革命高潮年代，打着"非派别性"的幌子，实际上采取取消派立场。1912 年组织"八月联盟"。第一次世界大战期间持中派立场，先后任孟什维克取消派的《我们的言论报》的撰稿人和编辑。1917 年二月革命后参加区联派，在党的第六次代表大会上随区联派集体加入布尔什维克党，当选为中央委员。参加十月武装起义的领导工作。十月革命后任外交人民委员、陆海军人民委员、共和国革命军事委员会主席和交通人民委员等职。曾被选为党中央政治局委员和共产国际执行委员会委员。1918 年初反对签订布列斯特和约。1920—1921 年挑起关于工会问题的争论。——1、34—35、45—46、50、56、70、73、80—81、84—85、92、93、97、98、101、104、106—107、110—111、115—116、128、132、163、164、199、218、231、246—247、260—261、265—266、288—289、291、294—295、321、351、354、356、360、449、468、471、472、489—490、493、502、503—504、513、542、548—550、551、552、570。

托洛茨基，Б.И.(Троцкий，Б.И.生于 1879 年)——1920 年在苏俄西伯利亚粮食委员会工作。——591—592。

托姆斯基(**叶弗列莫夫**)，米哈伊尔·巴甫洛维奇(Томский(Ефремов)，Михаил Павлович 1880—1936)——1904 年加入俄国社会民主工党。1905—1906 年在党的雷瓦尔组织中工作。1907 年当选为党的彼得堡委员会委员，任布尔什维克的《无产者报》编委。斯托雷平反动时期对取消派、召回派和托洛茨基分子采取调和主义态度。十月革命后任莫斯科工会理事会主席。1919 年起任全俄(后为全苏)工会中央理事会主席团主席。1920 年参与创建红色工会国际,1921 年工会国际成立后任总书记。1921 年 5 月起任全俄中央执行委员会和俄罗斯联邦人民委员会土耳其斯坦事务委员会主席。1919 年起为党中央委员,1923 年起为中央政治局委员。——196—197、345—346。

## W

瓦利多夫,艾哈迈德-扎基(Валидов,Ахмед-Заки 生于 1890 年)——俄国巴什基尔资产阶级民族主义运动领导人之一。1917—1918 年领导资产阶级民族主义政府,积极参与武装反对苏维埃政权。1919 年 1 月,在巴什基尔革命运动不断发展的形势下,为了保持对群众的影响,转向苏维埃政权并加入俄共(布);被选为巴什基尔苏维埃共和国军事革命委员会委员,后任巴什基尔苏维埃共和国主席。极力推行民族主义路线。1920 年和一批追随者一起逃往土耳其斯坦,后逃往土耳其。——69—70。

瓦西里耶夫——见瓦西里耶夫-尤任,米哈伊尔·伊万诺维奇。

瓦西里耶夫-尤任,米哈伊尔·伊万诺维奇(瓦西里耶夫)(Васильев-Южин, Михаил Иванович(Васильев)1876—1937)——1898 年加入俄国社会民主工党。1917 年是萨拉托夫武装起义的领导人之一。十月革命后任内务人民委员部部务委员、俄共(布)萨拉托夫省委主席和省执行委员会副主席、第 15 集团军革命军事委员会委员、苏联最高法院副院长等职。——317。

万德利普,华盛顿·B.(Vanderlip,Washington B.生于 1866 年)——美国工业界代表,工程师。1920 年和 1921 年曾访问苏维埃俄国,建议苏俄和美国签订堪察加石油和煤炭租让合同。——457、487。

韦尔特曼,米哈伊尔·拉扎列维奇(Вельтман,Михаил Лазаревич 1871—1927)——俄国东方学家。1918 年加入俄共(布)。——328。

韦斯拜恩(Weisbein)——364、365。

韦威尔,厄内斯特·雅柯夫列维奇(Вевер,Эрнест Яковлевич 1882—1937)——1917 年加入俄国社会民主工党(布)。1918—1924 年任哥尔克疗养院院长。——379。

维诺格拉多夫，亚历山大·亚历山德罗维奇（Виноградов, Александр
Александрович 生于 1883 年）——俄国教育工作者。特维尔省韦谢贡斯克
县建立苏维埃政权斗争的积极参加者。1920 年任韦谢贡斯克教师联合会
执行委员会主席。——248。

维诺库罗夫，亚历山大·尼古拉耶维奇（Винокуров, Александр Николаевич
1869—1944）——1893 年参加俄国社会民主主义运动。莫斯科首批社会
民主主义小组的组织者之一。1918—1921 年任社会保障人民委员，1921
年起任中央赈济饥民委员会主席团委员，1924 年起任苏联最高法院院长。
——500—501。

维维延，列昂尼德·谢尔盖耶维奇（Вивьен, Леонид Сергеевич 1887—
1966）——苏联演员、导演和教育家，苏联人民演员（1954）。1945 年加入
联共（布）。——184。

魏斯布罗德，波里斯·索洛蒙诺维奇（Вейсброд, Борис Соломонович 1874—
1942）——1904 年加入俄国社会民主工党；职业是外科医生。给列宁治过
病。1917 年任莫斯科河南岸区苏维埃卫生处处长和莫斯科医疗机构的政
治委员。1919—1920 年任土耳其斯坦方面军和西南方面军防治流行病非
常委员会主席。——82、120、144、145。

温尼琴科，弗拉基米尔·基里洛维奇（Винниченко, Владимир Кириллович
1880—1951）——乌克兰作家，乌克兰民族主义反革命首领之一。1907 年
当选为乌克兰社会民主工党中央委员。1917 年二月革命后是反革命的乌
克兰中央拉达的组织者和领导人之一，后与佩特留拉一起领导乌克兰督政
府（1918—1919 年乌克兰的民族主义政府），交替为德国和英法帝国主义
者效劳。乌克兰建立苏维埃政权后成为白俄流亡分子。1920 年表面上同
苏维埃政权和解，获准返回乌克兰，加入俄共（布），被任命为乌克兰苏维埃
社会主义共和国人民委员会副主席。同年 10 月再次流亡国外。——320。

温什利赫特，约瑟夫·斯坦尼斯拉沃维奇（Уншлихт, Иосиф Станиславович
1879—1938）——1900 年加入波兰王国和立陶宛社会民主党（该党于
1906 年加入俄国社会民主工党）。1919 年 2 月起任立陶宛—白俄罗斯苏
维埃共和国陆军人民委员、立陶宛和白俄罗斯共产党中央委员会主席团委
员。1919 年 6 月起先后任第 16 集团军和西方方面军革命军事委员会委员。

1921 年 4 月—1923 年秋任全俄肃反委员会（国家政治保卫局）副主席。
——95、266、380。

文特尔，亚历山大·瓦西里耶维奇（Винтер, Александр Васильевич 1878—
1958）——苏联动力工程学家，发电站的建设和管理方面的专家。十月革
命后是在沙图拉泥炭地带建设区发电站的负责人。——170。

沃尔内，伊万（**弗拉基米罗夫，伊万·叶戈罗维奇**）（Вольный, Иван
（Владимиров, Иван Егорович）1885—1931）——俄国现实主义作家。1903
年加入社会革命党。1908 年因谋刺姆岑斯克县警察局长被流放西伯利
亚，后逃往国外。在卡普里岛结识了高尔基，在高尔基的影响下逐渐脱离
社会革命党。1917 年回国，从事文学工作。——112。

沃伦贝格，Г.Л.（Волленберг, Г.Л. 1890—1940）——1918 年加入俄共（布）。
1919—1922 年任莫斯科电话局政委和局长、邮电人民委员部部务委员。
——229—230、362—363。

沃罗夫斯基，瓦茨拉夫·瓦茨拉沃维奇（Воровский, Вацлав Вацлавович
1871—1923）——1890 年在大学生小组中开始革命活动。1902 年侨居国
外，成为列宁《火星报》的撰稿人。俄国社会民主工党第二次代表大会后是
布尔什维克。1904 年初受列宁委派，在敖德萨建立俄国社会民主工党中
央委员会南方局；8 月底出国，赞同 22 个布尔什维克的宣言。1905 年同列
宁等人一起参加《前进报》和《无产者报》编辑部，后在布尔什维克的《新生
活报》编辑部工作。1907—1912 年领导敖德萨的布尔什维克组织。第一
次世界大战初期在彼得格勒做党的工作，1915 年去斯德哥尔摩，1917 年 4
月根据列宁提议进入党中央委员会国外部。1917—1919 年任俄罗斯联邦
驻斯堪的纳维亚国家的全权代表，1919—1920 年领导国家出版社，1921—
1923 年任驻意大利全权代表。1923 年 5 月 10 日在洛桑被白卫分子杀害。
——45、114—115、147、213、335、355、398、405、462、499、585。

沃洛季切娃，玛丽亚·阿基莫夫娜（Володичева, Мария Акимовна 1891—
1973）——1917 年加入俄国社会民主工党（布）。1918—1924 年是人民委
员会的打字员、劳动国防委员会和人民委员会的助理秘书。——340。

沃耶沃金，彼得·伊万诺维奇（Воеводин, Петр Иванович 1884—1964）——
1899 年加入俄国社会民主工党。1919 年是俄共（布）中央委员会特派员和

"十月革命"号鼓动宣传列车的政委。1921年在俄罗斯联邦教育人民委员部政治教育总委员会工作,领导全俄摄影和电影局。——33—34。

沃兹涅先斯基,A.H.（Вознесенский,A.H.）——1920年任俄罗斯联邦外交人民委员部东方司司长。——441、442。

乌尔辛,尼尔斯·罗伯特（af Ursin,Niels Robert 1854—1936）——芬兰工人活动家,芬兰社会民主党创建人之一（1899）,该党第一任主席。芬兰1918年革命的积极参加者。革命失败后被剥夺公民权。1918—1922年流亡国外。曾将马克思和恩格斯的一些著作译成芬兰文。——142。

乌拉塔泽,格里戈里·伊拉里昂诺维奇（Уратадзе,Григорий Илларионович 生于1879年）——俄国孟什维克。1918年为外高加索议会议员,1919年是格鲁吉亚立宪会议成员,孟什维克党的中央机关报《统一报》编辑。1920年5月为格鲁吉亚孟什维克政府同俄罗斯联邦缔结和签署和约的全权代表。——300。

乌里扬诺夫,德米特里·伊里奇（Ульянов,Дмитрий Ильич 1874—1943）——列宁的弟弟,医生。1894年参加莫斯科大学生马克思主义小组。1900年起为《火星报》代办员。1903年在俄国社会民主工党第二次代表大会上是图拉委员会的代表,属火星派多数派,会后任中央代办员。屡遭逮捕和监禁。1905—1907年任布尔什维克辛比尔斯克委员会委员,后在谢尔普霍夫和费奥多西亚当医生,同布尔什维克的一些中央组织保持经常联系。1914年被征入伍,在士兵中进行革命工作。十月革命后任克里木人民委员会副主席和党的克里木州委员会委员等职。1921年起在卫生人民委员部工作。——395。

乌里扬诺娃,玛丽亚·伊里尼奇娜（Ульянова,Мария Ильинична 1878—1937）——列宁的妹妹。早在大学时代就参加了革命运动,1898年加入俄国社会民主工党。曾在彼得堡、莫斯科、萨拉托夫等城市以及国外做党的工作。1900年起为《火星报》代办员。俄国社会民主工党第二次代表大会后是布尔什维克。1903年秋起在党中央秘书处工作。1904年在布尔什维克彼得堡组织中工作。1908—1909年在日内瓦和巴黎居住,积极参加布尔什维克国外小组的工作。因从事革命活动多次被捕和流放。第一次世界大战期间在莫斯科和彼得格勒做宣传鼓动工作,执行列宁交办的任务,同党中央委员会国外局进行通信联系等。1917 年 3 月—1929 年春任《真理报》编委和责任秘书。曾任中央监察委员会委员、苏维埃监察委员会委员、苏联中央执行委员会委员。——337、361。

# X

谢尔戈——见奥尔忠尼启则,格里戈里·康斯坦丁诺维奇。

谢杰尔尼科夫,季莫费·伊万诺维奇（Седельников, Тимофей Иванович 1876—1930）——1918 年加入俄共（布）。1920 年是俄罗斯联邦驻爱沙尼亚代表团代表。1921 年起任农业人民委员部部务委员。——529—530。

谢利瓦乔夫,弗拉基米尔·伊万诺维奇（Селивачев, Владимир Иванович 1866—1919）——沙俄军官,后在红军中任职。1919 年任南方面军司令助理。——79、80。

谢列布里亚科夫,列昂尼德·彼得罗维奇（Серебряков, Леонид Петрович 1888—1937）——1905 年加入俄国社会民主工党。十月革命后任党的莫斯科区域委员会委员、全俄中央执行委员会秘书。1919—1920 年任党中央委员、中央委员会书记、全俄工会中央理事会南方局主席、南方面军革命军事委员会委员、工农红军政治部主任。1921 年起在交通人民委员部系统担任领导职务。——21、35、70、80—81、214。

谢列布罗夫斯基,亚历山大·巴甫洛维奇（Серебровский, Александр Павлович 1884—1938）——1903 年加入俄国社会民主工党。1918 年起任红军供给非常委员会副主席、乌克兰方面军军需部长、副交通人民委员等职。1920—1926 年任阿塞拜疆中央石油管理局局长。——478。

谢列达,谢苗·帕夫努季耶维奇（Середа, Семен Пафнутьевич 1871—1933）——1903 年加入俄国社会民主工党。1918—1921 年任俄罗斯联邦农业人民委员,1921 年起任最高国民经济委员会和国家计划委员会主席团委员。——34、191、221—222、377—378、516、532—533。

谢马什柯,尼古拉·亚历山德罗维奇（Семашко, Николай Александрович 1874—1949）——1893 年参加俄国社会民主主义运动,布尔什维克。1905 年参加下诺夫哥罗德武装起义被捕,获释后流亡国外。曾任俄国社会民主工党中央委员会国外局书记兼财务干事。1913 年参加塞尔维亚和保加利亚的社会民主主义运动。1917 年 9 月回国。积极参加莫斯科十月武装起义，为起义战士组织医疗救护。十月革命后任莫斯科苏维埃医疗卫生局局长。1918—1930 年任俄罗斯联邦卫生人民委员。——94、121、144—145、200、277、318、494、558、559。

"谢苗"——见施瓦尔茨，伊萨克·伊兹拉伊列维奇。

谢尼亚（拉甫罗夫，С.）（Сеня（Лавров，С.））——原为乌克兰左派社会革命党人，后声明退出该党。——299。

# Y

雅柯夫列夫（Яковлев）——俄国南部反革命首领弗兰格尔军队的军官，投诚者。1920 年 9 月来到西南方面军司令部。——472。

雅柯夫列夫（**爱泼斯坦**），雅柯夫·阿尔卡季耶维奇（Яковлев（Эпштейн），Яков Аркадьевич 1896 — 1938）—— 1913 年加入俄国布尔什维克党。1918—1920 年历任哈尔科夫革命委员会主席、党的叶卡捷琳诺斯拉夫省委主席和基辅省委主席、第 14 集团军政治部主任、哈尔科夫省委主席、乌克兰共产党（布）中央政治局委员。1920—1921 年任政治教育总委员会会务委员，1922 — 1923 年任党中央委员会鼓动宣传部副部长。——289—290。

雅柯夫列夫，伊万·雅柯夫列维奇（Яковлев，Иван Яковлевич 1848 — 1930）——俄国楚瓦什的启蒙教育家，作家和翻译家，楚瓦什文字母和楚瓦什人识字课本及读物的编撰者。1868 年在辛比尔斯克（现乌里扬诺夫斯克）创办了第一所楚瓦什人学校。1875 年起担任喀山学区楚瓦什学校的督学，并主持楚瓦什中心学校的工作，在该校一直工作到 1922 年。——62。

雅库波夫，阿尔沙克·斯捷潘诺维奇（Якубов，Аршак Степанович 1882 — 1923）——1900 年加入俄国社会民主工党。十月革命后任俄罗斯联邦粮食人民委员部部务委员、共和国革命军事委员会委员、乌克兰工农检查人民委员。1920 年作为工农检查人民委员部部务委员，被派到雷瓦尔去检查俄罗斯联邦驻爱沙尼亚政府代表团的情况。——529—530。

雅罗斯拉夫斯基，叶梅利扬·米哈伊洛维奇（**古别尔曼，米奈·伊兹拉伊列维**

奇）(Ярославский, Емельян Михайлович (Губельман, Миней Израилевич) 1878—1943)——1898 年加入俄国社会民主工党。十月革命期间是莫斯科领导起义的党总部成员、莫斯科军事革命委员会委员。1919—1920 年先后任全俄中央执行委员会驻喀山省和萨拉托夫省特派员、党的彼尔姆省委主席、党中央委员会西伯利亚局成员。1921 年任党中央委员会书记。——11、16—17、244—245。

亚历山大二世(**罗曼诺夫**)(Александр II (Романов) 1818—1881)——俄国皇帝(1855—1881)。——377。

叶尔马柯夫,弗拉基米尔·斯皮里多诺维奇(Ермаков, Владимир Спиридонович 生于 1888 年)——1917 年加入俄国社会民主工党(布)。1919 年任东方面军交通部副委员。1920—1921 年任国防委员会实行铁路军事管制和促进燃料供应特别委员会特派员,1921 年 9 月起任劳动国防委员会出口事务特别委员会委员。1922—1925 年参加对外贸易人民委员部部务委员会。——205—206、568—569。

叶罗申科夫,德米特里·尼基季奇(Ерошенков, Дмитрий Никитич)——318。

叶梅利亚诺夫,尼古拉·亚历山德罗维奇(Емельянов, Николай Александрович 1872—1958)——1904 年加入俄国社会民主工党,工人。1905—1907 年革命和 1917 年二月革命的积极参加者。按照党的指示,1917 年 7—8 月在拉兹利夫曾掩护列宁躲避临时政府的追捕。参加了攻打冬宫的战斗。1918 年任谢斯特罗列茨克苏维埃军事委员,1919 年任谢斯特罗列茨克苏维埃执行委员会主席。从 1921 年底起在俄罗斯联邦驻爱沙尼亚商务代表处做经济工作。——495、520。

叶梅利亚诺夫,亚历山大·尼古拉耶维奇(Емельянов, Александр Николаевич 生于 1899 年)——1917 年加入俄国社会民主工党(布)。曾在红军中任职。——519、520。

叶姆沙诺夫,亚历山大·伊万诺维奇(Емшанов, Александр Иванович 1891—1941)——1917 年加入俄国社会民主工党(布)。1917—1920 年先后任彼尔姆铁路局工会筑路委员会主席和该铁路局局长。1920—1921 年任交通人民委员,1921—1922 年任副交通人民委员。——107。

叶努基泽,阿韦尔·萨夫罗诺维奇(Енукидзе, Абель Сафронович 1877—

1937）——1898年加入俄国社会民主工党，布尔什维克。1910年在巴库组织中工作，参加巴库委员会。1911年被捕入狱，1912年7月获释。十月革命后在全俄中央执行委员会军事部工作，1918—1922年任全俄中央执行委员会主席团委员和秘书，1923—1935年任苏联中央执行委员会主席团委员和秘书。——138、142—143、147—148、334—335。

叶若夫（Ежов）——当时任苏俄伊万诺沃-沃兹涅先斯克省运粮直达列车警卫长。——330—331。

叶韦茨基，А.П.（Евецкий，А.П.）——1919年是苏俄南方面军供给工作负责人。——48。

叶韦利诺夫，Б.Е.（Евелинов，Б.Е.）——俄国尼基塔轻歌剧院原负责人。——204。

伊林，费多尔·尼古拉耶维奇（Ильин，Федор Николаевич 1876—1944）——1897年参加俄国社会民主主义运动，职业革命家，布尔什维克。1905年罗斯托夫武装起义的组织者之一。1907年从流放地逃往法国，后到瑞士。积极参加党的工作。十月革命后回国，在莫斯科苏维埃、革命法庭、最高法院和俄罗斯联邦国家计划委员会工作。——484。

伊林，伊万·雅柯夫列维奇（Ильин，Иван Яковлевич 1885—1951）——1920年在苏俄伊尔库茨克省切列姆霍沃担任东西伯利亚煤矿总管理委员会秘书。——482。

伊万诺夫，阿列克谢·Н.（Иванов，Алексей Н.生于1892年）——1913年加入俄国布尔什维克党。国内战争时期任苏梅军队集群革命军事委员会委员和第41师政委、哈尔科夫省执行委员会主席及南方铁路总委员。1919年当选为乌克兰共产党（布）中央委员。——289。

伊万诺娃，索菲娅·米哈伊洛夫娜（Иванова，София Михайловна）——251。

伊兹迈洛夫，阿卜杜拉赫曼·优素波维奇（Измайлов，Абдурахман Юсупович）——1907年加入俄国社会民主工党。1919—1920年任俄共（布）巴什基尔区域委员会委员和巴什基尔肃反委员会会务委员。——201。

尤登尼奇，尼古拉·尼古拉耶维奇（Юденич，Николай Николаевич 1862—1933）——沙俄将军。1919年任西北地区白卫军总司令，是反革命的"西北政府"成员。1919 年两次进犯彼得格勒,失败后率残部退到爱沙尼亚。
1920 年起为白俄流亡分子。——101、110、111、128、132、141、162。

尤金——见艾森施塔特,伊赛·李沃维奇。

尤里耶夫(Юрьев)——568—569。

尤列涅夫(**克罗托夫斯基**),康斯坦丁·康斯坦丁诺维奇(**Юренев**
(Кротовский),Константин Константинович 1888—1938)——1905 年加入
俄国社会民主工党。1913 年—1917 年 7 月是彼得格勒区联组织领导人之
一。在俄国社会民主工党(布)第六次代表大会上随区联派集体加入布尔
什维克党。1919 年 4—8 月任东方面军革命军事委员会委员,1919 年 10
月—1920 年 1 月任西方面军革命军事委员会委员。——1、24。

尤马古洛夫,哈里斯·尤马古洛维奇(Юмагулов,Харис Юмагулович 1891—
1937)——1918 年加入俄共(布)。1919—1920 年任巴什基尔共和国革命
委员会主席。——201—202、207—208。

尤诺索夫,康斯坦丁·安德列耶维奇(Юносов,Константин Андреевич 生于
1884 年)——1905 年加入俄国社会民主工党。1919 年先后任彼得格勒省
执行委员会委员和主席,后担任党的负责工作。——88。

约诺夫,伊里亚·约诺维奇(Ионов,Илья Ионович 1887—1942)——1904 年
加入俄国社会民主工党。1918—1926 年先后任彼得格勒苏维埃出版社社
长、国家出版社彼得格勒分社社长。——47。

越飞,阿道夫·阿布拉莫维奇(Иоффе,Адольф Абрамович 1883—1927)——
1917 年加入俄国社会民主工党(布)。十月革命后在外交部门担任负责工
作。1918 年 4—11 月任俄罗斯联邦驻柏林全权代表,领导同德国进行和
平谈判和经济谈判的苏俄代表团。1920 年 9 月 1 日被任命为在里加同波
兰进行和平谈判的俄罗斯—乌克兰代表团团长,后曾任全俄中央执行委员
会和俄罗斯联邦人民委员会土耳其斯坦事务委员会主席和俄共(布)中央
委员会土耳其斯坦局主席。1922—1924 年任驻中国大使。——208、
483—484、491、513、530、543。

## Z

扎巴罗夫(**扎巴拉**),Ф.И.(Забаров(Забара),Ф.И. 生于 1887 年)——1905 年

加入俄国社会民主工党。十月革命后任南方铁路代表革命苏维埃主席。——289。

扎东斯基，弗拉基米尔·彼得罗维奇（Затонский，Владимир Петрович 1888—1938）——1917年3月加入俄国社会民主工党（布）。1917年5月起任党的基辅委员会委员，是基辅十月武装起义的领导人之一。1917年11月任党的基辅委员会主席，同年12月参加乌克兰苏维埃政府，领导教育书记处（人民委员部）。1918年3月起任乌克兰中央执行委员会主席。1919—1920年任第12、第13、第14集团军革命军事委员会委员，1920年7—8月兼任加利西亚革命委员会主席。1920年底被任命为西南方面军（后来是基辅军区）革命军事委员会委员。领导了第聂伯河西岸地区镇压土匪活动的斗争。作为俄共（布）第十次代表大会的代表参与平定喀琅施塔得叛乱。——210、451。

扎尔科，А.М.（Жарко，А.М. 1889—1939）——1904年加入俄国社会民主工党。1907—1917年在波尔塔瓦机车修理厂做党的工作。1917年为波尔塔瓦苏维埃委员。1918年任全俄铁路工会中央执行委员会委员，1919年任乌克兰交通人民委员。后在经济部门担任负责工作。——42—43。

扎哈罗夫，米哈伊尔·瓦西里耶维奇（Захаров，Михаил Васильевич 生于1881年）——俄国工人，布尔什维克，第三届国家杜马莫斯科省代表，布尔什维克合法报纸《明星报》撰稿人。1919年是最高国民经济委员会国家建筑工程委员会调度局成员，1920年是苏俄亚—恩巴工程的政治委员，1921年5月起任最高国民经济委员会国家建筑工程总委员会会务委员。——236。

扎雷金，Т.М.（Залыгин，Т.М.）——1920年是苏俄奥廖尔省博尔霍夫县国民教育局局长。——241—242。

扎列斯卡娅-佩尔武申娜——见佩尔武申娜-扎列斯卡娅。

祖尔，Б.Г.（Зуль，Б.Г.）——1918年任俄罗斯联邦水运总管理局局务委员会主席，1919年任东方面军南方军队集群政治部主任，后任土耳其斯坦方面军第4和第13集团军革命军事委员会委员。1920年9月任全俄中央执行委员会和粮食人民委员部驻伏尔加河流域领导采购运动的特派员。——131。

---

X——见绥拉菲莫维奇，亚历山大·绥拉菲莫维奇。

# 文　献　索　引

艾斯勒,鲁·《简明哲学辞典》(Eisler, R. Handwörterbuch der Philosophie. Berlin, Mittler, 1913. IV, 801 S.)——465。

——《哲学名词辞典》(Wörterbuch der philosophischen Begriffe. 2. völlig neu bearb. Aufl. Bd. 1 — 2. Berlin, Mittler, 1904. 2 Bde.)——465。

鲍德温,詹·马·《哲学和心理学辞典》(Baldwin, J. M. Dictionary of Philosophy and Psychology. Vol. 1 — 2. New ed. with corrections. New York, Macmillan, 1918—1920. 2 t.)——465。

鲍威尔,奥·《布尔什维主义还是社会民主主义?》(Bauer, O. Bolschewismus oder Sozialdemokratie? Wien, Verl. der Wiener Volksbuchh. 1920. 120 S.)——394。

布哈林,尼·伊·《"联合"、背叛与孟什维克》(Бухарин, Н. И. «Коалиция», предательство и меньшевики.—«Правда», М., 1919, №172, 6 августа, стр. 1)——44。

策勒,爱·《希腊哲学史纲要》(Целлер, Э. Очерк истории греческой философии. Пер. с последнего, 10-го нем. изд., ред. Ф. Лорцингом, Н. Стрелкова, под ред. Н. В. Самсонова. М., «Творчество», 1913. XII, 342 стр.)——465。

达里,弗·伊·《现代大俄罗斯语言详解词典》(Даль, В. И. Толковый словарь живого великорусского языка. Под ред. И. А. Бодуэна-де-Куртенэ. З-е, испр. и значит. доп. изд. Т. 1 — 4. Спб., Вольф, 1903 — 1909. 4 т.)—— 183、199、323。

德莱昂,丹·《罗马史片断》(De Leon, D. Two Pages from Roman History. I. Plebs leaders and labor leaders. II. The warning of the Gracchi. New York, National executive committee Socialist labor party, 1920. 89 p.)——461。

法布尔，A.《昆虫生活》(Фабр, Ж. А. Жизнь насекомых. Пер. с франц. Л. В. Очаповского. Спб., Вятское т-во, 1911. XII, 516 стр.; 74 илл.)——539。

弗兰克，阿·《哲学辞典》(Franck, A. Dictionnaire des sciences philosophiques. 2 éd. Paris, Hachette, 1875. [6], XII, 1806 p.)——465。

高尔基，阿·马·《给弗·伊·列宁的信》(1920年3月5日)(Горький, А. М. Письмо В. И. Ленину. 5 марта 1920 г. Рукопись)——276。

　——《给人民委员会的信》(不晚于1920年10月21日)(Письмо в Совет Народных Комиссаров. Не позднее 21 октября 1920 г. Рукопись)——539。

哥伊赫巴尔格，亚·格·《执行苏维埃共和国的法律!》(Гойхбарг, А. Г. Исполняйте законы Советской республики! М.—Пг., « Коммунист », 1919. 15 стр. (РКП(б)))——71。

龚佩茨，泰·《希腊思想家》(Gomperz, Th. Griechische Denker. Eine Geschichte der antiken Philosophie. Bd. 1—3. Leipzig, Veit, 1909—1912. 3 Bde.)

　——Bd. 1. 3. durchges. Aufl. 1911. VIII, [4], 472 S.——465。

　——Bd. 2. 3. durchges. Aufl. 1912. VI, [2], 624 S.——465。

　——Bd. 3. 1. und 2. Aufl. 1909. VIII, [2], 483 S.——465。

季米里亚捷夫，克·阿·《科学和民主。1904—1919年论文集》(Тимирязев, К. А. Наука и демократия. Сборник статей 1904—1919 гг. М., Госиздат, 1920. XVI, 478 стр.; 8 л. илл.)——313。

凯恩斯，约·梅·《和约的经济后果》(Keynes, J. M. The Economic Consequences of the Peace. London, Macmillan, 1919. 279 p.)——388、413。

柯罗连科，弗·加·《战争、祖国和人类》(Короленко, В. Г. Война, отечество и человечество. (Письма о вопросах нашего времени). М., кн-во писателей в Москве, [1917]. 55 стр. (Культурно-просветительная б-ка, №5))——77。

克尔任采夫，B.《先生们，你们等不到了!》(Керженцев, В. Не дождетесь, господа! — «Известия ВЦИК Советов Рабочих, Крестьянских, Казачьих и Красноарм. Депутатов и Моск. Совета Рабоч. и Красноарм. Депутатов»,

1919，№174(726)，8 августа，стр.1)——44。

克尔日扎诺夫斯基，格·马·《俄罗斯电气化的基本任务》(Кржижановский，Г. М. Основные задачи электрификации России. М.，Госиздат，1920. 51 стр.；1 л. карт.)——213。

——《格·马·克尔日扎诺夫斯基在电机工业工作者第二次代表会议上的报告》(Доклад Г. М. Кржижановского на второй конференции работников электротехнической промышленности.——« Бюллетени Государственной Комиссии по Электрификации России»，Пг.，1920，№5，стр. 13 — 21) ——497。

——《泥炭与燃料危机》(Торф и кризис топлива.——«Правда»，М.，1920，№5，10 января，стр.2—3)——169。

克拉西科夫，彼·阿·《苏维埃政权和教会》(Красиков，П. А. Советская власть и церковь. М.，Нар. ком. юстиции，1920. 8 стр.（Антирелиг. б-ка журн. «Революция и церковь».Вып.1)）——252。

克莱因，赫·И.《地球的奇迹》(Клейн，Г. И. Чудеса земного шара. Общедоступные беседы по землеведению. Пер. со второго нем. изд. Изд. 2-е. Спб.，Вятское т-во，1914.XVI，412 стр.；84 илл.)——539。

[列宁，弗·伊·]《帝国主义是资本主义的最高阶段》——见《帝国主义是资本主义的最新阶段》。

——《[〈帝国主义是资本主义的最高阶段〉一书的]法文版和德文版序言》([Ленин，В. И.] Предисловие к французскому и немецкому изданиям [книги«Империализм，как высшая стадия капитализма»]. 6 июля 1920 г.)——399。

——《帝国主义是资本主义的最新阶段》(1917 年彼得格勒版)(Империализм，как новейший этап капитализма.（Попул. очерк). Пг.，«Жизнь и Знание»，1917.[3]，130 стр. Перед загл. авт.：Н. Ленин(Вл. Ильин))——395、399。

——《帝国主义是资本主义的最新阶段》(1918 年莫斯科—彼得格勒第 2 版)(Империализм，как новейший этап капитализма.（Попул. очерк). Пзд. 2-е. М.—Пг.，« Коммунист »，1918. 142 стр.（Рос. Коммунистич. партия (большевиков)). Перед загл. авт.：Н. Ленин（Вл. Ульянов). На обл. год

gauche», maladie infantile du communisme. Pg. , Internationale Communiste, 1920. 96 p. Перед загл. авт. : N. Lénine)——414。

—《共产主义运动中的"左派"幼稚病》(英文版)(The Infantile Sickness of «Leflism» in Communism. M. , Executive Com. of the Communist International, 1920. 104 p. Перед загл. авт. : N. Lenin)——402、414。

—《关于处分哥尔克疗养院院长厄·雅·韦威尔的决定》(Постановление о наложении взыскания на заведующего санаторием «Горки» Э. Я. Вевера. 14 июня 1920 г. )——379。

—《关于共产国际第二次代表大会的基本任务的提纲》(Тезисы об основных задачах Второго конгресса Коммунистического Интернационала. — В кн. : Тезисы ко Второму конгрессу Коммунистического Интернационала. Пг. , изд-во Коммунистич. Интернационала, [1920], стр. 84 — 107. Подпись: Н. Ленин)——393 — 394、397、400、402。

—《立宪会议选举和无产阶级专政》(Выборы в Учредительное собрание и диктатура пролетариата. — « Коммунистический Интернационал », М. — Пг. , 1919, №7 — 8, ноябрь—декабрь, стлб. 952 — 967. Подпись: Н. Ленин)——153。

—《立宪民主党人的胜利和工人政党的任务》(Победа кадетов и задачи рабочей партии. Спб. , «Наша Мысль», [1906]. 79 стр. Перед загл. авт. : Н. Ленин)——528。

—《论意大利社会党党内的斗争》(О борьбе внутри Итальянской социалистической партии. 4 ноября 1920 г. )——514。

—《苏维埃政权的成就和困难》(Успехи и трудности Советской власти. Речь, сказанная на митинге в Петербурге 13 марта 1919 г. Пг. , кн-во Петрогр. Совдепа, 1919. 32 стр. Перед загл. авт. : Н. Ленин)——47。

—《[〈苏维埃政权的成就和困难〉小册子的]跋》(Послесловие[к брошюре «Успехи и трудности Советской власти»]. 17 апреля 1919 г. )——47。

—《向巴伐利亚苏维埃共和国致敬》(Приветствие Баварской Советской республике. 27 апреля 1919 г. )——36。

—《致阿·马·高尔基》(1919 年 9 月 15 日)(Письмо А. М. Горькому. 15

Моск. Совета Рабоч. и Красноарм. Депутатов», 1920, №157 (1004), 18 июля, стр. 1. Под общ. загл.: Ультиматум Англии и наш ответ. От Народного комиссариата по иностранным делам)——407、411。

《党代表大会开幕》(Die Eröffnung des Parteitages.—«Freiheit», Berlin, 1919, Nr. 582/A318, 1. Dezember. Morgen-Ausgabe, S. 1—2)——181—182。

《党代表大会上的激烈辩论》(Heftige Debatten auf dem Parteitag.—«Freiheit», 1919, Nr. 585/B266, 2. Dezember. Abend-Ausgabe, S. 1)——181—182。

《党的莱比锡代表大会》(载于 1919 年 12 月 3 日《自由报》第 586/A 320 号)(Der Parteitag in Leipzig.—«Freiheit», Berlin, 1919, Nr. 586/A320, 3. Dezember. Morgen-Ausgabe, Beilage zur «Freiheit», S. 1—2)——181—182。

《党的莱比锡代表大会》(载于 1919 年 12 月 5 日《自由报》第 590/A 322 号和第 591/B 269 号)(Der Parteitag in Leipzig.—«Freiheit», Berlin, 1919, Nr. 590/A322, 5. Dezember. Morgen-Ausgabe, S. 2—3; Nr. 591/B269, 5. Dezember. Abend-Ausgabe, S. 2)——181—182。

《党的莱比锡代表大会》(载于 1919 年 12 月 7 日《自由报》第 594/A324 号)(Der Parteitag in Leipzig.—«Freiheit», Berlin, 1919, Nr. 594/A324, 7. Dezember. Morgen-Ausgabe, 1. Beilage zur «Freiheit», S. 1—2)——181—182。

《党的莱比锡代表大会。关于纲领的辩论》(载于 1919 年 12 月 4 日《自由报》第 588/A321 号和第 589/B268 号)(Der Parteitag in Leipzig. Die Programmdebatte.—«Freiheit», Berlin, 1919, Nr. 588/A 321, 4. Dezember. Morgen-Ausgabe, S. 2—3; Nr. 589/B268, 4. Dezember. Abend-Ausgabe, S. 2—3)——181—182。

《党的莱比锡代表大会。关于国际的辩论》(载于 1919 年 12 月 6 日《自由报》第 592/A323 号和第 593/B 270 号)(Der Parteitag in Leipzig. Die Debatte über die Internationale.—«Freiheit», Berlin, 1919, Nr. 592/A323, 6. Dezember. Morgen-Ausgabe, S. 3; Nr. 593/B270, 6. Dezember. Abend-Ausgabe, S. 2)——181—182。

《党的莱比锡代表大会。开幕》(载于 1919 年 12 月 2 日《自由报》第 584/A
  319 号)(Der Parteitag in Leipzig. Auftakt.—«Freiheit», Berlin, 1919, Nr.
  584/A319, 2. Dezember. Morgen-Ausgabe, S. 2—3)——181—182。

《德意志帝国统计》(Statistik des Deutschen Reichs. Bd. 212. Berufs- und Be-
  triebsstatistik. Hrsg. vom Kaiserlichen statistischen Amte. Teil la, lb, 2a.
  Berlin, [1909—1910]. 3 Bde.)——363。

《第三国际。1919 年 3 月 6—7 日》(III Интернационал. 6—7 марта 1919 г.
  М., Госиздат, 1919. 99 стр. (РСФСР))——114。

《俄国共产党(布尔什维克)章程草案。附俄共中央委员会通告》(Проект
  устава Российской Коммунистической партии (большевиков). С прил.
  циркуляров ЦК РКП. М., Госиздат, 1920. 96 стр.)——147。

《俄国铁路》(Железные дороги России. [Атлас]. Пг., о-во «Картографическое
  заведение А. Ильина», 1918. [4] стр.; XXII л. карт.)——433、456。

《俄罗斯国家电气化委员会公报》(莫斯科—彼得格勒)(«Бюллетени
  Государственной Комиссии по Электрификации России» М.—, Пг., 1920,
  No No 1—5)——496—497。

  —Пг., 1920, No 5, стр. 13—21.——496—497。

《俄罗斯联邦人民委员会告波兰政府和波兰人民书》(От Совета Народных
  Комиссаров РСФСР правительству Польши и польскому народу.
  Заявление. [28 января 1920 г.].—«Правда», М., 1920, No 20, 30 января,
  стр. 1. Под общ. загл.: Перед важным решением)——265—266。

《告波兰城乡劳动人民书》[传单](Manifest do polskiego ludu roboczego
  miast i wsi. [Листовка]. Białystok, 30 lipca 1920. 2 s. Подпись:
  Tymczasowy Komitet Rewolucyjny Polski)——425、427。

《告弗兰格尔男爵军队军官书》(Воззвание к офицерам армии барона Врангеля.—
  «Правда», М., 1920, No 202, 12 сентября, стр. 1)——472。

《给寇松勋爵的电报(1920 年 7 月 17 日)》(Перевод радиотелеграммы лорду
  Керзону от 17-го июля 1920 г.—«Известия ВЦИК Советов Рабочих,
  Крестьянских, Казачьих и Красноарм. Депутатов и Моск. Совета Рабоч. и
  Красноарм. Депутатов», 1920, No 157 (1004), 18 июля, стр. 1. Под общ.

загл.: Ультиматум Англии и наш ответ. От Народного комиссариата по иностранным делам)——409—410、411、412、417。

《工兵代表苏维埃中央执行委员会消息报》(«Известия ЦИК Советов Рабочих и Солдатских Депутатов», Пг., 1917, №№206 — 244, 25 октября—6 декабря)——156。

《工农政府法令汇编》(莫斯科)(«Собрание Узаконений и Распоряжений Рабочего и Крестьянского Правительства», М., 1918, №90, 20 декабря, отдел первый, стр. 1127—1128)——158。

—1920, №1—2, 10 января, стр. 6—7.——157—158。

《工人、农民、哥萨克和红军代表苏维埃全俄中央执行委员会及莫斯科工人和红军代表苏维埃消息报》(«Известия ВЦИК Советов Рабочих, Крестьянских, Казачьих и Красноарм. Депутатов и Моск. Совета Рабоч. и Красноарм. Депутатов»)——221、297。

—1919, №60(612), 20 марта, стр. 3.——196。

—1919, №107(659), 20 мая, стр. 3.——139。

—1919, №144(696), 4 июля, стр. 3.——5。

—1919, №174(726), 8 августа, стр. 1.——44。

—1919, №245(797), 1 ноября, стр. 2.——94。

—1919, №293(845), 28 декабря, стр. 3.——105。

—1920, №8(855), 14 января, стр. 2.——195。

—1920, №81(928), 17 апреля, стр. 2.——299。

—1920, №93(940), 1 мая, стр. 4.——583—584。

—1920, №127(974), 13 июня, стр. 2.——347、367。

—1920, №157(1004), 18 июля, стр. 1.——410、411、412、417。

《共产国际》杂志(莫斯科—彼得格勒)(«Коммунистический Интернационал», М.—Пг.)——394、528、531。

—№№1—10, 1 мая 1919—11 мая 1920.——394。

—1919, №7—8, ноябрь—декабрь, стлб. 952—967.——153。

《共产主义》杂志(米兰)(«Comunismo», Milano, 1920, N. 10, 15 — 29 febbraio, p. 689—697)——373。

《关于发明的条例》(Положение об изобретениях.[30 июня 1919 г.].—«Известия ВЦИК Советов Рабочих, Крестьянских, Казачьих и Красноарм. Депутатов и Моск. Совета Рабоч. и Красноарм. Депутатов», 1919, №144(696), 4 июля, стр. 3, в отд.: Действия и распоряжения правительства)——5。

《关于建立经济系统各人民委员部之间的联系》[1920年俄共(布)第九次代表大会通过的决议](Об организации связи между хозяйственными комиссариатами.[Резолюция, принятая на IX съезде РКП(б).1920 г.].—В кн.: Девятый съезд Российской Коммунистической партии. Стенографический отчет.(29-го марта—4 апреля 1920 г.). М., Госиздат, 1920, стр. 383, в отд.: Приложения. Под общ. загл.: Резолюции и постановления IX съезда РКП)——521。

《关于克服拖拉作风》[人民委员会法令(1919年12月30日)](Об устранении волокиты.[Декрет СНК. 30 декабря 1919 г.].—«Собрание Узаконений и Распоряжений Рабочего и Крестьянского Правительства», М., 1920, №1—2, 10 января, стр. 6—7)——157—158。

《关于修建国家专用造纸厂问题》(К вопросу о постройке государственной бумажной фабрики специального назначения. М., 1920. 36 стр.; 12 л. илл. (Упр. фабриками заготовления гос. знаков))——467。

[《国际关于目前形势的宣言(巴塞尔国际社会党非常代表大会通过)》] ([Manifest der Internationale zur gegenwärtigen Lage, angenommen auf dem Außerordentlichen Internationalen Sozialistenkongreß zu Basel].—«Archiv für die Geschichte des Sozialismus und der Arbeiterbewegung», Leipzig, 1915, Jg. 5, Hft. 1 u. 2, S. 306—311)——399。

《红旗报》(柏林)(«Die Rote Fahne», Berlin)——397。

《红旗报》(维也纳)(«Die Rote Fahne», Wien)——397。

《红色日报》(彼得格勒)(«Красная Газета», Пг., 1919, №237, 19 октября, стр. 1)——98。

《经济生活报》(莫斯科)(«Экономическая Жизнь», М.)——137、145、169、221。

《劳动国防委员会的决定》(1920年6月11日)(Постановление Совета Труда

и Обороны. 11 июня 1920 г. Рукопись) ——370。

《每日先驱报》(伦敦)(«The Daily Herald», London) ——397。

《莫斯科工人和红军代表苏维埃消息晚报》(«Вечерние Известия Московского Совета Рабочих и Красноармейских Депутатов», 1920, №450, 26 января, стр. 2) ——210。

《贫苦农民报》(莫斯科)(«Беднота», М.) ——158。

《前进报》(米兰)(«Avanti!», Milano) ——373、397。

—— 1920, N.244, 12 ottobre, p.1—2. ——514。

《全俄工农代表苏维埃第六次(非常)代表大会的决定》(Постановление VI Всероссийского Чрезвычайного съезда Советов рабочих и крестьянских депутатов. О точном соблюдении законов. 8 ноября 1918 г. —«Собрание Узаконений и Распоряжений Рабочего и Крестьянского Правительства», М., 1918, №90, 20 декабря, отдел первый, стр. 1127—1128) ——159。

《全俄中央执行委员会告波兰人民书》(Обращение ВЦИК к польскому народу. —«Правда», М., 1920, №25, 5 февраля, стр. 1) ——265—266。

《全俄中央执行委员会关于红军伤病员救援委员会的决定(1919 年 10 月 29 日)》(Постановление Всероссийского Центрального Исполнительного Комитета от 29-го октября 1919 г. о Комитете помощи раненым и больным красноармейцам. —«Известия ВЦИК Советов Рабочих, Крестьянских, Казачьих и Красноарм. Депутатов и Моск. Совета Рабоч. и Красноарм. Депутатов», 1919, №245 (797), 1 ноября, стр. 2, в отд.: Действия и распоряжения правительства) ——94。

《全俄中央执行委员会关于精简苏维埃政权非军事机关的法令》(Декрет ВЦИК об упрощении гражданского аппарата Советской власти. —«Известия ВЦИК Советов Рабочих, Крестьянских, Казачьих и Красноарм. Депутатов и Моск. Совета Рабоч. и Красноарм. Депутатов», 1919, №293 (845), 28 декабря, стр. 3, в отд.: Действия и распоряжения правительства) ——105。

《人道报》(巴黎)(«L'Humanité», Paris) ——397。

《[人民委员会]关于对居民进行职业和农业的普查以及对工业企业进行调查

Красноарм. Депутатов», 1920, №81（928）, 17 апреля, стр. 2. Подпись:
«Сеня»）——299。

《团结还是分裂?》（Unione o scissura? —«Comunismo», Milano, 1920, N. 10,
15—29 febbraio, p. 689—697）——373。

《外交人民委员部公报》（莫斯科）（«Бюллетень Народного Комиссариата
Иностранных Дел», М.）——431。

《外交人民委员的照会》（От народного комиссара по иностранным делам.
Перевод радиотелеграммы от 11 июня. —« Известия ВЦИК Советов
Рабочих, Крестьянских, Казачьих и Красноарм. Депутатов и Моск. Совета
Рабоч. и Красноарм. Депутатов», 1920, №127（974）, 13 июня, стр. 2. Под
общ. загл. : Англия и наступление Врангеля）——347、367。

《为共产国际第二次代表大会准备的提纲》（Тезисы ко Второму конгрессу
Коммунистического Интернационала. Пг. , изд-во Коммунистич. Интер-
национала, ［1920］. 108 стр.）——393—394、397、400、402、411。

《西伯利亚六千名矿工给列宁同志的贺信》（Привет тов. Ленину от 6 тысяч
углекопов Сибири. —«Петроградская Правда», 1920, №253, 11 ноября,
стр. 1. Под общ. загл. : Письмо тов. Ленина черемховским углекопам）
——482。

《1919 年法令汇编》（Сборник декретов 1919 года. Пг. , 1920. XVI, 453 стр.
（Собрание Узаконений и Распоряжений рабочего и крестьян. правител-
ьства））——440。

《约翰·里德》［关于约翰·里德逝世的讣告］（Джон Рид. ［Извещение о
смерти Джона Рида］. —«Правда», М. , 1920, №233, 19 октября, стр. 1）
——531。

《在第聂伯河右岸乌克兰地区》（В Правобережной Украине. —« Вечерние
Известия Московского Совета Рабочих и Красноармейских Депутатов»,
1920, №450, 26 января, стр. 2, в отд. : На Украине）——210。

《真理报》（彼得格勒—莫斯科）（«Правда», Пг. —М.）——221、297、524。
—Пг. , 1917, №№170（101）— 206（137）, 9 ноября（27 октября）— 18（5）
декабря. ——156。

—М.，1919，№172，6 августа，стр.1.——44。

—1920，№5，10 января，стр.2—3.——169。

—1920，№20，30 января，стр.1.——266。

—1920，№25，5 февраля，стр.1.——266。

—1920，№30，11 февраля，стр.1.——221。

—1920，№130，17 июня，стр.1.——346—347。

—1920，№202，12 сентября，стр.1.——472。

—1920，№231，16 октября.2 стр.——524—527。

—1920，№233，19 октября，стр.1.——531。

《煮食物不用火》(保温器)(Варка пищи без огня.(Термос).С 11 рис.в тексте.
Сост. Я. К. Г.，Э. Фейн и М. Мануйлов. Изд. ВСНХ. М.，1918. 46 стр.
(Маленькая б-ка хозяйки.№1))——388—389。

《自由报》(柏林)(«Freiheit»，Berlin)——181—182。

—1919，Nr. 582/A318，1. Dezember. Morgen-Ausgabe，S. 1 — 2. ——
181—182。

—1919，Nr. 584/A319，2. Dezember. Morgen-Ausgabe，S. 2 — 3. ——
181—182。

—1919，Nr.585/B266，2.Dezember.Abend-Ausgabe,S.1.——181—182。

—1919，Nr. 586/A320，3. Dezember. Morgen-Ausgabe，Beilage　zur
«Freiheit»，S.1—2.——181—182。

—1919，Nr. 588/A321，4. Dezember. Morgen-Ausgabe，S. 2 — 3；Nr. 589/
B268，4.Dezember.Abend-Ausgabe,S.2—3.——181—182。

—1919，Nr. 590/A322，5. Dezember. Morgen-Ausgabe，S. 2 — 3；Nr. 591/
B269，5.Dezember.Abend-Ausgabe,S.2.——181—182。

—1919，Nr.592/A323，6.Dezember.Morgen-Ausgabe,S.3；Nr.593/B270，6.
Dezember.Abend-Ausgabe,S.2.——181—182。

—1919，Nr.594/A324，7.Dezember.Morgen-Ausgabe,1.Beilage zur«Freihe-
it»，S.1—2.——181—182。

# 编入本版相应时期著作卷的
# 信件和电报的索引

### （1919 年 7 月—1920 年 10 月）

项目统筹：崔继新

责任编辑：孔　欢

装帧设计：石笑梦

版式设计：周方亚

责任校对：吕　飞

图书在版编目(CIP)数据

列宁全集.第49卷/(苏)列宁著；中共中央马克思恩格斯列宁斯大林著作编译局编译.
　—2版(增订版)-北京：人民出版社，2017.3(2024.7重印)
ISBN 978 - 7 - 01 - 017134 - 0

Ⅰ.①列…　Ⅱ.①列…②中…　Ⅲ.①列宁著作-全集　Ⅳ.①A2

中国版本图书馆 CIP 数据核字(2016)第 316458 号

| 书　　　名 | **列宁全集** |
| --- | --- |
| | LIENING QUANJI |
| | 第四十九卷 |
| 编 译 者 | 中共中央马克思恩格斯列宁斯大林著作编译局 |
| 出版发行 | **人民出版社** |
| | (北京市东城区隆福寺街 99 号　邮编　100706) |
| 邮购电话 | (010)65250042　65289539 |
| 经　　销 | 新华书店 |
| 印　　刷 | 北京新华印刷有限公司 |
| 版　　次 | 2017 年 3 月第 2 版增订版　2024 年 7 月北京第 2 次印刷 |
| 开　　本 | 880 毫米×1230 毫米 1/32 |
| 印　　张 | 26.875 |
| 插　　页 | 2 |
| 字　　数 | 701 千字 |
| 印　　数 | 3,001—6,000 册 |
| 书　　号 | ISBN 978 - 7 - 01 - 017134 - 0 |
| 定　　价 | 65.00 元 |

ISBN 978-7-01-017134-0